Eva Strittmatter
Erwin Strittmatter
Du bist mein zweites Ich

atb aufbau taschenbuch

Erwin Strittmatter (1912–1994) gehört zu den bekanntesten Schriftstellern der DDR. Von der offiziellen Literaturkritik oft angegriffen, wurde ihm dennoch der Nationalpreis verliehen.
Eva Strittmatter (1930–2011) machte sich zunächst als Autorin von Kindergeschichten einen Namen und erreichte vor allem mit ihren Gedichtbänden ein Millionenpublikum.

Erwin Berner, 1953 als ältester Sohn von Eva und Erwin Strittmatter geboren, war ein vielseitiger Bühnen- und Fernsehschauspieler. Er lebt in Berlin und schreibt Stücke, Gedichte, Liedtexte und Prosa.
Ingrid Kirschey-Feix arbeitete als Redakteurin und Korrespondentin für Zeitungen und Zeitschriften, seit 1989 ist sie in verschiedenen Buchverlagen als Lektorin, Autorin und Herausgeberin tätig.

Briefe von poetischer Schönheit finden sich in dieser Sammlung, die Eva Strittmatter den Lesern zu Recht nicht vorenthalten wollte. Sie ließ den Briefwechsel mit ihrem Mann selbst noch für die Veröffentlichung vorbereiten, konnte das Projekt jedoch nicht mehr abschließen. Nun ist es der älteste Sohn, Erwin Berner, der den Wunsch der Mutter erfüllt.

»Ob ich Dir wirklich schreiben soll? … Freilich hast Du in jener eigenartigen Morgenstunde gehaucht: ›Ich mag Dich‹, aber da ich noch mit meinen Gedanken in Deinem Wesen herumirre, weiß ich nicht, wo ich dieses Bekenntnis hinlegen soll. … Wenn Dir dieser Gruß mißfällt, dann beantworte ihn nicht, laß ihn unerwähnt. Ich werde dann wissen. –« *Aus dem ersten Brief von Erwin, 26. Februar 1952*

»Ob die Stärke eines Wunsches seine Erfüllung herbeizwingt? Ich glaube es fast, denn nach nur an der Oberfläche bewegten, nur scheinbar erfüllten Tagen beglückte mich gestern spät abends Dein Brief …« *Evas Antwort vom 29. Februar 1952*

Eva Strittmatter
Erwin Strittmatter

DU BIST
MEIN
ZWEITES ICH

Der Briefwechsel

Herausgegeben
von Erwin Berner
und Ingrid Kirschey-Feix

atb aufbau taschenbuch

Mit 48 Abbildungen
(zu den Rechten vgl. S. 376)

ISBN 978-3-7466-3738-9

Aufbau Taschenbuch ist eine Marke der Aufbau Verlag GmbH & Co. KG

1. Auflage 2021
Vollständige Taschenbuchausgabe
© Aufbau Verlag GmbH & Co. KG, Berlin 2019
Die Originalausgabe erschien 2019 bei Aufbau,
einer Marke der Aufbau Verlag GmbH & Co. KG
Umschlaggestaltung zero-media.net, München
unter Verwendung eines Fotos von © Edith Rimkus-Beseler
Satz und Reproduktion LVD GmbH, Berlin
Druck und Binden CPI books GmbH, Leck, Germany
Printed in Germany

www.aufbau-verlag.de

Vorwort

Zufall oder Bestimmung? – Die Eltern konnten sich darüber nie einigen. Vater glaubte, es sei vorbestimmt gewesen, dass sie sich im Februar 1952 kennengelernt hatten. Es hatte für ihrer beider Leben so sein müssen. Mutter beharrte auf dem Zufall: Alles hätte auch anders kommen können ... Dennoch wusste auch sie, ihre Begegnung mit dem Autor des »Ochsenkutschers« war lebensentscheidend. –

2005, bei einem Besuch an ihrem Krankenbett in Schulzenhof, erzählte Mutter von ihren literarischen Plänen. Sie würde ihre Erinnerungen »Im Garten der Amseln allein« schreiben, einen Gedichtband zusammenstellen und Vaters Tagebücher sowie ihren Briefwechsel mit ihm veröffentlichen. Mutter war hochgestimmt an jenem Tag, ja euphorisiert redete sie von ihrer literarischen Zukunft. In der Folgezeit ging es ihr gesundheitlich wieder schlechter, und sie sprach kaum noch von ihren Buchprojekten.

Nach Mutters Tod fanden sich die abgeschriebenen Briefe der Eltern im Schulzenhofer Archiv. Vaters Briefe hatte der Strittmatter-Biograph Günther Drommer, Mutters Briefe hatte Constanze Holtz-Baumert abgeschrieben. Zusätzlich fanden sich abgeschriebene Telegramme von Mutter und undatierte Nachrichten der Eltern, die sie in ihrer Berliner Wohnung füreinander hinterlassen hatten. Mutter hatte durch Constanze im Archiv anscheinend alles aufspüren lassen, was ihr als Beweis der großen Liebe der Eltern galt. Leider hatte sie die Briefabschriften nicht mehr durchgesehen. Und so entdeckte erst ich Fehler, Ungereimtheiten, in ihren Briefen. Mir schien, sie fielen, im Vergleich zu Vaters, stilistisch ab. Dann kamen mir Zweifel: Die Lyrikerin hätte wohl gemerkt, wenn ihre Briefe aus den fünfziger Jahren denen des Dichters unterlegen gewesen wären, und auf eine Veröffentlichung verzichtet. Das aber wollte sie: Die Strittmatter-Leser sollten erfahren, welch eine Ausnahmeliebe Eva und Erwin Strittmatter gelebt hatten und dass kein Vorher und kein Nachher an Liebe an sie heranreichte.

Ich bat Doktor Franka Köpp, die Archivarin des Strittmatter-Archivs in der Akademie der Künste, die die Nachlässe der Eltern übernommen hat, um Kopien von Mutters Originalbriefen, und als ich mich mit ihnen beschäftigte, zeigte sich, Constanze, Mutters emsige Mitarbeiterin während vieler Jahre, hatte Mutters Worte zuweilen falsch gedeutet – ein Umstand, der in erster Linie Mutters damaliger Handschrift anzulasten ist. Mutter hat ihre Handschrift im Laufe der Jahre mehrmals völlig verändert. Auch verfügte sie gleichzeitig über verschiedene Schreibweisen, wie die Briefe an ihre Mutter aus den fünfziger Jahren belegen. In den Briefen an Vater handelt es sich um eine für mich unergründliche Vermischung lateinischer und deutscher Buchstaben, die obendrein, wenn Mutter schnell schrieb, ineinanderflossen und sich als verkürzte Buchstabengruppen auf dem Papier finden. Vater hatte schon zu Anfang ihrer Beziehung Evas Schrift beanstandet, und sie hatte ihm zu Ostern 1952 eine bessere Handschrift versprochen, es aber nicht eingelöst.

Ich las mich über Monate in Mutters einstige »Geheimschrift« ein; zum Teil wurde es zusätzlich erschwert, weil Mutter die Briefe mit Bleistift und im Krankenbett, das Papier auf den Knien haltend, geschrieben hatte. Sei's drum. Je mehr ich die Briefe enträtselte, desto deutlicher offenbarte sich mir, dass sie Vaters Briefen durchaus stilistisch gewachsen waren. Das beglückte mich, wenn auch einige Worte für immer im Dunkeln bleiben werden, für mich und für den Leser.

Erst als ich die Briefe der Eltern zeitlich geordnet hatte und sie in Reihenfolge lesen konnte, gewahrte ich, dass fünf Briefe von Mutter aus dem Jahr 1954 fehlen. Vater erwähnt sie in seinen Briefen, er nennt einen sogar »bettinisch«. Alles Suchen nach den Briefen im Akademie-Archiv war vergeblich. Schließlich entsann ich mich: Im Sommer 1970, als Vater ins neue Schulzenhofer Haus umzog, leerte ich für ihn den Verschlag neben der Stallstube, in der er bislang gelebt und gearbeitet hatte. In dem Verschlag zwischen Stube und Dachschräge, in den man nur kriechen kann, hatte Vater Briefordner gelagert. Da er ihn selten inspizierte, hatten sich in ihm Mäuse einnisten können. Zu jener Zeit gab es auf dem Pferdestallboden eine Mäuseplage. Überall standen Mäusefallen und Schalen mit rostrotem Mäusegift. Überall, nur nicht im Aktenverschlag. So konnten Mäuse ungestört Briefordner zerraspeln. Ich sehe mich an einem heißen Sommertag zerfetzte und übelriechende Briefordner zur Mülltonne tragen. Vielleicht war auch ein Ordner mit Briefen des Jahres 54 darunter … Dass Vater Mutters Briefe aus Versehen vernichtet hat – er, der, wie Mutter sagte, *jeden Schnipsel aufhob*, halte ich für ausgeschlossen. Mutter hatte Vaters Briefe in ihrem Zimmer im alten Haus aufbewahrt, und so wurden die schriftlichen Liebeszeugnisse des Dichters an seine Frau nicht von den Mäusen angenagt.

2015 schlug ich – im Einvernehmen mit meinem Bruder Jakob – der Aufbau-Lektorin Angela Drescher vor, die Briefe der Eltern zu veröffentlichen. Dem Verlag gefiel die Idee. Ich musste mich wegen der Fülle des Materials auf einen Zeitraum beschränken. Also wählte ich unter dem Titel »Du bist mein zweites Ich« die Jahre 1952 bis 1958 aus, als der Briefwechsel der Eltern am intensivsten war. Auch später haben sie sich Briefe geschrieben, doch in größeren zeitlichen Abständen, mal schrieb der eine und mal der andere, wenn er außer Landes war oder im Krankenhaus lag.

Hätte sich Mutter an der Herausgabe der Briefe noch beteiligen können, sie hätte den Band gewiss durch einige jener undatierten Nachrichten und Telegramme angereichert. Sie hätte zeitlich zuordnen können, was mir nicht möglich war. Mir blieb nur, in meinem Gedächtnis zu kramen und für Ingrid Kirschey-Feix' Anmerkungen Informationen zu den frühen Berliner und Schulzenhofer Jahren der Eltern zur Verfügung zu stellen. Für die Briefe einer Liebe, die letztendlich schicksalhaft war.

Wer mehr wissen möchte über das Leben *der Strittmatters* nach 1958, der lese Vaters Tagebücher »Nachrichten aus meinem Leben« und »Der Zustand meiner Welt«, oder der lese Mutters »Briefe aus Schulzenhof«.

Erwin Berner
Juli 2018

Den Namen Erwin Strittmatter hörte die Studentin Eva Wernitz 1950 zum ersten Mal von einem Kommilitonen, der von dem gerade erschienenen Roman »Der Ochsenkutscher« schwärmte. Etwas später las sie in der Wochenzeitung »Sonntag« eine Geschichte des Autors und sah ein Foto von ihm. Als die 22-Jährige zunächst freiberuflich, dann fest angestellt beim Schriftstellerverband arbeitete, tauchte der 39-jährige Strittmatter Anfang 1952 im Büro auf und fragte – etwas unwirsch, wie sie fand – nach dem Sekretär. Abends nahmen beide an der Verbandstagung teil, und Strittmatter erkundigte sich bei Paul Wiens, der neben ihm saß, wer diese junge Frau sei. Sie war verheiratet, hatte ein Kind und wohnte, getrennt von ihrem Mann, in Berlin-Mahlsdorf. Er, zum zweiten Mal verheiratet, mit je zwei Söhnen aus jeder Ehe, lebte als freiberuflicher Schriftsteller in Spremberg und war nach seinem erfolgreichen Romandebüt in den Vorstand des Potsdamer Schriftstellerverbandes gewählt worden.

Drei Wochen darauf begegneten sie sich bei einer Tagung der Jungen Autoren in Potsdam wieder und kamen sich näher. So geschehen in der Nacht vom 23. zum 24. Februar 1952.

1952

Eva!

Ob ich Dir wirklich schreiben soll? Deine Zustimmung beim Abschied war nicht sehr ermunternd. Du suchst – und das habe ich gerade bevor wir uns trennten empfunden.

Schon jetzt könnte der Brief beendet sein, denn er soll Dir eigentlich nur sagen, daß ich an Dich denke. Ich fluche, weil's mehr geschieht, als mir bei meiner Arbeit zuträglich ist.

Damit habe ich fast schon mehr verraten, als gut ist. Aber das kommt wohl ganz darauf an, in welche Hände so ein Geständnis gerät.

Freilich hast Du in jener eigenartigen Morgenstunde gehaucht: »Ich mag Dich«, aber da ich noch mit meinen Gedanken in Deinem Wesen umherirre, weiß ich nicht, wo ich dieses Bekenntnis hinlegen soll.

Und ich habe an jenem Morgen gefühlt, daß wir uns nah sind. Ich sagte das auch. Du freutest Dich darüber. Allerdings habe ich das am nächsten Tage von Dir aus nicht mehr so bestimmt gefühlt. Irre ich mich? Warst Du zu müde?

Wie gut wäre es jetzt, eine Stunde, eine Weile miteinander zu reden.

Wenn Dir dieser Gruß mißfällt, dann beantworte ihn nicht, laß ihn unerwähnt. Ich werde dann wissen. –

Viel Gutes

vom »großen Mann«

Berlin, 29. 2. 1952

Lieber Erwin!

Ob die Stärke eines Wunsches seine Erfüllung herbeizwingt?

Ich glaube es fast, denn nach nur an der Oberfläche bewegten, nur scheinbar erfüllten Tagen beglückte mich gestern spät abends Dein Brief.

Viele Fragen finde ich in ihm; aber eine Gewißheit: das Nahesein, das diesen schrecklichen Sonntag inmitten der Anderen überstanden hat.

Ich war nicht »zu müde«, ich war nicht verändert, aber ich versuchte, Deine Mahnung an die »Vertreterin des DSV« in meinem Verhalten zu berücksichtigen.

Du schreibst, daß Du noch in meinem Wesen umherirrst, nicht weißt, was Du aus meinem Verhalten ableiten, wie Du mich verstehen sollst.

Du hast Recht, wenn Du annimmst, daß ich suche. Es ist ein schweres, ernsthaftes, manchmal schon verzweifeltes Bemühen, irgendwo ein Echo, eine wirkliche Berührung zu finden. Ich sprach zu Dir davon.

Ich weiß von Dir nicht viel, ich kenne Dein Leben nicht, ich möchte es nur gern in einem Bild zusammenfassen. Aber es gelingt mir noch nicht. Ich weiß nur eines: daß Du traurig bist. Ich sehe Dich aber anders, in einer ganz anderen, möglichen Art.

Für mich habe ich in diesen wenigen Stunden eines herausgelesen, was mir so wohltat: Güte, Verstehen wollen.

Das was ich eigentlich suche: Wärme, die alle Spannungen zu lösen weiß.

Wenn Du in meinem Leben nicht mehr werden würdest, als diese Morgenstunden umschließen, hättest Du mich dennoch froh gemacht.

Ich kannte von Dir bis zu dieser Zeit nicht viel mehr als

den Namen. Wundert es Dich, daß ich den Zugang zu Deinem Wesen suchte und zu dem Naheliegenden, zu Deinem Buch griff? Sicher nicht.

Ich habe es am Montag gelesen und habe die Nähe zu Dir gefunden, die ich mir wünschte. Ich möchte Dir viel dazu sagen, was einem starken Gefühl der Verbundenheit entspringt.

Aber ich kann es nicht jetzt. Eines nur weiß ich: daß hinter diesem bitteren Leben etwas Anderes als Möglichkeit, als Notwendigkeit steht. Die Sehnsucht, die in Lope steckt, findet in unserem Leben ihre Erfüllung; auch die menschlichen, die einfachsten Beziehungen werden schön. Und durch die Herbheit mancher Erlebnisse spüre ich Deine Liebe zu den Menschen, Deine Sehnsucht nach dem Anderssein, die gerade Dir die Fähigkeit gibt, das Neue zu gestalten. Sicher ist das schlecht gesagt; aber vielleicht fühlst Du doch, wie ich es meine.

Ich teile Deinen Wunsch nach einem guten Gespräch.

Ich wünschte, daß ich Dich bewegen würde, zu der Kommissionssitzung am Dienstag, 4. 3., zu der Du eingeladen wurdest, nach Berlin zu kommen.

Es wäre wahrscheinlich eine bessere Gelegenheit zu einem Treffen als Potsdam. Zu der nächsten Arbeitstagung am 15./16. 3. werde ich wieder dort sein.

Aber ich sehe Dich sicher bald?!

Ruhe zur Arbeit wünscht Dir

Eva

Berlin, 5. III. 52

Du Mädchen Eva!

Jetzt sitze ich hier wach und bereit wie eine Frühlingsknospe, die aufspringen möchte.

Das Mädchen Eva wußte doch mit den Tücken der Köpenicker S-Bahn nicht Bescheid. Schon um 1.30 h fuhr keine mehr. Straßenbahnbummel durch Berlin. – Nachtlinie. Jetzt gegen 3 h hier auf dem Ostbahnhof. Für Boris war es zu spät. Außerdem muß ich allein sein.

An Deiner Straßenbahn-Haltestelle habe ich mir vorzustellen versucht, wie das Mädchen jeden Morgen einsteigt. Die Nachtstimmung könnte auch 1885 gewesen sein. Gaslaterne beleuchtete das Firmenschild eines Schlächtermeisters. Die frühlingsbereiten Bäume. Eine O-Bus-Schachtel, oben und unten erleuchtet, fuhr vorüber. Ein einziger Fahrgast darin. Er schlief. Der Schaffner kontrollierte den Schlaf.

Ich war zum Jauchzen bereit. Allen Menschen hätte ich Liebes sagen können. Mit einem Betrunkenen schloß ich »feste« Freundschaft bis zur Schillingsbrücke. Unsere Zustände waren verwandt. Am liebsten hätt' ich ihm vom Mädchen erzählt. Mir ist es zu allen Zeiten schwerer gewesen, mit Glück als mit Unglück allein zu sein. Ich wünsche mir, Irmgard käme morgen und begänne von Dir zu schwärmen, dann könnt' ich sie still und innerlich dabei begleiten.

Weißt Du, wie es ist, wenn dunkle Wolken von Sonne angestrahlt werden? – Auf dem Tisch, an dem ich schreibe, liegen die schlafenden Köpfe zweier Männer. Wartesaal-Nachtstimmung. Wie können die Männer schlafen, wenn doch mein Herz so pocht!

Ich kann nur ahnen, wie Du schläfst. Sicher ist dann Dein Mund nicht so Spiegel innerer Unruhe und gleicht sich den Kinderaugen an. Dieser Mund aber auch!

Stammele ich? Laß mich stammeln! Ich möcht doch so gern wieder einmal ein ganzer Mensch sein. – Meine Umgebung verbraucht mich nur stückweis – ach!

Einen stillen, schönen Abend für Dich

Erwin

Berlin, 5. 3. 1952

Lieber Erwin!

Warum soll ich eigentlich auf Deinen Brief warten, um ihn dann zu beantworten? Es kann doch auch anders sein. Ich habe Dir auch von mir aus viel zu erzählen. Und nicht nur das:

Bevor ich diesen Tag, mit viel geplanter Arbeit, beginne, will ich all das Schöne, das mich bewegt, um das meine Gedanken seit dem Erwachen kreisen, in das ich mich mit aller möglichen Andacht versenke, so zusammennehmen, daß es wieder so aufklingt wie gestern abend.

Meine Worte kommen gar nicht an das heran, was ich ausdrücken möchte; aber da Du das Gefühl kennst – seit gestern weiß ich es sicher – wirst Du mich verstehen.

Warum mußt Du auch so weit und so lange fort sein – es ist so schwer, Gefühle in Worte umzusetzen. Man kann sie nur beschreiben und trifft es doch nie.

Wenn Du jetzt hier wärst, würden wir uns gemeinsam über diesen herrlichen Tag freuen, der vom Frühling vorhergeschickt zu sein scheint. Diese ersten sonnigen Stunden im neuen Jahr lassen für mich alle Möglichkeiten des erwachenden Sommers hervortreten. Es gibt für mich keine ähnliche Begeisterung wie die, die mich packt, wenn im April – Mai abends der Wind die Welt auszudehnen scheint. Er erzählt dann wirklich. Mir von süßen Sommertagen am Meer und langen Wanderungen durch dunkle Wälder und von Wegen, die durch Wiesen und Weiden in ein Dorf führen, vielleicht ein Fischerdorf auf Mönchgut. Wenn ich könnte (wenn nicht die »Verantwortung« wäre) würde ich am liebsten bald aus Berlin ausrücken. Aber es geht ja nicht!! Ich kann nur davon träumen und versuchen, in 18 abgezählten Urlaubstagen einen Teil davon zu verwirklichen.

Aber es gibt ja außerdem noch anderthalb Wochenendtage jede Woche, die man ausnutzen kann, und das werde ich in diesem Jahr bestimmt tun.

Als ich heute früh die Augen aufmachte, war sofort der vergangene Abend wieder da, und der sonnige Morgen, der mir ins Fenster lachte, paßte ausgezeichnet zu meiner Stimmung.

Dann habe ich erst einige Stunden ganz still verbracht, um nur nichts zu zerstören; am liebsten hätte ich nicht gearbeitet, sondern nur mit geschlossenen Augen zurückgedacht und »nach vorn« geträumt. Deshalb mußte ich Dir jetzt unbedingt erst schreiben. Ich hätte einfach nichts anderes anfangen können.

Ich bin mir nur selber böse, daß ich nicht in der Lage bin, auch nur einen kleinen Teil von dem in meine Worte zu legen, was mich bewegt. Ich glaube, ich habe noch nie einen so schlechten Brief geschrieben.

Wenn es nicht albern und dumm wäre, so würde ich jetzt – wie ein ABC Schütze auf seiner Schiefertafel – auf den Seiten dieses Briefes nur einen Satz immerzu wiederholen: »Ich freue mich, daß Du da bist.« Wenn auch in Spremberg – Du bist trotzdem »da«. Wie froh ich bin, weißt Du sicher. Denn ich weiß es ja auch von Dir, wenn Du es auch nicht sagst. Deine Augen und Deine Hände verstehen es so gut auszudrücken, daß Du keine Worte dazu brauchst.

Wie werden wir die langen Tage überstehen, bis wir uns wieder nahe sein können? Ich werde wohl nur träumen.

Es ist schön durch so bewegte Tage, wie wir sie haben, einen Traum ganz still vor sich hin zu tragen. Ich kenne Dich schon besser, aber Du bleibst »der große Mann«.

Ich warte und träume.

Eva

Spremberg, 5. III. 52

Mädchen Eva!

Es gab einmal eine Zeit, da schrieb ich Briefe an eine
Frau, die es gar nicht gab, nur um meine unausgenutzten
Gefühle unterzubringen. Heute weiß ich, daß ich mit diesem absurden Einfall nicht allein dastehe, denn auch
Balzac hat so etwas ähnliches getan. – Nicht, daß meine
Liebe um jene Zeit niemanden hatte, über den sie sich aus-
zugießen vermochte, aber diese Wesen brachten eben niemals alle Saiten in mir zum Schwingen – Nur, wenn Du
das bedenkst, kannst Du ermessen, wie weise und vorsichtig (das scheint fast ein Widerspruch zu sein) ich mit unserer Begegnung umzugehen gedenke, und wie bang ich
deshalb in Dein Wesen hineinlausche.

Immer noch bin ich wach und durchschwungen vom
gestrigen Windabend. Heute ist es mondig draußen. Die
Luft scheint übers Eis gestrichen zu sein, ehe sie hier her
kam. Wenn ich vor die Tür trete, stürmen die Hunde die
Gartentreppe herauf. Das Mondlicht silbert ihre aufgeroll-
ten Schwänze, und sie legen ihre warmen Schnauzen in
meine Hände.

Ob mein Brief, der Bote der gestrigen Nacht, schon bei
Dir ist?

Kennst Du das – diesen Traumzustand – wenn man
durch die Straßen geht, und es kommt einem immer nur
das Wesen entgegen, mit dem man angefüllt ist? Eine Frau
kommt Dir entgegen.

Eva – durchzuckt Dich's, und das Gefühl des Streicheln-
wollens fährt in Deine Hände, – aber es ist vielleicht nur
der Schimmer des Haares, der nach einem scheuen Hinsehen aus einer fremden Frau Eva machte.

Es macht so froh zu wissen, morgen wird wieder ein guter Tag sein, denn ganz bestimmte Gedanken werden Dich
wieder begleiten. – Wenn viele Menschen empfinden, daß

es sich jetzt gut mit mir leben läßt, dann sollten sie es Dir danken.

Gute Nacht, ihr Kinderaugen

Erwin

6. III. 52

Eva!

Geht's Dir auch so: Plötzlich hält das jetzt zu Dir hinschlagende Herz sein Klopfen erstarrt zurück. Man liest in der Zeitung, wie Belojannis und seine Gefährten mit dem Faschismus um ihr Leben ringen. Dort unten in Griechenland geschieht das, wo jetzt der Frühling schon mehr daheim ist als bei uns. Draußen der Frühling in den Oliven- und Orangengärten. Sie in den dunklen Kerkern und ihre Hoffnung: Nicht der Frühling draußen, sondern der Frühling in den Hirnen der Menschen. Belojannis' Mutter schrieb an Stalin. Und Stalin hörte die Stimme der alten Frau. Er rief die Welt auf – seine Welt. – Und jetzt warten sie voller Glauben auf das Gewicht und die Stimme dieser Welt in Sachen ihres Todes.

Wie nimmt unser Glück an Gewicht zu, wenn wir uns das vergegenwärtigen. Vielleicht ist einer unter den Gefährten, der, bevor er »gegriffen« wurde, seine griechische Eva eben erst zu deuten begann …

Aber wir werden uns sehen. Nach Tagen schon sehen, wiedersehen. – Kann man tief, tief glücklich sein, solange so etwas auf der Welt noch möglich ist? Ich werde damit nicht fertig. Wie wirst Du's?

Sobald ich meine Augen aus der Arbeit nehme, in den Garten schaue, sind meine Gedanken schon bei Dir, aber dieser Gedanke an die griechischen Kämpfer geht mit zu Dir.

Es ist spät, und ich fürchte, ich konnte mich nicht so verständlich machen, wie ich's gern getan hätte. Ich rechne damit, daß Du Dich langsam daran gewöhnst, auch mein Gestammel zu verstehen.

Oftmals wollen mir viel zu verfrühte Sätze aufs Papier fließen, aber ich wähne, man darf eine suchende Eva nicht damit erschrecken. –

Ich gesteh's gern, weil ich's lange nicht so hatte, ich warte auf ein Brieflein von Dir. Auch das ist schön, gerade weil es sich so gut mit den sonstigen Bitterkeiten mischen läßt.

Ob Du schon schläfst?

Erwin

Spremberg, 7. III. 52

Du!

Zwei gute Ereignisse zugleich heute: Dein Brief und die Nachricht, die griechische faschistische Regierung habe sich gespalten, die Pseudo-Justiz müsse dem Druck der Weltöffentlichkeit nachgeben und das Todesurteil gegen Belojannis und seine Gefährten aufheben.

Nie habe ich so deutlich gefühlt wie heute, daß unser Glück mit dem aller fortschrittlichen Menschen der Welt gekoppelt ist.

Dank für Deinen Brief. Dank doppelt, weil er nicht erst auf meinen wartete. Dieser Umstand war so verbindend. Die ABC-Stelle so lieb, daß mein Herz hüpfte.

Auch ich geh so umher wie Du: mit einem Traum im Herzwinkel versteckt. Manchmal meine ich allerdings, alle Welt müßte es mir ansehen. Und schon wieder will etwas auf's Papier, was Dich erschrecken könnte. Erst mußt Du mich kennen, mehr kennen, denn ich bin ein Mensch, mit dem es sich schlecht leben läßt. Ein ausgesprochenes Talent, meine Umgebung unglücklich zu machen, nenne ich mein eigen.

Ich könnte stundenlang »Eva, Eva« schreien. Das ist ein so langvergessenes Gefühl in mir, daß ich mich fast davor zu fürchten beginne. – »Was kommt, was kommt?« frage ich mich.

Wie wird Dein Wochenende sein? Ich werde arbeiten. Seit langem ging's nicht so gut bei mir. Die Gedanken fliegen mir zu, wie die weißen Pfautauben draußen vor meinem Fenster ihrem Schlag zufliegen. Stoff für zwanzig Geschichten wäre da, und ich komme kaum nach, ihn flüchtig zu skizzieren.

Und wie wird's sein, wenn wir uns unter all den anderen Menschen, die zwar zum Teil verstehende Freunde sind, wiedersehen? Wird's so sein wie in der S-Bahn das letzte Mal, wo ich mich auf der Rückfahrt von Potsdam wieder allein gelassen fühlte?

Nur schnell einmal Deine Hand drücken – das wäre schon viel für heute. Erwin

Berlin, 7. 3. 52

Lieber

Seit in meinem Leben wieder ein Mittelpunkt steht, habe ich zu mir selbst und zu meiner Umgebung auch die richtige Beziehung zurückgefunden. Alles findet wieder sein richtiges Maß. In den letzten Tagen habe ich mich völlig in mich zurückgezogen, in mich hineingehorcht; aber heute bin ich so weit, daß ich mit dem ersten Sonnenstrahl Kraft in mir aufsteigen fühlte, zu beginnen, die Stärke des Erlebens auch meiner Arbeit zuzuleiten.

Kennst Du die »Briefe aus meiner Mühle« von Alphonse Daudet?

Ich habe sie in einer französischen Ausgabe und begeistere mich oft an ihrer zauberhaften Sprache. So wie D. in der »Installation«(Einrichtung) seine Umgebung besichtigt und beschließt, mit ihr äußerst zufrieden zu sein, wie er die erste Freundschaft mit den Dingen schließt, so habe ich mich wieder meiner nächsten Umgebung zugewandt. Am liebsten würde ich überhaupt nicht mehr fortgehen, um nur nichts von meinem Glück entschlüpfen zu lassen. Ich will eifersüchtig darüber wachen, und deshalb brauche ich auch wieder einen Platz, an dem ich mich ganz diesem Glück hingeben kann. Bisher war ich nur zum Schlafen zu Hause, alles war so leer, daß ich mich vor meiner Wohnung fürchtete; das war aber nur, weil es in mir leer war und ich draußen verzweifelt suchte.

Jetzt ist alles anders.

Welch eine Fülle erregender Erlebnisse hast Du mir gestern gegeben.

Ich habe Dein Gedicht gelesen (ich bin Dir böse, daß Du darüber so spöttisch als »gesammeltes Werk« sprichst) und drei Erzählungen. »Der entminte Acker«, »Das Jahr der kleinen Kartoffeln«, »Die fünf Bananen (?)«. Ich kam gegen 18 Uhr nach Hause und – sicher ging mein so starkes Sehnen in Erfüllung – fand Deinen Brief. Ich war den ganzen Tag über unfähig zu der geringsten Handlung. Am Abend wollte ich arbeiten; aber als ich Deinen Brief gelesen hatte, mußte ich mich mit meinem Glück in den Traum zurückziehen. Ich stehe staunend wie vor einem Wunder vor dem plötzlichen Anbruch des Erlebnisses.

Ich kann Dir gar nicht sagen, wie sehr mich jede Stunde, jedes Gespräch mit Dir verwandelt. Ich kann Dir im Einzelnen nicht sagen, woran es liegt. Wohl weiß ich vieles, was gut ist an Dir und nie gefunden vorher. Aber Du bist es im Ganzen. Es gibt nichts was abspringt. Deine Hände, Deine Stimme, Deine Augen – aber es ist Dein Wesen –

Du bist einfach gut. Nur das kann es sein, was mich so löst, daß ich es Dir sagen kann. Du fühlst das auch, die Kraft in Dir. Sonst hättest Du nicht schreiben können: »folg mir …«

Weißt Du, daß das eigentlich alles Sehnen umschließt? Den Menschen zu finden, dem man folgen kann in Übereinstimmung, ist – so glaube ich – das stärkste Glück.

Das Gedicht hat mich so bedrängt, es läßt mich nicht los.

Ich weiß, daß die Unruhe in mir wachsen wird, bis wir wieder zusammen sind. Dann wirst Du mit Deiner ruhigen Stimme über mich hin streichen, ich werde Deine Hand fühlen, wir werden uns auch inmitten der Anderen nicht verlieren – und ich werde so sicher sein wie Du.

Ich stemme mich gegen die Gefahr, die Tage mir danach zu bemessen, ob sie endlich vorbei sind, und ob sie mich Dir näherbringen. Wenn Du mir sagst, daß Du es kannst, daß Du Dein Leben und die Arbeit trotzdem in Ordnung hast, dann werde ich es auch können.

Ich will doch nicht das Warten zum Rhythmus meines Lebens machen! (Und trotzdem wird es immer schlimmer werden.)

Sag mir, daß ich dumm bin, und daß Du mich nur liebst, wenn ich meine Pflichten erfülle!

Wir müssen in Potsdam Zeit finden, ich möchte mit Dir gern über Deine Erzählungen sprechen. Schreiben mag ich nicht.

Ach Potsdam! Noch acht Tage!

Aber bis dahin erreichen mich bestimmt noch neue Grüße von Dir, die mich so freuen, wenn ich auch ohne sie Deine Gedanken immer bei mir fühle –

Glückliche Tage für Dich!

Eva

Spremberg, 8. III. 52

Du Mädchenfrau!

Heute nachmittag – Irmgard war gerade in meinem Arbeitsstübchen und schwärmte von Dir – kam Dein zweiter Brief, meine Sonntagsfreude. Nun habe ich ihn schon mehrmals gelesen und trage ihn in der Tasche bei mir. Schon sein leises Knistern macht mich glücklich. Deshalb muß ich Dir den Schluß eines alten Gedichts hier nochmals hinschreiben. Ich sagte ihn Dir kürzlich:

... manchmal ist meine Tasche im Rocke,
die einen Brief und ein Bild warm umhüllt,
oder der handblanke Griff am Stocke,
etwas, was mich wie Heimat erfüllt ...

Es stammt natürlich aus meinen Wanderjahren.

Deine Fragen: Daudets Mühlengeschichten kenne ich und habe sie – ich glaube im Kriege war's – mit viel Freude gelesen. Schon liegt das Bändchen als Nachtlektüre auf meinem Tisch. Es soll nachher, nach der Arbeit, eine Brücke zu Dir schlagen. Diese mechanischen Hilfsmittel sind natürlich nicht vonnöten, aber es wird schön sein, sich an Wendungen zu erfreuen, die möglicherweise auch Dich erfreut haben. –

Weshalb über »Gesammeltes Werk« gespöttelt? Das tut oftmals gut, diese Selbstironie. Ich kam damals auch in einem anderen Zusammenhang darauf. Der Aufbau-Verlag schickte mir für das »Gesammelte Werk« eine Vierteljahresabrechnung von 12 (zwölf) Pfennigen. Im letzten Vierteljahr wurden 12 Exemplare verkauft. – Dieses pietätlosen Bürokratismus' wegen begann ich darüber zu spotten. – Schließlich war gerade dieses Gedicht die Summe langjähriger Träume und Erfahrungen und das erste nach fünf Jahren Schreibverbot von Gedichten, das ich mir selbst auferlegte, weil's zuvor bei mir doch »rilkte«. – Schließlich war es auch ein Hilferuf. Drei Instanzen haben sich darum gestritten, ehe es überhaupt gedruckt wurde. Die Kritik hat es geflissentlich totgeschwiegen. Erst in China kam es an. Ich erzählte ja. Und jetzt diese Rohlinge mit ihren zwölf Pfennigen. – Du verstehst.

Alles ist jetzt aber nicht mehr wichtig, da es Dich erreicht hat.

Eva!

Ich muß noch arbeiten. Morgen komme ich wieder.

Spremberg, 9. III. 52

Du Liebe, Du!

Ich soll Dir sagen, daß Du »dumm« bist, weil Du den Schwung eines Erlebnisses nicht in Arbeit umsetzen kannst? – Wie könnte ich! Diesem Vermögen geht ein Entwicklungsprozeß voraus, den man durch gute Ratschläge nur wenig verkürzen kann. Ich neige ja selbst noch zu Rückfällen. – Aber probier's doch erst! Ich habe seit etwa drei Jahren nicht eine schöpferisch so gute Zeit gehabt wie augenblicklich. Schon dafür allein müßte ich Dir sehr, sehr dankbar sein. – Jeder schöpferische Mensch ist irgendwo in einer Herzkammer ein krasser Egoist um seines Werkes willen. Das wirst Du ja wissen. Gar zu gern möchte sich zuweilen das Werk als Geliebte Nr. 1 aufspielen. Es ist oftmals gar nicht leicht, die Harmonie in dieser Hinsicht herzustellen.

Ich sage Dir das, weil ich mich davor fürchte, daß Du meine »Güte« überschätzt. Was wäre ich für ein fader Mensch, wenn ich nur aus »Güte« bestehen würde. Freilich hat die Fülle meiner Erlebnisse und Erfahrungen manches in mir geglättet. – Ein See bei Windstille. – Bedenk, daß wir uns vorläufig nur mit Sonntagsgesichtern kennen. Ich warne, weil mir unser eben beginnendes Glück so kostbar ist. Ich will's schützen für Dich, für mich und nicht zuletzt für unsere Arbeit, die doch so schön verantwortungsvoll ist.

Was ist das heute für ein reicher Sonntag! Alles beginne und tue ich mit Dir zusammen. Gleich werde ich für eine Stunde mit den Hunden in den Wald gehen und Deinen Brief gleich mit zum Bahnhof nehmen. Der Birnbaum vor meinem Fenster steht mit seinen dicken Knospen sprungbereit. Noch muß er sich vom kalten Wind belecken lassen, aber schon morgen kann es anders sein. Der Himmel kann den Frühling nicht mehr verschweigen. Der Wind wirkt deshalb wie ein Prahlhans, der vom Winter erzählt.

Ich bin bei Dir, Eva.

Tiefer Blick

Erwin

Berlin, 9. 3. 52

Einen guten Sonntagmorgen!

Ich wollte diese frühe Stunde eigentlich nehmen, um einen langen Spaziergang in »meinem Wald zu meinem Flüßchen« zu machen. Aber nun will ich den Tag doch lieber beginnen, indem ich direkt mit Dir spreche. Der Ausflug wird in die warme Mittagsstunde verlegt.

Es ist recht herrlich und friedlich, um froh gestimmt zu sein. Die Sonne spielt auf meinem Brief herum, als wollte sie mir sagen: Einmal nicht so ernst, mach's lustig!

Ich könnte es auch; aber nicht jetzt; denn da ist wieder Dein Brief, der mich gestern erreichte, für den ich Dir die reine Freude danken muß, die Du mir damit gegeben hast.

Aber er hat mich auch sehr ernst, nachdenklich und vielleicht ein wenig traurig gemacht.

Da steht ein Satz …, daß Du weise und vorsichtig mit unserer Begegnung umgehen willst, über den ich viel nachgedacht habe.

Warum willst Du Dich nicht offen und ohne Vorbehalte dem Gefühl hingeben?

Wenn die Möglichkeit für eine Harmonie da ist, wenn das, was Du in mir siehst, indem Du in mich hineinsiehst, vorhanden ist, dann klingt es auch, wenn aus Deinem Wesen die Aufforderung fällt, auf und zusammen; dann wird »aus zwei Saiten eine Stimme gezogen«.

Ich habe es mir immer so gewünscht, wie ich es jetzt finde. Nicht krampfhaft nach neuen Zügen, neuen Seiten des anderen Menschen zu suchen, nicht nur die eigenen Erwartungen in ihm gespiegelt zu sehen, sondern bei jeder Begegnung, bei jedem Brief, jeder Zeile, sich beglückt zu verhalten, staunend zu stehen, weil einem ein Ungeahntes, Schönes zufällt. Und dabei möchte ich noch viel, viel mehr von Dir wissen: Ich möchte Dich auskennen und dabei doch nie ans Ende kommen.

Ich möchte gerade jetzt gern wissen, ob Du Musik liebst und welche?

In meinem Leben ist sie das Schönste. Nichts, kein Brief, kein Gedicht reicht an die Musik heran.

Weißt Du, was mein Maßstab für das Glücklichsein ist?

Woher soll man eigentlich wissen, daß es noch mehr Glück als das schon erreichte geben muß? Ich weiß es aus der Musik.

Wenn ich das Beethoven-Violinkonzert höre oder das von Bruch oder die Kanzonetta aus Tschaikowskis, dann weiß ich, daß das das Glück ist. Darüber gibt es nichts. So gelöst, so hingegeben wie an die Musik, so völlig befriedet, so beschenkt wie von ihr möchte ich von einem Menschen sein.

Und das gibt es, kann es jedenfalls geben. Ich weiß es

sicher. Ohne diesen Glauben könnte ich einfach nicht leben.

Wenn ich dann nachdenke, wie dieser Mensch sein muß, dann scheinen es die selbstverständlichsten und alltäglichsten Eigenschaften zu sein, die ich mir an ihm wünsche: Er soll einfach und klar sein und sich auch so empfinden. Nur nicht »kompliziert«; ohne Winkelzüge und geliebte Leiden, einer persönlichen Aufgabe hingegeben, die der allgemeinen dient; diese soll er so ernst nehmen, daß nichts ihn von ihrer Verwirklichung trennen kann. Immer in der Entwicklung, mit einer Leidenschaft für das Leben, für alle seine Schönheiten, die ihn zu jeder Aufnahme fähig macht. So soll er sein, daß ich folgen kann mit eigenem Willen und eigenen Schritten; nur folgen; es darf keinen Zweifel über die Führung auf dem Wege geben.

Ich fühle mich für mich allein stark genug, meine Schwächen zu überwinden; aber die eines anderen dauernd zu tragen, nicht. Das hat nichts zu tun, mit dem Festen-Halt-Bieten für eine Zeit des Suchens; das immer; durch den Glauben an die nur unterbrochene Kraft des anderen.

Wenn man so sucht, dann kommen eben keine Menschen in Frage, an denen einem dieses oder jenes gefällt. Vielleicht hat einer lachende Augen, die man so liebt; aber die können oft lügen und dahinter ist Schwäche. Oder die ernste Auffassung vom Leben scheint sich in vielen Gesprächen zu beweisen, und dahinter steht doch Ratlosigkeit. Oder einem anderen springt die Fähigkeit zum frischen Losstürmen aus den Zügen, dieser Schwung, der einen so begeistert, – und nachher bleibt er nach kurzem Wege stehen. – Man wird also genau hinsehen müssen, ob das Ganze da ist und wo es sich bewiesen hat; wie der Weg gemacht wurde bis hierher. Und das ist schwer; weniger, das zu prüfen, als das eigene Eingeständnis, daß die Gleichung nicht stimmt./Was sollst Du damit an einem sonnigen Sonntagmorgen? Verzeih mir bitte; daß ich nicht zu Dir direkt gesprochen habe! Ich werde es bald tun! Ich bin immerzu bei Dir;

Eva

Spremberg, 12. III. 52

Mädchenfrau!

Schön, daß Du einen Wald und ein Bächlein hast, und doch sieh, ich kann mir Dich nicht vorstellen, wie Du da allein einhergehst. So entscheidend und zäh wollen einem oftmals die ersten Eindrücke ein Bild aufhalsen.

Heute kam Dein »weiser« Brief. Weshalb soll ich nicht gestehen, daß ich seit Montag jungenhaft auf ihn wartete. Und da schiebt sich schon die Frage ein: Warte ich nicht zu sehr auf Deine Zeilen? Darf ich Dich schon so in mein Leben einbeziehen?

Ah, da schon wieder die »weise Vorsicht« – es ist ein Kreuz mit dem Kerl, wirst Du sagen.

Weißt Du, Eva, was ich empfand, als ich Deinen heutigen Brief las? – Du hast meinem tastenden »Du« ein ziemlich bestimmtes gegenübergestellt. So bestimmt, daß ich für Augenblicke erschrak. Es war die Ausschließlichkeit – eine ein wenig lebensfremde Ausschließlichkeit, die mich daraus ansprang. Du erinnerst Dich unseres Gesprächs: Man darf nicht mit dem Lineal an die Menschen herangehen, es rauflegen und dann abhacken wollen, was über die Linealkante hinausreicht. – Nun, – Du weißt, was ich meine.

Denk nicht, daß ich ein fürchterlich komplizierter Mensch sei, der seine »Leiden liebt«. Nein, denk nicht, daß ich deshalb Einschränkungen des Bildes von »Deinem« Menschen heische.

Es hat mich vielleicht mehr in Verlegenheit gebracht, daß ich an Deinem ungestümen Wunschbild, das so voll Jugend war, ermaß, wie alt ich eigentlich schon bin.

Auch in mir west der Wunsch noch recht stark, so zu sein, wie Du Dir Deinen Menschen vorstellst, aber da sind doch die Verwicklungen und Verflechtungen eines vierzigjährigen Lebens (oft, ach, so verschrobenen und durch die Umwelt komplizierten Lebens) durch die man hindurchwachsen muß.

Wollte ich nicht hindurchwachsen, wollte ich nicht eines Tages doch damit fertig werden, wie wären meine Augen da auf Dich gefallen?

Ich will damit nicht um Geduld oder Rücksicht für mich plädieren, sondern nur ganz leise darauf aufmerksam machen, daß einem das »fertige« Ideal wohl kaum eines Tages entgegenspringt. – Vielleicht verstehst Du mich, wenn ich behaupte, daß die Zeit des Aneinander-Reifens sogar sehr beglückend und ersprießlich sein kann. Vorausgesetzt natürlich, es ist von Anfang an die für eine Entwicklung nötige Substanz vorhanden.

Beginne ich heute zu dozieren? Ich will nicht auf Deine einzelnen »Forderungen« eingehen, aber schnell ein Beispiel: Wie kann jemand aus dem Tatendrang, der in seinem Gesicht steht, Tat machen, wenn ihm noch Motive dazu fehlen. Muß er sie nicht aus der Umwelt holen?

Ich merke, ich kann mich heute nicht so verständlich machen, wie ich gern möchte.

Das ist nun mein letzter Brief vor dem Wiedersehen, dem ich jetzt eigentlich etwas bang entgegensehe. Wird nicht jeder Deiner Blicke Dein »Ideal« meinen, und ich mit all meinen aufgewühlten Gefühlen sitz' da wie ein »schön Getäuschter«?

Wenn ich Dich jetzt sehen könnte, wüßte ich mehr, wäre ich froher. Dein Brief, in dem es heißt, daß wir uns am

Sonnabend/Sonntag trotz der anderen nahe sein werden, meint es so gut.

Ich werde schon am Freitag hier abgeholt. Lese am Abend bei der FDJ im Oderbruch und fahre von dort aus nachts nach Potsdam. Da kann ich mich nachts im Auto so schön vorfreuen.

Eigentlich werde ich das Gefühl nicht los, daß wir uns schon lange kennen. Und wenn Du am Sonnabend/Sonntag nicht kommen würdest, säße ich wahrscheinlich da wie die schlechtere Hälfte meines Ich's.

Ich arbeite an einer Kindergeschichte aus der Wuhlheide für das Jahrbuch des Kinderbuchverlags. Allerdings werde ich bis zum Sonnabend noch nicht so weit sein, sie mit Dir durchsprechen zu können.

Jetzt kann man schon die Stunden zählen. Gib mir Deine Hand!

Erwin

Potsdam, 15. III. 52

Eva, Eva!

Ich bin mehr als die halbe Nacht unterwegs gewesen und habe viel an Dich (und über uns) gedacht. Sag Du mir heute, daß ich dumm bin. Ich meine damit auch meinen letzten Brief mit seinen »Befürchtungen«.

Jetzt klopft mein Herz, weil ich Dich gleich sehen darf. Ich freue mich. Die Sonne meint's gut mit unseren Tagen.

Ganz bei Dir

Der Mann

Spremberg, 17. III. 52

Eva, Mädchenfrau!

Bevor ich wieder in meine Erzählung kriechen kann, muß ich Dir schnell sagen, wie ich fühle.

Ein halber Mensch sitzt hier. Die Hälfte eines Menschen – wie jener »Kleine«, den Du nicht magst. Vor meinem Fenster streichelt die Sonne die Birnbaumknospen. Ich bin heute eifersüchtig auf die Sonne, daß sie streicheln darf, was sie liebt. –

Kein Handgriff, seit ich heute hoch bin, (es war schon sehr zeitig), geschieht ohne Dich. Ganz vollgesogen bin ich von Deiner Nähe. Jede Zelle in mir möchte Mund sein und Deinen Namen in allen Schattierungen hinausschreien. Jedes Wort, was ich heute schreiben werde, wird ein kleiner Gruß sein, der Dich erreichen und beglücken will.

Am liebsten hätt' ich den Pionieren heute von Dir (von uns) erzählen mögen. Sie werden ohnehin merken, daß ich ein Veränderter bin. Kinder und Hunde fühlen in dieser Hinsicht besser als manche Verwachsene.

Ich bin verzankt mit dem Schlaf, den ich früher oftmals als wohltuend Enthebenden begrüßte. Jetzt nenn' ich ihn einen Dieb, weil er meine Wachstunden bestiehlt, in denen ich staunend um den Berg des Glückes stehe, der sich plötzlich auf meinem Wege zu erheben begann.

Ich denke an alle guten und schönen Plätze Europas, die ich sah und fand. Alle möcht' ich Dir zeigen, um das einstige Erleben an ihnen mit Dir zu verdoppeln. Ein verschütteter Blutquell ist in mir aufgebrochen, und wer ihn wieder zuschütten wollte, würde zum Mörder werden.

Der ganze Morgen ist voll von Musik. Würd' ich die Notenschrift besser beherrschen, würdest Du wahrscheinlich Lieder von mir erhalten. – Gerade daran merke ich, wie jung Du mich machst. Es gibt solche Lieder aus der Zeit meiner ungeklärten Jugend. – Aber die geklärte Jugend ist schöner.

Wie wünsche ich, daß ich mich nicht verfühlen möge, wenn ich fühle: Die Zeit, auf die ich seit zwölf, dreizehn Jahren warte, ist angebrochen. Alles, was ich inzwischen schaffte, kam aus der eigenen Substanz, und mählich wurde ich ein liebesarmer Mann.

Ach, wie provozierend sich die Pfautauben auf der Gartenlaube küssen. – Ich will nach der Arbeit im Garten hantieren, graben, den Erdduft einatmen und erfühlen, wie Du dazu paßt.

Neidisch bin ich auf alle Menschen, die Dich im hastigen Berlin sehen dürfen, denn die Nachtstunden am Heiligen See durchrieseln mich noch. Wie doch alles in mir zu Dir hin wollte!

Du, ich muß ja arbeiten. Ich bin ja so geneigt, mich zu verträumen. Wie könnt' ich Dir Beispiel sein, wenn ich's tun würde!

Bleib mir gut!

Ich komme bald wieder.

Ich kann meinen Namen nicht hier her schreiben. Du bist zu groß in mir,

Eva,
Mädchenfrau!

Berlin, Montag abend [17. 3. 1952]

Einen schönen Wochenbeginn und einen guten Abend!

Ich habe mich gestern Abend bezwungen und mein umgewühltes Innere, das nur ein einziger Schrei war, nicht zu Dir geschickt.

Du weißt, was war. Es war zu viel, es ging bis zum Rande des Ertragbaren. Alles in mir klagte, klagte an, wollte Sturm laufen, die Widerstände einreißen. Aber wen anklagen, wen überrennen? Die Zeit?

Nein, wir müssen sie gehen lassen, ihr die Prüfung unseres Glaubens zugestehen, die Gewißheit nur von ihrer Bestätigung erwarten.

Ich weiß, daß es, so wie es mit uns ist, schwer ist. Der Hindernisse, der riesigen Berge sind so viele. Sind es vielleicht zu viele?

Du sprachst an unserem Abend von Deiner Befürchtung, daß für mich alles nur ein Strohfeuer sei.

Ich habe gestern darum gefleht, daß es vorübergeht. Wäre es nicht leichter? Wir sind in so zahlreiche Bindungen verstrickt, ganze Wälder von vergangenen Gefühlen strecken uns ihre trockenen Äste doch immer wieder entgegen. Sie wollen nicht weichen. Ich denke mehr an Dich als an mich, denn ich bin ja so jung.

Ach, weißt Du denn, wie ich um Dich bin mit all meinen Gedanken und Gefühlen? Du sollst einem anderen Menschen kein Wort, kein Lächeln geben, weil es doch mir gehört. Ich fühle doch, daß »ich es bin«, sein muß.

Weißt Du denn, wie ich träume? Daß Du im Mittelpunkt meiner Tage stehst, daß keine Zukunft ohne Dich entsteht?

Wenn Deine Hände, die ich liebe wie etwas nie Gefühltes, vor mir auftauchen, beginne ich zu zittern. Was möchte ich ihnen Gutes tun – und sie sind in Spremberg!

Es wird wohl keinen Ort geben, den ich so hasse – und doch auch liebe – wie Spremberg!

Ich möchte Dich mit meinem Willen in meine Arme zwingen – aber er versagt an Dir. Gestern, spät abends, wachte ich auf, ich hatte von Dir geträumt, Du hattest geklopft, ich wußte meinem Zittern nicht zu begegnen, Ewigkeiten lag ich mit verhaltenem Atem in der gespannten Stille. Dann fiel ich in mich zurück.

Wie ich mich verwünsche, daß ich Dich am Sonnabend gelassen habe!

Unwiederbringliche Stunden, die uns gehören konnten, sind verloren.

Ich kann kaum noch schreiben, weil die ganze Qual des vergangenen Tages mir in die Feder will. Meine Hand zittert; sie wehrt sich, Dir alles zu schreiben.

Was ich wünsche, was mein Sehnen umschließt, ach, wenn ich es Dir sagen könnte!

Du mußt bald kommen und mich ruhig machen. Willst Du?

Am nächsten Donnerstag mußt Du zur Sitzung nach Berlin, laß mir den Tag!

Deine Arbeit wird ihn mir schenken können!

Bis dahin bin ich bereit, mich einzuspannen in den Alltag wie ich nur kann. Ich habe heute gearbeitet wie wild. Nur nicht die Gedanken an Dich, die schlafenden Gefühle aufpeitschen lassen!

Ich weiß, daß Du die gleichen Qualen leidest wie ich. In Spremberg sind die Hände, die ich nur in Gedanken fassen kann, genau so leer wie meine hier, die Dich nur fühlen wollen.

Bewahre sie für mich, wie ich mich mit jedem Gedanken und jedem Gefühl nur für Dich bereite.

Verzeih' das wilde Stürmen, ich wollte es nicht; ich glaubte, ich hätte es bezwungen; aber das wird auch eine lange Zeit nicht schaffen.

Ich will aber nicht nur schreien – sondern Dir doch endlich danken für unseren Abend, dessen Schönheit mir über die nächste Zeit helfen wird. Ich freue mich auf Dich!

Eva

Spremberg, 18. III. 52

Schweigsame Eva!

Kein Wort von Dir. Die Post kam mit leeren Händen. Und welcher Hohn: Vormittags und nachmittags je ein Brief vom Zentralverband. Beide gestern zur Post gegeben. Der erste Brief konnte mich noch narren. Ich wähnte, er sei von Dir. Er sollte für eine gute Viertelstunde aufgehoben werden. Ich ließ ihn liegen, schaute ihn aber bei der Arbeit immer wieder erwartungsvoll an. – Bei einem solchen liebkosenden Blick gewahrte ich den Abdruck einer Büroklammer auf dem Umschlag. Die Illusion war verflogen. – Ein Protokoll von jener Sitzung, auf der ich Dich zum ersten Male spürte. – Immerhin ein Gruß, denn Dein Name stand ja auch im Protokoll. – Der zweite Brief enthielt eine Einladung für den heutigen Abend in das Haus der Kultur zum »Bulgarischen Abend«. Hätt' ich's gestern gewußt, dann wäre ich gekommen – nur, um bei Dir sein zu können. So muß ich an einer (wahrscheinlich) langweiligen Sitzung hier am Orte teilnehmen.

So geht es mir. Immer noch schreit's in mir. Den jähen Abschied kann auch die Frühlingssonne nicht überstrahlen. Ich sehe die ersten Schmetterlinge fliegen. Der Duft von Veilchen und der des jungen Grases liegt schon in der Luft. Den Sprosser und die Drossel habe ich gestern in meiner Waldstunde gehört. Alles, alles kann nicht aussöhnen. Ohne Dich bleibt der heurige Frühling blaß. Diese Ahnung wird mir stündlich mehr zur Gewißheit.

Heute bin ich mit dem gröberen Rahmen der Erzählung

fertig. Jetzt geht's ans Feilen. Wie wünsch ich mir doch, Dein Kopf läge dabei auf meiner Schulter. Erfüllung eines zwölf-, dreizehnjährigen Traumes.

Sobald nur eine Pause bei der Arbeit aufkommt, durchforsche ich Dein Wesen, rekapituliere jedes Deiner Worte bis in seinen Tonfall hinein. Oder ich streichele in Gedanken alles, was ich gut und schön bei Dir finde – und da ist kein Fertigwerden.

Mädchenfrau, hörst Du mich denn nicht?

Erwin

Warst Du am Sonntag noch im Konzert?

Berlin, 19. 3. 52

Lieber, mein Mann!

Ich muß meinen Arbeitstag erst unterbrechen, um zu Dir zu kommen.

Dein Brief, all Deine lieben Worte gestern haben mich so beglückt und sicher gemacht.

Alles, was Du mir in den wenigen Sätzen an Neuem über Dich erzählt hast, habe ich fest in mich aufgenommen und Deinem Bild hinzugefügt.

Ich möchte so viel von Dir wissen, alles an Deinem vergangenen und gegenwärtigen Leben soll mir gehören.

Du zauberst in Deinem Brief noch einmal die Nacht am Heiligen See herbei. Ist sie für Dich auch so Quelle sich ständig verjüngender Seligkeit?

Es stimmt so ganz mit meinem Empfinden überein, daß »alles in Dir zu mir hin wollte«, daß dieser Satz – für mich ein nie erlebtes Wunder – zum schönsten und zum Mittelpunkt des ganzen Briefes wird.

Das ist ja alles so neu, so beglückend. Ich habe noch nicht zwölf Jahre darauf gewartet, – wie Du von Dir schreibst – aber mir ist, als ob das ungestillte Sehnen mich Ewigkeiten erfüllt hat.

Und nun ist es etwas so tief Erregendes, so jeder Beruhigung, jedem Täuschungsversuch Unzugängliches, daß ich fassungslos davor stehe.

Und der Frühling, der aus den grünen Fliederknospen springt, flüstert mir so viele lockende Lieder zu, daß ich weich und bereit bin wie die Erde, die sich in ihrem herben Duft verströmt. – Ach, das trifft alles nicht das, was ich Dir sagen will – weil es sich eben nicht sagen, noch viel weniger schreiben läßt.

Ich hoffe auf den nächsten Mittwoch – dann werden wir uns sehen, ja?

Du – Lieber – Du verstehst es so gut mir Schönes von Dir zu schreiben, mich an Deinem Tag teilnehmen zu lassen. Ich kann es kaum.

Gestern habe ich bis spät gearbeitet, kam gegen 21.30 Uhr nach Hause; Dein Brief machte mich schon vom Ansehen selig. Das sind köstliche Minuten, in denen ich das Öffnen hinausschiebe und genau weiß: »Du hast jetzt einen Schatz in der Hand, der dir ganz allein gehört, den du genießen kannst – gleich!«

Dein Brief hat mich so bewegt –, ich habe ihn wieder und wieder gelesen. Ach, ich brauche Dir meinen Zustand nicht zu schildern, Du kennst ihn von Dir selbst.

Ich will Dir nur noch einen Satz schreiben, den Du tausendfach nehmen sollst:

Ich hab Dich lieb und möchte mit Dir alles erleben, was Menschen überhaupt erleben können.

Bleib mir immer gut!

Ich will Dir meinen Namen doch schreiben, denn ich bin stolz auf ihn, weil Du ihn liebst.

Deine Eva

Spremberg, 20. III. 52

Herrliche Mädchenfrau!

Gestern (Mittwoch) kam endlich Dein Brief. Den ganzen Tag und die kurze Nacht habe ich mit ihm gelebt. Er pocht wie Herzschlag in meiner Tasche.

Der zweifelnde Unterton zu Anfang des Briefes, was soll er? Es wird doch noch schöner, Eva. Ich trau unserer Liebe die höchsten Steigerungen zu. In diesem Glauben bin ich so sicher, weil er nicht nur allein aus dem Gefühl zehrt. Denk doch an die Verwandtschaft unserer gemeinsamen Arbeit! Das allein schon ist eine so verläßliche Grundlage. Die Verwandtschaft der Gefühle ist eine große, herrliche Zugabe.

Und wie verwandt unsere Gefühle sind, bewiesen doch gerade unsere Briefe – jener von Dir, der vor mir liegt, und meiner, der sich mit ihm kreuzte.

Wie gern ich mich für Dich aufspare! In dieser Hinsicht bedarf es einfach keiner Mahnung. Für alle anderen ist nur der Widerschein meines inneren Glückes da. Ich bin toll jung – singe, musiziere – manchmal sogar zwischen zwei Seiten Manuskript. Nie noch ist es mir so leicht gefallen, mich für einen Menschen zu »bewahren«, wie Du so schön schreibst.

Auch ich habe meine Träume, eben jene Träume, mit denen ich Dich zu erschrecken fürchte. Auch ich laß sie (noch) nicht in die Feder fließen. Aber ich weiß, daß ich Dir eines Tages »ausgeliefert« sein werde. Mein Herz wird in Deinen Händen liegen, auf alles gefaßt, auf die größte Gegenliebe, auf Spiel, auf Vernichtung. –

Du brauchst mich nicht in Deine Arme zu »zwingen«. Deinen Willen spür ich doch, aber fühlst Du denn nicht, daß ich mich stündlich in Deinen Umarmungen bade? Jede dieser Umarmungen macht mich jünger und schaffensfroher. Selbst meine Arbeit ist Dir dankbar, weil sie aus Deinen Umarmungen verjüngt hervorgeht.

»Unwiederbringliche Stunden, die wir versäumten?« Ich weiß, es werden schönere kommen. Ich habe viel Vertrauen zum Kommenden und fürcht mich nicht, die »trockenen Äste aus den Wäldern abgestorbener Gefühle« zu schlagen.

Meine Mädchenfrau, ich kann doch am kommenden Mittwoch nicht an dieser Sitzung teilnehmen. Hast Du vergessen, daß ich gerade an diesem Tage in Salzwedel lese? Am Donnerstag komme ich von dort zurück. Allerdings muß ich am Nachmittag nach Finsterwalde weiter. Unser Potsdamer Wagen holt mich in Berlin ab. Mein Vorschlag: Möchtest Du nicht mit nach F. kommen. Wir würden am Abend wieder in Berlin sein. Ich bleibe dann am Freitag in Berlin, da ich bei meinem Verlag und beim Kinderbuchverlag zu tun habe. Der Nachmittag und der Abend könnten dann wieder uns gehören. Eben läuft ein Gespräch nach Potsdam. Gleich werde ich die Zeit wissen, wann ich am Donnerstag von Berlin abgeholt werde. – Sollte es nötig sein, Deine Mitfahrt nach F. zu motivieren – bitte, wir schließen dort sicherlich einen Freundschaftsvertrag mit einem Werk ab. Heinz Kahlau arbeitet dort. Ist doch etwas für den »Schriftsteller«. Listig, nicht?

Wär's möglich, daß Du mir (wenn Du willst auch uns) für Donnerstag und Freitag nacht Zimmer in Berlin bestellst? Ich möchte nicht bei Boris übernachten, da das unser Zusammensein verkürzen würde.

Jetzt erfahre ich soeben, daß ich am Donnerstag um 14 h am »Haus der Presse« abgeholt werde.

Alles, was ich jetzt schrieb, ist nur mein Vorschlag, den Du verwerfen kannst. »Ich meine, wir wollen ja demokratisch handeln« – (frei nach Stitzer).

Hör' Liebes, ich rufe Dich aus diesem Grunde noch am Sonnabend (vormittags) beim Verband von hier aus an. Inzwischen dürfte der Brief bei Dir sein und mein Vorschlag »befürwortend« oder »abschlägig« abgezeichnet sein. – Ab

Montag bin ich dann für Salzwedel, Schulpforta und Wei-
ßenfels unterwegs.

Verzeih diese Briefseite voll »technischer« Data. Es ließ
sich schlecht umgehen.

Muß ich Dir sagen, wie sehr ich mich freue, selbst wenn
ich Dich nur eine Stunde sehen dürfte?

Ich bin so froh, meine Hände so voll Sehnsucht –

Der Mann

Schlimm wär's, wenn Du jetzt in Rostock wärest und Dich
weder mein Brief, noch das Telefongespräch am Sonnabend
erreichen würden. –

Freitag abend [21. 3. 1952]

Lieber!

Ich sitze allein in unserem Büro; habe länger gearbeitet,
weil ich heute früh zum Arzt war.

Ja – Arzt –, es geht mir gar nicht gut, wie gesagt, habe
ich mich in dem eiskalten Potsdamer Zimmer erkältet,
alles scheint wieder glänzend vorbereitet für eine Rippenfellentzündung, mit der ich schon einmal vier Monate im
Krankenhaus verbrachte.

Ich bin gezwungen, ein »ernster« Mensch zu sein, denn
das Lachen bereitet mir teuflische Schmerzen. Ich soll sofort ins Bett; aber ich kann ja nicht, da ich keinen Menschen habe, der sich um mich kümmert.

Ich wage gar nicht, mich hinzulegen, weil ich immer
wieder aufstehen muß, um zu heizen etc.

Ich schreibe Dir das nur so genau, damit Du Dich nicht
wunderst, wenn ich plötzlich verstumme. Es wird dann
daran liegen, daß ich keine Gelegenheit habe, einen Brief
zu befördern.

Dank Dir für Deinen Brief an die »schweigsame Eva«, der mich gestern abend erreichte. In der Zwischenzeit sind aber meine beiden Sendungen bei Dir. Ich möchte Dir so vieles schreiben, aber ich bin so unruhig und so zerfahren, die Angst, krank zu werden, sitzt mir wie ein Gespenst im Genick; ich kämpfe dagegen, denn ich will nicht!!

Nächste Woche will ich Dich sehen!

Wie traurig war ich, als ich las, daß Du wegen des langweiligen »bulgarischen« Abends nach Berlin kommen wolltest. Ist das ein Grund, wenn Du sonst keine Zeit hast?

Wenn ich nach Spremberg kommen könnte, würden wir uns oft sehen.

Ich habe heute nacht schreckliche Träume gehabt, mich gefürchtet.

Etwas merkwürdiges: Keine Angst um mich, sondern um ein Kind, das nicht meines war und doch meines war. Ein winziges Wesen, dem Gefahr von bösen Menschen drohte, die es töten wollten. Ich habe es ganz fest in meine Arme nehmen wollen und bin mit ihm so gelaufen; ich hatte es so lieb und merkte, wie es in meinen Händen von der Kälte gepackt wurde, wie es erstarrte. Ich wollte mich dagegen stemmen. Furchtbar!

Und dann warst Du da, und auch im Traum als Schutz und Sicherheit.

Ach, was ich mich sehne, was ich träume! Mein Leben ist so leer und unglücklich jetzt.

Es muß bald alles anders werden.

Ich hoffe nur, daß ich eine kleine Wohnung bekomme, dann hole ich meinen Ilja und lebe mit ihm glücklich. Wie ich mich freue, dem Jungen unsere Welt zu zeigen! Ich habe schon so viel verloren, weil ich ihn damals fortgeben mußte.

Deshalb wünsche ich mir nichts so sehr, als noch ein Kind zu haben, dem ich von Anfang an meine Liebe geben kann; das mich so beglückt, wie es nur ein Kind kann, das die Verkörperung einer Liebe ist, in dem man nicht nur sich selbst sieht – so wie es mir jetzt geht – sondern nicht müde wird, den anderen zu finden.

Belaste ich Dich wieder? – verzeih, wenn ich so niedergedrückt bin.

Aber ich möchte diese verhaßten Verhältnisse sprengen, in denen ich mich jetzt befinde.

Ich fühle doch, wie es sein kann und muß!

Ach, laß mich – Du verstehst mich ja.

Streich mir in Gedanken über das Haar, dann werde ich bestimmt bald gesund.

Eva

Spremberg, 23. III. 52

Arme kranke Mädchenfrau!

Mein Brief mit dem »Plan« wird inzwischen bei Dir sein. Mein Anruf erreichte Dich gestern nicht. Ich hatte mich so darauf gefreut, Deine Stimme zu hören. Den ganzen Vormittag kam ich nicht durch. Immer war Euer Anschluß besetzt. Als ich endlich am nachmittag Verbindung erhielt, war bei Euch alles ausgeflogen.

Jetzt, nachdem ich Deinen »Krankenbrief« habe, bin ich froh, daß ich Dich nicht mit meinem Anruf aus dem Bett geholt habe. – Du gute Eva, mußt Dich wirklich sofort niederlegen. Laß das Heizen sein. Die Bettwärme ist wichtig. Stell Dir den Kocher ans Bett und trink' tüchtig Tee. Schwitzen mußt Du. Freilich kann das im kalten Zimmer unbehaglich sein, aber es ist besser, als eine Rippenfellentzündung verschleppen.

Ich bin unruhig und würd' am liebsten alle Lesestunden ausfallen lassen und an Deinem Bett sitzen. – Versprich mir, daß Du meine Vorschläge im Brief völlig unberücksichtigt läßt. Erst mußt Du wieder gesund sein. – Wenn ich am Donnerstag früh in Berlin eintreffe, werde ich mich gleich im Verband erkundigen, ob Du noch krank bist. Wenn es der Fall ist, komme ich gleich zu Dir in die Akazienallee. Also nicht meinetwegen vorzeitig aufstehen. Du mußt gesund werden! Bedenk' doch!

Seit Dein Brief da ist, versuch' ich immer in Deinem Zimmer zu sein und Dich zu hüten. Boris und Ingeburg waren zum Wochenende hier, aber die Fröhlichkeit, die sonst unter uns herrscht, wollte nicht aufkommen.

Dein Geschäftsbrief hat mich ja belustigt. O, wie so streng meine Eva sein kann! Ich beantworte ihn absichtlich nicht, um Dich nicht zum Arbeiten und zum Aufstehen zu veranlassen. Laß die Kommission ruhig einmal ohne Dich »sitzen«!

Mit dem Frühling bin ich böse, weil er sich so mit dem ollen Winter liiert und meiner Mädchenfrau zu schaffen macht.

Küsse für die fieberheiße Stirn

Der Mann

Es ist spät. Ich muß noch eine Rundfunksendung zusammenstellen. Ich schreibe Dir morgen von unterwegs.

Unterwegs, 24. III. 52

Immer noch kranke Mädchenfrau?

Meine Gedanken umkreisen Dich. Wie werde ich Dich erleben? Wirst Du fieberheiß in Deinem Zimmer liegen? Was wird man mir antworten, wenn ich am Donnerstag beim Verband anrufe?

Es hätten unterwegs gute Tage für mich sein können, denn es erfüllt immer, wenn man anderen Menschen etwas geben kann. Und man kann – gerade manchmal in so kleinen Städten, wie ich sie jetzt bereiste. Allein das Wissen um Deine Krankheit macht mich so unruhig.

Ich zähle schon wieder die Stunden. – Der Frühling will immer noch nicht so wie mein Herz. In Thüringen fiel schon wieder Schnee.

Was denkst Du? Wie verbringst Du Deine Stunden, wenn Du im Bett liegst? Hast Du körperliche Schmerzen?

Hier kommt nun die Erzählung. Du hast sie mitgeschrieben, weil Dein Dasein mich beflügelte. Ich fühlte Deinen Kopf dabei auf meiner Schulter – Wunschtraum – aber ich eile eben voraus.

26. III. 52

Jetzt sind es wirklich nur noch Stunden, wenige Stunden und ein paar D-Zug-Stunden, die uns trennen. Ich merke, wie ich schon wieder stammele und vertrau darauf, daß Du dieses Gestammel jetzt schon besser zu deuten weißt. Wieder wollen Worte in die Feder, die Dich erschrecken könnten. – Du mußt gesund werden! Ich sende so viele gute Schwingungen zu Dir, daß Du es mußt.

Der Mann

Berlin, nachts 29. III. 52

Traumfrau!

»Sei allem Abschied voraus ...« Ich bin's, aber positiver als jener, der's schrieb. Ich bin so glücklich, daß uns unsere Liebe zweit und erhöht.

Dein Wesen ist für mich wie ein Feuer, durch das ich gehe, um das Mögliche zu werden.

Manchmal erschreck' ich noch bei dem Gedanken, es könnte Dir noch nicht bewußt geworden sein, was mit uns geschieht. Dann muß ich Dir erst in die Augen sehen, um mich zu vergewissern, ob Du's (schon) noch weißt. So willst Du meine Unruhe in der heutigen Nacht werten. Sei mir nicht gram!

Mir ist, als müßte die ganze Welt mitfeiern, wenn zwei Menschen so aufeinander zugehen, wie wir es tun.

Mein Leben beginnt seine schönste Blüte zu öffnen, des bin ich so sicher. Das macht mich stark und so bedenkenlos im guten Sinne, alles zu tun, was uns führt.

Eva, Eva!

29. 3 mittags

Lieber Du!

Wie arm sind doch meine Briefe gegen Deine warmen Worte, die Du mir heute wieder gegeben hast. Wie ich mich gefreut habe, als Du sie mir gabst, so beschämt war ich, so von Dir übertroffen zu sein; als ich schlief, hast Du vorgedacht, mich schon gesehen nach dem Abschied, den Du mir dadurch um so vieles leichter gemacht hast. Die schönste Steigerung, die überhaupt möglich war, hast Du unseren Tagen dadurch gegeben. Du bist so reich an Ausdrucksmöglichkeiten – ich aber finde immer wieder nur das alte. Aber glaube mir, wenn ich Dich »Lieber« nenne, so sind alle meine guten Träume, meine reinen Wünsche für Dich eingeschlossen, und ich glaube, daß sie mit zu Dir schwingen.

Mir ist so leer, ich fühle mich so hilflos. Der Umwelt viel mehr ausgesetzt, von der ich wie durch einen Vorhang getrennt bin.

Nichts kommt an mich heran, obwohl ich den ganzen Vormittag eifrig gearbeitet habe.

Wenn meine Gedanken sich auf einen wichtigen Brief konzentrieren müßten, so wärst du doch in meinen Händen, die mir zittern und wie gelähmt sind. Jetzt, wo ich hier allein bin, erfaßt mich dieses eigenartige Gefühl ganz und gar, mir wird so schwer, so leer. Es sitzt überall, es starrt mich an. Ich fürchte mich so, in meine Wohnung zu gehen, die von nun an immer wie verlassen sein wird, seit Du in ihr fehlst.

Der Wind heult, er klagt mit mir – aber doch scheint die Sonne. Und so geht es mir auch: Ich bin dennoch so froh und immer wieder staunend: daß es Dich gibt.

So sehr mir das webersche Sonnenhotel zuwider ist, die Stunden, die wir dort hatten, werden immer bleiben. Der Abend gestern, als wir uns »am Kamin« gegenüber saßen, und sich mir ein Traum eines glücklichen Miteinanders erfüllte, wird immer zu mir gehören. Selbst das Scheusal von Kamin wird dabei wichtig.

Ich fühle den Tag voraus, wo Du, wenn es Dich noch spät zu mir drängt, keine verschlossene Tür findest; wo ich das Glück habe, unter Deinen Händen zu erwachen.

Wie viele neue Seiten haben sich mir in diesen zwei Tagen an Dir erschlossen; wie viele schöne, noch unbekannte, warten auf mich?

Deine Freundschaft für die Tiere und Dein Umgehen mit der Natur beglückt mich viel tiefer, als ich es Dir zeige. Welche glücklichen Minuten waren es, als Du mir auf unserem Weg durch den Wald die Vögel erklärtest! Wie fühlte ich mich an die Hand genommen, um neue Wege zu gehen. Meine Sehnsucht erfüllt sich in Dir: Ich kann Dir folgen, ganz beruhigt, unsere Wege laufen zusammen, es kann nichts geben, wo sie sich scheiden.

Ich möchte mich jetzt in meine Wohnung zurückfinden und mich einhüllen in die Erinnerungen an uns. Wir sind schon »wir«, deshalb ist das Alleinsein jetzt so schwer. Ich habe in meinem Leben selten geweint. Ich möchte es jetzt tun, die Spannung, die mich quält, würde sich vielleicht lösen. Ich bin so müde, möchte aber nicht schlafen, denn wenn ich wieder erwache, wirst Du noch weiter fort sein. Bald trennt uns wieder ein ganzer Tag. Du bist schon wieder bei Hella. Ich kann mir dich jetzt vorstellen, ich kenn Deine Tage und Nächte. Ich weiß, daß sie so von unserer Gemeinsamkeit gefüllt sind wie die meinen. Lieber, Lieber – ich darf sagen: »mein« – Du bist es. Alles, was ich spürte, als ich Dein Gedicht las, hat sich bestätigt. Ich fühlte damals, woraus es geboren wurde, daß es nicht entstand, als die Erfüllung greifbar war, sondern aus der getäuschten Hoffnung, aus der nicht zu bezwingenden Sehnsucht.

Du entsprichst mir so vollkommen, daß es schon jetzt nichts Fremdes mehr zwischen uns gibt. Und allem, was von Dir kommt oder zu Dir gehört, stehe ich freundlich gegenüber. Ich will Deiner Hella gut sein und der Spremberger »Mannschaft« auch.

Du gibst mir Kraft zu allem; sie läßt mich wachsen, so wie es den Pflanzen unter der Sonne gelingt. Auch für Menschen gibt es gutes Klima – man denke dabei an die Gesellschaft; aber ich glaube, auch einer Pflanze nützt es nicht viel, wenn sie in einem gesunden Garten steht, und die Stelle, in der sie verwurzelt sein soll, ist voller Unkraut und Gift. So geht es uns wohl auch. Kraft zum Blühen schöpfen wir zuerst aus der engsten Gemeinschaft.

Und deshalb glaube ich auch, daß wir beide nun wirklich reifen werden.

Ganz allein werden wir nie wieder sein; ich bin voller Hoffnung für die glücklichsten Tage, die einmal beginnen. Ich glaube, daß jetzt auch vor Dir ein Briefblatt liegt, das Deine Gedanken zum Gruß für mich füllen.

Einen guten Sonntag, und Kraft zur Arbeit!

Du Lieber – Deine Eva

Spremberg, 30. III. 52

Eva, Du!

Ich habe gewinkt, aber Du konntest mich nicht sehen. Deine Blicke suchten und fanden mich nicht. Dieses Bewußtsein macht mich seit gestern schon krank.

Das Haus voll Besuch. Bernhard Seeger, Irmgard Pokrant mit ihrer Tochter. Die Wellen schlagen bis in mein Arbeitsstübchen. Früher liebte ich Besuch sehr, weil er mich der häuslichen Umgebung enthob. Jetzt hindert er mich, mit Dir allein zu sein. Du verstehst mich. Meine Mädchenfrau versteht alles. –

Wie jung ich mich fühle! Wie lange mir diese bohrende Sehnsucht, die ich jetzt erlebe, unbekannt war! Du Zauberin!

Zwar sind meine Gedanken jeden Augenblick, in dem ich nicht gerade sprechen, antworten muß, bei Dir, aber das »systematische« Auskosten aller Erlebnisse mit Dir steht mir noch in den nächsten Tagen bevor, wenn ich wieder allein sein werde. Wie reich ich bin!

Liebste, (mit welcher Bewußtheit ich dieses eigentlich doch recht abgebrauchte Wort hier hinschreibe!) als ich es heute gar nicht mehr aushalten konnte mit der Gesellschaft, habe ich die Mandola hergenommen und unsere Lieder gesungen. Gleich war Dein süßes Stimmchen bei mir und begleitete meinen Gesang. Diese unhörbare Begleitung machte meinen Gesang so innig, daß alle Gespräche verstummten. Bernhard und Irmgard schienen zu wissen, wo ich mich beim Singen befand und senkten verträumt die Köpfe.

Wie mich das beglückte, daß Du so innig singen kannst! Immer schöner und größer wird meine Heimat bei Dir. Alle Gefühle finden in Dir ihre Stellen, an denen sie am besten erblühen können. Mein Lebenssommer beginnt.

Wirst Du heute daheim sein, Deinen Jungen herzen?

Wird Dein Herzschlag ihm verraten, daß Du jetzt auch mich hast? Meine Buben profitieren jedenfalls von Vatis beginnender Erfüllung. Wie ich überhaupt aller Welt Gutes tun und sagen möchte, weil mir jeder Mensch arm erscheint, der Dich nicht kennt (oder gar hat?).

Ist es wirklich kein Narrtraum, daß ich gestern noch Deine Hände fühlte, Deinen Mund leise mit dem Finger nachzeichnete, Deinen mir so verwandten Duft atmete und mit meinen Blicken in die Brunnentiefe Deiner Augen stieg? Fragen solcher Art muß ich stündlich beantworten. Und ich werde es nicht müde, immer wieder mit innigen Ja's zu antworten.

Ich weiß, daß dieser Brief in das kleine »Bienenhaus« (am Gartenzaun der Akazienallee 15) gelangt, wenn meine Mädchenfrau schon auf Reisen gegangen sein wird. Fremde (Tschüs)-Hände werden ihn vielleicht packen und in Dein Stübchen tragen, und dort wird er (vielleicht auf dem Maschinentischchen) auf Dich warten. Er wird fiebrig dort warten, bis Du wiederkommst und ihn in Deine Hände nimmst.

Der Hella brauchte ich wenig zu sagen. Sie wußte alles und war besonders zärtlich. Bernhard Seeger ist genauso verliebt in sie, wie es bisher alle Freunde waren.

Der große Zeiger meiner Uhr nagt an der ersten Morgenstunde. Ich freue mich schon auf den Morgen, an dem mit dem Zurückfluten des Bewußtseins auch das Wissen um Dich und alles Schöne, das Du bist, wieder zu mir kommt.

Gute Nacht, meine Traumfrau!

Sonntag, 30. 3. abends

Lieber!

Einen guten Tag hatte ich früh, so wie jetzt alle künftigen Tage gut sein werden.

Ich konnte nicht fahren gestern, es war mir unmöglich – ich wollte allein sein.

Aber es kam doch anders. In Köpenick traf ich meinen Mann, es gab wieder eine stundenlange Auseinandersetzung. Aber ich war so erfüllt von Dir, daß das gar nicht bis zu mir drang. Er fand mich verändert; er kennt mich so wenig, daß er nicht darauf kam, woran es lag.

Ich habe nicht viel gesagt – aber ich war immer in Versuchung, mein Schweigen zu brechen und ihm zu sagen: »Laß mir meine Ruhe, stör mich nicht in meinen Gefühlen. Bist du denn so blind, daß du nicht merkst, wie erfüllt ich bin von meiner Liebe?«

Das wäre einfach und ehrlich gewesen. Aber ich konnte es doch nicht tun, denn es würde unser Auseinandergehn komplizierter machen. Es hat mich aber in meinem Entschluß bestärkt, im Laufe des kommenden Monats diesen Zustand zu beenden.

Als ich durch den Sturm nach Hause ging, holte ich Dein Bild wieder ungestört hervor: all meine Liebe und Zärtlichkeit für Dich durchströmten mich so warm. Ich legte mich gleich nieder, weil es so kalt war in meinem Zimmer. Nachdem ich noch einmal Deinen letzten Brief gelesen hatte, den schönen, der Dich so ganz zeigt, löschte ich das Licht, um ganz bei Dir zu sein.

Ein beglückendes erlebte ich dabei. Als ich meinen Kopf in das Kissen legte, strömte mir der Duft entgegen, den ich so liebe; Deine Haut atmet ihn, kannst Du Dir vorstellen, wie mich das vor Freude und Erregung zittern ließ?

Du Lieber, Du, wie hast Du mich in diesen beiden Ta-

gen glücklich gemacht. Aus ihnen leuchtet mir die Zukunft klar entgegen. Ich kenne unsere künftigen Tage. Ich
weiß, sie werden von der immer geträumten Schönheit
sein. Das habe ich mir immer gewünscht: Zu fühlen, wie
durch den Anderen neue Kräfte in mir geweckt werden,
besser zu werden; vor Dir werde ich nie bestrebt sein, meine
Fehler zu verbergen oder mich zu beschönigen. Im Gegen-
teil, ich werde sie Dir zeigen, weil ich weiß, daß Du mir
helfen kannst.

Heute habe ich den ganzen Tag gelegen (so kalt) und gelesen. »Studenten« von Jurij Trifonow. Du weißt, er ist in
der »Sowjetliteratur« Nr. 2.52. Ich muß unbedingt sofort
die neue Nummer haben, weil der Schluß noch fehlt. Es
ist ein guter Roman, so ehrlich, so sauber. Und auch gut
gestaltet. Er hat eine Vielzahl von Charakteren, die von
Anfang an konsequent geführt sind. Auch sprachlich ist er
schön. Es war eine reine Freude.

Es ist interessant, daß Trifonow ebenso wie Ashajew die
Gorki-Literaturhochschule im Fernstudium absolviert hat.
Beide haben gleich eine große Arbeit geschrieben, die so
wunderbar ist. Ich möchte zu gern wissen, wie dort gelehrt
wird, ob man viel praktische Übungen macht.

Ich bin mir übrigens böse, weil wir so wenig über Deine
Arbeiten gesprochen haben. Warum war ich nur so müde!
Nicht einmal die Erzählung haben wir durchgesprochen.
Zu den beiden anderen der »Heuschlacht« und dem »Berg-
mannstagebuch« habe ich Dir auch nichts gesagt.

Außerdem möchte ich seit Wochen die Komödie ken-
nenlernen. Und nun habe ich die günstige Gelegenheit ver-
säumt! Es ist mir ein unerträglicher Gedanke, nicht genau
zu wissen, woran Du arbeitest. Sonst könnte ich Dich so
gut in Gedanken begleiten. Ich weiß, daß Du wie ich das
Bedürfnis hast, alles was Du denkst und liebst, mit mir zu
teilen.

Mir fiel heute ein französisches Gedicht ein, das mich, als ich es vor zwei Jahren fand, seltsam berührte. Ich habe lange darüber nachgesonnen und ich fand, daß es meiner Vorstellung von der Liebe entspricht. Und jetzt, wo ich Dich gefunden habe, ist es wirklich so, wie in dem Gedicht von Verhaeren. Es gibt da eine Stelle, an der er sich wünscht, immer die sicherste der Freuden für seinen Menschen zu sein. Das will ich auch: Immer bereit sein für Dich und Dir immer gewiß, wenn Du mich verlangst. Und ich werde spüren, welche Seite meines Wesens Dir gerade helfen kann –, wie ich mich darauf freue: Nicht am Rande Deiner Tage, sondern mitten in ihnen auf Dich zu warten, Deinen Ruf zu empfangen – und Dich selbst rufen zu können, wenn es mich zwingt. Deine Hand haben und mit Dir, durch Dich das Leben lieben, das wünsche ich mir.

Sei glücklich, mein Liebster wie ich es bin –
Deine Mädchenfrau

Ich schicke Dir zwei meiner »Freunde« damit Du mit ihnen lebst. Grüße Hella, erzähl ihr von uns.

Avec mes sens, avec mon Coeur …

Avec mes sens, avec mon cœur et mon cerveau,
Avec mon être entier tendu comme un flambeau
Vers ta bonté et vers ta charité
Sans cesse inassouvies,
Je t'aime et te louange et je te remercie
D'être venue, un jour, si simplement,
Par les chemins du dévouement,
Prendre, en tes mains bienfaisantes, ma vie.

Depuis ce jour,
Je sais, oh! quel amour

Candide et clair ainsi que la rosée
Tombe de toi sur mon ême tranquillisée.

Je me sens tien, par tous les liens brûlants
Qiu rattachent à leur brasier les flammes;
Toute ma chair, toute mon âme
Monte vers toi, d'un inlassable élan;
Je ne cesse de longuement me souvenir
De ta ferveur profonde et de ton charme,
Si bien que, tout-à-coup, je sens mes yeux s'emplir,
Délicieusement, d'incubliables larmes.

Et je m'en viens vers toi, heureux et recueilli,
Avec le désir fier d'etre à jamais celui
Qui t'est et te sera la plus sûre des joies.
Toute notre tendresse autour de nous flamboie;
Toute écho de mon être à ton appel répond;
L'heure est unique et d'extase solennisée
Et mes doigts sont tremblants, rien qu'à frôler ton
front,
Comme s'ils y touchaient l'aile de tes pensées.

Émile Verhaeren

Weißer Flieder

Naß war der Tag – die schwarzen Schnecken
    krochen,
Doch, als die Nacht schlich durch die Gärten her,
Da war der weiße Flieder aufgebrochen,
Und über alle Mauern hing er schwer.

Und über alle Mauern tropften leise
Von bleichen Trauben Perlen, groß und klar,
Und war ein Duften rings, durch das die Weise
Der Nachtigall wie Gold geflochten war.

B. v. Münchhausen

Solch einen Tag möchte ich mit dir erleben!

Berlin, 31. 3.

Liebster!

Nur wenige Zeilen will ich Dir heute abend schreiben.

Nur ein paar Grüße sollen es sein, die zu Dir gehen, um Dir zu sagen, daß ich den ganzen, heißen Arbeitstag über bei Dir war.

Morgen fahre ich nach Rostock, ich werde Mittwoch oder Donnerstag zurück sein.

Zum Wochenende werde ich dann endlich zu meinem Ilja eilen, – wenn ich nicht wieder krank sein werde, ich fühle mich heute nicht gut, Schmerzen beim Atmen, Husten. Das Wetter ist geradezu teuflisch. Ich versuche zwar es zu ignorieren, denn eine solche Unverschämtheit, mitten im Frühling Schnee zu schicken, kann man eigentlich nur durch Nichtachtung strafen. Aber – ob ich durchhalte bis zur Sonne, weiß ich nicht.

In der nächsten Woche, am 9. 4. werden wir uns dann wiedersehen, dann am 19./20. April Potsdam, dann noch während der Landeskonferenz in Potsdam; am 9. 5. ist unser Schriftstellerplenum für Kinder- und Jugendliteratur (verschoben) vom 20.–25. ungefähr ist der Kongreß. Anschließend werden wir erst fahren können. Ich habe schon Urlaub angemeldet; aber wir müssen uns bald festlegen, da alle anderen sich danach richten wollen, die nach mir kommen. Außerdem müssen wir Zimmer bestellen, sonst müssen wir als Wandervögel im Walde nächtigen.

So viel technisches. Aber wir müssen ja einen »Plan« haben für unsere Liebe, Tage, die sich herausheben.

Ich wünsche mir so sehr, heute abend einen Brief von Dir zu finden, der mir von Deinem Wesen und Deinen ersten Tagen nach uns erzählt.

Liebster, bist Du so glücklich, so ruhig und sicher wie ich? (obwohl Du an meinem Brief merken wirst, daß ich unruhig war. Aber das macht das schwere Atmen)

Schreib mir jeden Tag und denke immerzu an mich. Streichle Hella von mir, sie soll sehr lieb sein zu Dir!

Deine Eva

Spremberg, 1. IV. 52

Verreiste Mädchenfrau!

Was habe ich doch heute für einen Glückstag! Am Morgen einer, am Nachmittag zwei Briefe von Dir. Ich möchte schreien vor Glück, weil Dich alle drei Briefe mir so nah zeigen, wie ich es vor einer Woche nur zu träumen wagte. – Im Hintergrunde – wie begierig man doch nach Glück ist – steht aber schon der Gedanke: drei Briefe an einem Tag – Überfülle – wie lange wirst Du auf den nächsten warten müssen?

Sofort beunruhigt mich auch der Gedanke: Du bist krank nach Rostock gefahren, kannst krank irgendwo unterwegs liegenbleiben. Die Ohnmacht, die mich aus diesem Gedanken anspringt! Mädchenfrau, Mädchenfrau! Ich könnt's über die platzprallen Fliederknospen am Fenster hinwegschreien: »Fahr doch nicht, Mädchenfrau. Bleib doch, bis Du gesund bist, Mädchenfrau!«

Allein, Du bist jetzt schon unterwegs, und dieser Brief geht nun doch wie in die Fremde. Ich zwinge mich, mir vorzustellen, daß er Dich wenigstens als Gesunde bei Deiner Rückkehr begrüßt.

Nie war ich so unmutig über einen Besuch wie nun. Heute in den Morgenstunden fuhren Bernhard und Irmgard ab. – Jetzt sitz ich beim Studium und prügele meine Gedanken, weil sie doch nichts mehr anderes wollen als bei Dir sein. Eine Woche später, wenn sie sich fügsam wie gestrafte Hunde in Ackerfurchen in die Buchzeilen drücken, streichele ich sie wieder, weil ich's ihnen doch gar nicht verdenken kann, daß sie zur Mädchenfrau wollen.

Wie schön das ist, Mädchenfrau, daß wir uns gegenseitig in der Liebe zueinander zu überflügeln suchen. Das empfand ich so gut und deutlich, als das Dreigespann Deiner Briefe heute vor meinem Arbeitstag vorfuhr. Jetzt bin ich nämlich der Beschämte, weil ich in den letzten Tagen nicht jeden Abend einen Brief zu Dir auf die Reise schickte.

Ich komme heute nach der Arbeit wieder mit einem Brief zu Dir. Erst muß ich's mir durch straffere Arbeit verdient haben mit Dir zu plaudern.

Langer Händedruck!

Der Mann

Spremberg, 1. IV. 52 nachts

Du, im fernen Rostock!

Draußen krähen schon die Hähne, obwohl die Kälte um die Häuser schleicht. Es will mir noch kein Schlaf kommen, weil ich viel Energie aufwenden mußte, um systematisch studieren zu können. Jetzt habe ich es endlich erzwungen. Dieser Nachtbrief ist also gleichzeitig eine Abbitte,

weil ich meine Gedanken heute so gewaltsam von Dir fort-
jagen mußte.

Wieder habe ich die drei Briefe gelesen, die mich heute
von Dir grüßen kamen. Wie gut, wie schön das alles ist,
was ich von Dir lese! Da ist der Brief, den ich den mittel-
sten nennen will; weißt Du, Mädchenfrau, der mit den Gedichten. Er ist wie ein kleiner Blühgarten. Die schönsten
Blumen darin jene Sätze:

»... Dir immer gewiß wenn Du nach mir verlangst. Und
ich werde spüren, welche Seite meines Wesens Dir gerade
helfen kann ...«

Wie schön, wie schön! Du mußt nicht immer sagen, daß
Deine Briefe nicht gut seien. In diesen zwei Sätzen liegt doch
eine ganze Glückslandschaft für mich. Besser kann das
nicht gesagt werden, was die wirkliche Verbindung zweier
Menschen sein muß. – Ich danke Dir, meine Ev! Wärst Du
jetzt bei mir, wollt ich Dir mit vielen Zärtlichkeiten beweisen, wie diese Sätze mein Herz zum Hüpfen brachten.

Es fällt mir schwer, zu ergründen, wonach ich mich mehr
sehne; nach Deinen Augen, die die liebsten und tiefsten
sind, die ich bisher sah; nach Deinem Mund, der der wärm-
ste und zarteste ist – so unüberbietbar. Ist es das Puppen-
näschen, an dem ich mich nicht sattsehen kann? Sind es
Deine Hände, die nun, befreit von dem schweren Ring, jedesmal auch mein Herz streicheln, wenn Du mich be-
rührst? Ist es die Zartheit der Arme, die in mir die Erinnerung an mein Kinderbett wachrufen? Ist es Dein Plaudern,
Dein Singen oder das gelegentliche kindlich-fröhliche
Hüpfen? Ist es Dein Wesen überhaupt? – Wohin soll ich
meinen Dank schicken – meinen Dank dafür, daß Du
kamst, als meine Hoffnung schon von Zeit zu Zeit die Flügel hängen ließ wie ein enttäuschter Vogel, der die Reise
nach Süden verpaßte?

Dein Mann

Spremberg, 2. IV. 52

Eva!

Nun haben diese Hunde Belojannis doch ermordet. Was werden wir noch arbeiten müssen! Wenn so etwas noch, trotz der Proteste aus aller Welt, geschehen kann, dann ist unsere Arbeit, bisher zumindest, nicht gut gewesen. Da hilft weder Bedauern, noch helfen Tränen der Wut. Dieses leidende Kämpfergesicht, das mich von der Zeitung her ansieht, fordert mehr von uns als das Gewöhnliche.

Das als Eingang eines Liebesbriefes mag ungewöhnlich scheinen, aber nicht für uns. Ich weiß, daß auch Du dafür bist: Unsere Liebe soll das Ungewöhnliche einschließen. Beide wollen wir uns aneinander erhöhen, um unser Bestmöglichstes für die Gesellschaft und ihre Zukunft geben zu können.

Traumfrau, ich bin heute etwas erregt. Wieder ist es spät, und ich bin den ganzen Tag über die Schlachtfelder des Dreißigjährigen Krieges gewandert. Diese Lektion für Sonnabend sitzt mir im Nacken. Ich werde bis dann kaum etwas anderes tun können, wie gern ich auch möchte. Eine Erzählung hat sich angekündigt, und ich möcht' sie gern los sein. – Zudem schrieb mir jetzt nach der Weigel auch Brecht. Die Komödie wollen sie, und ich bin doch noch nicht fertig. Nächste und die folgenden Wochen bis zu unserer Fahrt will ich dann aber ran, sonst bekomm' ich keine Ruhe. Wird Deine Liebe helfen? Wirst Du gute Gedanken und Briefgrüße zu mir schicken?

Damit hätte ich schon eine der Fragen aus Deinen Briefen beantwortet. Das nämlich wollte ich heute tun. – Doch zuvor eine Frage von mir, die mich quält: Wie bist Du aus Rostock zurückgekommen? Ist's mit der Krankheit schlimmer geworden? Immer noch will die Vorstellung nicht weichen, Du könntest unterwegs liegengeblieben sein. Du mußt wissen, heute war ein briefloser Tag für mich. So verwöhnt hat mich meine Mädchenfrau schon.

Die Gedichte. – Schön, daß Du sie mir schicktest, denn sie sagen ja gleichzeitig über Dich aus. Das französische Gedicht von Verhaeren kann ich noch nicht ganz übersetzten, aber ich spür' schon aus den französischen Worten, wie schön es ist. In einer guten, ruhigen Stunde werde ich es mir ganz übersetzen.

Ganz klug bin ich nicht aus Deinen Daten geworden. Kongreß am 20.–25. Mai? Oder ist April gemeint? Wenn's der Mai ist, dann könnten wir ja erst im Juni fahren. Das wäre weniger schön. – Ich werde am Sonnabend erfahren, wann meine Mai-Konsultation stattfindet. Dann sollst auch Du es gleich wissen. Wenn Du an einem Reisebüro vorüberkommst, erkundige Dich doch bitte über Unterkunftsmöglichkeiten in Bad Blankenburg.

Ob ich so glücklich und ruhig bin wie Du? Glücklicher, denn ich habe ja Dich. Ruhig im Augenblick nicht, da ich Dich krank in der »Ferne« weiß. Diese Unruhe liegt also in Deiner Hand.

Bei den Pfautauben sind heute die ersten Jungen geschlüpft. Auch Hella scheint verliebt zu werden. Der wärmere Nachmittag hatte mich für eine Stunde in den Garten gelockt, wo ich grub, an Dich dachte und feststellte, daß es nun wirklich Frühling wird, weil die Regenwürmer nach oben gekommen sind. Ein schöner Gedankensalat, was?

Am Freitag sitzt die Nachwuchs-Kommission wieder. Ich komme nicht, weil ich sonst meine Lektion nicht schaffen würde. Mein Herz ist allerdings mit diesem Entschluß gar nicht einverstanden. Auch die Augen, die Hände und alles, was zu Dir hinwill – sind böse mit dem Verstand, der in seinem Gehirnkasten hockt und diktiert. Er zwinkert mit einem Auge und gibt vor, die Mädchenfrau habe immer Verständnis, sofern es die Arbeit ist, die den Mann sich unter seine Diktatur begeben läßt.

Eva, wenn ich doch wenigsten ein Quentchen Deines duftenden Atems bei mir hätte!

Der Mann

Spremberg, 3. IV. 52

Liebe, Liebe, Du!

Der zweite Tag ohne einen Brief von Dir ging schlecht und recht vorüber. Immer noch wate ich durch den Dreißigjährigen Krieg. Ich mach's ungern – solche Referate oder Lektionen. Es sei denn, ich lern's noch richtig von Dir, wie Du versprachst. Zum Lernen bin ich allerdings nie zu bequem.

Du, Mädchenfrau, jetzt kommt der Frühling doch. Heute ist der Wildtauber im nahen Hain eingetroffen. Sein Ruf war so *gluhrot*, daß sich die Sehnsucht in mir nach der Mädchenfrau noch steigerte. – Auch die ersten Veilchen kommen am Hang. (Ich wohne ja auf einem Berge.) In den Anlagen gilben die Knospen der Forsythien. Ein warmer Windhauch noch, und die Blühaugen werden sich auftun. – Ich wagte heute einen Griff in das Taubennest auf der Laube im Garten und wurde mit Schnabelhieben und unwilligem Gegirr von den sonst so sanften Pfautauben empfangen. Sie sind schon wie eine halbe Faust so groß, die gestern geschlüpften Jungtauben. Und warm und mollig war's im Nest!

Einen Traum hatte ich: Gemäldeausstellung in Berlin. Ich war Deinetwegen hingefahren. Ich suchte Dich dort, wurde aber von einer Gruppe Menschen aufgehalten. Und da gewahrte ich Dich kuschelnd am Arm eines Anderen. Er trug einen hellen Mantel und Hut und drückte Deinen

Arm zärtlich. Dein Blick (so wie ich ihn aus der ersten Zeit kenne) streifte mich, ohne mich zu sehen. Ihr bogt nach links durch eine Türöffnung in einen anderen Raum ab. – Da blieb mein Herz im Traum stehen, daß ich darüber erwachte. Es dauerte eine Weile, bis es wieder seinen ersten Schlag tat. Meine Qual im Traum war unsäglich. –

Ich will nicht weiter folgern. – Du verstehst so gut. – Morgen werde ich wieder warten und meine Unruhe niederprügeln, wenn kein Brief kommen sollte. Wenn Du mir nur nicht krank geworden bist!

Eva, wenn meine Hände Dich doch wenigstens einige Minuten streicheln könnten! Es brennt alles in mir wie in einem Hochofen. Wenn man ihn löscht, zerstört man ihn.

Magst Du Küsse?

Der wartende Mann

Spremberg, 4. IV. 52

Böse, Du!

Und auch der dritte Tag verging, ohne daß der Brief im Kasten steckte, auf den ich warte. – Wir haben mit Hella lange darüber gesprochen und beschlossen, daß wir Dich beißen werden. Ich werd's in Deine Wange tun, damit Du mit so einem Schandmal herumlaufen mußt, und Hella wird Dich ins Bein beißen, damit Du uns nicht wieder ausreißt.

Dabei steht unser Sinn gar nicht so nach Scherzen, da wir ja immer noch damit rechnen müssen, daß Du ernstlich krank geworden bist, und wir nun gar nichts davon erfahren. – Du machst uns schon Kummer, Mädchenfrau!

Heute war über den Feldern unten im Tal schon Lerchenhimmel. Er war voll vom Gedudel. Ein altes Gedicht fiel mir ein. Vielleicht schreib ich's Dir nachher gleich auf.

Hast Du mich denn noch lieb, Mädchenfrau? Meine Gedanken, die ich stündlich hinausschicke, bleiben heute so

unbeantwortet. Oder habe ich mich zu tief auf den Dreißigjährigen Krieg eingelassen? Endlich bin ich mit der Lektion
darüber fertig. Nächste Woche geht es dann an die Komödie. Außerdem wird diese kommende Woche mir ja zumindest einen Abend mit Dir bringen. – Seit Jahren habe ich
mich nicht so gründlich auf oder über etwas freuen können,
wie nun über die bloße Aussicht, Dich zu sehen. Du ver-
wandelst mich immer mehr. Wie dankbar ich Dir dafür
sein muß! – Auch als die erste Fortsetzung meines »Ochsenkutscher« in der Zeitung erschien, war die Freude nicht so
vollkommen wie nun. Damals fehlte mir der Mensch, die
zweite Hälfte vom Ich, der sich ehrlich mitfreute, dem ich
mein ganzes Wesen aufschließen wollte und konnte.

Wie gut wär's jetzt, ein wenig Deine Hand zu halten und
Dir in die Augen zu sehen, an die ich nur denken darf, um
ganz froh zu sein.

Sonntag wirst Du also nun endlich bei Deinem Ilja sein.
Er wird's schon spüren, daß ich jetzt zu Euch gehöre.

Und ich bin morgen (Sonnabend) in Potsdam, weiß
Dich in der Nähe und kann doch nicht zu Dir. Das ist
grausam, zumal ich abends vielleicht sogar in Berlin sein
werde, um Boris und Ingeburg zu versöhnen, die in jener
»Finsterwalder« Nacht bis 3 h auf mich gewartet haben,
sich ängstigten, weil sie glaubten, es sei mir etwas passiert.
Wenn einem immer so etwas Schönes passieren würde!

Am Sonntag werde ich dann erst (hoffentlich) von Dir
lesen. Sage Du, ob das nicht mehr als qualvoll ist.

Gestern habe ich nachts »Schweigen des Meeres« gelesen,
um wenigstens in etwas zu sein, was Du liebst. Ich teil'
Deine Liebe in dieser Hinsicht jetzt.

Wenn ich doch wüßte, wie Dich dieser Brief erreicht!

Leg Deinen Kopf auf meine Schulter, Mädchenfrau!

Der Mann

Berlin, 4. 4. 52

Liebster!

Wenn ich heute nach Hause gehe, wird mich kein Brief von Dir erwarten, weil ich den, der heute früh kam, noch in Empfang genommen habe. Nun habe ich auch drei Briefe von Dir und muß mich beeilen, damit in Spremberg endlich der vierte eintrifft!

Ich danke Dir für Deine lieben Worte; wie würde ich mich freuen, wenn sie nicht nur auf dem Papier stehen würden, sondern wenn Deine Stimme sie zu mir tragen würde!

Ich könnte sie so gut gebrauchen, denn ich bin heute abend so müde und abgespannt, daß ich mich nach einer tiefen Ruhe sehne. Deine Hand könnte die Spannung, die mich quält, sicher lösen.

Ich bin seit gestern aus Rostock zurück; es waren drei schöne Tage. Das einzige Üble war wieder das »Hotel«. Die übliche kleinbürgerliche »Gute Stube« mit Ehebetten, Kitsch und christlichen Sprüchen. Eiskalt. Zitternd bin ich unter meine Decke gekrochen.

Wie schön, daß Du an mich gedacht und in dieser Nacht an mich geschrieben hast. Das tröstet mich jetzt noch.

Weißt Du, ich bin manchmal in Gefahr, kleinmütig und ungeduldig zu werden. Ich sehne mich so nach Ruhe, nach innerer Entspannung. Man lebt doch so nicht richtig, die Tage gehen an mir vorbei und nur die Träume sind gelebt.

Wie gut müßte es sein, durch den Abend, der heute wirklich nach Frühling schmeckt, zu gehen; – ich möchte mein Kind bei mir haben, seine Händchen, seine strahlenden Augen sehen, ihm die große Aufregung, das Erlebnis, das ihm die Welt ist, abspüren, – so möchte ich gehen und einen schönen Abend, gute Stunden mit Dir vor mir haben. Über die Arbeit sprechen, die Minuten nach ihrem wirklichen Gewicht nehmen, die Grenzen weit hinausschieben, wirklich das Gefühl der Dauer haben. Sicherheit, Bestand fühlen! Nicht immer die Stunden überflügeln wollen, Arbeit als Betrug treiben, sondern als wirklich bewußt ausführen!

Ich bin manchmal so müde, daß ich mein Wollen so primitiv fühle, daß ich glaube, das Glücklichsein braucht so wenig, daß mir mein Kind – mit meinem Mann in einer kleinen Wohnung genügt. Nur ein Mensch muß da sein, so glaube ich dann! Laß Dich das nicht befremden; ich will Dir meine Schwäche nicht verschweigen; denn wenn wir uns wirklich halten wollen, müssen wir uns in jeder Regung verstehen. Und erst so lernen wir uns eigentlich kennen. Denn es ist doch kein Zweifel, daß wir uns in einem Brief immer in eine höhere Stufe des Zueinanders steigern, als wir es in unseren einfachen Tagen tun würden. Aber gerade sie sollen dauern; deshalb kann man über einander nichts sagen, bevor man nicht begonnen hat, sie zu erproben. Werden unsere künftigen Blankenburger Tage nicht auch Feiertage sein, die noch nichts Eigentliches aussagen?

Ich bin im Augenblick so krank nach meinem Jungen, daß dieses Gefühl groß vor allen anderen steht. Diese Sehnsucht frißt richtig an mir.

Ich habe mir überlegt, daß ich einen Teil meines Urlaubs um den 1. Juli, seinen Geburtstag, nehmen werde. Dann hole ich ihn zu mir nach Berlin und lebe mit ihm schöne Tage. Wenn ich kann, behalte ich ihn dann bei mir; entweder versuche ich ihn in einer Tagesstätte unterzubringen oder ich versuche jemand zu finden, der am Tage bei ihm bleibt.

Ich weiß, daß Du mich verstehst, und versuchen wirst, die Last, die ich Dir mit diesem Brief aufbürde, zu tragen. Ich habe das Gefühl, daß mir etwas leichter wird, wenn ich das hier alles hinschreibe. Es geht nun zu Dir, Du nimmst es auf, denkst darüber nach, und wirst mir mit Deinen Worten Hilfe geben.

Ich bin bange vor der Zukunft; trotz allem Glück, trotz aller Freude. Wenn Du da bist, scheint mir alles leicht, ich schließe mich ganz an Dich an, schließe Dich in mein Vertrauen ein. Dann bin ich sicher, und sage das auch.

Aber, wenn ich wieder allein bin, überprüfe ich mich, dann denke ich, daß ich selbständig in meinen Gedanken und Plänen sein muß; daß ich Dich nicht in meinen Weg einbeziehen darf.

Wie soll es weitergehen? So frage ich mich oft.

Ich möchte mich jemandem in die Hände geben, so sicher, daß er mir Gutes tut und bin selbst bereit, so viel zu sein.

Ich bin ja so allein, und dieser Anklang einer Gemeinsamkeit, wie wir ihn hin und wieder haben, zehrt mehr, als er Kraft gibt. Diese irrsinnigen Schranken! Wenn Du unsere beiden Berliner Tage bedenkst, wirst Du feststellen, daß wir in keiner Minute frei waren. Selbst nicht in der Akazienallee.

Ich bin so übersteigert empfindsam, daß ich meine verkrampften Gefühle nicht lösen kann, wenn ich weiß, daß jedes Wort, jedes Flüstern auf dem Flur oder über mir gehört wird. Ich wünschte mir einen Turm mit dicken Mauern!

Wenn wir in Blankenburg solche Zimmer haben wie bei der Dame Weber, dann werden unsere Tage nicht von dem ersehnten Glück sein.

Ach, sei nicht traurig über meinen Brief – ich glaube, ich werde noch wieder richtig krank, darum ist meine Stimmung so trübe.

Es ist, weil mich nichts Liebes erwartet.

Von meiner Mutter, zu der ich morgen fahre, höre ich nichts als Vorwürfe und Klagen.

Lieber, kommst Du bald?

Eva.

Du trübsinnige Mädchenfrau!

Ich bin aus Potsdam und Berlin zurück. Berlin war viel, viel reizloser ohne Dich. Durch Dich hat es für mich erst den Duft bekommen, den man braucht, um es zu lieben. Ich bin unseren Weg über den Alexanderplatz gegangen, und ob Du es begreifst oder nicht: Ich wäre mit Freude in das Weber'sche Hinterhofhotel gegangen, wenn ich Dich dort gewußt hätte.

Nun, da ich Deinen Brief habe, bin ich fast froh, daß wir uns nicht sahen. Ich fühl so gut, daß es höchste Zeit für Dich war, zu Deinem Jungen zu fahren. Ein leises Schuldgefühl will sich in mir auftun: Irgendwie ist es doch meine Schuld, daß Du vorige Woche nicht zu Deinem Ilja fuhrst. – Andererseits wäre es gut gewesen, wenn ich Dich gestern wenigstens eine Stunde hätte sprechen können, um die Schatten von Deiner Seele zu putzen. – Findest Du es anmaßend, wenn ich mir einbilde, daß es mir gelungen wäre?

Das wird für die Zukunft, fühl ich, eine kleine Schwierigkeit geben, die Zeit auszutarieren, die Du mich nötig hast.

Dieser Satz: »... dieser Anklang einer Gemeinsamkeit, wie wir ihn hin und wieder haben, zehrt mehr, als er Kraft gibt« macht mir zu schaffen. Damit setzt Du mich wirklich außer Kurs, und ich weiß im Augenblick nicht, wie ich mich verhalten soll. Wenn ich die ungebärdige Eva nicht schon ein wenig kennen würde, so hieße das nach meiner heutigen Auffassung des Briefes: »Bleib mir also künftig fern! Du machst mich irr, machst mich mehr leiden, als notwendig ist.«

Sonst verstehe ich Deinen Brief durchaus, kann ermessen, wie weit er Postpferdchen einer augenblicklichen müden Stimmung ist. Trotzdem werden wir jedoch über einige

Wendungen sprechen müssen. Ich werde ihn »lektoriert«
mitbringen.

Eva, im Grunde ist doch manches einfacher, als Du es
siehst. Du sollst mir natürlich alles schreiben, was Du
fühlst. Ich will durchaus nicht, daß Du krampfhaft in »ro-
sarot« machen sollst, aber versprich mir, daß Du Dich auch
nicht verschließt, wenn ich Dir versuche zu zeigen, daß das
Leben trotz all Deiner Bedenken liebens- und lebenswert
ist.

Verzeih', wenn ich heute in diesem Briefe nicht tiefer auf
alles eingehe. Mir will scheinen, daß es besser ist, davon zu
reden, wenn Hände durch Gutsein die Worte unterstützen.

Auch ich bin heute müde und ein klein wenig gereizt.
Wir wollen doch keine Mißverständnisse aufkommen lassen. Verzeih' mir deshalb auch, wenn ich den Satz (den zi-
tierten) wenigstens im Augenblick ignoriere – weil es gar
nicht anders möglich ist, wenn unsere Liebe wachsen soll –
und vorschlage: Ich bin am Mittwoch schon etwa 7^{45} in
Berlin. Da kann ich Dich also telefonisch noch nicht im
Verband erreichen. Ohne Deine Zustimmung noch erhalten zu können, werde ich mich sofort auf die S-Bahn setzen und nach Köpenick hinausfahren. Das Sicherste dürfte
dann wohl sein, auf dem Bahnhof K. auf Dich zu warten,
damit sich unsere Straßenbahnen nicht kreuzen. Wir haben dann die gemeinsame Fahrt in die Stadt, und Du
kannst entscheiden, ob Du mich am Abend ertragen willst
oder nicht.

Ich bin so bange, daß Du Deine Krankheit verschleppst
und Deine schattigen Tage damit vermehrst.

Ach, was bist Du schon für eine Eva! Gar nicht lieb, die
Mädchenfrau, aber so schnell soll's ihr nicht gelingen, den
Mann zu lähmen.

Der etwas kummerige
Mann

7. IV. 52

Ich habe noch die Morgenpost abgewartet. Kein Brief von Dir. Langsam muß ich beginnen, gegen die Traurigkeit anzukämpfen, die lauernd auf meinem Schreibtisch hockt. Du mußt bedenken, daß der trübsinnige Brief, wenn kein neuer kommt, der sich anders zeigt, wie endgültig wirkt. Ich bemühe mich, Dich so zu sehen, wie ich Dich in den Morgenstunden fühlte, bevor ich von Dir gehen mußte.

Die Arbeit, mit der ich mich heute verheiraten wollte, ist nicht die richtige Frau. – Nicht nur Du bist äußerst empfindsam! Ich schätze das sehr. Mit stumpfen Menschen zu leben, ist eine Qual.

Und wieder die Frage: Ob die Mädchenfrau wirklich bös krank geworden ist? Ich beginne schon wieder die Stunden zu zählen.

Eva!

Berlin, 7. 4. 52

Liebster!

Zwölf Stunden intensiver Arbeit liegen hinter mir. Eben habe ich einen langen Artikel für die »Tägliche Rundschau« beendet. Die nächsten Wochen werden sicher anstrengend sein, weil Schriftstellerplenum und Schriftstellerkongreß vorzubereiten sind.

Jetzt sitze ich allein in unserem großen Büro und fürchte mich eigentlich etwas in der Stille. Ich muß Dir so viel sagen, Dich um so viel Nachsicht und Verständnis bitten für die unruhigen Stunden, die ich Dir in der vergangenen Woche bereitet habe.

Die Woche fing für Dich mit drei Briefen von mir an einem Tage an, und dann kam ein großes Schweigen, das von meiner Reise nach Rostock ausging. Dann kam der aus einer tiefen Depression entstandene Brief, den ich am liebsten schon eine Stunde später zurückgenommen hätte. Abends fand ich noch einen Brief von Dir, der mir meine Ruhe wiedergab.

Ich war zu erschöpft, um noch zu schreiben. Am Sonnabend fühlte ich mich morgens wieder so schlecht, daß ich nicht zu meinem Jungen fahren wollte. Ich fürchtete die Aufregungen mit meiner Mutter auch etwas.

Aber dann traf ein Brief ein von ihr, der mich doch zu ihr rief. Ich fuhr also am Mittag. Gestern abend bin ich zurückgekommen. Es war wunderbar. Mein kleiner Sohn ist so bezaubernd, so lieb, daß jede Minute mit ihm ein großes Glück ist. Diese strahlenden blauen Augen, das Näschen und das verträumte Lächeln!

Es war zu schön! Die Trennung fiel mir wieder so schwer, mir war alles leer. Ich habe sie nur überstanden, weil ich hoffte, zu Hause einen Brief von Dir zu finden. Er war da und beglückte mich.

Nun warte ich schon wieder und freue mich auf die Minute, in der ich auf dem Schränkchen im Flur nachschaue, ob Dein nächster Brief da ist.

Wie öffnest Du meine Briefe? Vorsichtig, mit Bedacht?

Ich kann es einfach nicht, ich bin so ungestüm dabei, mir ist immer so, als müßte ich wie ein Ertrinkender nach einem Halt nach Deinen Grüßen greifen.

Sonnabend früh habe ich Deine Briefe geordnet. Die fünf Wochen unserer Liebe haben eine ganze Mappe von Blättern hervorgebracht, die mein schönster Besitz sind.

Ich habe sie wieder alle gelesen.

Es ist so schön, aus ihnen die Entwicklung unserer Liebe abzulesen. Ich weiß immer, welche gemeinsamen Erlebnisse, welche Bilder dahinter stehen. Sie tauchen mir ganz deutlich beim Lesen auf.

Du gibst mir in allem Freude. Keiner von ihnen ist so

geschrieben, daß er mich irgendwie bedrückt. Darum bitte ich Dich von Herzen, verzeih' mir, wenn ich Dir mit meinen Worten schwere Stunden bereitet habe. Wenn ich Dir auch nie so schwere Stunden bereiten werde, wie Du sie in Deinem häßlichen Traum erlebt hast. –

Aber ich bin noch immer etwas unausgeglichen und unruhig. Du wirst mich aber gewiß besänftigen.

Ich warte so sehr, Dich bald zu sehen. Mir ist als wolltest Du am 8. oder 9. 4. nach Potsdam zur Vorstandssitzung. Vielleicht kommst Du morgen? Das wäre zu schön!

Ich warte voll Sehnsucht auf Dich!

Deine Eva

Spremberg, 10. IV. 52 2^h nachts

Liebes, Liebes!

Mein Inneres ist ein großes Geschrei nach Dir. Der Abschied war so jäh. Schon wird mir unverständlich, daß ich eine Minute habe, in Deiner Gegenwart schlafen zu können.

Ich weiß nicht, ob Dir bekannt ist, daß man ein gläsernes Gefäß zum Zerspringen bringen kann – mit Tönen zum Zerspringen bringen kann, wenn man den rechten Ton dafür trifft. Wie so ein Glas vor dem Zerspringen fühle ich mich heute. Sterben könnte ich wie ein Erfüllter. –

Gestammel, Gestammel – mehr wird's heute wieder nicht. Auch Dein Ilja lallt vielleicht so, weil er doch nicht sagen kann, wie er Dich liebt.

Schon heute kam der eigentlich erst am Sonnabend erwartete Besuch. Für Freitag und Sonnabend hat sich außerdem Schellenberger telegrafisch angemeldet. – Alles liebe Menschen, aber ich bin doch so angefüllt mit Eva, immer nur Eva, daß ich traurig werde, wenn sich nicht alle Gespräche um die Mädchenfrau drehen. Ich bilde mir ein, alle müßten doch sehen, wie ich brenne. Alle Menschen müssen sich gefallen lassen, von mir innerlich mit Dir verglichen zu werden. Alle sich gefallen lassen, verworfen zu werden.

Ich denke durch alle Menschen hindurch. An die gestrige Nacht denke ich, wo ich nach kurzem Schlummer Deine großen, duftenden Küsse hatte. Noch jetzt strömen meine Poren Deinen Duft aus, und ich geh' so behutsam damit um, als müßte er mir für Jahre reichen. – Ich weiß, wir würden beide heute ermattet nebeneinander schlafen und uns doch keine Sekunde allein fühlen. Ich bin sehr, sehr müde, doch ich mußte Dir erst noch sagen, wie ich fühle.

Schlaf gut, Traumfrau und bezieh' mich in Dein Leben ein!

Dein Mann

Berlin, 11. 4. früh

Liebster!

Gestern abend hat die Zeit und nachher die Kraft einfach nicht mehr gereicht zum Schreiben. Wir sind im Verband im Augenblick so überlastet, daß wir kaum wissen, wie wir durch alle unsere Termine kommen sollen.

Ich kam erst gegen 20 Uhr dort weg, unterwegs bin ich – was mir nie passiert – eingeschlafen. Dann ein erstaunter, neugierig-hämischer Empfang von meiner Wirtin: »Ihr Mann ist ja gezogen?!« Spannung auf ihrer Seite, von mir nur: »Allerdings.« Pause – Luftloch. Als höfliche Person fühlte sie sich gezwungen, von etwas anderem zu sprechen. (Bisher glaubte sie, er sei nur, weil ich nicht für ihn sorgen könnte, bei seinen Eltern.)

Ich bin froh, daß jetzt hier alles klar ist. Jetzt werde ich anfangen, mir mein Leben einzurichten (und die Wohnung, damit ich Dich nicht immer in eine so ungemütliche Behausung führen muß und Du nicht sagen kannst: Bohemiens).

Sicher ist in Spremberg ein ebenso strahlender Morgen wie bei mir. Das Fenster ist weit geöffnet, die warme Luft strömt herein, die Sonne flirrt auf dem weißen Tischtuch und spaziert über mein Bett. Ich war schon ein paar Mal im Garten, um zu staunen. Mir war, als müßte ich mir, wie im Märchen, die Augen reiben, um festzustellen, ob ich auch nicht schlafe und träume. Der Boden hat sich plötzlich mit einer dichten Grasschicht bedeckt, die Knospen sind nun wirklich »platzprall«, die Tulpen sind schon hochgeschossen, Primeln schaukeln auf ihren dünnen Stengeln. Und zu allem dieser hohe Raum, in dem die Morgenlaute – die Hähne, die ersten Kinderstimmen – viel heller als gestern noch klingen. Es ist, als wäre der Welt ihre Nachtmütze abgezogen worden und sie lacht in den Morgen.

Ich verliere fast mein Gleichgewicht vor so viel Frühling. Und dahinter immer: »Wie wird es in vier Wochen aussehen?« Das noch unbekannte Blankenburg taucht auf, Bilder, Bilder. Die schön sind. Und Du, so wie Du Dich in dem Gedicht »Sommer« gezeigt hast.

Die vier Wochen werden eine einzige Vorfreude sein, gestärkt durch unsere Begegnungen. Ich glaube, ich werde nicht mehr rückfällig, so wie ich hoffe, nicht mehr krank zu werden. (Obwohl ich schon wieder Halsschmerzen habe, denen ich begegne, indem ich mich »frühlingsmäßig« anziehe. Dieser Leichtsinn! Ich höre schon wieder Deine Ermahnungen.)

Der Feiertagmorgen bekommt jetzt seinen richtigen Klang. Das Kirchlein, das hier in der Nähe ist, ruft seine Anhänger zusammen. Die Glocken haben einen tiefen, ruhigen Ton – nicht wie im Dorf meiner Großmutter, da bimmelt sie hell und hastig, so hastig, wie der Pfarrer ins Dorf gesaust kommt, um die Gläubigen zu betreuen. Er ist immer nur auf einen Sprung da, denn er wohnt nicht in dem unbedeutenden Arbeiternest, sondern in einem gewichtigen Bauerndorf.

Ich liebe diese Sonntagmorgen mit ihrer Ruhe, zu denen das lange Läuten paßt. Mich stimmt es feierlich, aber ohne Angst wie früher, als ich so gern glauben wollte – und auch glaubte –, aber wenn ich in die Kirche ging, wußte ich, die Worte des Pfarrers würden mich nicht fangen, sondern ich würde an tausend andere Dinge denken, zu denen das Beten gar nicht paßt. Nie gelang mir die Wandlung und hinterher war ich schlimmer als vorher. Aber ich ging aus einem inneren Bedürfnis – zu Hause fand man das völlig unsinnig, denn meine Familie ist völlig irreligiös.

Die Befreiung von dieser sinnlosen Bemühung hat mich viel froher gemacht. Wenn man sich in unserem täglichen Leben ansiedelt, alle Wünsche, Hoffnungen darauf konzentriert, gewinnt es so viel mehr Bedeutung und Kraft. Ich bedaure alle, die noch immer auf das »Jenseits« bauen. – Ich habe Dir so viel »anderes« geschrieben, aber auch darin findet unsere Liebe Bestätigung; ich brauche es Dir nicht »direkt« zu sagen. Wie glücklich ich bin, wie ich meine Gedanken zu Dir und Deiner Arbeit schicke, weißt Du.

Ich wünsche Dir schöne Ostertage!

Eva

Berlin, 12. 4. 52

Es ist Sonnabend (nachmittag/abend) der 2. Tag der Fachtagung. Heute waren eine Reihe interessante Referate, jetzt ist Pause bis 19 Uhr. Am Abend ist eine Festveranstaltung

im Friedrichstadt-Palast. Morgen früh geht die Konferenz
weiter, nachmittags und am Montag sind Fachgespräche
der einzelnen Gruppen (für mich: Laienspiel, dramatische
Zirkel). Ich wollte ursprünglich doch noch fahren morgen
früh; aber nun habe ich telegraphiert, daß ich erst Dienstag abend komme. Dann werde ich erst Freitag zurück sein
und mich gleich in den Sonnabend »stürzen«, der Dich mir
um 7.46 Uhr bringt.

Es ist so schwer, wieder zu Dir zu finden, in dieser Menge
lärmender Menschen und aus der Fülle der aufgegriffenen
Fragen heraus. (Noch dazu mit einem fremden Füllhalter,
der mir so ungewohnt ist.) Ich will sehen, daß ich Dich
heute abend wiederfinde. Hoffentlich ist Dein erster Brief
da. – Eben stürzt eine Gruppe junger Pioniere in den Saal,
die die richtige »Geräuschkulisse« machen für meinen
Brief. Soll ich es Dir verschweigen? Ich fühle mich schon
wieder fiebrig und krank. Es ist ein Kreuz mit mir, ich
muß doch einmal eine gründliche »Überholung« einpla-
nen.

Wie schön wäre es, wenn Du mit hier wärest, über vieles könnten wir gleich sprechen, was so nicht ausgetauscht
wird. Erst aus dem ständigen gemeinsamen Erleben schafft
man einen gemeinsamen geistigen und menschlichen Besitz. –

Ich hatte früh eine gute Aufgabe: Ich bin mit einer Frau
aus Westdeutschland – Frankfurt – zusammen, die sehr
aufgeschlossen ist für alle Kunst. Sie ist Bankangestellte,
erst seit einiger Zeit Mitglied des KB, der Gesellschaft. Es
kam bei ihr so wie eine »Erleuchtung« sagt sie und es fehlen ihr oft noch die sachlichen Argumente. Nun ist sie vollkommen isoliert von ihrer Familie, für die sie »abgesun-
ken« ist. Wenn man sich vorstellt, was doch die einzelnen
Menschen für schwere Kämpfe auszufechten haben, um
ihrer Einsicht treu zu sein.

Sie hat so viele Fragen an mich. Mir macht es Freude, ihr von unserem Leben zu erzählen, vieles richtig zu stellen, was ihr von den Lügen doch anhaftet. Sie steht und staunt vor unsern Möglichkeiten. Ihr Beruf ist für sie nur zum Verdienen da, sie würde so gern etwas tun, was ihren Interessen entspricht. Wie gut haben wir es doch. Wir tun noch immer viel zu wenig, um dem gerecht zu werden.

Aber angefangen habe ich wenigstens damit. Und Du weißt, daß es mir ernst ist. Ich habe mich, seit ich im Verband bin, wirklich um die Erfüllung meiner Aufgaben bemüht. Weißt Du, deshalb freue ich mich auch so, daß ich von den Kollegen in die BGL gewählt worden bin. Und gleich nach Ostern geht mein Antrag an die Partei, ich habe jetzt den dritten Bürgen.

Das wird ein sehr ernster Tag werden für mich, wenn ich endlich auch nach außen der Gemeinschaft angehöre, der ich mich nun schon lange verbunden fühle.

Wie stolz man sich doch fühlt, wenn bei solch einer Tagung über unsere DDR gesprochen wird, von der ein westdeutscher Komponist heute sagte: »Wenn diese DDR weiter nichts getan hätte, als die Kultur so zu fördern, wie sie es getan hat, dann hätte sie ihre Existenz schon als berechtigt nachgewiesen.« – – – Du mußt entschuldigen, wenn ich so durcheinander schreibe. Es sind noch viele unverarbeitete Eindrücke. Aber ich wollte mich – wie versprochen – wenigstens melden, damit Du von mir weißt. – Heute wollte ich dem »Osterhasen« nachhelfen und die Handschrift umtauschen, aber ich bin nicht dazu gekommen. Habe ich Dir eigentlich richtig gesagt, wie mich Deine Art zu schenken, gefreut hat?

Noch einmal recht gute Ostern! Eva

Spremberg, 12. IV. 52

Süße!

Draußen geht eine milde Nacht über die Wiesen, die im Grünrausch schwelgen. Du tust mir leid, weil Du »sitzen« mußt und die Sonnentage vor dem Fenster stehen lassen mußt, während ich meinen Besuch durch die Wälder führe. – Und doch, wie glücklich wäre ich, könnt' ich Dich nur eine Stunde sehen, ja, wär's nur aus der Ferne am »Sitzungstisch«. – Gerade diese Nacht regt alle Sehnsüchte auf. Die Hähne krähen schon in den Nachbargärten, und eine dicke Fliege summt sommerlich in meinem Stübchen.

Heute kam Dein »erster« Brief mich grüßen. Ich habe ihn mit den Augen geliebkost, lange schon bevor ich ihn öffnete. Gestern war's so unruhig im Hause, daß mir nicht einmal die Insel meines Arbeitsstübchens verblieb. Johannes Schellenbergers Töchterchen hatte sich darin einquartiert, und mir blieb nur noch ein Dachkämmerchen.

Wie eine Sünde will mir's scheinen, daß ich Dich gestern ohne Gruß lassen mußte, denn bei allen Gesprächen irrten meine Gedanken ab. Ich bemühte mich, lieb zu den Gästen zu sein, doch ich war in Wirklichkeit wenig bei ihnen. Du bist da, immer da. Ich versuche mir vorzustellen, wie Du auf dieses, wie Du auf jenes Gespräch reagieren würdest.

Eine kleine, geheime Bängnis sitzt noch in meinem Herzen: Morgen kann vielleicht ein Brief kommen, der ... Das wird vorübergehen, das muß vorbeigehen, denn ich belade unsere Zukunft mit so vielen positiven Erlebnissen, daß Dein Fühlen eigentlich davon profitieren müßte, wenn's nach Schwingungsgesetzen geht. –

Viele kleine »Verwandtschaften« hat mir Dein heutiger Brief wieder gezeigt, und ich vertrau' so darauf, daß sein wird, was sein muß.

Heute gegen Abend sind nun Johannes und seine Tochter wieder abgefahren. Der übrige Besuch ordnet sich bes-

ser buchlesend oder sich sonstwie die Zeit vertreibend ein.
Er verbraucht einen nicht so, wie es Johannes tut. – Übrigens habe ich bei ihm diesmal festgestellt, daß er bis zur
Unerträglichkeit albern und nichtssagend sein kann. Freilich muß man die Quellen dieser »Ausflüsse« berücksichtigen. Gleichwie – so lieb' ich Dich – habe ich mich gefreut, daß Du richtig und gut beobachtest. – Du kannst
kaum wissen, wie glücklich mich das macht! Vielleicht bin
ich ungerecht, aber ich neige dazu, die Menschen zu bedauern, ihnen nur ein halbes Leben zuzumessen, die nicht
beobachtend zurückzutreten verstehen, sondern immer
»mitten drin« sind. –

Nachmittags bin ich heute mit der kleinen Schellenber-
gerin ausgekniffen. Wir haben Gänseblümchen für die in
Berlin gebliebene Schwester gepflückt und zugeschaut, wie
sich die Frösche unten im Teich am Bergfuß lieben. Es ist
ein kluges Kind, das mit Amur und Hella nach anfängli-
chem Zögern Freundschaft schloß. – Weshalb ich das tun
mußte? Durch dieses Mädchen war ich Dir näher. Mir
war's, als ob ich alles mit der zwölfjährigen Eva erleben
würde. – Welche Wege doch die Liebe geht!

Die beiden jähen Sommertage, die waren, machen mich
unruhig: Wird noch genug werdender Frühling für uns in
Thüringen übrigbleiben? Ich hätt's doch so gern, daß noch
Blüten da sind, wenn wir beide in die Berge steigen. – Dann
tröstet mich wieder der Gedanke, daß für uns ja jede
Stunde der Gemeinsamkeit ihre Blüten trägt. –

Laß mich meinen Kopf eine Weile in Deinen Schoß legen,
denn er macht auch müde, der Frühling.
Der Mann

Spremberg, 13. IV. 52

Ferne Eva!

Den Brief, den ich erwartete, packte der Kollege Gebert – so heißt mein Briefträger – nicht aus seiner Umhängetasche. Er hatte seine neueste »Uniform« angezogen und tat österlich, feierlich. Aber all das konnte mich nicht versöhnen – kein Brief von der Mädchenfrau.

Inzwischen haben im Garten die Ccyllas (ich weiß nicht, ob ich das richtig schreibe) ihre Blauaugen aufgetan und erinnern mich beständig an Deine Augen. Ich gehe wie ein Mensch aus einer anderen Welt zwischen all der Österlichkeit einher. Wir gehen mit dem Besuch umher und pflücken die ersten Frühlingsblumen: Buschwindröschen, Veilchen, Taubnesseln, Gänseblumen. Mein Strauß ist immer für Dich. Und wenn ich den Eilzug in Richtung Berlin durch die Wälder rauschen höre, dann möchte ich mich mit meinen Blumen auf den letzten Wagen schwingen. Ich weiß Dich nicht genau, fühl Dich nicht genau in diesen sommerlichen Tagen. Das macht mich ein wenig wehmütig. Vernunft und Gefühl streiten sich in mir. Aber das Gefühl siegt rascher, weil es viele blühende Verbündete ringsum hat.

Wir sitzen an einem Teich, und ich meditiere über die Schmetterlinge. Auf Flügel gesetzte Sehnsucht. Dieser verletzbare Leib – eigentlich nur ein Liebesleib, denn das wirkliche Leben des Schmetterlings heißt Raupe, heißt Puppe. Ja, dieser Liebesleib nun erschafft sich Flügel, um Liebe fortzutragen, um sich Liebe zu holen. Tagelanges Leben und Dasein für diesen einen Zweck – die Liebe. – Der Wunsch Liebender kommt also nicht von ungefähr – Schmetterling zu sein.

Gestern sind die Fliederknospen aufgegangen. Jetzt, wo ich weiß, daß Du den Flieder so liebst, möcht ich Knospen und Blüten am liebsten noch in ihren Gehäusen wis-

sen, um mit Dir die Fliederblühzeit gemeinsam in Thüringen erleben zu können.

Die Nächte sind schwer und mit Träumen und Wach-
sein wechselnd durchwirkt. Wächst man? Oder sieht man
ein schon erlebtes Wunder von einer anderen Seite?

Ein Wort von Dir wäre der schönste Gute-Nacht-Gruß

Der Mann

Ostermontag vormittag [14. 4. 1952]

Liebster!

Willst Du mich strafen für mein Schweigen in der vorigen Woche? Heute ist schon Montag und noch immer ist
kein Brief da von Dir, auf den ich schon seit Sonnabend
warte. Meine erste Post ist doch gewiß schon bei Dir eingetroffen; sie ging am Freitag früh weg.

Ich hatte in diesen Tagen so wenig Zeit, mit Dir zu sein,
daß ich mich jetzt erst wieder eingewöhnen mußte. Nicht,
daß Du nicht hinter allem standest, was ich begann, aber
der vertraute Umgang mit Dir, mit Deinen Worten, mit
den Bildern unseres Zusammenseins, war unterbrochen.
Ich war vom Morgen bis in die Nacht unterwegs, – gerade
deshalb hätte mir ein Wort von Dir so gut getan – heute
gehe ich deshalb erst zur Nachmittagssitzung, weil ich
hoffte, Dich durch ein paare Zeilen besser zu finden, weil
ich bei Dir sein wollte. Ich habe mich eingestimmt auf
Dich, indem ich alles, was mir von Dir gekommen ist, wieder gelesen habe. Es war eine schöne Stunde. Ich saß am
weit geöffneten Fenster und ließ mich von der Sonne streicheln. Die Sträucher beginnen mit Blühen, das Gras wächst
zusehends. Es ist so, wie wir neulich feststellten: »Man
kommt einfach nicht mit.« Auf einmal ist der Frühling da,

er ist »ausgebrochen«. So viele Vogellaute sind in der Luft, alles klingt so hell wie im Sommer. Ich möchte jetzt schon mit Dir in Blankenburg sein. –

Ich kann das jetzt noch besser verstehen, was Du in der schlimmen Woche, als nichts von mir kam, ausgehalten hast. Man wird so unsicher, die Gefühle, die man aussendet, fallen unbeantwortet zurück.

»Wo bist Du nur?« möchte ich Dich fragen. Ostern hast Du Besuch, es werden viele Menschen da sein, die Dich haben. Nur ich muß ohne Dich sein.

Ich kämpfe gegen das Traurigsein, aus dem so leicht eine »müde« Stimmung entsteht, wie die, die sich in dem »trübsinnigen« Brief niederschlug. Es ist schlimm, sich allein gelassen zu fühlen. Das wird sich noch steigern, denn ich werde nun bis zum Freitag abend nichts von Dir hören.

Morgen fahre ich in die Stadt, bevor die Post kommt, und abends reise ich nach Neuruppin. Ich will versuchen, damit fertig zu werden, damit es keinen Schatten auf die Potsdamer Tage wirft.

Was ist denn dieser Frühling ohne Dich? Es will in mir nicht so bleiben wie die Tage draußen.

Du hast mich vielleicht neulich doch nicht ganz verstanden, als ich Dir diesen Brief schrieb. Sieh, wenn man nach so schweren Tagen, wie ich sie jetzt durch die – schöne – Arbeit immer habe, die Straße entlanggeht und man weiß, daß man nicht »ankommt«, daß da nichts als Leere ist, kommt man leicht zu solchen Stimmungen.

Wenn ich mich in Deine Hände betten möchte, kann ich mich da trösten, indem ich mir sage, daß ich Dich in zehn Tagen sehe?

Du mußt nicht denken, daß ich die Gegengründe nicht kenne, daß ich im Grunde es auch gar nicht anders will. Eben, weil ich mich prüfen will und uns; aber ich kann diesen Widerspruch einfach nicht lösen. Ich kann nicht al-

lein sein, und dadurch, daß ich mich dauernd selbst über-
zeuge, werde ich immer verkrampfter.

Ich habe manchmal solch eine irre Angst, daß ich schreien
könnte. Unser letztes Beisammensein bedrückte mich auch
etwas. Du weißt, warum. Die Furcht, daß wir uns doch
nicht finden. Ich denke nun viel zu viel darüber nach. Aber
meine Träume helfen mir doch immer wieder. Dann steigt
auch wieder unser nächtlicher Waldweg vor mir auf und
ich werde gleich froh und das Vertrauen wächst in mir. Du
wirst mir schon helfen, Du kannst doch alles! Ich sehne
mich unsagbar nach Dir, nach Deinem Gutsein. Wenn Du
mich nur immer so lieben willst!

Wenn ich es nur sein darf, was Du gesucht hast! Lieber,
Liebster, laß mich nicht allein. Denk doch so viel an mich,
fühle so stark, daß es bis zu mir dringt, auch wenn kein
Brief kommt.

Liebster, sei mir gut.

                                                    14. IV. 52

Du?

Schwärme ich nicht zu sehr? Bin ich nicht plötzlich zu
jung und taumelig geworden? – Dieser Gedanke kam mir
heute, als ich Deinen Brief von vor den Ostertagen wieder
las. Er schien mir in diesem Augenblick ein wenig dämp-
fend, ein wenig wie mitleidig lächelnd. – Bist Du so? Rede
ich mir etwas ein, weil meine Sehnsucht etwas bockig wird
und mit den Füßen stampft?

Heute habe ich den Besuch an meinen stillen Waldteich
(nicht mit den Fröschen am Berg) geschleppt, weil ich sehen wollte, ob die Molche schon aus dem Schlamm sind
und ihre Balztänze aufführen. Das war ein Duften im
Wald, und die Wildtäuber hatten es besonders auf mein
Herz abgesehen. Sie machen mich verrückt.

Auch der sich eigentlich behutsam einordnende Besuch von Bobby und Erna Reimer beginnt mir doch langsam innerlich Schwierigkeiten zu bereiten. Er knabbert mir doch zu sehr an den Stunden, die nur Dir oder der Arbeit gehören sollten. Auch wäre ich liebend gern zwei Tage Direktor einer Oberpostdirektion gewesen, um anordnen zu können, daß am zweiten Ostertag wenigstens die wichtigste Post ausgetragen wird.

Wenn meine Gedanken unterwegs zu Tönen werden würden, müßtest Du den ganzen Tag von Musik umbraust sein. Du würdest keines der Referate hören oder unwillig den Ansturm zurückdrängen.

Wie gut wird es sein, daß wir am Sonnabend schon die gemeinsame Fahrt haben werden, denn es wird ja immer schwieriger für mich, Dich nur von »weitem« zu sehen.

Vielleicht werde ich auch bald »vernünftigere« Briefe schreiben. – Vorläufig komme ich über das Gestammel nicht hinaus. Da hast Du ein schönes Feuer angefacht. Nun kannst Du zusehen, wie Du es löschst oder so reduzierst, daß es nurmehr wärmt.

Morgen wirst Du also zu Deinem Ilja fahren. Ich freu mich für Dich, und der Brief wird geduldig im »Bienenhäuschen« auf Dich warten.

Leg Deinen Kopf ein wenig an meine Brust!

Der Mann

Spremberg, 15. IV. 52

Vernünftige Mädchenfrau!

Kein Abend, keine Stunde ohne Dich, aber ich will mich bemühen, heute einen »vernünftigeren« Brief zu schreiben. Der Kramladen meiner Gefühle muß Dich ja langsam anwidern. Dein Tagungsbrief, der heute kam, wird mir helfen, prosaischer zu sein, zumal Du darin bekennst, daß es Dir schwerfällt, aus der Arbeit zu mir zurückzufinden.

Ich freue mich für Dich, daß Du Deine Ostertage nicht für eine übliche »Sitzung« opfern mußtest, in der nur Stroh gedroschen wird. Ich schätze Deine Begeisterungsfähigkeit in der Richtung DDR und Partei oder besser umgekehrt. Es ist wahr, daß ich Dich nicht lieben könnte, daß uns Welten trennen würden, wenn Du diese Liebe zum Ganzen nicht in Dir trügest.

Viel Gedanken mache ich mir in den letzten Tagen um die Tatsache, daß Dir noch der Höhepunkt des Liebeserlebens fehlt. Ich statte, eben weil ich Dich schon so sehr in mein Leben einbeziehe, mit viel Geduld, Verstehenwollen und Wärme aus. – Noch ist mir unklar, ob der Schlüssel, um Dir dieses Erlebnis aufzutun, aus glühendem Eisen oder mildem Tau sein muß. Du müßtest das eigentlich wissen oder zumindest fühlen. Weshalb schweigst Du darüber? Habe ich an dieser Stelle Dein Vertrauen noch nicht? – Wo habe ich es überhaupt? – Manchmal fahre ich jäh auf, wenn die Frage beginnt mich zu quälen: Wenn Du nun überhaupt nicht der richtige Mann bist, um die Mädchenfrau aufzuschließen?

Alle Hoffnungen, alle Antworten verlege ich dann auf die Tage, die kommenden in Thüringen.

Seit heute sitze ich nun fest in der Arbeit. Die »heitere Liebesgeschichte« ist ein Stück gewachsen. Die Gestalten aus der Komödie umgeben mich wieder. Ich lebe unter ihnen und sie zeigen mir neue gewinnende Seiten ihres Eigenlebens. Man muß beständig auf der Hut sein, daß sie einem nicht entwischen und sich wie die Puppen im Märchentheater selbständig machen. Da ist zum Beispiel dieser Kleinschmidt, ein bäuerlicher Grübler, bei dem Lachen und Weinen so nah beieinander liegen. – Aber jetzt beginnt mein Brief wohl wieder unvernünftig zu werden.

Schon kann man wieder die Tage zählen, bald wird man's mit den Stunden tun können.

Der »vernünftige« Mann

Berlin, 16. 4. 52

Lieber!

Wieder ist es spät abends, ich bin schon lange allein im Büro; es hat sich eingebürgert, daß ich einige Stunden länger arbeite als die Anderen, denn meine Arbeit reicht für zwei.

Die Vorbereitung der Kinderbuch-Konferenz habe ich jetzt ziemlich abgeschlossen; ich kann dem 7. 5. schon etwas beruhigt entgegensehen.

Ich fürchte nur, daß ich bis dahin nicht durchhalten werde. Es geht mir gesundheitlich jetzt so schlecht, daß ich einfach ausspannen müßte. Aber ich komme nicht einmal dazu, nach Neuruppin zu fahren. Ich kann hier nicht raus – nicht vor dem 7. 5.

Seit einer Woche habe ich Fieber, besonders zum Abend, und ich fühle mich sehr schwach. Vor allen Dingen werde ich die Schmerzen im Rippenfell nicht mehr los, ich muß dauernd husten. Wenn ich es mir zeitlich erlauben könnte, würde ich mich sofort für ein paar Wochen krank schreiben lassen. Bestimmt werde ich es Anfang Mai tun. Wir können dann länger in Thüringen bleiben! Ich hoffe, daß ich mich dort erholen werde. Allerdings habe ich für die Ferien ein umfangreiches Lese- und Arbeitsprogramm. Es wäre ganz gut, wenn jemand hier wäre, der auf mich achten würde. Heute bin ich um 4.20 Uhr aufgestanden. (Die Vögel gaben mir ein Frühkonzert.) Seit 6.30 Uhr bin ich unterwegs, jetzt ist es 20.30 Uhr. In dieser Zeit habe ich ununterbrochen gearbeitet. Es macht mir Freude. Wenn ich gesund wäre, wäre ich sicher sehr zufrieden.

So, nun aber Schluß damit!

Gestern Abend habe ich endlich Deinen Brief vom 10. 4. nachts bekommen. Hab' vielen Dank für die Bilder! Nun kann ich mir doch ein wenig vorstellen, wie Du lebst, – wenn auch sicher die Sonnenblumen noch fehlen. Dafür ist aber Hella so, wie sie wirklich aussieht. Ich muß sagen, sie ist wirklich eine hübsche Dame.

Ich hoffe, daß Dir Deine Gäste mehr frohe Stunden bereitet haben, als daß sie Dich quälten! Hoffentlich hat der Johannes ein paar schöne Tage bei Dir gehabt. Es ist ihm wirklich zu wünschen. Ich weiß, daß er zutiefst unglücklich ist. Aber er kann es nicht mehr ändern. Die Kraft fehlt ihm dazu. –

Ich habe schöne Stunden mit dem »Ochsenkutscher« gehabt. Wie vertraut mir alles ist, wieviel kostbare Stellen ich gefunden habe!

Aber merkwürdig: Ich kann mir nicht vorstellen, daß Du an dem Buch gearbeitet, geändert, gefeilt hast. Es ist so aus einem Guß; ich weiß, auch wenn es nicht »Dein Buch« wäre, würde es mich begeistern.

Es hat mich verzagt gemacht. Ich werde wohl nie etwas vernünftiges schreiben. Zumindest vorläufig nicht.

Ich habe daraufhin bis auf ein schmales Bändchen ziemlich alles verbrannt, was ich hatte.

Ich will jetzt einfach nicht mehr daran denken.

Ich kann nicht, weil ich innerlich noch so unfertig bin. Ich werde Dir das alles erklären, was ich fühle.

Sei mir nicht böse, weil ich so flüchtig schreibe, nicht gesammelt bin. Aber es gibt Tage, wo es einem schwer ist, etwas aus sich heraus zu geben. Mir fällt heute Alles besonders schwer, mit Anstrengung habe ich den Tag bewältigt.

Gut wird es mir tun, Deinen Brief zu empfangen, der da sein muß! Besser wäre es, Deine Hände, Deine Güte zu haben, Deine Liebe um mich zu fühlen!

Aber wenige Tage noch, und wir sehen uns wie neulich: Ostbahnhof – 7.46 – Unter vielen Menschen, ich sehe den suchenden Mann!

Hoffentlich wird er dieses Mal nicht wieder sagen: »Böse!«

Du weißt, was ich viel lieber habe. Bleib mir so gut!

Eva

Spremberg, 2^h nachts, 16./17. IV. 52

Weshalb quälst Du mich, Mädchenfrau?

Ich komme eben völlig zerdiskutiert aus der Partei-Wahlversammlung. Daß heute kein Brief, kein Gruß von Dir kommen würde, hatte mir schon vorige Nacht ein Traum gesagt. Ich glaubte diesem Traum nicht, weil ich doch so heftig liebe. – Nun hat er recht behalten – meine Liebe eine Niederlage erhalten.

Am Tage kam mir eine alte Zeitung in die Hände. Mein Blick fiel auf den Ortsnamen Neuruppin. Ich las den Artikel über irgendwelche Mängel bei der dortigen HO begierig, weil ich Dich dort weiß. Ach, diese krankmachende Liebe!

17. IV. 52 nach der Morgenpost.

Ich konnte in der Nacht einfach nicht weiterschreiben, weil ich fühlte, wie mir Bitterkeit in die Feder rinnen wollte.

Jetzt kam Dein Ostermontag-Brief, und alles jubelt in mir. Ich fühle aber auch, wie »ausgeliefert« ich Dir schon bin, obwohl ich mir immer noch ein »Reserve-Inselchen« halte, einfach aus Furcht, daß mich diese Liebe, wenn sie einseitig bleiben sollte, zerbrechen würde.

Eva, Eva, Eva – ich habe in meinen letzten Briefen einfach meine Gefühle »abgeschraubt«, habe sie gedrosselt,

weil ich nach Deinen beiden Briefen, die aus Deiner Fei-
ertagsarbeit kamen, eben glaubte, ich sei mit der Heftig-
keit meiner Gefühle allein.

Nun sehe ich aus Deinem Brief, daß Du bei mir bist,
daß Du mich doch so liebst, wie ich es brauche, um mit
meiner Liebe zu Dir nicht zu vereinsamen.

Ich möchte jeden Gedanken des Zweifels, den ich in diesen Tagen hegte, an feinen Fäden aus dem Weltenraum
ziehen. – Verzeih mir, meine Traumfrau!

Was ist? Was ist nötig? – Unser Vertrauen zueinander
muß wachsen, wenn wir einander würdig werden wollen.
Jetzt ist alles so sonnenklar wie der Frühlingstag draußen:
Es ist so natürlich, daß Du einmal, daß ich einmal, von
der Tagesarbeit aufgebraucht, nicht so zum anderen Wesen finden, wie wir möchten. Darf der negativ bedachte
Teil daran gleich unglücklich werden, wenn wir doch eine
große Liebe vorhaben? – Du hast dafür so schöne und ehr-
liche Worte gefunden – für die Kennzeichnung des »erst
wieder Eingewöhnen-Müssens«.

Ich möchte selbst, wie früher einmal, auf der Lokomo-
tive stehen, sie zu höchster Eile antreiben, damit dieser
Brief wenigstens noch am Freitagabend bei Dir ist. Keine
Trübnis, keine, auch nicht die kleinste Entfremdung soll
auf unsere nächsten gemeinsamen Tage fallen.

Draußen im Garten im nahen Hain erblüht ein Baum
nach dem anderen. Die Blumen singen ihre Blühlieder. Ich
möchte mit ihnen so auf du und du stehen, daß sie meine
Bitte erfüllen, sich nicht zu verausgaben, bevor ich wieder
mit Dir zusammen bin. Ich möchte, daß sich noch viele
Blüten für unsere Blankenburg-Zeit aufsparen.

Sorg nicht darum, daß wir uns nicht finden könnten,
Du weißt schon, wie ich es meine, Traumfrau. Ich bin in
dieser Beziehung nun nach dem Eintreffen Deines Oster-
montag-Briefes so sicher. Starke Wünsche, die man hin-

ausschickt, sind wie Gebete. Ich habe, seit ich unsere Liebe auf uns zukommen fühlte, ganz stark gewünscht, daß sie unsere – Deine und meine – Erlösung einschließen möge. Unsere Liebe wird damit zu einer Aufgabe. Wir werden sie »leisten«.

Wüßt ich jetzt Deine Neuruppiner Anschrift, würd ich einen Eilbrief, ein Telegramm zu Dir jagen, um Dich so zufrieden und durchjubelt zu machen, wie ich es bin. Eva, meine gute Eva!

Wie sollt ich Dich strafen wollen? Wäre das Liebe? – Ich habe eigentlich – wie versprochen – jeden Tag seit der letzten Begegnung an Dich geschrieben. Wenn die Post Feiertage machte, wenn ich, das bedenkend, zwei Briefe in einen Umschlag steckte, so habe ich Dich keinesfalls »strafen« wollen. Wie könnte ich!

Wie ich mich auf Dich freue bis zum Zerspringen! Wie jede Stunde bis zum Sonnabend eine Vorbereitung auf unser Wiedersehen sein wird! Wie mir die Arbeit von der Hand gehen wird!

Nun wirst Du in Deiner kleinen Bitterkeit gar vergessen, den kleinen Ilja für mich zu drücken. Tu das nicht. Er soll doch jetzt eine Mutti haben wie nie. Auch das gehört zu unserer Liebe.

Hätt' ich Dich hier, ich würde Dich stumm küssen und alle Zweifel würden wie Herbstlaub von Dir abfallen.

Ganz, ganz innig

Dein Mann.

Spremberg, 18. IV. 52

Kranke Mädchenfrau!

Nun trennen uns nur noch einige Stunden. Ich fiebere. Diese Zeilen nur für den Fall, daß wir durch mitfahrende

Kollegen verhindert sein sollten, zu sagen, wie es um uns steht.

Du mußt gesund werden. Alles andere ist nicht so wichtig. Laß Dich nicht hetzen. Darüber sprechen wir noch. –

Den ganzen Tag wird mich morgen ein Jubel durchziehen, wenn ich Dich nur sehen darf. Was ich mich doch auf diese zwei gemeinsamen Tage freue!

Schwer wird es sein, den ganzen Tag ohne eine Liebkosung auszuhalten. Aber Deine Nähe wird schon so gut tun, daß das zu ertragen sein wird.

Jede Faser in mir schreit wieder einmal nach Dir. Ich glaube so fest an uns, daß ich mich oft selbst nicht wiedererkenne.

Sei bei mir – heute, morgen – immer!

Dein Mann

Spremberg, 21. IV. 52

Meine Traumfrau!

Nun sitzt das halbe Ich wieder hier und sehnt sich. Alles an mir ist eine große Sehnsuchtswunde. – Wie gut, daß gleich Irmgard da war, als ich hier ausstieg. Das arme Kind hat sich ausweinen wollen. Nachher ging sie doch etwas getröstet und gestärkt. Ich hatte meine »Erfahrungskiste« ausgekramt, und das erwies sich in diesem Falle doch als nützlich. Versteh mich: ich meine in Bezug auf die »unglückliche« Liebe.

Ganz unegoistisch war ich dabei nicht. Irmgard hat von Dir geschwärmt, und das war wieder Balsam für mein zerschlissenes Ich. Es tut so wohl, von anderen das ausgesprochen zu hören, was man selbst um den geliebten Menschen empfindet. – Deshalb – so häßlich die Szene auch manchmal war – hätt' ich Hans Marchwitza umarmen können, als er Deine Kinderaugen bewunderte und Dich »trotzdem einen klugen Kerl« nannte. Und das »liebt euch« klang mir wie der Segen des väterlichen Freundes. Mir war's in diesem Augenblick so gleich, daß Irma, Charlotte und Arthur an unserem Tisch saßen. Gar zu gern hätt' ich's sogar mit einem Kuß vor aller Augen bekräftigt.

Brecht hat seit Sonnabend hier mehrmals angerufen. Als ich ihn heute telefonisch erreichen wollte, war er nach Potsdam gefahren. Er möchte nicht, daß ich an die vierte Fassung der Komödie gehe, bevor ich mit ihm oder dem Dramaturgen gesprochen habe. Das scheint mir richtig und vernünftig, damit nicht noch eine fünfte Fassung nötig wird. Ich hatte das auch schon bedacht, aber es liegt mir nicht, mich anzubiedern. – Nun werde ich am Freitag wohl auch zu Brecht gehen.

Boris schreibt einen »Lockbrief« aus Schmalenberg. Er fühlt sich wohl doch einsam. Die meisten Menschen, die von Einsamkeit »schwärmen«, vertragen sie gar nicht. Man muß stark dazu sein. Ich habe mir einmal einen Beweis geliefert, als ich längere Zeit wirklich allein und einsam auf der Insel Ios in der Ägäis lebte. Homer soll dort geboren sein. – Es war schwer, verflucht schwer, und die meisten Menschen halten es eben nicht aus.

Durch den Brecht-Anruf bin ich ein wenig aus dem Plan geworfen. Ich werde mich wahrscheinlich schon morgen an das Exposé des Kinderbuches machen. Es wäre auch nicht schlecht, wenn ich schon »in Fahrt« wäre, wenn wir auf Fahrt gehen.

Ich glaube, ich muß um Verzeihung bitten, Mädchenfrau, daß ich in unseren letzten Stunden so müde war. Die Tage vorher hatten so kurze Nächte für mich. Das Bei-Dir-Ruhen war wie Befreiung und Erlösung für mich. Vielleicht hast Du das gefühlt. Ich wünsche mir, daß das so bleiben möge.

Du darfst jedoch nicht denken, daß ich in den entscheidenden Minuten nicht wach war. Es war noch nie eine so große Bereitschaft in mir, den Verstand beiseite zu schieben, wie in jenen Augenblicken. Nie hat mein Gefühl einen so leichten Sieg gehabt. Dazu hat mich Dein Wesen bewogen. Ich weiß nun noch sicherer, daß Du mich »erlösen« wirst. Denn gerade darum geht es bei mir, den Verstand in seine Territorien zu weisen. Er begann sich, unterstützt von abkühlenden Erlebnissen, in den ganzen letzten Jahren in meinem Liebesleben ein wenig sehr breit zu machen. – Eva, wie ich Dir danken muß, daß Du mir hilfst, den wirklichen Dichter, der ich – ich behaupt es – schon vor Jahren war, wieder nach vorn zu bringen. Sollte Dich das nicht auch freuen?

Und je mehr Du mich »erlöst«, fühl ich die Kraft und die Zuversicht in mir wachsen, Dich »erlösen« zu können.

Hier haben mich die Bäume mit schönen Blütenkleidern empfangen. Was sich in den zwei Tagen in dieser Hinsicht alles getan hat! Sofort mußte ich an Deine kindliche Freude gestern denken, als Du mich fragtest, ob ich denn gesehen hätte, wie sehr das Gras über Nacht gewachsen sei. Jenes Gras vor dem Haus am See. Die durchjauchzte Handbewegung dazu, als wolltest Du das bereits im leichten Winde spielende Gras umarmen! – Das verwandte Gefühl brach mich in diesem Augenblick so auf! Ich hätte Dich so hernehmen und herzen können. Deshalb mußte ich Euch auch ein paar Schritte vorauseilen, um mit dem Überschwang fertig zu werden. Den Walligora o. ä. hätt' ich jedoch ohrfeigen können, weil er an diesem Satz wie der typische Literat herumzupolken begann. Ich wußt nichts anderes zu sagen: »Ich habe es gehört.« Das war nicht einmal humoristisch gemeint und bezog sich gar nicht auf das Gras.

O, wie reich sind wir! Und mit jedem Zusammensein werden wir es mehr.

Ich will den Brief noch mit Hella und Amur zum Bahnhof schaffen. Ich möchte am liebsten, daß Du ihn sofort
hättest.

Magst Du Küsse?

Dein Mann

Berlin, 21. 4. abends

Liebster!

Ich habe mich durch die Manuskripte für die Jury-Sitzung geschleppt. Immer wieder ertappte ich mich dabei,
daß ich eine Seite gelesen hatte, ohne das Geringste auf-
zunehmen. Heiße Wellen überfluteten mich. Dann mußte
ich mir erst wieder gut zureden und an Dich, als »Vorbild«,
denken, dann ging die Arbeit wieder voran. Es ist schön,
daß Du mir das Wiederfinden leicht machst, weil ich Dir
in allem gleich sein will, weil ich auch in der Arbeit bestehen muß, wie Du.

Du mußt nicht denken, daß es eine Laune war, die mich
heute früh zu Hause hielt. Ich konnte nicht aus uns heraus
vor die anderen treten. Ich brauchte Zeit, um das Erlebte
mir ganz zu eigen zu machen, wenigstens so, daß es nicht
sichtbar neben mir steht; wenn ich auch noch viele Stunden
der Ruhe brauchen werde, um das Glück ganz auszumes-
sen.

Dabei weiß ich, daß unser Glück der letzten Tage erst
der zarte Ansatz einer Knospe ist, die sich langsam schön
entfalten wird. Dazu wird viel – oder besser stetes gemeinsames Erleben notwendig sein.

Ich weiß, wie bis über den Rand gefüllt unsere Tage sein
werden. An jenem Nachmittag, als ich Dir in Potsdam auf
der Terrasse gegenüber saß, nahm ich ein Bild vorweg, das
jetzt zu meinen liebsten Freuden zählt. Du saßest in der

Sonne, vor dem grünen Hintergrund des Gartens, durch den der See mit seinem tiefen Blau [prangte]. Eine wunderbare Stille herrschte, die ich ganz von den Gesprächen der Freunde gereinigt hatte. – Ich fühlte mich auf Dich zugehen, meinen Arm um Deine Schultern legen, Dir eine Arbeitspause abstehlen, die uns doch nichts nehmen, sondern nur Kraft für die kommenden Stunden geben würde.

Wie falsch es war, daß sich an diesem Mittag leise etwas Fremdes zwischen uns geschlichen hatte! In Wirklichkeit waren wir beide ganz dicht beieinander, wir wollten es nur nicht zugeben.

Ich hatte mein Schmollen schon längst vergessen; aber, weil Du nun so fremd tatest, wollte ich nicht zurück. Bis ich es nachher drinnen nicht mehr aushalten konnte, und alle Wärme, die ich für Dich hatte, wieder zu Dir strömen ließ.

So etwas dürfen wir aber nicht wieder tun! Unsere Stunden sind so herrlich, daß jede, die wir uns selbst stehlen, zu betrauern ist.

Ich will mich bemühen, meine kindischen Launen zu überwinden. Wir müssen eben auch alle Anlässe beseitigen. Was den vom Sonnabend betrifft, so werde ich Dich eben in Zukunft fragen, ob Du braune Mäntel magst! Du bist doch einverstanden?! Im Übrigen ahnte ich es schon, weil Du mir mal an dem »Wucherhotel«-Abend vor einem Schaufenster sagtest, ich sollte einen hellen Mantel tragen.

Also, war es meine Schuld, weil ich Deinen Wunsch nicht erfüllt habe.

Aber, das ist wohl nicht so schlimm. Du hast mich trotz des häßlichen Mantels, den ich »schön« finde, lieb.

Ich bin froh, daß ich mit meiner Tagesarbeit fertig bin. Es ist noch nicht sehr spät. Bald werde ich das Licht ausmachen, das Fenster weit öffnen und zu Dir eilen. Die Theaterstunden habe ich noch gar nicht wieder aufgesucht. Aber sie waren so schön, daß ich sie mir gleich zurückholen werde.

Wenn ich die beiden Tage ganz erinnern wollte, so würde ich die Nacht brauchen; denn ich weiß jedes Wort, jede Geste. Jede Sekunde mit Dir steht deutlich vor mir. Der Nachtigallenabend wie der Morgen, an dem Du mir in der Bahn die beiden bunten Eier gabst, die jetzt vor mir liegen. Und die letzte Nacht, die aus allen anderen hervorleuchtet, drängt sich immer wieder dazwischen.

Ich kenne jetzt schon so viel an Dir, und das ist so gut, daß ich mich auf alles Kommende freue. Kleine Bewegungen, winzige Züge in Deiner Art, Deine Haltung sind mir so vertraut, sie machen mich so sicher, daß ich glücklich sein muß.

Ich lerne Dich kennen. Das ist eine beglückende Gewißheit; denn, Du weißt, daß das nicht immer der Fall ist. Manchmal ist man lange zusammen, ohne sich kennenzulernen, sich aufzuschließen. Man steht sich fremd, und wie in Rätsel gehüllt, gegenüber. Und wird sich immer fremder.

Das Gefühl, sich fühlend einander zu nähern, ist so gut. Es macht sicher.

Ich weiß, wenn Thüringen hinter uns liegt, werde ich mit Dir umgehen, wie mit einem Teil meines eigenen Wesens. Dann bist Du mein »Vertrauter«.

Du wirst jetzt in Spremberg sitzen und Deine Gedanken von den Gefühlen frei halten wollen, die immer wieder in die vergangenen Stunden fliehen. Du wirst, wie ich, immer wieder, noch ein wenig zaghaft und doch vom Glück zum Zerspringen geschwellt, vor dem Tor stehen, das sich gestern vor uns geöffnet hat. Aber Du siehst wie ich den Weg, auf den es führt. Ich zweifle nicht mehr. Ich bin ganz sicher. Ich gehöre zu Dir. Und Du wirst mich nicht mehr fragen: »Strohfeuer?« denn Du weißt es auch. Ich kann jetzt ganz frei sagen, daß ich Dich liebe. Gute Arbeitstage wünsche ich Dir, Liebster. Auf Wiedersehen!

Deine Frau

Wenn ich Dich Freitag früh nicht abhole: Können wir uns um 13 Uhr auf dem Platz an der Friedrichstrasse treffen und zusammen essen gehen? Dann können wir den Abend besprechen. Ich habe um 17 Uhr eine Sitzung, muß also in Berlin sein. Wenn nicht, so rufe doch bitte noch an, ja?

Spremberg, 22. IV. 52

Mein zweites Ich!

Immer wenn ich jetzt meinen Federhalter hernehme, sehe ich folgendes Bild: Ein kleines Mädchen, das Eva heißt, spielt mit diesem Federhalter. Dieses kleine schwarze Röhrchen wird zum Blitzableiter der vielen Ungeduldsund Verlegenheitsaugenblicke des Mädchens. Er muß sich aufschrauben lassen, in den Bauch sehen lassen, er muß sich auseinandernehmen lassen. Schließlich wird er ein bißchen gedrückt, und das Mädchen probt aus, wieviel seine Gewinde vertragen. Dann mal sehen, was es für einen Klang gibt, wenn man mit ihm an ein leeres Brauseglas klopft. Ach, zum Schreiben ist das Ding auch zu gebrauchen? Schnell ein paar hastige Zeilen, denn da wurde eben ein Satz gesagt, den man sich vielleicht merken müßte. Aber eigentlich ist so ein Federhalter nicht so schön wie ein Kopierstift. Wenn man daran knabbern will, muß man den Mund so ungeschickt weit aufmachen. – Also weg damit! Es wird sowieso nichts mehr gesagt, was des Aufschreibens würdig wäre. Vielleicht könnte man schnell noch den Erwin ermahnen. Er benimmt sich heute so albern und unvernünftig. Nein, das geht nicht. Er setzt ja seine Autorität auf's Spiel! Jetzt nimmt er ihr sogar den Federhalter weg, der Alberne, und nun ist gar nichts mehr da zum Blitz ab … Huch, meine Hände, ganz blau und tintig. Bißchen reiben. Immer noch tintiger! Na, so einen Federhalter hat der alberne Kerl nun! Nur nicht mit diesen Händen an die weiße Bluse kommen. Und gerade jetzt guckt der Conny so rüber. Eigentlich ist er doch auch ganz nett. Die verschmitzten Grübchen in den Wangen! Der Conny guckt. Zu dumm, daß ich immerzu neben dem dummen Erwin sitzen muß. Der guckt nämlich auch. Was mache ich? Wo ist der Bleistift? Ich brauche doch einen Ableiter. Immer, wenn man einen Ableiter braucht, ist er nicht da. Ich kann doch keineswegs diesen schmierigen Federhalter mehr nehmen. Er soll's ruhig sehen, was sein doofer Federhalter mit mir gemacht hat, der Erwin. Hier, ganz beschmiert hat er mich. – Er grinst nur leise, der Bursche. Eigentlich grinst er auch ganz nett. Bißchen reiben. Jetzt sind beide Hände schon blau, bläulich. Mal sehen, wer jetzt herguckt. Ob sie nicht bald Pause machen, damit man sich mal erholen kann? Schließlich müssen sie doch merken, daß ich so blaue Hände habe, die Stoffels.

Dafür werde ich wohl Prügel bekommen. Tut nichts. Ich bin es gewohnt, Prügel zu erhalten, wenn ich die Wahrheit schreibe.

Gestern habe ich die Novelle überarbeitet. Dabei ist mir aufgefallen, wie leicht sich's oberflächliche Zuhörer (auch Leser) mit der Urteilsbildung machen. Charlotte Wassers »primitive Stellen« waren sehr bald gefunden. Richtiger wäre gewesen, sie mir gleich zu sagen. Keinesfalls kann man nach zwei, drei Stellen, wo es Mißtöne (kann ganz subjektiv sein) gibt, die ganze Erzählung beurteilen.

Du bist leider auch so (zunächst) herangegangen. Der eine Satz, auf den Du besonders pochtest, wird jetzt so heißen: »Keiner sagt ein Wort, nur die Buchseiten rascheln, und die Gehirne knacken, wenn die Weisheit reinfährt wie die Wärme ins Ofenrohr.« – Zufrieden, meine Gestrenge? So könnten sie es doch bestimmt gesagt haben.

Weißt Du, Liebes, wenn Du mir wirklich helfen willst, müssen wir gemeinsam Satz bei Satz durchgrasen, alles auf Klang, Inhalt und Logik prüfen. Freilich, ich weiß, wir haben die Zeit nicht dazu, aber in Thüringen werden wir es versuchen, wenn Du magst, Liebes.

Bei der bisherigen Methode kommt nämlich Ähnliches heraus, wie ich es vor Tagen erlebte, als die ersten Seiten des Manuskripts dieser Erzählung auf meinem Schreibtisch lagen: Frau Maria hatte sich Bücher für eine Lektion aus meinem Arbeitsstübchen geholt und dabei gleich einmal bloß so geguckt … Am Abendbrottisch: »Was schreibst Du denn jetzt da für ein albernes Ding von einer Kartoffelnase? Das ist mir zu primitiv!« – Bums, Klacks, Klirr – Jalousie herunter. – Ich habe mir abgewöhnt, in solchen Fällen überhaupt noch zu diskutieren, weil mir eine solche »Anteilnahme« schlimmer als Ohrfeigen ist.

Schließlich habe ich das Schicksal jener Soldaten-Loni Stunde um Stunde gemacht, damit es typisch wurde, habe mit ihr an der Weggabelung gestanden und auf die große Liebe gewartet und nicht auf ein Pferdemaul, das in meinen Blumenstrauß fährt. –

Auch solche Erlebnisse können müde machen.

Heute liegen tatsächlich bereits die ersten Seiten des Kinderbuch-Exposés vor mir. Du hilfst, und Du wirst noch besser helfen, wenn …

Wie gut wäre jetzt ein Kuß von Dir. So einer wie eine große rote Beere, weißt Du?

Dein Mann

Spremberg, 23. IV. 52

Meine Schöne!

Die Post hatte leere Hände, denn alles andere zählt sowieso seit langem nicht mehr. – Am Vormittag stand der Birnbaum am Hausspalier noch in voller Blütenpracht, jetzt, als ich vorüber ging, träufelten die ersten Blütenblätter zur Erde. – Ich wehre mich, es symbolisch zu nehmen, weil ich weiß, daß Du viel arbeiten mußt, und daß ich Dir mit Potsdam so schon zwei Arbeitstage raubte.

Heute zog ich das braune Hemd an, und sofort sah ich das empörte Kindergesicht, als es bei Hans M. um den braunen Mantel ging. Ich mußte mir da so sehr das Lachen verbeißen. – »Du trägst ja auch ein braunes Hemd, und ich kann das nicht leiden.« Es hat nur noch das »Blääh!« hinterher gefehlt.

Aber was ist's gewesen, Mädchenfrau? Ich hätte Dir schon am Morgen, als wir noch allein waren, sagen müssen, daß die Farbe des Mantels so gar nicht zu Deinem Blütengesicht paßt. Falsche Pietät. Man züchtet Zerwürfnisse damit. Den Beweis haben wir uns geliefert. Ebenso hättest Du mir damals gleich sagen müssen: »Du, das Hemd mag ich nicht bei Dir.« – Das gehört doch einfach dazu, wenn wir Mann und Frau sind. Wollen wir es von nun an so halten?

Das Exposé für das Kinderbuch ist fertig. Ich bin gespannt, was Du dazu sagen wirst. Es wird in Thüringen auch in arbeitsmäßiger Hinsicht eine schöne Zeit für mich geben. –

Jeden Abend trotzdem unterwegs. Gestern Partei-Versammlung, heute Elternbeirat, morgen Nationale Front, übermorgen dann Volkskorrespondenten-Lehrgang in Potsdam. – Aber nie wurde mir alles so leicht wie nun, wo ich immer mit der schönen Aussicht einhergehe, Dich bald wiederzusehen.

Schon wieder will sich leises Bangen bei mir einschlei-
chen, Du könntest nun doch krank geworden sein. Was
hat die ärztliche Untersuchung am Montag ergeben? frage
ich mich. Wenn morgen keine Post kommt, weiß ich am
Freitag gar nicht, wo ich hingehöre. So etwas machst Du
nun mit mir. Diesmal muß ich Dich doch ganz heftig beißen, damit Du Dir merkst, daß man mit seinem Mann
nicht so umgehen darf.

Ich bin ganz bei Dir

Dein Mann

23. 4. 52

Liebster!

Ich hoffe, daß der Eilbote Dir diesen Brief noch bringt,
obwohl es schon später Mittwochabend ist. Ich muß zu
Dir flüchten.

Mein Kopf schwirrt und brummt.

Viel Arbeit und viel Ärger hat mich geplagt. Ein Zusammenstoß mit Baum, den er heute auszubügeln versuchte,
weil ich ihm meine Meinung sagte, und mit der »Rundschau« wegen besagten Artikels, vierzehn Tage haben sie
gebraucht, um festzustellen, daß er »volkstümlich« aufge-
zäumt werden muß. Sie können keine wissenschaftlichen
Vorträge mehr bringen. Veränderung der Linie usw. Es ist
bedauerlich, daß ihre neue Linie sie dazu verführt, völlig
unvertretbare Artikel über Jugendliteratur zu drucken, nur
weil sie niemanden strapazieren und weh tun wollen. Habe
ich ihnen gesagt. (Drei solche Begriffe in drei Wochen)
Nun schreibe ich den Artikel eben vom »konkreten Fall«
aus und nicht theoretisch. Aber unsere Fachausschußar-
beit leidet darunter, Wut, rote Wut!

Ich werde doch lieber Rentier werden, dann bekomme

ich vielleicht nicht so schnell graue Haare. – Ich bin übrigens wieder nicht nach N. gefahren. Daher kann ich Dich am Freitag früh abholen. Es bleibt dabei? 7.46 Uhr?

Ich wünsche mir im Augenblick nichts so sehr, als einen Brief zu haben heute abend. Vielleicht wird mir dann der Weg zu unseren schönen Stunden leichter. Ich hatte es gestern so schwer damit, ich konnte nicht entspannen. Und dabei das Bewußtsein, daß, wenn Du neben mir gelegen hättest, ein Kuß, ein Streicheln alles so leicht gemacht, alles fortgewischt hätte! Welch ein Traum, welch eine Gewißheit für die Zukunft! –

Sieh – jetzt ist schon wieder die Arbeit da. Liebster, Du mußt auf der Jugendbuchtagung über die Wuhlheide sprechen!! – Der Fachausschuß bittet – Erzähl einfach, eins aus Deiner Geschichte!

Wir sind dabei, Wiens, Marchwitza, Bredel zu gewinnen. Ihre guten Beispiele müßten doch in Erscheinung treten. Wir können unsere Konferenz doch nicht nur von Theoretikern machen lassen! Das siehst Du doch gewiß ein, nicht wahr?

Hast Du übrigens die Zimmer in Bad Blankenburg für feste Daten bestellt? Ich habe gestern in der Jury vorgebaut und angekündigt, daß ich an der dritten und letzten Sitzung am 12. 5. nicht teilnehmen kann; aber es ist die beschlußfassende und ich sehe noch keine Lösung. Aber das können wir alles noch besprechen.

Verzeih, wenn ich das alles so abhasple hier; aber ich bin so überarbeitet, nervös, daß ich mir erst den Weg frei machen muß zu Dir.

Eigentlich wollte ich nichts anderes, als Dir sagen, daß ich Dich sehr, sehr lieb habe – ach, das klingt so einfach und ist doch so vielfältig, strömt aus so verschiedenen Seiten meines Wesens zusammen.

Ich empfinde es jetzt in jeder Minute, daß Du mir fehlst.

Zu allem. Alles ist nur halb. Ich sehe nicht richtig, ich spreche nicht frei, ich handle verkehrt.

Erst wenn Du wieder da bist, bin ich die ganze Eva, die Du lieben magst. Es mag sein, daß sie durch Dich wirklich liebenswert und gut wird.

Ich freue mich über Dich!

Lieber Erwin, lieber Mann, Liebster!

Spremberg, 28. IV. 52

Mein Frauchen!

Hörst Du, wie alles in mir schreit? – Ja, Du hörst es, weil Du meine Traumfrau bist. Ich muß mich zügeln, um nicht halb Wahnsinniges hier niederzuschreiben.

Mädchenfrau, Du erlöst mich, machst einen Vulkan aus mir. Ich dank' Dir und will Dir's mit immer mehr Liebe lohnen.

Körperlich müde bin ich; wie Du es auch sein wirst, aber nicht zu müde, um an Dich, nur an Dich zu denken und meine Sehnsucht zu Dir zu schicken.

Wieviel Neues, Gutes, Liebenswertes habe ich doch gestern wieder an meiner Mädchenfrau entdeckt! Ich bilde mir ein, daß sie all diese Süße für mich aufgespart hat. Ist das vermessen?

Jetzt weiß ich auch, daß Du die »gefährlichste Wächterin« meines Werkes werden wirst. Ich hab's einfach gefühlt – am Sonnabend in der Konferenz schon –. Das tut so gut, damit nicht mehr allein sein zu müssen, jemand zu wissen, der mit bis in die leisen Klänge mancher Worte hinuntersteigt.

Du kannst ja nicht ahnen, wie mich Deine Betrachtung gestern anrührte, als ich Dir das Exposé des Kinderbuches vorgelesen hatte: »Ich werde nicht schreiben, ich werde

Dich lieber liebhaben.« – Das war so unüberbietbar groß, daß ich stumm wurde. Dabei wünsche ich durchaus nicht, daß Du nicht schreibst. Ich wünsche sogar sehr, daß Du es tust, aber diese Bereitschaft, die nur die große, ganz große Liebe diktieren kann, hat mich stumm gemacht, hat so an mein Herz gegriffen, daß ich nicht einmal vor Glück weinen konnte.

Von diesem Augenblick an habe ich gewußt, daß uns nichts mehr auf der Welt voneinander trennen kann und wird. Wir werden uns nie belügen, belügen müssen – werden immer so leben, daß wir es nicht nötig haben. –

Ich gebe gern zu, daß mir meine Eifersucht manchen kleinen Streich spielt, mich zuweilen foltert. Wenn Du dann kommst und klärst, mir sagst, was Du in diesem oder jenem Augenblick fühltest, dann glaube ich, weil ich fühle, daß es wahr ist. Ich schelte mich. Die Skepsis ist durch meine Erfahrungen eine so zähe Wegbegleiterin geworden, daß ich darunter zuweilen leide. Aber Dein Wesen wird mich auch davon heilen. Daran zweifele ich jetzt nicht mehr.

Ich komme morgen wieder, Duuu!

Dein Mann

Berlin, Dienstag, 29. 4. 52 früh

Liebster!

Dreißig Seiten von »Katzgraben« und den wunderschönen »Wald der glücklichen Kinder« habe ich gestern früh noch gelesen, dann packte mich die Müdigkeit so stark, daß ich für Stunden in einen festen Schlaf fiel. Als ich aufwachte, war es bereits Nachmittag. Alle Pläne für den Tag waren dadurch hinfällig. Ich blieb so ganz bei Dir, träumte, betrachtete das Wunder dieser beiden Tage. Ich glaube, daß sie uns um ein großes Stück vorangebracht haben. Was ich jetzt alles von Dir weiß, wieviel kleine und große Züge Deines Wesens jetzt vor mir liegen! Wieviel tiefer ich Dich nun liebe! Ich bin so sicher geworden in meinen Gefühlen für Dich, nichts kann mich mehr Zweifeln machen. Mein Vertrauen zu Dir und Deinem Tun ist ohne Grenzen.

Ich weiß, daß die Worte, die ich Dir sagen kann, zu arm sind, um meine Gefühle auszuloten; aber Du wirst doch spüren, was dahinter steht. Meine Sehnsucht nach Dir ist so groß wie nie zuvor; aber sie irrt nicht umher wie früher; ich weiß Dich jetzt sicher zu finden.

Ich habe gestern das getan, was notwendig geworden ist: Gestern Abend bekam ich Besuch. (Du kannst Dir denken; ich mag es nicht hinschreiben, weil ich noch keine neue Bezeichnung für ihn gefunden habe. Sonntag vormittag war er auch dagewesen; nahm aber an, ich sei nicht zu Hause.)

Ich habe ihm nun gestern gesagt, wie alles ist; ich wollte es nicht mehr verbergen, weil es mich zum Lügen zwingen würde. Es wäre für mich das Unwürdigste, wenn er von unsrer reinen, schönen Liebe durch den Klatsch der Umgebung erfahren würde.

Ich bin nun sehr froh über die geschaffene Klarheit. Er hat sich sehr gut verhalten; wir haben uns über alles geeinigt. Das gibt mir die notwendige Ruhe und die richtige Freude an uns. –

Am Nachmittag habe ich die »Straße von Katzgraben« fertig gelesen, sie wieder gelesen und versucht, mir Gedanken darüber zu machen. Ich werde Dir nicht viel Neues sagen können, denn aus unseren Gesprächen kenne ich Deinen Plan für die Veränderung etwas; ich kann ihm nur zustimmen. Du schreibst ja hier noch bewußt: »Szenen aus …« Damit hast Du Recht. Es ist noch keine Komödie. Das dramatische Element kommt noch zu kurz. Es ist viel mehr episch.

Ich habe mich dabei wieder schrecklich über Charlottes Gefasel geärgert: »Du bist viel mehr Dramatiker als …« So ein Unsinn! Jedenfalls auf Grund der bisher bestehenden Fassung von »Katzgraben« (die sie vermutlich nicht kennt). Ich glaube aber, daß Du auf dem Wege, den Du vorhast, wirklich eine Komödie daraus machen kannst. Wenn ich mich nicht irre, willst Du Elli – Günter in den Mittelpunkt rücken, zwischen ihnen einen wirklichen Konflikt schaffen. Bis jetzt geht alles zu glatt. Die Spannungen sind zu schwach; auch zwischen den anderen Personen und den beiden Gruppen. Die Gestalten sind wirklich noch blaß. Nimm z. B. Elli? Was erfahren wir von ihr? Weißt Du, sie ist (bleibt) ja fast nur Funktionärin und ihre Haltung dem Mann gegenüber ist so prinzipiell. Sie wird nicht menschlich warm.

Die alten Kleinschmidts kommen noch am besten weg. Aber Du mußt Dich meiner Ansicht nach noch mehr auf diese Familie konzentrieren und an ihnen sich die anderen abheben lassen, sie in ihnen spiegeln. Du behandelst sie alle zu gleichmäßig.

Es lebt noch keine Gestalt. Ich versuche, eine herauszulösen: Elli – nicht; wie ist ihre Entwicklung, was hat sie zu dem gemacht, was sie ist? Daß sie die Tochter des Kleinbauern ist, genügt doch nicht.

Was ist Bachler für ein Mann, wieso ist er Bürgermeister? Und sein Sohn?!

Ich weiß, man kann das nicht alles sagen; aber man muß es, wenn man das Stück sieht, erfahren oder den Gestalten abfühlen.

Schön sind die Tänze und die Kinder des Dorfsängers, obwohl ich den Eindruck habe, daß sie noch nicht genug in innerem Zusammenhang mit dem Stück stehen. Sie sind nicht gewachsen. (das ist bei Brecht meistens auch so; ist aber nicht gut)

Ist es übrigens richtig, die Familie Kleinschmidt so einheitlich ausgerichtet zu zeigen? Du nimmst Dir die dramatischen Möglichkeiten und auch die [typischen] Situationen dadurch, daß Du die Entwicklung der Frau mit der des Mannes gleichlaufen läßt; und nur ab und zu durch »Ermahnungen« von seiner Seite darauf hinweist, daß sie einmal nicht so weit war. Ich komme immer wieder darauf: Du mußt meiner Ansicht nach den Konflikt durch diese Familie gehen lassen.

Du mußt Deine Gestalten erst lebendig machen! – Das Ganze hat mich so erfaßt, daß ich keine Ruhe haben werde, bevor es Dir nicht gelungen sein wird. – Wenn es auch nichts Neues ist, sagen mußte ich es Dir doch. Und ich bin froh, daß ich diese Arbeit endlich kenne.

Nun mußt Du versuchen, mit meiner Meinung etwas anzufangen. Vielleicht ist sie auch falsch. Dann sage es mir bitte!

Auf Wiedersehen, Liebster! Aber vorher lesen wir voneinander!

Deine Frau

Spremberg, 29. IV. 52

Du Gute,

nun habe ich Deine Stimme immer noch im Ohr. Sie hat sich mit den Blüten im Garten vermischt, auf die ich schaute, als ich mit Dir sprach.

Oft, nein, eigentlich immer geht es mir jetzt so: Ich spreche mit jemand oder ich muß mir etwas anhören, was mich nicht sonderlich interessiert, kurzum in allen Situationen des täglichen Tuns; da heißt es plötzlich in mir: Eva – und eine Glutwelle steigt auf, eine warme Welle der Freude. Und dann das Gefühl: Es kann geschehen, was will; man kann dich mißverstehen, kränken, verachten – was auch sei – Du hast ja jetzt Eva. Sie versteht dich, sie ist bei dir. Ich brauche nur an Dein Gesichtchen zu denken, an Dein Lachen oder Lächeln – dann ist alles gut.

Deine Bewegungen – wenn ich Dir zuschaue – lösen Freude in mir aus. Sie spornen mich an, sind so optimistisch. Heiterkeit und Nachdenklichkeit sind bei Dir in so wohlausgewogener Mischung beieinander, wie ich's mir immer bei einer Frau wünschte.

Erst nach und nach beginne ich – der Verstand ist bei meiner Natur (auch beim Schaffen) ein Nachhinkender – mir darüber klar zu werden, worin Deine Vorzüge bestehen. Deine Vorzüge, die mich erst »rund« machen, mein Ich vervollständigen. Ich wünschte nur sehr, daß es umgekehrt auch so sei, sonst würde das egoistisch klingen. – Jedenfalls habe ich alle diese Vorzüge damals am ersten Abend sofort erfaßt. Es muß doch so sein. Wir sagen so gern: »Das habe ich gefühlt« und meinen damit auch sicher immer (?) den abgekürzten Verstandesweg. Freilich wird man vom Gefühl oft genasführt und liegt nachher abbittend vor dem Verstand auf den Knien. Es bliebe aber zu untersuchen, ob das Gefühl in der augenblicklichen Situation nicht doch recht hatte, und ob das Gefühl nicht durch eine rapide Entwicklung (manchmal entwickelt man sich ja in Stunden, in Tagen) unrecht bekam. – Ich glaube, es kommt nicht heraus, was ich sagen wollte. Wenn's Dir nicht klar werden sollte, dann mündlich. – Aber sag: Gibt's nicht auch umgekehrte Fälle? Es ist einem ein Mensch sofort unsympathisch. Man hat aber keine Begründung dafür, schilt sich schließlich »vorurteilsvoll« und kommt eine Zeit später doch zu dem Schluß: Das »Gefühl« bei der ersten Begegnung trog nicht. –

Wie dem auch sei: in unserem Falle bin ich jedenfalls stolz auf mein »Gefühl« und streichele es.

In meiner Rekapitulation unseres letzten Zusammenseins stoße ich auf eine grobe Ungerechtigkeit bei mir. Ich war ein bißchen unzufrieden (eigentlich mehr furchtsam) mit dem Sonntag-Abend. Du weißt schon. Erst gestern fiel mir auf, wie unrecht ich Dir damit tat. Was hast Du mir doch für einen herrlichen Tag geschenkt! Und zwar in einer Zeit, wo doch andere Frauen ausgesprochen launisch und unzugänglich sind. Wie hoch ist das zu veranschlagen! Ich bin doch ein gefühlloser Kerl gewesen! Natürlich mußtest Du mehr als müde sein. Dabei hast Du mit keinem Wort – wie das Frauen doch sonst tun – von dieser Seite her um Nachsicht gebeten. – Verzeih mir, mein Frauchen, Du bist eben eine Außergewöhnliche. Ich will das immer zu schätzen wissen. Könnt' ich Dich doch jetzt küssen!

Das alles erhöht täglich meine Vorfreude auf die Zeit, die für uns kommen wird. Dabei meine ich aber nicht nur Thüringen. Ich gehe immer tiefer in Dein Wesen hinein. Es ist für mich wie die Frühlingslandschaft draußen: Überall blüht es. Ich zweifele auch keinen Augenblick daran, daß wir die Kraft haben werden, unsere Liebe blühend zu erhalten; denn die großen Voraussetzungen, die tiefen Gefühle, das reiche Erleben, überhaupt die gemeinsame Erlebniswelt – sind bei uns beiden vorhanden. Freilich werden wir uns schnell einmal (unbeabsichtigt) kränken, aber nach der Klärung (meist wird es sich um kleine Mißverständnisse handeln) wird der Nebel aus den Blüten getilgt sein.

Ich denke an eine Frühlingswiese in den Bergen. Mein Kopf in Deinem Schoß. Du singst. Wie ich mich darauf freue! – Aber auch andere Situationen male ich mir aus. – Ich weiß schon heute, daß unsere Reise zu den schönsten, ach, was red ich – das bisher schönste Erlebnis meines Lebens (dieses wirren Lebens) sein wird. Ich bereite mich täg-

lich darauf vor, alles so bewußt zu erleben, daß mir kein
Augenblick verloren geht. Dann werden die Tage mehr sein
als alle durchlebten Jahre.

Traumfrau, ich küsse und küsse Dich.

Dein Mann

Berlin, 30. 4. 52 früh

Liebster!

Sei bitte nicht traurig, wenn der Postbote nur einen kurzen Kartengruß bringt. Gestern abend wurde nichts mehr,
und heute früh mußt ich mich eilen, weil sehr viele wich-
tige Dinge zu tun sind.

Aber ich muß Dir schnell noch sagen, wie ich mich gefreut habe gestern, wie reich mich das Gespräch mit Dir
wieder gemacht hat. Deine Stimme macht mich so ruhig,
es ist, als ob Du da wärest und mir über die Stirn streichst –
gleich sind alle müden Gedanken fort! Deine Worte klingen in mir noch so stark, auch sie bleiben unvergessen.
Liebster, lieber Mann!

Schön, daß Du mir gesagt hast, daß auch Du in Gedanken um den Sonntag umhergehst und wenn Du versuchst
ihn zu betrachten, von einer Welle heißer Gefühle wieder
verschlungen wirst. Ich weiß, daß es auch bei Dir so ist.
Wir fühlen ja so gemeinsam. Wie ich Dich jetzt kenne! Was
ich von Anfang ahnte, hat sich bestätigt: Du bist so weich
und so verletzbar, daß Du gar nicht anders in Deiner Umgebung leben konntest, als mit einer spröden Schutz-
schicht. Die Ironie, die [...]. Ich erschrecke fast vor der Verantwortung, die der Mensch übernimmt, dem Du voll
vertraust, dem Du Dein ganzes Wesen hinbreitest. Wie
furchtbar, wenn das mißbraucht oder enttäuscht wird!
Aber aus dieser Erkenntnis wächst bei mir ein starkes Ge-

fühl, das mich jubeln macht: Ich bin es! Ich darf Dir sein, was Du suchtest! Ich fühle mich wachsen daran, Liebster, und mein Wille für Dich ist so groß wie meine Liebe, die ich nicht mehr umfassen kann. So viel Glück, wie Du mir in den wenigen Stunden unseres Zusammenseins gegeben hast, wagte ich in keinem Traum zu erhoffen. Mein lieber Mann, ich weiß, daß Du mir immer gut bist und das macht mich stark für alles. Liebster, Lieber, mein Mann!

Spremberg, 30. IV. 52

Meine Eva!

Was die Post doch bummelt! Ich war nach dem gestrigen Ferngespräch so sicher, daß ein Brief von Dir kommen würde. – Nichts.

Ich muß Dir sagen, daß der schönste April meines Lebens heute seinen letzten Abend hat. – Morgen wirst Du nur in Gedanken im Demonstrationszug an meiner Seite sein, aber im nächsten Jahre, so hoffe ich, werden wir gemeinsam demonstrieren.

Das ist überhaupt ein ziemlich unbekannter Wunsch, der sich in mir immer mehr Raum verlangt: Fürderhin alles mit Dir gemeinsam erleben, nie über längere Tage von Dir getrennt sein wollen. Meiner Natur nach bin ich in diesem Sinne bisher immer etwas eigenbrötlerisch gewesen. Ich war gern allein. Seit ich Dich kenne, möcht ich's nicht mehr. Freilich wird sich erst ergeben, ob oder inwieweit wir uns bei unserer Arbeit gegenseitig stören, aber bis nun kann ich eben nicht daran glauben, daß wir nicht auch darin harmonieren sollten. Was meinst Du, meine Mädchenfrau?

Unten im Garten steht eine Waschwanne, gefüllt mit Fliederzweigen. Wie gern würde ich Dir einen Strauß davon in Dein Zimmer stellen. Morgen ganz früh will ich damit die Hausfassade schmücken und dabei daran denken, daß es für Dich geschieht. Ich habe ihn schon immer geliebt, den Flieder. Jetzt aber, wo ich weiß, daß Du ihn so magst, ist er mir noch lieber geworden. Er paßt auch zu Dir – besonders im Duft. Er ist im Aroma Deiner Küsse, denn auch darin bist Du für mich einzig. Halt mich für albern, aber ich mag Deine Küsse so gern. In ihnen ist alles, was ich suchte, und sie sind für mich die besten Beweise dafür, daß wir uns eines Tages ganz finden werden. Ich fühle, wir sind gar nicht sehr weit entfernt davon.

Heute begann ich mit dem Kinderbuch. Der Heiner beginnt Gestalt anzunehmen. Zunächst ein lustiger Kerl, der mir da aus der Feder gehopst ist. Kaum hat er seine Schularbeiten in die Ecke gefeuert, da springt er schon aus der mütterlichen Wohnung mit den Erkerfenstern, pflückt Schöllkraut, macht sich die Finger am ätzendem Saft gelb und wünscht sich Warzen, weil er ausproben möchte, ob Schöllkrautsaft wirklich Warzen vertilgt, wie man erzählt. Gleich hat er auch einen Zusammenstoß mit einem Papagei, der auf der Schulter eines Rentners in der Sonne döst. Er möchte zwei sich raufende Spatzen einfangen und tummelt sich zum Wiesenbach hinunter, um nachzusehen, ob es schon Molche gibt. – Da wird er dann (vielleicht morgen) seinen ersten Zusammenstoß mit Mopsche, dem »Krieger« haben. Mopsche wird also der nächste Junge sein, der geboren werden muß. Gleich hat sich der Heiner auch einen neuen Spitznamen verlangt. »Der Kesse« konnte und wollte er nicht heißen. »Der Zauderer« paßt besser auf ihn. Bis jetzt ist eigentlich noch kein Körperteil vom Heiner beschrieben, aber er lebt, finde ich, trotzdem schon. Es wird einigermaßen schwer halten, diese Wirbelwinde zu dirigieren, fühle ich jetzt schon. Sie werden sich wie ein Sack Flöhe auf der Weide benehmen. Da wird wohl die

Mutter Eva des öfteren nach dem Rechten sehen müssen, ihnen die Unarten und Kapriolen mit dem Rotstift beschneiden müssen.

Heute war ich schnell noch einmal bei meinen Pionieren und habe ihnen die ersten noch brühwarmen Seiten vorgelesen. Sie haben auch gleich herzlich über den Zusammenstoß Heiners mit dem Papagei gelacht. Als ich ihnen die Geschichte aus »dem Hut« ein wenig weiterspann, waren sie überzeugt, daß das eine spannende Geschichte wird. Gar nicht einverstanden waren sie mit meiner Absage für den Mai. – Am liebsten hätte ich ihnen natürlich von Dir erzählt, wie Du Dir denken kannst.

Ein Ratschlag: Schlepp nicht zuviel Bücher mit nach Thüringen! Es gibt dort in Bl. auch eine Stadtbücherei. Du brauchst also nur »Raritäten« mitzunehmen. Ein paar Schuhe, die nicht drücken, zum Bergsteigen. Hast Du daran gedacht?

Die Zeit bis zur Abreise scheint mir viel zu lang zu sein, dabei gibt's noch so mancherlei zu erledigen. Ich muß mir einen Zettel anlegen, auf dem ich verzeichne, was mit auf die Reise muß und was vorher noch zu erledigen ist.

Mädchenfrau, ich freu' mich ja so! Laß Dich streicheln und ärgere Dich nicht über Ämter und Bürokraten. Hilft's nicht, wenn Du in solchen Situationen an mich denkst?

Magst Du einen großen Kuß?

Dein Mann

Vor einigen Stunden kam wieder einer jener Anrufe voll von Vorwürfen aus Senftenberg. Das führt meist dazu, daß ich mich selber für einen schlechten Menschen halte.

Dem Ilja viele Drückerchen von mir, wenn Du am Freitag fährst. Sicher kommt der Brief zu spät.

Spremberg, 1. Mai 52

Du, Du, Du!

Wenn ich jetzt nicht aus unserem Telefongespräch vom Dienstag wüßte, daß Du geschrieben hast, würde ich bereits wieder dies und das zu denken beginnen, denn auch heute blieb die Post von Dir aus. Morgen wird Freitag sein. Von Montag bis Freitag nichts von Dir. Eine Quälerei. Aber Du kannst ja nichts dafür.

Du wirst also morgen fahren, und meine Briefe werden für die nächsten Tage im »Bienenhäuschen« landen.

Ach Eva, das war heute ein fader Mai-Demonstrationszug für mich – so ohne Dich. Ich bin sehr ungesellig gewesen, das weiß ich. Bald starrte ich in den Himmel, bald in die Gesichter der Menge, ohne eines wahrzunehmen. Meine Gedanken umkreisen nur Dich, nur Dich. Einmal wurde ich aufgeweckt durch Pioniere meiner Arbeitsgruppe, die mich heimlich – so dahintrottend – fotografiert hatten und dann in den Jubelruf ausbrachen: »Jetzt haben wir ihn!«

Kopfschmerzen gab's von der Gewitterschwüle, die bei uns herrschte. Sie ließen sich auch durch eine Stunde Nachmittagsschlaf nicht vertreiben.

Ansonsten bohrte ich mich in die »Kohle«. Ich lese ja langsam und muß mir viel Notizen machen, weil ich Scibor-Rylski darüber schreiben will. Ich bin gespannt, welche Stellen des Buches Dir nicht gefielen. Es wird sicher eine »heiße« grundsätzliche Diskussion zwischen uns geben. Also, wappne Dich!

Wie gut wär's jetzt, in Deinem Zimmerchen zu sitzen und Sehnsucht zu empfinden, wenn Du Dich nur für einige Minuten entfernst.

Wie gut wär's, sich zu haben, zu streicheln, gute Gespräche über Vergangenheit und Zukunft zu führen.

Wie gut wär's, sich anschauen zu dürfen, sich an Deinen

Bewegungen zu erfreuen, die aufreizend, aber auch zuweilen beruhigend in mein Blut schießen. Deine Stimme zu hören, in Deinen Augen unterzutauchen. – Wie schön wär's.

Ich habe überlegt: Es wäre gut, schon am Dienstag zu kommen. Ich will ja noch zu Brecht und evtl. zum dickfelligen Kinderbuchverlag. Dich will ich nicht stören, denn Du wirst noch viel mit der Vorbereitung der Konferenz zu tun haben. Aber sehen werde ich Dich doch für eine Weile können, und das wird gut für mich sein.

Liebste, ich laß Dich nicht.

Dein auf Post wartender Mann

Berlin, 2. 5. früh

Liebster!

Verzeih, daß ich Dich einen Tag ohne Post ließ. Zeit und Kraft reichten an beiden letzten Abenden nicht mehr.

Gestern war ich den ganzen Tag unterwegs. Vormittags demonstrierte der Schriftstellerverband. Leider waren wir auch dabei wieder eine Karikatur. Hermlin, Kuba, Uhse, Renn, Victor, Wiens, Turek, Stern und noch ein paar andere kamen; insgesamt waren wir etwa 25 Leute. Dazu ein Transparent, das jämmerlich war. Der riesige Gotthold Gloger schwenkte eine winzige Fahne – und das schönste war: Wir wollten nicht so lange warten, bis unser Block dran kam, also schoben wir uns irgendwo ein und das Ergebnis hörte sich so an: der Sprecher von der Tribüne: »Im Bezirk Charlottenburg demonstrieren die Schriftsteller …« Wir waren zwischen die Züge aus den Westsektoren geraten.

Du wirst inzwischen schon die Reden von Pieck und Ulbricht gelesen haben. Ist es nicht furchtbar, daß wir nun doch so weit sind, auch von unserer Seite militärische Vorbereitungen ins Auge zu fassen?

Ich habe das gestern so deutlich empfunden wie sonst kaum. Am Nachmittag war ich mit Paul Wiens – der Dich grüßen läßt – und Helmuth Kroll auf der Weberwiese. Hast Du das Hochhaus schon gesehen? Gestern wurden die ersten Wohnungen übergeben. Ein wunderbares Haus ist das – so finde ich. Was für ein stolzes Gefühl muß das für die Menschen geben, die darin wohnen werden. Wenn man nach vorn träumt und sich die Stalinallee im nächsten Jahr vorstellt, diese lange Reihe von schönen neuen Gebäuden, dann könnte man jubeln und stolz sein mit allen anderen. Dieses Gefühl beseelte gestern die Tausende von Menschen auf der Weberwiese. Und dahinter drohte das Gespenst Krieg. Es kann einen ein solcher Haß gegen die packen, die die Glut unablässig schüren, die die Welt entflammen soll. Was kann man nur tun, sag, um sich dagegen zu wehren? Unser Leben ist so schön, es wird täglich besser und froher. Wir fangen gerade erst an, es zu erfassen. Und in keiner Minute verläßt uns die Furcht es zu verlieren. Unvorstellbares Glück wäre es, davon frei zu sein.

Wenn ich mit Sicherheit sagen könnte: In zehn Jahren ist mein Ilja schon ein großer Junge, da kann ich ihm schon viel Schönes zeigen und ihm vieles erklären. Oder, wenn ich mir unser Leben vorstellen will, so wie es 1955 aussehen wird. Was werden wir inzwischen erreicht haben? Wieviel stärker müßte es machen zu wissen: Wenn wir uns das vornehmen, wenn wir unsere ganze Kraft dafür einsetzen, erreichen wir es auch. Wenn ich wüßte, es bliebe uns unser ganzes Leben gemeinsam, brauchte ich da jetzt um Tage zu geizen? Wir könnten planen: Wenn in einer bestimmten Zeit unsere Gefühle füreinander noch so stark und schön sind wie heute, dann wollen wir zusammen leben. – So aber, wo immer das drohende Ungewisse zwischen uns steht, möchte ich Dich am liebsten keine Sekunde aus meinen Armen lassen. Ich habe Dich noch so wenig lieben können und möchte aus Furcht vor dem Kommenden meine Gefühle zusammendrängen, daß sie Dir in unseren wenigen Tagen schon zufallen.

Aber, glaub' nicht, Liebster, daß mich das traurig macht. Es macht auch stolz zu wissen, daß wir auf der richtigen Seite stehen. Und unsere Kraft wächst mit der Gefahr.

Liebster, ich habe wieder so viele Gefühle und Gedanken für Dich gespeichert, die alle auf Thüringen warten. Du hilfst mir aber auch, wenn Du nicht hier bist. Ich denke jetzt schon oft – oder versuche es – wie Du über eine Sache. Ich versuche mir vorzustellen, wie Du an eine Frage herangehen, sie lösen würdest.

Ich werde Dich aber in Thüringen auch für meine Arbeit in Anspruch nehmen. Ich habe den Plan des Kinderbuches, von dem ich Dir sprach, jetzt umrissen, Du mußt mich bei dem Exposé beraten. Willst Du?

Es fällt mir schwer, die ersten Schritte unter Deinen Augen zu machen; ich fühle mich irgendwie unbehaglich. Am liebsten würde ich mich verkriechen und selbst probieren. Geht es nicht, dann wird es eben wieder vernichtet. Aber, wenn ich mit Dir darüber spreche, wirst Du von mir verlangen, daß ich dabei bleibe. Na, wir werden sehen!

Ach, ich habe ganz vergessen, böse zu sein, weil ich immer noch keinen Brief von Dir habe! Was macht denn die Post mit Deinem Brief vom Dienstag so lange?! Wenn heute nichts kommt, werde ich protestieren!

Aber, es ist alles nicht so schlimm; nur noch wenige Tage, die durch viele Arbeit so schnell vergehen, und ich erwarte Dich wieder am Ostbahnhof. Und dann – an einem Morgen – nimmt uns ein Zug nach Thüringen mit. Ich weiß noch gar nicht, wie ich die Vorbereitungen dafür schaffen soll.

Liebster, ich wünsche Dir gute Arbeitstage bis dahin; sicher werden die ersten Kapitel des Kinderbuches schon mit auf die Reise gehen. Auf Wiedersehen!

Deine Eva

Spremberg, 2. Mai 1952

Gute Eva!

Hier kommt der zweite Brief fürs Bienenhäuschen. – Ich bin froh: Gleich zwei Briefe von Dir heute. Die Post wird's nie erlernen, einem Wartenden die Freuden zuzumessen.

Du kannst ja nicht wissen, wie glücklich ich darüber bin, was Du mir über »Die Straße von Katzgraben« sagtest. Natürlich ist alles richtig: Ich freu mich nun auf die Zeit, wo die Umarbeitung drankommt. Das wird wahrscheinlich nach Thüringen, also im Juni/Juli dann in Schmalenberg sein. Es soll ja nicht zu weit von Berlin ab sein. Da wirst Du Dir dann gefallen lassen müssen, daß ich Dich – vielleicht öfter als Dir lieb sein wird – mit Arbeitsproben überfalle, daß ich überhaupt alles mit Dir durchspreche.

Weißt Du, Mädchenfrau, es ist so mit mir: Leid kann ich sehr wohl allein ertragen. Darin habe ich mich genügend erprobt. Mit der Freude aber fällt's mir schwer, allein fertig zu werden. Das Schaffen aber gehört nun einmal meiner Natur gemäß zu meinen größten Freuden, und gerade deshalb fällt es mir so schwer (noch schwerer) damit allein zu sein. Du verstehst das. Meine Traumfrau versteht das. – Es ist bisher in meinem Leben immer so gewesen, daß ich mit meinen größten Freuden allein war. Das war in der Zeit so, als die ersten Anerkennungen eingingen, kurzum immer. Freilich gab es Sich-Mitfreuende, aber so an der Oberfläche. Du weißt schon, wie ich's meine. Ich möchte sagen: Die Mitfreude am Sieg kommt ein wenig zu spät. Die Mitfreude an der Entstehung des Sieges, das Verweilen bei der Summe der kleinen Freuden, die ist größer – ernster – wirklicher, aber auch schwerer.

Siehst Du, mein Frauchen, das Leben ohne diese echte, wirkliche Mitfreude wurde mir langsam unerträglich, verbitterte mich, ließ mich über die Liebe spotten und dergleichen mehr. Deshalb suchte ich genau wie Du. Verlange ich zuviel? Du mußt es mir sagen. Bleibt man, – muß man an dieser Stelle immer einsam bleiben? – Seit Deinem heutigen Brief fühle ich eben, daß es nicht so sein muß. Ich habe Dich gefunden.

Freilich, gute Lektoren bohren sich mit einem in die Arbeit, wissen die guten, die schlechten Stellen zu finden, aber ich werde dabei das Gefühl nicht los, daß es eben berufsmäßig, wenn nicht gar geschäftsmäßig geschieht.

Wieder eine neue, schöne Seite unserer Liebe tut sich mir auf. Sie macht unsere Zukunft noch lohnender.

Wieder kann ich nicht fassen, wie alles zuging, daß wir zueinander kamen. Wenn man nicht um die Schwingungen wüßte, die der Mensch ausstrahlt, und die für den »Empfänglichen« der beste Wegweiser sind, könnte man in Idealismus verfallen – von Schicksal und dergleichen sprechen.

Heute habe ich mir zwei Stunden für den Garten abgestohlen. Salat und Rotkohl gepflanzt, Mais gesteckt. Das tat gut. Ich liebe das Land, die Erde, und den Umgang mit ihr werde ich mein Leben lang nicht missen wollen. – Trotzdem ist es dieses Jahr anders. In den Vorjahren war der Garten für mich die Insel, auf die ich mich zurückzog – resigniert zurückzog. Dieses Jahr muß ich den Überfluß meines Glückes in die Nähe der Erde bringen. Dabei ist mir ganz gleich, ob es dieser Garten ist oder ein ande-

rer, während ich voriges Jahr doch gewisse Kleingärtner-
sehnsüchte zu stillen begann. Ich spürte die Gefahr jedoch,
wußte ihr geschickt zu begegnen. Dieses Jahr kamen solche Anwandlungen gar nicht.

Und der Flieder unterm Fenster! Die Pracht! Der helle
ist heute ganz erblüht. Der dunkle und der weiße lassen
sich noch Zeit.

Auch die Edith Müller-Beeck gab uns heute ihren
schriftlichen »Segen«, nachdem sie Dich »studiert« hat. Sie
fühlt sich ein wenig mütterlich für mich verantwortlich,
nachdem sie erkannte, daß sie mich nicht »erlösen« kann,
wie sie es sich einmal vornahm. Sie ist eine gescheite Frau
mit sehr viel menschlicher Wärme und nannte mich immer »Schildkröte«, weil sie mich mit einem »Seelenpanzer«
sah.

Um diesen Panzer abzulösen, mußte eben erst eine Mädchenfrau kommen. Und wie im Märchen hat sich die
Schildkröte nach dem Kuß zum wirklichen Dichter verwandelt.

Meine Tage verbringe ich zur Hälfte mit Rennereien.
Jetzt erst, nachdem man in die »Einsamkeit« gehen will,
sieht man, mit wie vielen Faserwürzelchen man in der Gesellschaft steckt. Was da alles berücksichtigt sein will vom
Finanzamt bis zum Agitationsleiter der Wohngruppe! Ver-
tretungen, Ersatzleute müssen ausfindig gemacht werden,
denn der Ausbruch aus der Gesellschaft wird nur dem Ster-
benden verziehen.

Ich schau Dich lange an und weiß …

Dein Mann

Berlin, 3. 5. früh

Lieber Mann!

Heute habe ich Dir so besonders viel zu danken, daß mein ganzer Brief ein einziger Flug zu Dir sein wird mit dem Ziele, Dich zu streicheln, zu küssen, Dir gut zu sein, um ein wenig von den Gefühlen zu Dir zu tragen, die Du mir gestern abend geschenkt hast.

Ich kam nach 23 Uhr zu Hause an. Völlig erschöpft, denn ich hatte lange im Büro gearbeitet. Ich wußte: Heute finde ich bestimmt einen Brief. Aber wie groß mein Glück war, als ich gleich drei Briefe bekam, kannst Du Dir vorstellen! Am Morgen hatte ich mit meinem elektrischen Kocher Kurzschluß verursacht, alles war nun dunkel. Ich mußte also auf den Flur hinausgehen, um zu lesen. Da habe ich dann ganz versunken gestanden und die Schönheiten Deiner Gedanken und Gefühle in mich dringen lassen.

Und in jedem Brief eine Überraschung! Über die beiden Artikel habe ich mich sehr gefreut. Fein, daß Du mir den »Fliederzüchter« geschickt hast.

Ich kann aus solchen Berichten die ganze Größe der Sowjetgesellschaft ablesen. Ist das nicht ein Wunder? Wie einfach und doch wie stolz das klingt: Die Tätigkeit des Gartenliebhabers L. A. Kolesnikow fand die Anerkennung der Sowjetregierung, die ihn für seine Arbeiten mit dem Stalinpreis auszeichnete.

Und dem Kantorowicz bin ich jetzt doppelt gut, seit ich weiß, wie er Dich gleich erfaßt hat. Die Art, in der er auf Dich aufmerksam macht, paßt zu seinem lauteren Wesen. Man spürt die reine Freude an der »Entdeckung«. Schön! Darf ich das behalten?!

Aber die größte der vielen Freuden des vergangenen Abends bereitet mir Dein Bild, das plötzlich aus dem zusammengefalteten Briefblatt fiel. Wie Du Dich mir wie-

der in den Zeilen verrätst, die Du auf die Rückseite geschrieben hast. Du Scheuer, Du! Du möchtest wohl, daß
ich Dich immer bei mir habe. Du hast den Wunsch, mir
das Bild zu schicken; aber gleich bangst Du wieder, ob ich
es auch so nehme, wie es gemeint ist. Also rasch etwas zurücknehmen; das Gefühl nur nicht ganz lassen; lieber
selbst ein bißchen herumdeuteln daran! Häßlich, ver-
scheucht –

Schön, schön, schön ist es!! Aus dem Bild springt Dein
ganzes Wesen; Deine Augen lassen doch alles sehen, was
in Dir ist. Sie geben Dich immer ganz, und wer überhaupt
zu sehen versteht, der erkennt Dich sofort. Wenn man
dann noch Deine reinen Hände dazu nimmt, die schönsten, die es geben kann, dann hat man meinen Erwin. Du
weißt, wie ich Musik liebe – die schönsten Klänge sind
jetzt für mich zwei Worte: Erwin Strittmatter. Ich freue
mich so, daß Du so einen musikalischen Namen hast.

Jeder Deiner Briefe ist eine Bestätigung für meine Gedanken und Gefühle. Das, was Du über den 1. Mai sagst,
habe ich den ganzen Feiertag über empfunden (Er sollte
eigentlich unser schönster und wichtigster Tag werden)
und die Wünsche, die Du mit dem 1. Mai 1953 verbin-
dest, sind auch die meinen. Meine Freude war so unvoll-
kommen; ich kann nichts wirklich aufnehmen, weil ich
so unruhig bin, wenn Du nicht da bist. Ich schäme mich
manchmal für mich, weil ich so fahrig, nervös und ober-
flächlich bin, wenn Du nicht da bist. Aber kann ich denn
mit anderen Menschen ernsthaft zusammen sein? Es geht
nur, wenn wir als Einheit gesehen und behandelt werden.

Ich muß mich ständig in acht nehmen, um nicht so von
Dir zu schwärmen, wenn man über Dich spricht, daß das
zu sehr auffällt. Ich bin allen Menschen gut, die ebenso
begeistert von Dir sind, wie ich.

Da fällt mir ein: Woraus leitet denn dieses Senftenber-

ger Mädchen immer noch Rechte ab, Dich mit Telephon-
gesprächen zu überfallen und Dich zu beschimpfen?!
Kannst Du ihr denn nicht sagen, daß sie Dich endlich in
Ruhe lassen soll! Sie muß ein merkwürdiges Wesen sein,
daß sie das befriedigt. Wenn Du ihr wirklich mißfällst,
dann soll sie doch ihre Ideale woanders verkörpert suchen.
Das würde doch einem natürlichen Bedürfnis nach Harmonie entsprechen. Oder aber, – das muß ich fast vermu-
ten – sie liebt Dich immer noch und will Dich wieder zu
sich ziehen. Das macht mich aber noch böser. Sag' ihr, sie
soll Dich in Ruhe lassen!! Versprichst Du mir das?

Was machen denn die »Kinder« Heiner und Mopsche?
Wo tollen sie jetzt gerade? Hast Du Angst, daß ich keinen
Spaß vertrage, weil Du von meinem »Rotstift« sprichst?
Du weißt doch, wie wichtig Humor für ein Kinderbuch
ist. – Heute fahre ich zu Ilja. Aber es wird wieder nur ein
Tag. – Ach, ich habe etwas wichtiges vergessen: Ich hatte
gestern eine Auseinandersetzung mit Kuba wegen meines
Urlaubs. Er sagt, es sei völlig unmöglich, daß ich vor dem
Kongreß gehe; die viele Vorbereitungsarbeit usw. Und
wenn ich krank sei, dann müßte ich sowieso in ein Sana-
torium, dann sollte ich nach Ahrenshoop unter ärztliche
Aufsicht. Ich war sehr böse mit ihm, und bin nun wieder
ganz traurig. Wenn sie nur nicht solch einen moralischen
Druck auf mich ausüben, daß wir unsere Reise verschie-
ben müssen. Ich träume doch nur davon! Sag Du etwas!
Wie soll ich mich verhalten? Einen guten Sonntag für
Dich!

Dein Frauchen

Spremberg, 3. V. 52

Herzliebe Mädchenfrau!

Mit drei Briefen bin ich jetzt voraus. Das kostet Dich dreißig Küsse. Denkst Du daran? Böse müßte ich Dir eigentlich sein, weil Du am 1. Mai keinen Gruß für mich hattest. Ich habe mich aber langsam an die Entschuldigungen gewöhnt.

Du hast am 1. Mai Kriegsgedanken gehabt. Es ist nur zu richtig, trotz der großen Liebe, die wir füreinander hegen, nicht zu vergessen, daß wir zu gefährlicher Stunde lieben. Die Sicherheit, von der Du sprichst, zu wissen, was in fünf, in zehn Jahren für uns sein wird, ist nicht zu verachten, aber im Augenblick müssen wir sie eben doch verachten. Manchmal will mir scheinen als ob unsere Menschen zu schnell in Gründertrott verfallen. Ich seh's hier an den »kleinen Leuten«, mit denen ich Umgang habe. – Bedenk' immer, daß wir uns das alles nicht durch eigene revolutionäre Tätigkeit erworben haben. Vorläufig ist alles Geschenk. Vor einigen Monaten habe ich die Zeit unserer Revolution, die ja nie ohne Bewaffnung vonstatten gehen kann – herbeigesehnt. Teils aus Resignation, weil ich nicht mehr an die große Liebe glaubte, teils, um mich als junger Genosse tatsächlich bewähren zu können. Jetzt habe ich Dich, und im ersten Augenblick, da ich's las, daß wir soweit sind, dachte ich nur an unsere junge, große Liebe. – Dann aber war die Bereitschaft anders herum doch gleich wieder da. Wie könnte ich zulassen, daß Dir etwas von diesen widerwärtigen Geldsäcken geschieht! Auch meine jetzt öfter schlafende Skepsis meldete sich: Vielleicht soll man gerade jetzt verzichten, wo unsere Liebe so unwirklich schön ist. Manchmal will mich eben immer noch die Furcht beschleichen, daß alles zu Alltäglichkeit zerrinnen könnte, daß Du, von einer Laune gepackt, von mir gehen könntest. Wie lange würde ich da brauchen, um wieder ein gesunder Mensch zu werden?

Verzeih diese Anwandlungen, aber ich halte unsere Liebe wirklich für etwas so hohes Einmaliges, daß mich eben die Furcht packt, wenn ich an einen Absturz denke.

Schon aus diesem Grunde werde ich jede unserer Stunden in Thüringen und auch später so bewußt erleben, wie ich es noch nie tat.

Mir will scheinen, daß Du nun doch wieder nicht zum Ilja gefahren bist. Das halte ich nicht für gut. Du wirst Sehnsucht bekommen, mit Dir selbst unzufrieden werden und schließlich wie damals in Resignation verfallen. Wird Dich meine Anwesenheit dann trösten können?

Ich muß noch viele Geschäftsbriefe schreiben, deshalb gute Nacht für heute, meine Traumfrau.

Berlin, 15. 5. 21.45 Uhr

Liebster Mann!

Nun ist es schon so spät, meine Hoffnung hat schon müde Flügel. Wenn es wirklich Schwingungen gibt, dann hat es für dich heute den ganzen Tag keine Ruhe gegeben. Ich habe mich noch nie so schmerzhaft gesehnt, so verlangt nach Dir. Nur eine Minute hätte ich Deine liebe Nähe spüren wollen, Dich sehen mögen, wie Du schreibst, wie Du denkst, wie Du arbeitest. Ein Wort von Dir dann und wann, das mich in meiner Liebe bestätigt, stolz und froh machte und der glücklichste Tag wäre mein gewesen.

Ich könnte schreien vor Sehnsucht nach Dir. Ich weiß, wenn Du jetzt doch noch kämst, würde ich weinen vor Glück. Ich habe Dir so viel zu sagen, denn ich hatte heute endlich einmal Muße, um mich auf uns zu besinnen. Ich bin tief erschrocken darüber, wie sorglos ich in manchen Stunden unserer Liebe begegnet bin. Und ich habe wieder gefühlt, welch eine Leistung eine sich steigernde, tiefe Liebe doch ist. Habe ich denn in jeder Minute deutlich gefühlt, was Du Schönes bist; bin ich immer dankbar gewesen, daß Du mir begegnet bist? Ich möchte heute alles nachholen und gut machen, was ich verhindert habe! Warum habe ich Dir am Sonntag abend so schwere Stunden gemacht, bin so kleinmütig geworden! Ich weiß Dich doch so sicher, kenne den Wert Deiner Worte, weiß, wie Du mich liebst. Erwin, verzeih' wenn ich Dich gekränkt habe!

Ich mache mir auch Gedanken darüber, daß ich Dir vielleicht in der letzten Woche zu viel Zeit und Kraft genommen habe, die Deiner Arbeit gehören sollte. Aber Du verstehst es doch, daß ich Dich nicht lang von mir lassen kann. Es wird jedes Mal schwerer. Ich werde jetzt, wo es möglich ist, ganz in Deine Nähe kommen. Vielleicht fahre ich morgen schon mit Dir nach Fangschleuse; dann kann ich zu Dir kommen und mich still in Dein Zimmer setzen, wenn Du arbeitest. Ich werde Dich bestimmt nicht stören.

Am liebsten würde ich sofort fahren; aber ich bin nicht sicher, ob Du nicht doch noch kommst.

Liebster, ich sehe so voll Vertrauen in die Zukunft; meine Träume, die Dich in mein Leben einbeziehen, sind schön. Ich möchte alles sein, was Du in mir suchst. Ich möchte Dir so bald bei Deiner Arbeit helfen, so weit das möglich ist. Deshalb will ich auch jetzt zu Dir, weil ich die Veränderung der Komödie erleben möchte. Du denkst vielleicht, daß es nur Dein fester Wunsch ist, diese gemeinsame Arbeit. Aber ich weiß, daß unser Glück erst dann vollkommen sein wird, wenn wir darin zusammen klingen. Es wird erst dann tief und unumstößlich sein.

Ich habe über so vieles nachdenken müssen. Habe ich Dich gequält durch den Widerstreit von Vernunft und Gefühl, in den ich Dich gestürzt habe? Wir werden uns noch besser verständigen müssen. Ich möchte, daß Du nach Deinem eigenen Gefühl handelst, denk nicht an mich! Sprich mit mir darüber.

Liebster, ich höre jetzt auf. Ich werde mich hinlegen, an Dich denken – und weinen. Ich kann nicht anders, ich hab Dich zu lieb.

Wärst Du doch gekommen! Wo ist Deine liebe Hand jetzt, was tut sie?

Erwin, Liebster, behalte mich immer lieb! Ich will an Dir wachsen, ich will Dein zweites Ich werden; es muß uns gelingen, unser Glück so zu erhalten, auch wenn wir immer zusammen sind.

Gute Nacht, mein

großer Mann!

Schmalenberg, 26. Mai 52

Du liebes Menschenkind!

Späte Nacht. Ich muß noch arbeiten. Ich bin müde, aber eine Sehnsucht nach Dir läßt mich nicht müde werden. Es ist mir schon jetzt eine Qual zu wissen: Morgen werde ich in Berlin sein und Dich nicht sehen. Wie konnt ich das nur zulassen! Es darf uns doch keine Minute verlorengehen.

Ich mußte heute viel an Deine Erwägungen und Bedenken Deiner Familie gegenüber denken. Das ist etwas, was ich bisher nicht recht bedachte. Sicher aber ist es ein Grund mehr, Dich unsicher im allgemeinen und schwankend dann zu machen, wenn Du körperlich schwach bist und negative Stimmungen Dich überfallen. Ich stehe so machtlos nebenbei. Ich habe so gar kein Talent, ein guter Schwiegersohn zu sein. – Fast scheint es mir auch grotesk: Man will der Gesellschaft alles geben was man in sich trägt, was man kann. Dann stößt man plötzlich auf Kunst-Ignoranten (davon gibt es ja viele) und merkt, daß man überhaupt noch nichts für diese Menschen getan hat. – Du verstehst, wie ich das meine.

Ob Dich je wieder ein Mann so lieben wird wie ich? Ich bezweifele es, ohne überheblich zu sein. Ich möchte die vielen schönen Seiten Deines Wesens freilegen helfen und will so behutsam dabei sein, wie es eben ein Bauer kann. Rückfälle in die »Unbehutsamkeit« werden natürlich immer wieder kommen. Ich schelte mich immer, wenn ich merke, daß ich Dich durch eine meiner Plumpheiten verletzte. Mein Vorleben ist nicht ganz unschuldig daran.

Du warst heute wieder so nachdenklich, als ich ging. Ich vergaß sogar das Schreien an der Straßenecke – der Befreiungsschrei nach dem Flüstern. – Glaub mir doch, daß ich, ebenso wie Du, alles vermeiden möchte, was irgendeinen Zug von »Mechanisierung« oder »Gewohnheit« in unsere Liebe tragen könnte. Wir müssen uns nur von Fall zu Fall darüber verständigen. Es gibt nichts, worüber man nicht sprechen könnte. Das gehört einfach zur Liebe. –

Nun sitze ich hier mit dem unguten Gefühl, Dich unbefriedigt zurückgelassen zu haben. Das ist schlimm für mich und meiner Arbeit so gar nicht dienlich.

Dieser schöne Sonntag-Abend in der Dämmerung hat mich so recht fühlen lassen, daß meine Liebe immer noch wächst. Ich fühle mich heute wie ein einsames Kind. Welch ein beglückender Zustand, daß Du mir Tochter und Mutter, Geliebte, Mitarbeiterin, Ratgeberin, Heimat – alles zugleich bist. Wie reich bin ich!

Ob Du die gleiche Sehnsucht hast? Ob ich Dir wirklich – vielleicht am Morgen durch meine Albernheiten – über war? Unsere Abschiede, so fühle ich oft, sind nicht harmonisch genug, wenn man sie gegen die Zeit des Zusammenseins hält. Ich kann mir erklären, weshalb das so ist, aber wir sollten daran arbeiten. Weshalb müssen andere Menschen, die uns doch im Grunde gar nichts angehen, in unsere Abschiede hineinfingern?

Zuckerhut, was meinst Du? Ich sehne mich doch so nach allem, was Du bist.

Hat Dich etwa mein Verhalten in der Nacht bestürzt?

Du Goldkind, ich hatte keine Tinte, und mit Bleistift schreibe ich nicht gern.

Wenn ich Dich doch jetzt küssen könnte!

Dein Mann

Schmalenberg, 28. Mai 52

Goldkind!

Ich muß die Arbeit unterbrechen, weil ich nicht weiß, wo ich mit meiner Liebe zu Dir bleiben soll. Wenn mir vor zwei, drei Jahren jemand gesagt hätte, daß mich die Liebe zu einer Frau so durchwühlen und jung machen würde, ich hätte ihn höflich ausgelächelt. – Der Wunsch danach war freilich immer da, aber ich sah die Frau nicht, die das vollbringen konnte.

Das war ein schöner, fröhlicher Abschied am Morgen. Die lachende, laufend winkende Eva. Zuletzt sah ich Deine Hand, die so lieb und zärtlich sein kann, wie ich es nie erlebte. Wie ein weißer Schmetterling wedelte sie zwischen den grünen Blättern.

Mein Leben hat sich erfüllt. Mein Werk beginnt anderen Menschen etwas zu geben. Die Gesellschaft hat mich bisher nicht nutzlos mitgeschleppt. Und nun Du! Was kann nach Dir noch Schöneres kommen? Manchmal möchte ich aus diesem Grunde auf der Stelle sterben. – Bei solchen Gedanken steht wohl mein erworbener Skeptizismus Pate. Ich glaube in manchen Augenblicken noch nicht fest genug an unsere Kraft, die Liebe so hoch zu halten wie sie *unser* würdig ist.

Ich freue mich, daß deine Zärtlichkeiten nicht auf Routine beruhen. Ich fühle selbst, wie sie langsam Dir zuwachsen, wie sie wie aus einem Quell leise heraufsprudeln. – Damit hatte ich zu Anfang gar nicht gerechnet. Dein Wesen erfüllte mich auch ohne sie. Ich hatte mich schon damit abgefunden, daß ich in dieser Beziehung immer der Gebende würde sein sollen. Wie macht's mich froh, daß Du mich so schön enttäuschst!

Du siehst schon: Gestammel, Gestammel wie ein Konfirmand. Nicht einmal richtige Sätze kann ich formulieren. Die Hauptsache ist heute nur, daß Du mich verstehst, daß Du fühlst, wie sehr ich bei Dir bin.

Wie schön Du gestern warst, als Du auf meinem Bettrand saßest. Es befremdete Dich, daß ich Dich nicht küßte und nur von Dir schwärmte. Ich konnte einfach nicht, weil alles so makellos schön an Dir war, das ich mit ungestümen Küssen zu zerstören glaubte.

Schon wieder mache ich mir Vorwürfe, daß ich Dich nicht ermunterte, doch am Abend wiederzukommen. Meine Arbeit allerdings lobt mich dafür. Ich bin wirklich in einer unangenehmen Lage mit meinen beiden Geliebten.

Es gab beim letzten Zusammensein wieder manche Stelle in Gesprächen usw. wo mir ganz klar zum Bewußtsein kam, wie verwandt wir in unseren Gefühlen, Betrachtungen, Erkenntnissen sind. Das jagt mir immer Schauer durch Herz und Blut. Ich freue mich dann immer über meinen Instinkt oder wie man das auch nennen will.

In einem Punkt scheinen wir uns uneins zu sein. Ich glaube, Du neigst dazu, intellektuell basierte Menschen überzubewerten. Das kommt allerdings aus Deiner Erziehung. Ich werde Dich aber in Zukunft leise aufmerksam

1 Auf der Faschingsfeier im Potsdamer Kulturbund-Klub, 23. Februar 1952. »Ob ich Dir wirklich schreiben soll? … Freilich hast Du in jener eigenartigen Morgenstunde gehaucht: ›Ich mag Dich‹, aber da ich noch mit meinen Gedanken in Deinem Wesen herumirre, weiß ich nicht, wo ich dieses Bekenntnis hinlegen soll.« (Erwin, 26. 2. 1952)

2 Tagung der Schriftsteller des Landes Brandenburg: Im Präsidium Hans Marchwitza, Annemarie Reimann, Eva Wernitz, Erwin Strittmatter, Walther Victor, Kurt Stern und Wieland Herzfelde (v. l.).

3 Zeitungsfoto, das Ende 1950 für Erwins Lokalreporterausweis aufgenommen worden war. »Dein Bild, das plötzlich aus dem zusammengefalteten Briefblatt fiel.« (Eva, 3.5.1952)

4 1952 überarbeitete Erwin sein Stück »Katzgraben«, das Bertolt Brecht für das Berliner Ensemble angenommen hatte. »Eben, als wir Mittagspause zu machen beschlossen, kam Dein Brief. Ich erkannte ihn sofort in Brechts Hand, ohne daß ich die Schrift gesehen hatte.« (Erwin, 19.8.1952) Im selben Jahr besuchten sie die Maschinen-Ausleih-Station in Eichwege (Niederlausitz). Foto: Ruth Berlau

5 Helene Weigel als Altbäuerin Großmann in »Katzgraben«: »Die letzte Voraufführung wurde wieder geschmissen … Selbst die Weigel hat geschmissen und plötzlich falschen Text gesagt.« (Erwin, 22.5.1953)

6 Mit Erich Loest (l.) und der Dolmetscherin Agnes in Budapest, September 1953. »Von der ersten Stunde der Reise gibt es nur einen schönen Gedanken für mich: das Wiedersehen.« (Erwin, 3.9.1953) Foto: ND/Fieguth

7–10 Oben: Eva im Sommer 1953 und als Gymnasiastin, unten: als achtzehnjährige Studentin in Berlin und bei der Einschulung. »Im Hotel holte ich alle Bilder von Dir hervor: das Schulmädchen, das Jungmädchenbild, und die drei, auf denen Du schon meine Frau bist.« (Erwin, 4. 9. 1953)

11 Das Paar in Schmalenberg, 1953. »Weißt Du, Liebko, was vor mir liegt? Drei Bilder von Dir! Zwei Schmalenberger von uns beiden …« (Eva, 1.9.1953)

12 Mit Anna Seghers während des 2. Schriftstellerkongresses in Moskau, 1954. Foto:
ND/Fieguth

13 Ansicht von Schulzenhof mit dem Strittmatter-Katen (l.) und der Scheune von Familie Fülster (r.), 1955. Foto: Erwin Strittmatter

14 In Erwins Arbeitszimmer im Schulzenhofer Katen: Bruder Heinrich, Sohn Knut und Eva (v. l.), 1956.

15 Erwin striegelt Ponyhengst Brandy, 1956. »Bei jeder Arbeit kommt es vor allem auf den Rhythmus an, habe ich gestern festgestellt.« (Erwin, 14. 7. 1954)

16 Eva auf der Hoftreppe mit einer Kiepe voll Morcheln, 1956. Foto: Erwin Strittmatter

17 Kater Pitt auf dem Fensterbrett in Schulzenhof, 1954. »Pitty war beim Abendbrot als schwarzer Schatten am Küchenfenster … Ich glaube, er hat Dich sehr lieb und vermißt Dich. Das macht ihn immer sympathischer.« (Erwin, 30. 8. 1954) Foto: Erwin Strittmatter

18 Chow-Chow-Hündin Hella, 1954. »Die Hella ist eine alte Hure.« (Erwin, 20. 9. 1954) Foto: Erwin Strittmatter

19 Auf der Koppel, 1954. »Brandy hat einen neuen Galopp einstudiert.« (Erwin, 11.9.1954) Foto: Erwin Strittmatter

20 Zwergziegenbock Müller-Muck und Brandy im Garten, 1954. »Im Grunde bin ich mit Schulzenhof und allem, was die Hälfte meines Lebens ausmacht, allein.« (Erwin, 19.8.1954) Foto: Erwin Strittmatter

21 Eva und Erwin, Schulzenhof, 1954. »Du warst als die Vollkommene immer in meiner Vorstellungswelt.« (Erwin, 29.8.53) Foto: Ruth Berlau

22 Im Vorgarten, 1955. »Das hast Du aus dem Mann gemacht, der vor einem halben Jahr noch glaubte, für sein Leben zum Einspännerdasein verurteilt zu sein.« (Erwin, 19.8.1952)

23 In seinem Arbeitszimmer, 1956. Foto: Gerhard Kiesling

24 Eva beim Einkaufen in der Berliner Niederbarnimstraße, an der Litfaßsäule das
»Tinko«-Filmplakat, Frühjahr 1957. »Besonders stolz bin ich auf ›unseren‹ Sohn
›Tinko‹, ich las und les ihn immer wieder, lese auch anderen daraus vor und freu mich.«
(Eva, 16.9.1953) Foto: Erwin Strittmatter

25 Bassewitzfest in Kyritz, hier wurde Sohn Matthes gezeugt, den sie liebevoll ihren »Kyritzer Knatterfrosch« nannten, 8. September 1957.

machen. (Stichwort: Peter Edel). Seine Anschauungen waren für Dich etwas giftig, weil Du selbst noch nicht genug Bekanntschaft mit dem ehrlichen Willen jener Menschen gemacht hast, die Schnitzer auf Schnitzer machen, weil sie eben noch viel lernen müssen. Auch mit 1000 Peter Edels werden wir die Welt noch nicht umkrempeln, aber mit den Menschen, an denen er nur den Dilettantismus sieht, werden wir es tun.

Die kommenden Tage werden voll Sehnsucht sein. Du wirst bei mir sein, wenn ich ins alte Heimatdorf gehe – überall.

Die Arbeit mahnt.

Ich wünsche Dir frohe Tage mit Ilja.

Es wird ein kußloser Abschied für uns sein, aber den Druck Deiner zärtlichen Hand werde ich mir bewahren bis ich wieder bei Dir bin.

Dein Mann

9. 6. 52

Lieber Mann; mein Mann!

Ich möchte Dir sagen, wie ich fühle, darum der Brief. Aber ich zweifle, ob es mir gelingen wird. Wenn ich jetzt zu Dir sprechen würde, könnte vielleicht in meinen Worten die Wärme schwingen, die mich ganz erfüllt, in die ich Dich fassen möchte, um Dich mir ganz zu erhalten. Mein Dank für Dein Gutsein und Deine Zärtlichkeit könnten nur neue Zärtlichkeiten sein. Ich weiß nicht, wie ich sein möchte für Dich. Immer um Dich, Deine stille Abendstunde jetzt teilen, die sicher Deiner Arbeit gehört, oder auf einem der dunklen Waldwege mit Dir, die heute voller Regenheimlichkeit sind. Dieses Alleinsein nach der tiefsten Gemeinsamkeit, die sich mir gegeben hat, war nur zu erleiden heute. So schwer ist mir nichts geworden. Ich zittere immer noch von eben geborenen, neuen Gefühlen für Dich. Dieser Tag gestern war so ganz, so harmonisch wie ich mir mein ganzes Leben mit Dir wünsche. Ich bin stolz auf uns, Erwin. Ich glaube, wir dürfen es sein, denn unsere Liebe hat sich so gut bewährt nach diesen spröden Tagen.

Wir haben uns nun wieder ganz und tiefer als vorher. Wir wollen immer an unserem Zusammensein arbeiten, denn daran liegt es, ob wir unsere Träume verwirklichen. Nur nicht träge werden, nicht erlahmen! Schau: In den Grundzügen, und vielleicht schon viel weiter, habe ich Dein Wesen doch erfaßt, und es erfaßt mich so, daß ich zum ersten Mal in meinem Leben meinen Willen nicht gegen den anderen setze. Ich empfinde beglückend, daß nicht die Abgrenzung gegen Dich, sondern die Verschmelzung mit Deinem Wesen meinen Weg bestimmen und fruchtbar machen wird. Es ist also die Grundlage da für eine gute Liebe. Und wir werden verstehen, sie immer weiter zu entfalten!

Mein Guter Du! Ob Du heute auch umhergegangen bist, wie ein Traumwandler?!

Ich war menschenscheu und voller Verlangen, mein Fühlen draußen in dem regnenden Abend zu weiten. Ich bin stundenlang durch den Wald gelaufen, durch das nasse Gras, und habe mich berauscht an dem Duft der Wiesen. Du warst immer an meiner Seite, und der Schmerz allein zu sein, war nur zu ertragen, weil ich wußte, ich könnte ihn jeden Augenblick heilen, wenn ich den Wald verlasse und zur Bahn laufen würde. Das ist gut, Dich so nah zu haben, und genau zu wissen, Du bist in Gedanken bei mir und da ist nichts, was Dich ablenkt von uns. Ich würde es anders nicht mehr ertragen.

Morgen abend komme ich zu Dir, Liebster. Nur Dich sehen, fühlen, Deine liebe Stimme hören. Ich liebe das Telephon nicht für uns. –

Dein Bild steht vor mir. Aber weißt Du, ich will eines von Dir, in dem Dein Glück ist. Das muß doch auch aus dem Bild sprechen! Denn so siehst Du nicht mehr aus. Ernst und zerquält. Irgendwie voll Mühe, Dich zusammenzuhalten. Jetzt strahlst Du so viel Kraft und Sicherheit aus, daß sie mich mit erfüllt. Schatz, denk Dir alle lieben Namen dazu, die ich Dir nur geben kann! Sie sind noch nie so zu Dir gekommen, wie heute. Ich habe Dich lieb, Erwinliebster. Und ich gehöre Dir ganz. Und immer bin ich Deine Frau. Du hast mich »erworben« durch Dein Wesen, dessen Stärke Du selbst kennst. Ich bin Dir so verhaftet, daß ich schon jetzt fühle: Es ist unlöslich.

Und das macht stolz und stark und froh. Was darin liegt, zu sagen:

Mein Mann.

Nicht als standesamtliche Bezeichnung, sondern als die bestimmte und endlich (für mich doch so früh) gefundene Ergänzung, die Abrundung des eigenen Seins.

Mein Mann hat mich lieb, er denkt jetzt an mich, und ich glaube fast: Er schreibt auch, wenn er nicht sehr müde ist; denn er hat noch einen anstrengenden Tag gehabt. Ich möchte jetzt bei ihm sein und ihn einsingen, ihn kleinsingen, meinen Jungen, den lieben großen.

Gute Nacht, Schatz!

Schmalenberg, 10. Juni 52

Traumfrau!

Ich spüre mich von Deiner Liebe umgeben und bin so froh. Wieder weiß ich, daß unser Füreinander wächst. Dein Brief, den ich gestern gleich nach meiner Rückkehr vom Bahnhof las, war eine neue Steigerung.

Ich schäme mich fast, daß ich hier weintrinkend, Albernheiten verzapfend unter den Menschen saß, die uns nicht erfassen, während Du diesen Brief schriebst. – Fast will mir scheinen, als ob wir gerade an jenem Abend nach unserer großen Erfüllung Gegensätzliches taten: Du warst menschenscheu, mußtest allein sein. Ich suchte fast die Menschen, um an ihrer Leere meine Fülle abzumessen, um nicht nutzlos »überzulaufen«.

Aber in dieser Gegensätzlichkeit liegt, so fühle ich, nichts Trennendes. Den ganzen Abend habe ich mich aus tief innen nach Dir gesehnt und gesehnt.

Das Schönste aber schien mir, daß sich am nächsten Abend diese Sehnsucht erfüllte. Ich malte mir am Abend zuvor aus, wie es sein wird, wenn wir miteinander tanzen – und es war am nächsten Tag so. – Ich finde, auch der Tanz muß wie eine Blüte von Beziehungen sein. Aus anderen Situationen heraus kann ich kaum tanzen. Und wenn ich schon um einen Tanz bitte, versteckt zunächst und »unöffentlich« wie bei Dir, dann ist die rechte Zeit gekommen.

Du warst so zärtlich, so auf mich eingestellt, so nah, so unabgelenkt wie ich Dich bisher in Gegenwart anderer Menschen nicht erlebte. Und nur eben unter diesen Voraussetzungen scheint mir der Tanz zweier Liebender seine Berechtigung zu haben. Ich hasse das konventionelle Geschabe, das wie eine Pflicht oder eine Arbeit verrichtet wird.

Ich fühle noch so gut, wie Du während des Tanzes einmal sanft meine Hand faßtest (die rechte Hand war es), die ich nur lose auf Deine Hüfte gelegt hatte. Du wolltest mich besser fühlen und führtest sie behutsam auf Deinen Rücken, damit unsere Tanzumarmung inniger wurde. Das war schön. Das tat so gut, zu wissen, daß Du nach mehr Innigkeit verlangtest. In diesem Augenblick hätte ich die übrige Gesellschaft fortwünschen mögen, obwohl ich weiß, wie sehr ihre Anwesenheit den Reiz des Tanzes zweier Liebender erhöht. –

Das Telefon ist nicht gut für uns, schriebst Du, und doch war Deine Stimme heute für mich so wärmend, Dein Wesen auch durch die »rührige« Umgebung der Verbandskollegen kaum abgelenkt. Auch das tat wohl.

Als ich heute sehr zeitig erwachte und die Stunden bis zum Freitag überschlug, schien mir die Zeit allzu lang. Den Wunsch, Dich heute schon zu sehen, trug ich mit ans Telefon – da übertrug er sich einfach.

Und nun bist Du da – meine Worte würden zu matt sein.

Dein Mann

[o. D.]

Liebster!

Es ist komisch, heute wo ich wegfahren will, kommt wer weiß wer und was, um mich zu hindern, meinem Schatz einen Brief zu schicken.

Jetzt ist gleich »letzte Minute«, aber ich muß Dir sagen, wie lieb ich Dich hab! Süßer, Guter, Bester!

Deine Stimme streichelt mich, macht mich stark und so schwach zugleich; ich hätte weinen können vor Sehnsucht nach Dir.

Jetzt ist es schon wieder so weit, daß ich nicht weiß, wie ich die Tage überstehen soll, bis Du mich wieder zu Dir nimmst.

Ich fühle mich so ausgesetzt, wie auf einem losgerissenen Stück Erde, das unaufhaltsam forttreibt. Ich möchte keinen Menschen sehen – und kann mich keine Minute zurückziehen!

Komm! Ich brauch Dich immer, ich mag keinen Tag ohne Dich sein.

Liebster, ich bin Dir so gut.

Dein Schönaug

Schmalenberg, 15. Juni 52

Du Gute!

Ich habe gestern noch lange dem sich in den Wäldern verrinnenden Geräusch des Zuges nachgelauscht. Nicht so wie sonst bei Abschieden, wo dieses Geräusch etwas Weh-machendes und etwas von einem trennenden Messer ent-hält.

Gestern war dieses Zuggeräusch Verbündeter. Es berich-tete, wo mein Liebstes sich befindet, wo es im dunklen Ab-teil in sich hineinlauscht.

Die Vorfreude, Dich heute wiederzusehen, begann in mir mit den Schmetterlingsflügeln zu wippen.

Ich las noch ein wenig und fiel dann in einen tiefen, er-holsamen Schlaf.

Und heute liegt die Welt so klar vor mir, daß ich mir zu-traue, bis an ihren Kern zu schauen, wo die vom Menschen noch unentdeckten Wahrheiten geschart auf ihr Gewußt-werden harren.

Daß ich heute so bin, so fühle, ist die Fortsetzung Dei-nes Gut- und Klugseins gestern zu mir. Dein Wesen weiß in mir, sofern wir nur lang genug Zeit haben auf- und in-einander zu wirken, die Harmonie herzustellen, die ich be-nötige, um (ich möchte fast sagen) weise zu sein. – Ich hab noch nie so gefühlt wie sich das innere Wachsen vollzieht, als jetzt durch Dich.

Das mußte ich Dir an diesem Sonntag-Morgen sagen, bevor ich an die Arbeit ging. Ich danke Dir, ich danke Dir

und will es gern mit allem lohnen, was ich bin und was ich
durch Dich noch werden kann.

Du bist mein zweites Ich.

Dein Mann

Ilsenburg, 11. VIII. 52

Traumfrau,

Ich bin so bang. Ach, wärst Du doch bei mir! Eigentlich
dürfte ich jetzt keine Stunde ohne Dich sein, aber ich muß
doch wachsen, und das schmerzt so. Ich fühl Dich über
die Ferne hin.

Dein Streichelkind

Berlin, 18. 8. 52

Mein Mann!

Noch nie ist es mir so schwer gefallen, wieder in das
Alleinseinsein zurückzufinden. Du mußt nicht denken,
daß ich traurig sei; ich bin glücklich bei der Erinnerung
an die tausend Schönheiten und Zärtlichkeiten dieser
Tage. Aber es war das erste Mal, daß unser Lebens- und
Arbeitsrhythmus über längere Zeit so zusammenging. Und
nun fehlst Du mir so! Was sollen meine Hände jetzt tun,
wo Dein Kopf nicht da ist zum Streicheln; mein Mund
blüht ganz umsonst, wenn er Deine weiche Haut nicht
fühlen darf!

Du hast mich so selig gemacht, Liebster, daß Du mir gezeigt hast, wie sehr Du mich liebst. Ist es Dir denn bewußt,
daß Du schon erlöst bist? Ich habe Deine Worte so voll
Glück empfangen, die mir sagten, daß die Liebe Dich so
weitet, daß Du glaubst, sie nicht mehr fassen zu können.

Ich fühle die Kraft zu Allem in mir, und sie wächst täglich.

Ich habe heute Dein Gedicht, das meines geworden ist, an mir vorüberziehen lassen und weiß, daß ich Deine Geliebte bin, sein kann für immer. Dieses Wissen macht mich stark und stolz; ich will es Dir danken mit allem, was ich werden kann. Deine Tage sollen leuchten durch mich. Sie werden es, weil ich von Dir so viel Glück empfange, das ich nur widerspiegeln brauche.

Unsere Wünsche begegnen sich immer, in kleinen und großen Dingen, und welch ein Zusammenklingen entsteht daraus!

Auch das wird immer schöner werden, je tiefer wir uns kennen. Ich habe so viel Wärme für Dich, daß sie für alles reicht, was zu Deinem Leben gehört. Das wird sich auch auf die Jungen übertragen – ich fühle mich ihnen schon jetzt verbunden, unser Leben wird schön werden und ich fürchte nichts, wenn ich Dich habe!

Deine Arbeit wird immer der Mittelpunkt unserer Tage und Quelle für unsere Liebe sein. Sie wird nicht mehr Dein allein sein, sondern von Grund auf unser gemeinsamer Besitz. Du wirst es nicht vermessen finden, daß ich das schreibe.

Der Kummer dieser letzten Tage, so fühle ich, braucht nicht zu sein. Deine Worte von der Verwandlung waren so gut, ich habe das gleiche empfunden.

Es wird uns gelingen, uns auch darin zu erhöhen und nicht sinnlos zu hadern.

Unsere Liebe ist tief genug, um über lange Zeit – ich sage: immer – die Sehnsucht und Zärtlichkeit wachzuhalten, auch ohne daß wir uns so finden. Das gleiche Glück empfinde ich ja schon, wenn ich Dich anschau', wenn ich Deine Arme mit »meinen« lieben, goldenen Haaren und Deine Hände, die die schönsten von der Welt sind – so rein, so jung – sehen und mit den Lippen spüren darf. Die Zärtlichkeiten, die unsere Stunden so strahlend machen, sind unerschöpflich; wir brauchen nicht bang und traurig zu sein!

Das Warten auf das Wiedersehen, die Gewißheit, Dich unverändert zu finden, macht mich ruhig und schwingt in mir in tiefen, reinen Tönen. Ich singe unsere Lieder und fühle mich immer tiefer ein in Dein Wesen. Ich bin ganz nahe bei Dir. Bald lege ich meinen Arm wieder um mein Streichelkind.

Buckow, 19. VIII. 52

Meine Traumfrau!

Ich bin so krank nach Dir. Was soll das werden? Dein hingebungsvolles Kindergesicht vom Sonntag-Abend geht mir nach und nach. – Immer wieder muß ich an die Wärme denken, die mir entgegenströmt, sobald ich Dich umarme. Ich kenne dieses Gefühl von früher her nur aus Nachtträumen und wohle mich darin ein. – (Es waren solche Träume – weißt Du – aus denen man mit viel, viel Sehnsucht erwacht. Sehnsucht, die tagelang das Tun bestimmt und die ein großes Suchen und Warten auslöst.) Aus so einer Stimmung ist damals auch das Gedicht »Du« entstanden. – Jetzt ist das alles Wirklichkeit geworden. So wirklich, daß es oft schwer fällt, ohne geheime Furcht daran zu glauben. – Ich finde, fühle, daß sich die Forderungen, die Sehnsüchte, die im »Du« eingeschachtelt sind, zu erfüllen beginnen. Du fühlst so rasch, wenn unsere Liebe an einer Stelle ins Konventionelle, in die Gewohnheit, in das Unschöne sinkt, daß sie mir für alle Zeiten gefeit scheint. – Das gerade war bei mir stets der Punkt, an dem der Ekel, die Gleichgültigkeit einsetzten. – Wir werden erreichen – so fühle ich – daß unsere Liebe uns stets

Aufgabe bleibt. – Schlimm ist, wenn das Gefühl des Ab-
sinkens einseitig (nur von einem Partner) erkannt wird.
Schlimm ist, wenn dann der andere Teil, sanft darauf aufmerksam gemacht, sich als Opfernder betrachtet, der nur
Zuwendungen an die »Eigentümlichkeit« des anderen
macht und selbst die Aufgabe nicht erkennt. – Ich denke,
auch davor sind wir sicher.

Du Liebreizendste, ich fahre nicht nach Dresden. Brecht
hätte wohl nichts dagegen gehabt, allein recht wär's ihm
nicht gewesen, so fürchte ich. Die Ploog wird natürlich
spucken. Sie rief dreimal an. Zuletzt verhandelte ich mit
ihrer Sekretärin. Ich hatte nie eine bindende Zusage gemacht, machte es von der Arbeitssituation abhängig. Das
geht aus dem Schriftverkehr hervor. Die Ploog benimmt
sich in solchen Situationen gern diktatorisch. Habe Bernhard Seeger als Ersatz empfohlen.

Die Neuigkeit hier: das Stück ist abgestoppt worden:
Etwa 4 Stunden. Jetzt heißt es aus dem 3. und 4. Akt einen
zu machen. Das ergibt bei den allernotwendigsten Kür-
zungen immer noch eine Spieldauer von 3 Stunden incl.
Pause. Das Höchsterlaubte.

Ich mußte unterbrechen. Wir sprachen unten die neue
Fassung durch, wie ich sie mir gestern nachmittag und in
der Nacht entwarf. Sie wurde mit kleinen Beanstandun-
gen akzeptiert. Jetzt werde ich, um keine Zeit zu verlieren
den 3. und 4. Akt, der einer geworden ist, gleich hier in
Prosa niederschreiben. Wir werden ihn dann gleich nochmals durchsprechen. Dann komme ich nach Hause und
wir rhythmisieren wieder beide. Ob's vor Sonntag wird?
Wenn ich's nicht schaffe, darfst Du mir nicht böse sein,
meine Gute, Verständnisvolle.

Auch über den 2. Akt mit den reinen »Fünffüßlern« gibt
es manches zu sagen. Ein Hauptmangel: Jeder Jambus umfaßt (in den meisten Fällen) einen Satz. Man muß mehr

überziehen. Du verstehst schon. Im ersten Falle soll die Wirkung vom Theater her zu monoton sein. Davon mündlich mehr. – Das sind ja dann alles Feilarbeiten, auf die ich mich freue.

Eben, als wir Mittagspause zu machen beschlossen, kam Dein Brief. Ich erkannte ihn sofort in Brechts Hand, ohne daß ich die Schrift gesehen hatte. Er strahlte Dich schon rein äußerlich aus.

Diese Übereinstimmung der Empfindungen und Gedanken wieder! Beide schreiben wir vom »Du«, beide von der freiwilligen Askese.

Schatz, mein Schatz, wie mich dieses Brieflein wieder wärmt!

Ein wenig fürcht ich mich vor den Stunden am Donnerstag, da ich Dich heimgekehrt und wartend und ein wenig enttäuscht fühlen werde. – Selbst, wenn es die Arbeit ergibt, daß ich über Sonntag hierbleibe, wird es besser sein, Du kommst nicht. Du weißt, weshalb. Ich hätte hier bei den Besprechungen einfach nicht mehr genügend Ruhe und Konzentration, wenn ich Dich wartend in Bukkow wüßte. Vielleicht könnte ich erst spät am Abend zu Dir, vielleicht noch nicht einmal das. Das wäre doch nicht zu ertragen. – Du verstehst ja alles. – Ich teile Dir rechtzeitig mit, wann ich nach Hause komme.

Ich freu mich auf das Wiedersehen, bin so heimwehkrank wie als Junge, wenn ich auf einen Tag ins Nachbardorf zur Tante in die Erntearbeiten mußte. – Das hast Du aus dem Mann gemacht, der vor einem halben Jahr noch glaubte, für sein Leben zum Einspännerdasein verurteilt zu sein. Ich fürcht nicht einmal mehr den Tod – so stark und überdauernd ist unsere Liebe jetzt für mich.

Tiefe Küsse

Dein Mann.

Buckow, 21. VIII. 52

Ich wünsche so sehr, daß es das letzte Mal sei, solange von Dir entfernt zu leben. Die Sehnsucht scheucht mich mitten in den Besprechungen auf. Sobald ich eine neue Erkenntnis gewann, möchte ich sie mit Dir teilen, damit nicht etwas von Dir Ungekanntes in mir ist. Ich halte es für wichtig, daß man gerade in solchen Augenblicken nichts für sich behalten und allein sein darf, wenn man eine Zweisamkeit ist.

Wir sind immer noch dabei, Feinheiten des Entwurfs für die beiden zusammenkomponierten Akte durchzusprechen. Heute gegen Mittag, schätze ich, werden wir fertig werden. Dann erst kann ich mit dem Schreiben beginnen. Ich fürcht also, daß ich am Sonntag noch nicht daheim sein werde.

Gestern haben wir gemeinsam die gleichmäßigen Zeilenjamben der Ochsenszene gebrochen und übergezogen. (Von einer Zeile auf die andere.) Das ergibt tatsächlich die Überwindung einer gewissen Monotonie beim Sprechen, die wir für »Glätte« hielten, über die wir uns freuten.

Berlin, 21. 10. 52

Lieber Erwin!

Ich habe gestern vier Mal in Schmalenberg angerufen. Heute früh wieder. Von Djacenkos, bei denen ich anrufen ließ, erhielt ich die Antwort, daß Du nicht anwesend seist, über gestern könnte Frau Djacenko keine Auskunft erteilen.

Ich nahm fest an, daß Du nach Schmalenberg gefahren seist, da Du mir versprochen hattest, mich anzurufen, wenn Du hier bleibst. —

Sieh, ich weiß, wie ich das alles auffassen soll und wie wir es nun halten müssen.

Ich war tief beunruhigt über die Nachricht vom Ensemble. Aber ich hatte mich getäuscht, wenn ich annahm, daß, wie so oft, unser gemeinsames Bemühen klären und helfen könnte. Du hast aus dieser und aus allen Schwierigkeiten, die Dich zu bedrängen scheinen, den Ausweg bei anderen Menschen gesucht, das ist etwas Neues und so Unfaßbares in unserem Zusammensein, wie auch die Tatsache, daß Du mich zwei Tage ohne Nachricht läßt. Ich habe in diesen beiden Tagen, in denen ich jede Sekunde auf die Nachricht »Frau Braun – Herr Strittmatter« wartete, in denen ich mich dennoch zu einer fruchtbaren Arbeit zwang, die Forderung wachsen sehen, nun endlich ins Reine zu kommen, auf eine andere Stufe zu steigen.

Unser Verhältnis trug von Anfang an diese Gefahr in sich: Du übertrugst dem fröhlichen, optimistischen »Kind« die Funktion, Dich zu klären, zu führen, Dir Kraft zu geben.

Die Versicherung, »auch, wenn Du krank wirst, stehe ich zu Dir«, war Spekulation und nur möglich, weil Dir diese Möglichkeit ausgeschlossen schien.

Es wäre und es war mir in Deinen dunklen Tagen unmöglich, mich dem quälenden Mitleid zu entziehen.

Du bist der Meinung, daß man dabei erst die Schuldfrage klären muß. Da ich Deiner Ansicht nach schuldig bin, sprichst Du mir jede Berechtigung für meinen Zustand ab.

Denke nicht, daß ich klage oder anklage; ich will nur klären, um Dir meinen Entschluß verständlich zu machen.

Es geht mir schlecht. Wenn man weiß, daß einen ein Mensch versteht, neigt man leider dazu, ihn zu belasten, damit es einem leichter wird. Das ist sicher falsch und entspricht nicht der idealen Liebe.

Ich habe diesen Fehler gemacht. Das Ergebnis hat sich in den vergangenen drei Wochen gezeigt.

Ich weiß, daß es Deinen Wünschen entspricht, und daß es für Dich notwendig ist, diesen Zustand zu beenden. Vielleicht wird eines Tages meine Kraft wieder reichen, um meine Aufgabe zu erfüllen: Dich zu stärken, zu klären, zu beflügeln.

Es wird also gut sein, wenn wir uns in der nächsten Zeit, die vielleicht lang sein wird, nicht sehen.

Du weißt, daß ich Dich lieb hab, daß mir alles schwer wird ohne Dich. Aber wenn wir den Sinn unserer Liebe nicht mehr erfüllen können, wenn unsere Hände sinken, die sie so hochgehalten haben bisher, dann wollen wir das nicht übersehen.

Ich wünsche, daß Du die Unruhe überwindest und daß Du gut schaffst. Du wirst nun sicher auch den Platz finden, an dem Du es am besten kannst.

Deine Eva

23. 10. 52

Lieber!

Ich will Dir einige »Anmerkungen« schicken, die Du – wenn Du willst – als »Anhang« zu Deinem Tagebuch benutzen kannst.

Ich habe mich gefreut, daß trotz aller Schwäche und unter der Lähmung, die mich erfaßt hat, die tiefe Verbindung zwischen uns doch weiter besteht. Ich hab mich beim Lesen so sehr gefreut, von Satz zu Satz, weil ich Dich nun doch daraus gespürt hab, weil die Erzählung nun doch zu Dir paßt.

Ich glaube, ich habe jetzt »das richtige Ende« ergriffen, um wieder aufzukommen. Ich bin zum ersten Mal in dieser Zeit wieder sicher und froh, so, daß ich Dich wieder sehe und spüre und Dir gut tun möchte.

Es wird gehen, das weiß ich jetzt, und ohne Deine Opfer, ohne Deine Selbstaufgabe.

Wir werden auch wieder, die Sicherheit in uns finden, die wir brauchen. Und es ist doch im Grunde eine Entscheidung für das Leben, für das Wachsen, die uns Kraft geben muß. (Trotz allem und wenn Du auch zweifelnd lächelst.)

Etwas anderes hat mir heute zu denken gegeben und mir gezeigt, wie töricht das alles ist. Herbert Klüglich, den Du wohl kennst, war heute hier. Ich weiß nicht, ob er sich vielleicht von jemand hier Hilfe erhoffte oder ob er sich nur so treiben ließ.

Sein Kind ist vorgestern verunglückt, und seine Frau hat sich deshalb das Leben genommen.

Ich weiß ja nicht, wie das noch zusammenhängt, will auch gar nichts darüber wissen, aber das hat mir doch gezeigt, daß, auch wenn man es nicht immer vor Augen hat, wirkliches Leid existiert. Ich wage nicht mehr, mich unglücklich zu finden. –

Es wird auch hier wieder gehn. Ich habe heute mit Kuba über die künftige Arbeit verhandelt. Er war aufgeschlossen und wir haben seine Zustimmung zu unseren Plänen eingeholt. Wir können, allerdings etwas anders, mit unseren Veranstaltungen beginnen.

Also: es wird. Und Du darfst mir nicht in den Rücken fallen und mir täglich vor Augen führen, daß ich Schuld bin an Deiner »sécheresse d'âme«. (Du kennst doch unseren Rilke).

Übrigens habe ich heute die ND-Erzählung von Erna Köppl: »Anna träumt einem neuen Morgen entgegen« gelesen.

Da hat wieder jemand in der Kulturredaktion gedacht, er tut »etwas« für die neue deutsche Literatur, wenn er die zwar »noch nicht ganz in sich abgerundete literarische Arbeit« druckt.

Wir können nun endlich darüber sprechen, denn Du wolltest doch eine ganze Menge dazu sagen. –

Es gibt jetzt vieles zu denken, einzusehen und nachzuholen, aber nachgeben wollen wir nicht.

Sonst muß ich doch noch dem Hexenglauben verfallen und Boris mit seinen »Herbst«-Unkereien für diese Zeit verantwortlich machen. Vielleicht hat er mir wirklich meinen Schatz verhext und der hat mich angesteckt? Wer weiß?! Um mit Hilde und Karl zu reden: Bei solchen Menschen weiß man dat nie, Du weißt ja, wo der herkommt. Sollste Dich da noch wundern? Na, Erwin, dat könnt ich nicht.

Gib mir mal rasch einen Kuß!

Und bitte jeden Tag, der kommt, hundert!

Übrigens, Irma habe ich zu Dienstag geschrieben.

Sonntagabend, 2. XI. 52

Mein Fräulein Großherz!

Eigentlich wollte ich versuchen, ob es mit »Kalle Kralle« schon wieder geht. Nun wird's aber erst ein Brieflein für Dich.

Ich werd die Vision nicht los: Du liegst hilflos in Deinem »kohlenlosen« Stübchen. Der Verstand verweist mich zwar auf unsere Abmachung, aber weiß ich, wie Du Dich inzwischen fühlst?

Zur Zahnärztin kam ich am Sonnabend nicht vor, wie vorauszusehen war. Den Nachmittag benutzte ich, um mich auszuschlafen. Ich war so »gerädert« und ein wenig neu erkältet durch die Kofferschwitzkur von Schmalenberg aus. Dann blätterte ich in Büchern, las im »Eckermann« bis die Kinder eintrudelten und mich beschlagnahmten. – Die neuen Tauben, die neuen Fische und »Vati, wie denkst du über Meerschweinchen, und was machen mit der Hella, die doch wieder ›heiß‹ wird«.

Heute waren wir in den Pilzen. Auch Volker mußte dabei sein, sonst wäre die Sache nicht vollkommen gewesen. – Am Nachmittag Balzac gelesen, Briefe und Akten abgeheftet, solange Kinozeit war. Jetzt hat sich Hella zu meinen Füßen *eingeschurchelt*. Sie scheint meine Ruhelosigkeit zu fühlen und jetzt ganz zufrieden zu sein, daß ich wieder einmal eine halbe Stunde schreibe wie früher.

Was wird mit Irmas Brief an B.S. denke ich gerade, wenn Du krank liegen solltest. Laß, hat noch Zeit, bis ich zurückkomme.

Der »Sonntag« brachte diese Woche unsere Namen. Noch auf verschiedenen Seiten. – Mir hüpfte das Herz beim Wiedersehen eines alten Stück Traumes, an dessen Erfüllung ich in den letzten zwei Tagen wieder mehr glaube, wie überhaupt das Hiersein diesmal heilsamer als sonst zu sein scheint. Es geschieht so auffallend viel »nichts«, wird so auffallend über »nichts« gesprochen, daß ich mich völlig (verarmt fühle – nein nicht richtig) ungebraucht fühle – wie ein Gegenstand, der einen Raum füllen hilft, wie oftmals bei den Schmalenberger Abendgesprächen mit Hilde und Karl.

Ich habe heute viel darüber nachgedacht, wie man den reaktionären Bauern in »Kalle Kralle« so schildern kann, daß er nicht von Anfang an die Züge des »Agenten« trägt, der unbedingt in einem neuen Buche auftreten muß. – Auch mit anderen Formproblemen des Buches habe ich mich – wenigstens gedanklich – herumgeschlagen. Davon aber mündlich.

Neueste Nachrichten vom Heimatdorf: Der Vater ist der Produktionsgenossenschaft doch beigetreten. Nun bin ich natürlich neugierig, was ihn »umgeworfen« hat. Vielleicht fahre ich morgen hinaus, wenn's die Zahnärztin erlaubt.

Keine Tinte im ganzen »Schriftstellerheim«. Bezeichnend.

Vor dem Einschlafen las ich noch eine Weile in Romain Rollands »Das Leben Tolstois«. Fand dort: »Tolstoi sagte sich nie von der Kunst los. Ein großer Künstler kann, selbst wenn er es möchte, nicht auf das verzichten, was seinem Leben den Wert gibt.«

Das hat mich im Zusammenhang mit »unserer Krise« natürlich gerüttelt. Gut, daß ich es nicht vor der neuen Beschäftigung mit »Kalle Kralle« las, sonst wäre ich wieder mißtrauisch geworden.

Jetzt geht's in die Stadt zum Finanzamt und zu mehr so unliebsamen Dingen. Auch nach dieser Nacht ist mir nicht klar, wie ich Dich denken soll, obwohl ich mitten in der Nacht Deine Umarmung zu spüren glaubte, die oftmals mit einem Schlag einen anderen aus mir macht, weil sie alles »Gewußtwerden«, wonach ich mich immerzu sehne, in sich schließt.

Bleib mir gut. Ich freu mich auf's Wiedersehen.

Dein Mann

NS Voraussichtlich komme ich am Mittwoch mit dem Morgenzug. Wenn es sich ändern sollte, gebe ich Nachricht.

Berlin, 13. XI. 52
Liebes Frauchen!

Es geht auf Mitternacht. Ich habe mein Pensum (10 Seiten) eben beendet. Kalle wächst. In der zufriedenen Stimmung solltest Du viele Küsse haben. Das ist der papierne Ersatz.

Mußt doch nicht denken, daß es mir gestern leicht fiel. Aber heute lobe ich uns. Hast mich sicher für einen Rohling und Egoisten gehalten, weil ich nicht erfühlte ... Dummerchen!

Wenn es so weitergeht mit meiner Arbeit, sollst Du bald wieder einen ganz guten Mann haben.

Ich bin gespannt auf Dein Urteil. Ob »Kalle« nicht doch ein Buch für Erwachsene wird? Dann kann ich jedenfalls keine Kinderbücher schreiben. Nach Gorki – ein großer Mangel.

Heute wieder keinen Anschluß bei meiner Zimmervermittlerin erhalten Hab mit der Weigel gesprochen. »Wenn's dich geniert hat, daß du hast miassn in oanem Bett mit mir schloafen. Jetzt braucht's das nimmer. Es ist an Zimmer frei. Kannst also ruhig noch an bissel doableim, wann's dich der Lindemann, der Gottssakra, versetzt hat.«

Schön ist es trotzdem nicht, weil ich doch ein bißchen fester wissen möchte, wo ich hingehöre. Es geht doch um den »Kalle«.

Ich red davon wie von einem wirklichen Kind, und Du ziehst vielleicht wehmütige Vergleiche. –

Ich freu mich schon der Zeit entgegen, wenn Du wieder gesund sein wirst und strahlend, Optimismus verbreitend, neben mir gehst oder sitzt. Es ist so schön, Deine Wärme zu fühlen und von Deinen Liebesstrahlen getroffen zu werden.

Gute Nacht, Großherz!

Dienstag, [18.] Nov. 52

Liebstes Fräulein Großherz!

Ich bin hier gewesen. Am Eingang blühen noch die Rosen. –

Du warst aus. Ich hatte schon gestern Sehnsucht. Den gestrigen Abend hat mir »Bobby« geraubt. Er hatte es wieder einmal nötig. Ich hab so bedauert, daß Du nicht dabei sein konntest.

Fahre jetzt nach F., um mir das Zimmer anzusehen. Wenn's mir gefällt, ziehe ich morgen hin, damit ich endlich einen festen Platz bekomme. Heute Nachmittag haben wir Betriebsgruppensitzung. Den Abend muß ich dann zur Arbeit benutzen, um nicht wieder unzufrieden mit mir selber zu werden. So werden wir uns heute nicht sehen. Ich weiß auch nicht, ob Du Nachricht gegeben hast, wie versprochen, die nun vielleicht auf dem Büro liegt. Wenn ich morgen umziehe, komme ich am frühen Abend auf eine Weile zu Dir, es sei denn, ich habe inzwischen Nachricht, daß Du nach N. gefahren bist.

In mir zittern noch die Stunden des Sonntags nach. Ich lieb Dich wieder »ganz sehr«.

Dein Mann

1953

22. Mai 1953

Liebste, Liebste, Liebste!

Ich halt's nicht aus, daß ich so gar nichts von Dir weiß. Ich bin unruhig und zerfahren. Du hast Schmerzen, und ich quäle mich damit ab, mit einer Komödie Leute zum Lachen zu bringen. – Alles erscheint mir so widersinnig.

Ich träumte, unser Kind sei ein Junge mit Hasenscharte und nicht normal. Ich sah Dich verzweifelt und unglücklich. Ich wußte, Du würdest nie mehr fröhlich sein.

Hier schien mir der Traum eine Möglichkeit aufzureißen, an die wir beide nie gedacht haben.

Die letzte Voraufführung wurde wieder geschmissen. Es ist eine Nerven-Zerreißprobe, wie ich sie einmal bisher erlebte, nämlich damals, als ich vom Militär desertierte.

Alles ging gut bis zum letzten Kalenderlied. Da kam die Musik wieder nicht. Die Mädchen begannen ohne Musik zu singen. Als sie eine Weile gesungen hatten, setzte die Musik ein. Die Mädchen hörten auf, weil die Begleitmusik ja nun nicht mehr paßte. Sie standen eine halbe Minute schweigend. Gräßlich! Die gesamten Schauspieler wurden unruhig. Eine Szene nach der anderen wurde verpatzt. Selbst die Weigel hat geschmissen und plötzlich falschen Text gesagt.

Wir hatten anschließend eine Diskussion mit Kulturfunktionären. Alle waren der Meinung, der letzte Akt habe alle guten Eindrücke zerschlagen, es sei peinlich gewesen. Kein Mensch betrachtete den letzten Teil als Epilog.

Anna Seghers, Max Schröder, Marianne und Konrad, Rapp usw. waren schon da und sichtlich unbefriedigt.

Von den Eingeladenen wird kaum jemand zur Premiere kommen. Alle haben sich auf Pfingsten etwas vorgenommen.

Zwei Tage bleiben uns nun noch zum Proben. Brecht ist noch ruhig. Er zittert innerlich, wie mir scheint. Die Unkerei unter den Schauspielern und den Regieassistenten ist kaum noch zu ertragen. Alle kommen mit Umschreibe-Vorschlägen.

Mir scheint, das Stück reißt jetzt die Unzulänglichkeiten der Schauspieler besonders kräftig auf. Sie können, was gerade im Schlußbild so wichtig ist, keine neuen Menschen spielen.

Keine Nette da, bei der ich mich ausweinen kann. Und die Liebste ist in ihren Schmerzen allein.

Ich werde nachher gleich im Krankenhaus anrufen, damit ich etwas erfahre. Dora Kopp hat sich bisher nicht gemeldet.

Eine kleine Freude: Das Häuschen in Schmalenberg haben wir bekommen. Ich sehne mich hinaus. Du sicher auch.

Ich schreibe bald wieder, liebe Nette. Verzeih den zittrigen Brief.

Ich küsse und streichle Dich

Dein Lubko

Berlin, 22. 5. 53

Lubko Liebherz!

Es scheint so, als mache ich Dir wirklich nur Scherereien und Aufruhr. Aber ich kann weder dafür, noch kann ich es ändern:

Bis gestern Mittag haben sich die Schmerzen verstärkt, dann aufgehört: die Ärzte wissen ebenso wenig wie ich, was war. Entweder unverhältnismäßig starke Senkwehen, dann dauert es noch vier Wochen oder Vorwehen, dann kann es jeden Tag wieder losgehen.

Jedenfalls bin ich seit gestern Abend wieder zu Hause. (Froh nach den Schreckenseindrücken des Tages, traurig, weil ich nun doch noch warten muß.)

Ich fand einen Berg Post vor, darunter auch den Vertrag vom Kinderbuch-Verlag. Es ist mir noch so ungewohnt, daß auch Post für Dich an meine Adresse kommt, daß ich ihn mit geöffnet habe. Entschuldige das bitte.

Ich schicke Dir den Vertrag mit und den Wohnungsschlüssel, damit Du unabhängig bist.

Ich habe gestern Abend viel an Dich gedacht; ich freu mich, daß ich Dich nun bald wiedersehen kann.

Liebes von der »unartigen«
Nette

Berlin, 24. 5. 53 früh

Lubko Liebherz!

Bald ist Morgen und mit dem neuen Tag wirst Du kommen. Ich hab schon so viel Küsse für Dich, daß ich Dir schnell einen Brief schreiben muß.

Liebster, ich bin so voll Freude über Dich; den Abend habe ich Dich mit meinen Gedanken begleitet, Dich gestreichelt, beruhigt und wieder und wieder geküßt.

Der Tag heute hat mich froh gemacht. Sieh, nun hat sich alles so gut gelöst. Und Du hast das Richtige getan, als Du Deinen Bruder gerufen hast. Es ist, als sei ein zweiter Erwin da.

Mein großes Glück ist, daß der heutige Tag, Dein Arbeitshöhepunkt, auch für uns Liebes- und Lebenshöhe ist.

Wenn es uns immer so gelingt, uns zu erneuern und wieder zusammenzufinden, ist mir nicht bange.

Ich wünsche, daß jedes Jahr einen so großen, festen Kern hat wie dieses vergangene, daß jedes so viel künftige Fruchtbarkeit in sich birgt wie unser erstes schönes Jahr: das »Katzgraben«-Jahr.

Wie es auch heute gewesen sein mag, das Jahr mit Deiner Leistung besteht.

Du mein lieber, mir so Leiser.

Meinem Jungen viele Küsse.

[26. 6. 1953]

Du Schwindlerin!

Ich bin kladdernaß demonstriert. Eigentlich müßt ich Dir böse sein für die jahrelange Verkohlerei mit dem Mädchen.

Ich habe aber heute schon gefühlt, daß ich Dich noch doller lieb haben werde.

Wird mir bald gesund und verzeih, daß ich nicht komme. Ich weiß nicht, was reden, wenn andere Wöchnerinnen zuschielen. Naß bin ich auch.

Schönen Gruß von Ilja. Eben hat er in mein Zimmer gepinkelt. Er sagt, es wäre Onkel gewesen.

Viele Küsse

vom Lubko

[26. 6. 1953]

Lubko Liebherz!

Mir war wirklich so: Ich wollte Dir recht schön danken. Ich hatte gar nicht damit gerechnet, daß Du kommst. Und dann warst Du so lieb und locker. Ich hätte Dich immerzu drücken mögen. Du hast mir so geholfen an diesen beiden Tagen. Alles war leicht und schön. Wenn auch die »Enttäuschung« da ist – für mich ist sie nur darin, Dich enttäuscht zu haben – ist es für mich doch das große Erlebnis geworden. Das macht mich so froh und läßt mich lachen. Damals Zweifel und [Reue] – heute Sicherheit und Zärtlichkeit. Wenn ich mit dem Finger über den kleinen Affenkopf streiche, ist mir, als spürte ich Dich. Noch mehr Liebe wächst mir zu. Ich werde mit ihr nur fertig, wenn ich sie gleich ausgeben kann. Und dazu fehlst Du mir in diesen Tagen. Mein Herz, mein guter, lieber Junge! Vielleicht bist Du mir gerade so lieb, weil Du kein »Vater« bist. Der blaue Rittersporn rührt mich; Dein Gutsein ist schön. Es war in den Blumen, in jedem Wort und in jeder Geste von Dir. Die Mahnungen und Mühen der Leute, aus Dir einen besorgten Vater zu machen, machen mich lachen. Du bist der liebste Schatz, den es gibt. Und ich die glücklichste Frau, die voller Erwartung auf einen Jungen sieht, in dem wohl wenigstens ein paar Funken von Deinem Wesen glimmen werden.

Ich freue mich so auf die Zeit, in der ich Dich wieder ganz beglücken kann; in der jede Minute eine Werbung an Dich enthält.

Ich drück Dich und streichle Dich.

Auch Herrn Fuß, der heute so tapfer war.

Die nicht mehr fette Nette

[27. 6. 1953]

Lubko Liebherz!

Zu etwas taugen sogar Glückwunschtelegramme: Endlich habe ich Papier, um Dir einen Brief zu schreiben.

Seit Freitag Deine Schwindelschimpferei kam, freue ich
mich auf den Sonntag, der die Möglichkeit birgt, wieder
von Dir zu hören. An Dich wird jeden Tag und Nacht gedacht in Lichtenberg, der Waldschrat wird systematisch
auf Ähnlichkeitsversprechungen untersucht. Ich könnt
beschwören, daß er Dir aufs Haar gleicht: (das wird rot)
Schiefmund, Nase, Mundfalten, etwas hängende Backen.
Nur die Frechheit hat er von mir. Er ist der größte Brüll-
affe und Vielfraß im Revier. Nur gut, daß seine Mutter
eine so erfolgreiche Milchproduzentin ist; ihm zum Segen
und ihr zur Qual. Wär das nicht, ging es ihr sehr gut. (aber
das ist ja keine Krankheit) Sie möchte mit Erwin umher-
streifen; Schmalenberger Wald und Wind genießen. Welch
eine Sehnsucht gab es in den letzten Gewittertagen nach
dem Dachstübchen; wie schön liegt sich's da im Bett,
wenns pladdert und man nicht von der Wolkenwand bedroht wird, die über dem Löcknitzgrund steht, und seinen
Baumwall giftgrün scheinen läßt. Aber man kann auch
rauslaufen, wenn einen vor ungebändigter Liebe danach
verlangt.

Wir müssen diese Dachstube wiederhaben; mir ist, als
hätte ich in diesen Monaten den Atem gestaut und nun
drängt er hinaus, er will wieder Leben fassen. Wie ich Dich
liebe, wie nah ich Dir bin, mein Liebherz, mein blanker
Goldtaler. Nach dieser Strecke Ödland wird's doppelt blühen: Schön, daß Du auch so fühlst. Ich fühl in den drei
neuen Tagen, wie ich wieder Frau werde; die nächsten Wochen werden mich wieder zur »Mädchenfrau« machen; die
nun doppelte Aufgaben hat: Frau zu sein und den Wunsch
nach der Tochter in Dir zu beruhigen, weil sie selber das

Tochterkind ist. Nimmst mich wieder so an, ja?! Bald darf die »Große« auch mal wieder die »Kleine« sein. Wie gut, wenn man nicht mehr »fette Nette« ist!

Meine Liebeserklärungen sind immer noch bissel sehr platonisch. Aber bald wirst Du totgedrückt, da gibt's »kein Pardon«!

Sämtliche Zweifelsünden werden mit Liebe gebüßt –, darauf richt Dich ein.

Jetzt mußt nicht mehr lang allein sein, armes Liebchen Zarthaut. Nette.

Sonnabend, 27. Juni 53

Kranke Nette!

Ich bin wirklich vergeßlich wie ein Tier. Es ist so schwer für mich einzusehen, weshalb ich hier noch in der Stalin-allee sitze. Vielleicht fühlt ein Rehkitz so wie ich. Ein Reh-kitz, das einem Menschen nachrannte. In die Stadt hinein. Und der Mensch wird in der Stadt von seinen Geschäften gepackt. Das Rehkitz, an dem er sich in der Stadt zu freuen vornahm, ist allein geblieben.

Was soll ich nur hier als Haushaltwächter? Die Gewit-ter bringen keine Düfte. Ich spür keine Erde mehr. Ich rase in der Stadt umher und halte die paar kleinen Geschäfte in Gang. Ich quäle mich damit ab, ein paar Einsichten un-ter die Menschen zu bringen. Das ist so jämmerlich.

30. Juni 53

Und diese Stimmung hält an. Aus der Arbeit wird nichts. Sie geht mir nicht von den Händen. Ich komme mir wie zerstört vor. Soll ich meinen Brief mit Klageliedern füllen?

Überall geht man zur Tagesordnung über. Man lullt sich wieder ein, als sei nichts gewesen.

»ND« wird meine »Denkschrift« natürlich nicht bringen. Ich seh schon.

Sei mir nicht böse. Ich versuche lieb an Dich zu denken. Ich spüre Dich nicht. Sollte ich doch lieber allein leben, weil ich so vergeßlich bin?

Ich hoff auch auf keine Besserung, wenn Du kommst. Dann wird das neue Kind Dich ganz in Anspruch nehmen. Jeder hat schließlich seine Geschäfte. Das ist ja auch gut so. Nur ich habe im Augenblick keines. Es wäre wohl doch am besten, ich ginge irgendwo arbeiten, um nützlich zu sein.

Dein Brief hat nichts in mir geändert. Ich weiß doch nicht weshalb.

Ein schmaler Kuß

Erwin

1. Juli 53

Liebe Nette!

Du wirst verstehen, wenn ich nicht komme. Mir reicht's. Man hat mir gestern die Leviten gelesen wie einem Schulbuben. Ich habe taktvoll zugehört, bis ich es nicht mehr aushielt, dann ging ich. – Das paßte ausgezeichnet in meine Stimmung.

Christa bringt den Brief, obwohl ihr von Deiner Mutter untersagt wurde, zu Dir zu fahren. Sei lieb zu Christa. Sie ist ein Menschlein mit natürlichem Takt. Man muß sie gern haben.

Charlotte sag bitte liebe Grüße von mir, und ich sei verhindert zu kommen. Sie möchte Dir bitte das Aktenzeichen von Sch. dalassen bzw. die Stelle der Staatsanwaltschaft sagen, an die ich mich zu wenden habe.

Zank Dich bitte nicht mit Deiner Mutter; jedenfalls nicht meinetwegen. Das wäre verkehrt und würde dann immer als stiller Vorwurf (bei Dir) neben unserer Liebe hocken.

Wenn ich kann, komme ich am Abend zu Dir. Wenn ich nicht kann, dann sehen wir uns ja morgen. Hoffentlich hat Dir Dein Optimismus in dieser Richtung keinen Streich gespielt.

Dein Erwin

1. 7. 53

Kranker Junge!

Briefe, die man nicht wieder lesen mag, sind nicht gut. Ein Brief kann traurig sein, wenn er nur etwas von dem Gemeinsamen in Schwingung setzt, was man so oft zu haben beteuerte. Dein Brief hat mich zurückdrängen wollen, anstatt mich anzurufen. Das kann nicht Aufgabe unserer Gespräche sein und war es bisher nicht.

Dann schweig lieber. Klagen sollst Du ruhig; aber nicht uns verletzen. Mußt Du einer von den Kranken sein, die erst gesunden, wenn sie andere gefährlich infiziert haben?

Dein Verhalten am Sonntag und Dein Dienstagbrief waren so besonders verletzend, weil die wenigen Zeilen vom 26. mich so beflügelten, mir einen Strom neuer Kräfte zuführten. Und nun fordertest Du nicht nur die gespendete Stärke zurück, sondern auch ein gut Maß von der, die mich jetzt wieder auf die Beine bringen soll.

Ich habe Deinen Brief – auf den ich seit Sonntag hoffte, weil er mir helfen sollte, mit den Eindrücken des Nachmittags fertig zu werden – gestern Mittag aus der Hand gelegt und mich bemüht, meinen Gedanken und Gefühlen fruchtbare Motive zu geben. Ich habe sie in der Zeit, die ich hier verbringen muß, mehr denn je gefunden. Auch gestern wurde ich wieder gesund und froh. Ich habe viel über uns nachgedacht, vielleicht klarer und schärfer als sonst und als nötig; aber heute habe ich Deinen traurigen Brief wieder gelesen und nun sind meine Gefühle wieder ins richtige Maß gerückt.

Du hast eine hartnäckige Gewohnheit, wenn Du Dich krank fühlst, die Mittel nicht zu ergreifen, die Dich gesund machen könnten. Die Nachbarschaft zur Krankheit gefällt Dir, obwohl Du weißt, daß sie Dir schädlich ist.

Wenn Du raus mußt (was Dir längst fehlt), dann geh doch, Junge! Fahre, wohin Du willst, so lang Du willst, schweig, wenn Du willst. Wenn Du mich brauchst, melde Dich wieder.

Niemand braucht Dich in »Stalinallee« als Haushaltwächter. Diese einfache Arbeit können auch andere verrichten. Genausowenig brauchst Du mich besuchen. Ich habe an keinem der Besuchstage mit Dir gerechnet. Vielmehr als das quälende Dreiergespräch hätte mich gefreut, wenn Du mir später berichtet hättest, was Du draußen in Schmalenberg erlebt hast.

Warum nimmst Du Dir in Deinem Leben nie, was Du brauchst?! Du hast Dir die überflüssigen Opfer so angewöhnt, daß Du auch unsre Tage damit vergiften mußt. Ich brauche sie nicht, wie ich nichts von Dir brauche, als daß wir uns liebhaben. Und das erschwerst Du uns dadurch.

Ich habe in der letzten Zeit viel über mein Leben, vergangen und zukünftig, gedacht. Du mußt es schon so nehmen, wie es ist. Es hat nun seinen Teil Verantwortung; ich bin kein Schmetterling, der nach Liebe flattert; ich habe meine gefunden und will sie nun ausweiten und erfüllen. Dabei muß aber die menschliche Verbindung wachsen. Und die scheint mir bei uns, obwohl von Anfang als Grundlage beteuert, nicht fest genug. Der Mensch steht doch nicht still, er dehnt und entwickelt sich nach allen Seiten. Muß man ihm nicht wenigstens fühlend folgen, wenn er seine eigenen Gesetze verwirklicht, – wenn man es in der Realität nicht kann?

Ich hab Dir so oft furchtlos widersprochen, wenn es um das Kind ging. Aber ich sag Dir wieder: Ich brauchte es, um gesund zu werden. Die Gründe waren nicht konstruiert wie die, wenn »ich morgens nicht aus dem Bett finde«. Ich hatte gefühlt in jenen Tagen, daß ich nie stärker, reiner und leichter lieben werde und daß nun der Punkt gekommen ist, Dich zu bewahren, die [Verzweiflung] in den folgenden Wochen überfiel mich, weil ich Dich nicht richtig gesehen hatte, aber die Liebe habe ich nie preisgegeben, die mich dazu gebracht hat. Deshalb habe ich nie mit anderen über das Kind gesprochen; nicht aus kleinbürgerlicher Gretchenfurcht. – Nun ist es da und macht mich glücklich. Die Kraft, die es mir in den vergangenen Monaten genommen hat, gibt es mir jetzt zurück.

Die Enttäuschung mit der Tochter gibt es für mich eigentlich nicht. Sieh, es gibt doch kein »Kind, keine Tochter an sich«, die man sich sein Leben lang wünscht und von dem oder jenem haben kann; ein Kind ist immer die äußere Gestalt bestimmter Beziehungen, einer einmaligen Verbindung.

So sehe ich es; so siehst Du es nicht.

Das ist der Konflikt zwischen uns, den wir irgendwie austragen müssen. Beseitigen können wir ihn nicht dadurch, daß Du »Vater« spielst, wenn Du anders fühlst.

Habe den Mut, auch den anderen gegenüber zu zeigen, was Dir ist und wie Dir nicht ist. Für mich brauchst Du keine Komödie zu spielen. Sei mein guter Freund, wie bisher, der an meinem Leben Anteil nimmt und der sich kümmert, wenn ich nicht wie sonst in Bewegung bin. Mehr kannst Du nicht geben, also versuch nicht, uns zu täuschen. Wir glauben uns das doch nicht.

Ich sehe unsere Lage so:

Du hast Dein Leben und Deine Gefühle stückweis aus-
gegeben. Du flickst immer noch an Deinem alten Kleid
herum, das nur noch von anderen getragen wird, die sich
nicht mühen, ein eigenes anzuschaffen. Aus den Resten
willst Du ein neues zuschneiden für uns, das langt hier
und da nicht, denn wir sind jung, wachsen und wollen uns
nach allen Seiten dehnen, hinausspringen. Dir begegnet
es, daß das, was Du zusammenbringst, mir nicht genügt,
nicht schön genug ist für meine Jugend. Nun kannst Du
nicht entscheiden:

Neu spinnen, neu weben, neu schneiden, neu nähen –
die Reste beiseitelassen, anfangen, als wüßte man nicht,
wie, als hätte man nicht zwanzigjährige Erfahrung in diesen Dingen. Oder: zurückkriechen, in den alten, dürftigen
Mantel; denn das wäre bequemer; und er mag bei geringem, mäßigem Gebrauch genügen, wenn man seine Jahre
nur »ableben« will.

Es ist die Frage: »Ableben« und fühlen, wie der »Tod
mittrappt«, oder »Neuanfang«; um jeden Preis der »Kampf-
gesang«, damit Du »das Morgen« wirklich lieben kannst.

Du bist krank wegen der Entscheidung; um sie zu umgehen, willst Du von uns so viel abstreichen, daß es sich
nicht mehr lohnt. Heute stehst Du hoch, morgen bietest
Du mir Analogien an, in dem Du Dich »ein vergeßliches
Tier« schimpfst. Wie oft versichert, wie oft gepriesen der
Reichtum, der uns verbindet, unser unsichtbarer Besitz,
unsere Stärke, unsere Schönheit! Wenn die ihr innewoh-
nende Wahrheit nicht die Stetigkeit eines Naturgesetzes
hat, wenn sie dauernd verschwindet, unsichtbar für Dich
wird, ist sie nichts wert.

Ich weiß, da bist Du, ein Mensch mit unendlichen
Möglichkeiten, wenn Zeit und Umstände günstig sind,
aber auch ein Mensch mit verschiedenen Gebrechen, die
in gefährlichen Momenten besonders hervortreten.

Alles liegt bei Dir daran, Deine Sentimentalität in Gefühlsstärke zu verwandeln. Du mußt lernen, weich zu sein, aber nicht wehleidig. Diese Weichheit mußt Du schützen durch Härte, wo sie nottut.

Schwierigkeiten bereitest Du mir oft. Viele unsichtbare Kämpfe habe ich schon mit Dir ausgefochten. Aber ich mühe mich zu klären, ehe ich Dich leichtfertig belaste. Weiß ich doch immer den beständigen Wert in Dir.

Nun mag es sein, daß ich es leichter habe als Du, weil Dein Wert deutlich sichtbar bleibt, Du dagegen nur zu Zeiten meine [Einwirkung] spürst und leicht Möglichkeiten zum Zweifeln findest.

Wenn das Kräftefeld zu ungleich ist, wird sich die Krise zuspitzen und wohl verschärfen, und das schöne Gebäude dieser anderthalb Jahre zerbrechen.

Ich bin jedenfalls entschlossen, aus meinem Leben ein Ganzes zu machen.

Kann ich Dich nicht mit einschließen, so wird unsere Beziehung außerhalb des engsten Lebenskreises liegen, wird eine Verbindung nach außen sein, die innen nichts gefährden kann.

Ich hatte angefangen, mein Leben sinnlos zu zersplittern, es zu entwerten. Da kamst Du und hast mich, wie versprochen, erlöst, hast mich gesund gemacht. Allerdings wolltest Du mir mit der einen Hand wieder nehmen, was Du mir mit der anderen gegeben hattest. Meine ungeteilten, reinen Gefühle wolltest Du sachlich behandeln, wie Du es gewohnt warst mit Frauen zu tun. Daß Dein Verhältnis zu den Frauen so war, begreife ich erst jetzt. Früher war für mich Deine Selbstbezichtigung, der Begriff »Verrottung« eine rhetorische Phrase. Wie idealistisch ich Dein Verhältnis zu Maria gesehen habe: Das Nichtverstehen als unüberbrückbare Kluft. Daß in Wirklichkeit ein außen und innen konserviertes, kleinbürgerliches Familienglück da war, nicht reicher und schlechter als andere, habe ich nie geahnt, daß über diese Kluft hinweg »vernünftige« Ehebeziehungen bestanden, die ihre Gefährdungen hatten, denen Kinder nicht als Katastrophe, sondern als natürliche Erscheinungen entsprangen und bis in unser Zusammensein entspringen konnten, wenn nicht verhindert, all das war mir unbegreiflich.

Ich habe mich gegen gleiche Behandlung gewehrt, auch um den Preis, daß Du mit mir haderst, weil Du schon genug Last zu tragen hast.

Als wir uns begegneten, war klar, daß neu begonnen werden sollte. Der Raum, der neben dem anderen übrigbleibt, ist mir nicht genug, wenn ich selbst nicht so ein Reservat habe. Ich glaube, ich kann Dir die Entscheidung nicht überlassen, sondern muß sie selbst fällen.

Ich werde mein Leben mit den Kindern selbständig führen; meine Pläne werde ich machen ohne sie nach unseren Beziehungen zu richten, und um jede Gefährdung auszuschließen. Ich werde dazu den größten Teil meiner Kraft und meiner Zeit brauchen; aber ich hoffe, dadurch so viel andre Kraft zu produzieren, daß unser Zusammensein reich und schön bleiben wird.

Du wirst Dein Leben einrichten, wie es Dir paßt, ohne einen moralischen Zwang von meiner Seite.

Geh, wohin Du willst. Lebe dort, wo Du die stärksten Bindungen hast; wir wollen zueinanderstehen wie Menschen, die etwas schönes miteinander verbindet, die jedoch nichts gegeneinander verpflichtet.

Ich bitte Dich: begreif meine Worte und nutze sie. Ich habe sie überlegt und weiß, daß es nicht leicht sein wird. Aber wo steht denn, daß wir es leicht haben?

Ich möchte, daß endlich der Stachel in Dir unwirksam wird, der bohrt: Ich habe keine Handlungsfreiheit; sie zwingt mich, Dinge zu tun, deren Sinn ich nicht einsehe.

Unsere Liebe erträgt solche Vorwürfe und Vorbehalte nicht. Wir wollen uns alles zu danken und nichts zu klagen haben.

Unsere Liebe hat mit einer Zweckgemeinschaft nichts zu tun, sie würde nie ertragen, in eine Ehe auszuarten.

Diese Gefährdung scheint Dir besonders in meiner »Privatsache« zu bestehen. Und die hat wahrhaftig nichts damit zu tun. Ich will nur noch mehr von Dir haben; Deine Kindheit in diesem Kind erleben. Das wirst Du mir verzeihen müssen und alles wird wieder gut sein.

Meine Gedanken – meine ganze Liebe zum Leben, zur Natur, zu allem, was mich umgibt, wird getragen von der Liebe zu Dir – sind immer bei Dir.

Mein guter Junge,
werd gesund.

Ich habe bald alles überstanden. Dann wollen wir klären, so gut wir können. Die Schwernisse, die in der Luft liegen, fühle ich so gut mit Dir, alle Bitternis, die Dich befällt, dringt auch zu mir, da ich genau verfolge, was draußen wächst.

Nette

11. August 53

Mein liebster Mensch!

Dieser schöne Augenblick von gestern nacht klingt in mir. Du hast den reichen Sommertag gekrönt. Ich war so ausgehungert nach Dir, weil es am Tag so wenig Möglichkeiten gab, einander ganz zu fühlen. Wohl hab ich Takt, Geschick und Gefühl bewundert, mit denen Du auf uns beide Jungen eingingst, aber zuletzt hat den, der der Lieblingsjunge sein will, ein wenig der Bock gestoßen. – Aber auch Du hast ja an diesem Sommersonntag auf Deine »Gefühlsrechnung« kommen müssen, weil's doch so selten vorkommt, daß wir durch Felder und Wälder wandern. Es war eine große Leistung von Dir. Ich wünsche nur, auch Boris möge etwas von Deiner Liebe und Güte gespürt haben, die Du für beide ausstrahltest. Es wird nicht ganz einfach für mich sein, zwei oder drei Tage ohne Dich auszuhalten. Überallhin wird Dein liebes Lachen mich verfolgen. ich kann's noch nicht beschreiben, wie es war. Ich weiß nur, daß es wie ein magischer Strahl war, der alle Herztüren in mir auftat.

Zugleich war dieser Augenblick eine Ankündigung der vielen Möglichkeiten, die unsere Liebe noch birgt. Ich habe deutlicher als je gefühlt, daß ich »angekommen« bin, daß kein Mensch mehr mir näher kommen wird als Du.

Ich bin richtig liebeswund (Du weißt schon: jene quälende Süße) wie nach einer ersten Liebesbegegnung. Ich möcht hinrennen und Dich diesen elenden Büros entreißen. Ich könnte jeden schlagen, der es wagen sollte, Dich zu erniedrigen, Dir weh zu tun. (Das darf nur ich!) Ich möchte wie ein Jüngling große Taten vollbringen, um Dich so stellen zu können, daß Du nicht tun mußt, was Du nicht willst.

Ich bin stolz auf Dich. Ich möcht strampeln und schreien wie der Ilja, wenn Du fortgehst.

Ich weiß nicht, was ich Dir alles sagen soll, meine Schöne.

Ich küsse Dich, küß Dich, meine Seelenfrau, bis ich nicht mehr kann.

Dein Lubko

26. 8. 53

Lubko Liebherz!

Über die lange Zeit hin, die nun kommt, werde ich Dich immer behalten, wie Du in den letzten Stunden warst. Mit solch einer Intensität habe ich Dich und unsere Liebe nur in den höchsten Glücksstunden gefühlt. Alles war fort, was sonst an Gedanken, Beschäftigungen neben uns steht, nur das unbedingte Dir-Gehören. Die elementare Verbundenheit war da. Es war die größte Sehnsuchtsstunde, die ich bis jetzt hatte. Ich war fortwährend bereit, die Schranken zu durchbrechen und mich zu Dir zu schwingen. Ich hätt schreien! mögen, wie lieb ich Dich hab und daß man uns nicht trennen darf.

Etwas Unfaßbares ist geschehen: Du bist nicht da, bist so weit, daß ich Dich nicht erreichen kann. In den ersten Stunden war ich so erschüttert, daß ich nicht wußte, wie ich mich bewegen, wie ich sprechen, (noch) laufen sollte. Ich war mit Ingeburg noch längere Zeit zusammen, aber als ich dann allein war, brach es doppelt auf. Heut bin ich ruhiger, bereit zu warten und bin dabei, mir ein Maß für die Zeit anzueignen, die auf einmal wieder Bedeutung gewinnt. Das Streckenabmessen und -einteilen nach unseren Liebestagen hatte doch aufgehört. Die Maßstäbe waren allgemein und hingen meistens mit der Arbeit zusammen. Die Sehnsucht rückt die Liebe weit nach vorn.

Wie ich Dich liebe, wie reich unsere Tage waren, wie ich mich freue, meinen größten Jungen wieder zu bekommen!

Deine Jungenhaftigkeit, Deine Heiterkeit, Dein Spieltrieb haften am stärksten in mir. Ich sehe Dich nur froh und warm. Andere sehen Dich ebenso, alle finden Dich verwandelt. Das macht mich froh. Es ist schön zu spüren, daß wir gemeinsam auf Menschen einwirken, daß wir als etwas Gemeinsames empfunden werden.

27. 8. 53

Heute waren Heinz Kahlau und Jutta Deutscher bei mir. Heinz war gestern Abend schon einmal in der Stalinallee, er ging dann mit mir und Udo ins Kino. Es wird mir manchmal etwas viel; aber ich merke, daß beide in einem solchen Umbruch stecken, in dem sie unbedingt verläßliche Menschen brauchen. Jutta gefällt mir. Die beiden verbindet ernsthaftes Bemühen, menschlich zu steigen.

Wir sind für sie Verkörperung ihrer Wünsche nach Harmonie, deshalb kommen sie so oft. Es muß für die Menschen, die mit einem solchen Vorurteil gegen uns und besonders gegen mich belastet sind, wirklich merkwürdig sein, uns zu begegnen. Jutta hat mir den Bericht wiedergegeben, den Maria ihr über mich und das »Hörigkeitsverhältnis« geliefert hat.

Heute Abend war ich bei Ingeburg, ich habe mit ihr einen Artikel für die »Friedenspost« geschrieben. Ich gewinne immer mehr den Eindruck, daß Ingeburg ein warmes, gutes Wesen hat, das durch das unselige Borisverhältnis noch völlig verkrampfen wird. Das, was sie von ihm erzählt, erscheint nur zu normal, und das, was ich von ihm in Schmalenberg erlebt habe, ist mir zu gegenwärtig, um eher ihm als ihr zu glauben. Sie will sich von ihm trennen; aber sie weiß, daß sie es kaum schaffen wird. Sie liebt ihn und »er braucht sie«. Und das wirklich. Ich habe mir gestern die ersten zwanzig Seiten von »Herz und Asche« angesehen. Es ist ein Rohmanuskript, das kein Verlag nehmen würde. Welch eine Arbeitsleistung und welch ein Bemühen von ihr in diesen zwanzig Seiten steckte, völlig in seiner Eigenart zu bleiben und doch einen deutschen Sprachstil zu schaffen! Boris schreibt genau so, wie er spricht. Sehr direkt, auf der einen Seite, andererseits springt er oft ab und verfolgt Nebensätze, oder er erklärt dem Leser, was er wegen der Spannung verschweigen sollte. Wenn

auch an ihrer Bearbeitung, wie wir sie aus dem Erzählungsband kennen, noch vieles auszusetzen ist, so gibt es doch
für mich keinen Zweifel mehr, daß Boris ohne Ingeburg
bei uns kaum veröffentlichen könnte. Sie übertreibt nicht,
wenn sie sagt, daß sie viel Arbeit an seine Bücher wendet.
Von allem Anderen ganz zu schweigen.

Ich denke, sei es wie es sei, wir müssen ihm klar machen,
was er an ihrer Hilfe hat.

Ich muß mich einfach um sie kümmern, weil sie ganz
allein ist und sich innerlich unabhängig machen will. Ich
würde mich wenig darum sorgen, wenn ich nicht sehen
würde, daß ihr Bemühen nur um menschliches Verhalten
und Aufrichtigkeit geht. Es ist schwer, wenn man so glücklich ist wie ich, Menschen in solcher Zerrissenheit zu wissen.

Mein Wunsch wäre: Allein zu sein mit Dir, während Du
fort bist. Die anderen Menschen stören mich, denn ich
muß Ruhe haben, um Dich herbeiträumen zu können. Bis
jetzt war es noch jede Stunde von anderen Dingen und von
Menschen besetzt. Ich hoffe sehr, daß in der nächsten Zeit
stille Tage, Liebestage, für mich kommen werden. Ich
hatte sie früher oft, wenn ich allein war.

Es wird Dir leichter fallen, mich in Gedanken zu finden, weil Du weißt, wie und wo ich lebe. Ich kann Dich
noch nicht richtig deuten; Deine Briefe werden mir helfen
müssen. Habt ihr Sehnsucht nach mir, Herr Fuß und der
andre Herr Fuß auch, der immer stiefmütterlich behandelt
wurde? Ich werde alles aufsparen, was Euch zusteht, dann
habt Ihrs nachher gut. Macht meinem Lubko Liebherz
keinen Kummer, wenn ihr auch viel leisten müßt! Ich
wünschte sehr, ich könnte ganz flink nach Budapest, nur
um Herrn Fuß ein Paket Streichler zu bringen.

Diese Streichelstunden haben sich mir so eingeprägt,
weil Du ganz gelöst, ganz »eingestreichelt« in ihnen warst.

Mein Däumling wurde in ihnen immer wieder neu geboren. Und so seh ich Dich, wenn ich mich auf Dich freue, Du bist mir so nah, und so selbstverständlich werde ich Dich auch wiederfinden.

Die Arbeit braucht die Zeit so schnell auf. Bald wirst Du wieder hier sein. Ich denke jetzt einfach: Jetzt mußt du den Artikel über biographische Jugenderzählungen schreiben, dann wirst du die erste Jurysitzung vorbereiten, da sind 1000 Seiten Manuskript zu lesen und zu beurteilen. Dann wirst du vielleicht, wenn das Wetter (gut) schön ist, noch vierzehn Tage wegfahren – und schon ist mein »Schätzchen« wieder da. »Wo ist mein Schätzgen, das [...]« brauche ich dann nicht mehr zu singen. Jetzt ist es mein Lied.

Liebstes Herz, hilf du auch, die Tage abzuleben. Ich wart, ich wart.

Die Taubenfrau

28. 8.

Das Deutsche Theater ruft mich eben an: Das Börsenblatt will ein Bild von Dir haben. Ich werde es durch Eilboten schicken. Eben ruft Hilde Eisler von der Friedenspost an: Sie möchten ein Exposé vom Tinko. Sie möchten ihn vielleicht vorabdrucken, ab 1. 10. Ich habe gesagt, du hast erst 200 Seiten, aber sie meint, bis sie die gedruckt haben, vergeht viel Zeit. Ich werde ihr unverbindlich das Exposé vorbeischicken. E.

Budapest, 27. VIII. 53 morgens

Süß Liebgen!

Zuvörderst: Ich liebe Dich. Denk unausgesetzt an Dich. Dein Bild mußte gestern nacht gleich aus dem Koffergefängnis. Nun lächelst Du mir zu.

Die Fahrtnacht wurde durch zwei Grenzkontrollen gestört. Deutsche und tschechoslowakische. Es war gut, auf dem Reisebett zu liegen. Das Abteilfenster zu Füßen. Die Mondlandschaft rann draußen wie ein stimmungsvoller Film vorüber. (So denken die Menschen des technischen Zeitalters).

Schön war die Fahrt durch »Rossalkas« Heimat um Brno. Immer aber dacht ich an meine Rossalka – an Dich. Es wurd mir ganz gewiß, daß ich ohne Dich nicht mehr hinausfahre. Es ist so schön, wenn Stimmungen, Eindrücke gleich mit dem liebsten Menschen ausgetauscht werden, wenn man Gleichklang fühlt.

Schön auch die unendlichen Maisfelder, die Felder blühender Sonnenrosen bei schrägstehender Sinksonne. Das war kurz vor der ungarischen Grenze. Die slowakischen Bäuerinnen in ihren Trachten und mit ihrem Gewese und Gehabe versetzten mich so sehr in die halbsorbische Kindheit zurück.

Erst nachts 11^{30} waren wir hier. Botschaft und Gesellschaft (Vertreterin Alpari kenne ich aus Berlin) und unsere Dolmetscherin waren am Bahnhof. Gottseidank alles sehr unförmlich. Loest hatte schon große Begrüßungsrede einstudiert. Ich hatte seine Eitelkeit unter Druck gesetzt: »Wenn du denkst, daß ich zu irgend einer Gelegenheit rede, wirst du immer blamiert sein. Ich sage immer nur: ›Mir geht es gut – besten Dank‹« – Er: »Das geht ja nicht, da wärsch mich woll obpfarn müssen.« – Nun laß ich ihn. Er »obpfard« sich gern.

Heute: Bis 11^h Hotel, dann zur Gesellschaft, nachmittags zur Mission (Stefan Heymann). Abends entweder Ballett (ich weiß nicht, ob mit Doppel-L!) oder zur Oper.

Ich les den 2. Szabo-Band. Er gefällt mir bisher wie der vorige gut. Ich muß den Szabo unbedingt sehen. Fühl mich so verwandt mit ihm.

Und mein süß Schätzgen? Ich hätt viel länger bei der Abfahrt winken mögen. Der Kopf von Loest schob sich dazwischen – dann hatt' ich Dich verloren. Abreisen und etwas zurücklassen, was einem so ans Herz gewachsen ist, tut doch zu weh. Ich kam mir vor, wie ein von seiner Mutti verlassener Junge, der der Welt ganz allein ausgesetzt wird. – In solchen Augenblicken merkt man erst recht tief, was man einander bedeutet.

Bleib mir schön treu, süß Schätzgen! Sei jung, schön und klug für mich.

Ich geb Dir viele Küss'gen und sehne mich weiter nach Dir.

Gleich kommt die Dolmetscherin. Ich möcht' den Brief aufgeben, damit Du nicht so warten mußt. Unterwegs war keine Gelegenheit zum Schreiben. Ich hatt' vom vielen Schauen und Erraffen so Kopfweh, daß 6 Coffeins nicht halfen.

Grüß mir auch die Christiane, die Ingeburg und Deinen Lubko im Wagen von seinem »Feind«.

Ach könnt ich Dich jetzt hier haben!

Dein Lubko

Hotel »Astoria«

Budapest

Ich weiß jedoch nicht, ob das nicht ein langer (durch Kontrollen) verlängerter Weg ist? Vielleicht ist die Anschrift, die Du weißt, günstiger. Muß mich erst mit der Dolmetscherin besprechen.

Mir fällt ein, daß ich mich im Hausbuch nicht austrug. Vielleicht kann mein Feinsliebchen das nachholen.

Budapest, 28. VIII. 53

Meine Süßtaube!

Ich denk immerzu an Dich und ob es recht war, daß ich Dich allein ließ. Gut, daß ich das Bild mithabe. Immer, wenn ich in mein Zimmer komme, schaust Du mich zuerst an. Es macht mich zuerst traurig, daß ich Dich nicht bei mir habe, dann aber fröhlich, weil ich Dich, diesen Schatz, daheim hab.

Auch hier ist alles auf »Verwöhnung des Gastes« abgestellt, aber wer könnte mich so verwöhnen wie Du? Das zu wissen, ist mein größtes Glück. Meine Arbeit und Du.

Gestern haben wir Repräsentationen erfüllt. Institut für Kulturelle Verbindungen … Wird nur von Frauen bestritten. Gescheite Frauen, die fast alle Deutsch sprechen. Leiterin, die ich schon in Berlin kennenlernte, etwas voreingenommen. Ich schätze auf Grund des Leitartikels im »ND«, da sie oft in Berlin ist und gut über alles in B. informiert ist. Fragt auch dauernd nach Diskussionen um »Katzgraben«. Über Brecht wird geschwiegen. Ideal: Stephan Hermlin. (Mit Augenaufschlag) wird davon berichtet, wie gut es ihm hier gefallen habe und daß er bald wiederkommen möchte.

H. auf der Deutschen Mission macht den Eindruck eines »vergessenen Mannes«. Sehr müde. Erkundigt sich nach Neuigkeiten aus Deutschland und nach ehemaligen Freunden. Machen Wahlprognosen für Westdeutschland. Unterdrückt das Gähnen während des Gesprächs.

Fünf-Uhr-Tee auf der Margaretheninsel. Parkrestaurant, sehr prunkvoll und weite Hallen. Schlechte Kapelle. Straußwalzer. Erledigt Musik wie Arbeit, schlechtes Eis. (Von meinem Standpunkt!) Unsere Betreuerin erzählt aus ihrem Leben, von ihrem Mann und ihrer Tochter. Schön die Klubhäuser der Großbetriebe auf der M.-Insel. Geschmackvoll. Deutsche Tennis-Delegation traf ein. Benimmt sich wie Deutsche im Kriege.

Von dort ins plastische Kino. Noch nicht wie in der SU mit präparierter Leinwand. An der Stuhllehne des Vordermanns eine präparierte Zellophanscheibe. Man sieht hindurch und hat plastische Bilder auf der Leinwand. Man gewöhnt sich sehr schnell daran, vergißt nach wenigen Minuten, daß sonst der Film unplastisch ist.

Das viele Schauen, Überdenken, Vergleichen macht beträchtlich müde. Essen Abendbrot im Hotel und lassen uns von den Budapestern etwas vortanzen. Sehr zahm und wohltuend ästhetisch. Nicht wie im Friedrichshain. Loest will auch mit der Begl. probieren. Sie weiß ihn klug davon abzuhalten. Ich brauche – Gott sei Dank – wenig zu sprechen. L. erledigt alles. Kann mich dadurch etwas beschaulich verhalten. – Auffällig: Auch in den vornehmsten Lokalen wirklich Arbeiter und kleine Angestellte anzutreffen.

Abends um 10^h so müde, daß es nicht einmal für ein paar Buchseiten reicht. Der Lärm auf der Straße hört hier die ganze Nacht nicht auf. Schlafe schlecht und unruhig.

Lederjacke noch nicht gesichtet. Gleich werden wir wieder abgeholt.

Süß Liebgen, ich hoff, daß es Dir gefällt, wenn ich Dir in Stichworten aufschreib, was ich erlebe und fühle. Morgen muß ich früher aufstehen, um vor den Besichtigungen noch etwas mehr zu arbeiten.

Bleib mir gut und schreib mir bald!

Dein Junge
hat viele Küsse für Dich.

Schreib an die Hotel-Anschrift. Die Dolmetscherin sagt, das dürfte schneller ankommen.

Budapest, Goethes Geburtstag 1953

Lieb Schätz'gen!

Schon früh war ich heut auf und dacht an Dich. (Ich muß die Tinte für die Briefaufschrift sparen!) Es ist der erste Sonnentag in Budapest. Er hat ein wenig etwas von griechischen Sonnentagen. (Auch einen Floh, der mich piesackt!) Das Denken an Dich (im Bett) machte mich so sehnsüchtig, daß ich »türmen« und kalt baden mußte. Sein Programm in dieser Hinsicht hält Dein Junge auch hier tapfer ein. Hoffentlich tut's mein Liebchen auch.

Drüben am Turm eines Kaufhauses seh ich an einer großen Uhr, wie die Zeit und die Stunden verrinnen, bis wir wieder beieinander sind. – Die Uhr ist auf zwei Turmseiten Uhr und auf zwei Turmseiten Tachometer. Der Tachometer zeigt nur die vollen fünf Minuten an. Man liest also die Zeit so ab: 10.15; 10.20 usw.

Ich wohne im 5. Stock. Fenstertür wie in Deinem Zimmer. Kleiner Balkon mit Eisengitter. Nur der Straßenlärm, der von unten herauf dröhnt, ist lauter. Die Straßen im Zentrum Budapests sind eng. Das Hotel steht an einer Straßenkreuzung mit Verkehrsampeln, Polizistenhäuschen mit Lautsprechern wie bei uns.

Kaffee trinke ich auf dem Zimmer. Er besteht aus Mokka, dazu eine Buddel Milch, die ich sogar mit dem starken Kaffee vermischt trinke. Dazu eine Schale Schlagsahne, Brötchen, Butter, Aprikosen-Konfitüre, viel Zucker. Ein richtiges Mastfutter. Kaffee wird telefonisch angefordert. Jedes Zimmer hat Telefon. Ich bestelle auch jeden Morgen eine Schale Weintrauben zum Frühstück.

Um 8⁴⁵ muß ich Loest wecken. Er schläft sonst bei heruntergelassenen Vorhängen bis Mittag.

Das »Zimmer« besteht aus drei Räumen. Vorraum mit Garderobe, Zimmer mit Bett und Tagesruhestätte. Putzige Chaiselongue. Dann Badezimmer mit ständig heißem Wasser wie daheim.

Leider aber niemand, der sich auch einmal um »Herrn Fuß« kümmert und tiefgründige »Ausrichtegespräche« mit ihm führt.

1953

Gegen das Sonstige im Hotel ist das heutige »Adlon« eine Bruchbude. Wohltuend immer wieder, daß man in der Keller-Bar auch Arbeiter sieht. Sonst eben internationales, repräsentatives Absteige-Hotel.

Ich muß leider schließen, mein Schätzgen. Eben meldete sich die »Betreuerin« am Telefon. Sie holt uns ab.

Morgen mehr. Dafür heute hundert Küsse mehr von Deinem

Lubko

Budapest, 29. VIII. 53

Wo ist mein Schätzchen?
Wo ist mein Schätzchen?

Sonntag. Der zweite Sonnentag. »Geht es Euch auch so, daß Euch, ohne Eure liebsten Menschen bei Euch zu haben, alles nur halbes Erleben ist?« fragte ich gestern auf dem Gellert-Berg Loest und die Dolmetscherin Agnes. Beide bejahten es. Woran ich dachte, wußten sie nicht.

Der gestrige erste Sonnentag war ein Bonbon. Der Blick vom Gellert-Berg auf Buda und Pest, auf das hügelige Hinterland. Hänge mit reifen Hagebutten und schwarzen Holundertrauben. Nirgendwo färbt sich noch ein Blatt herbstlich. Es schien der letzte volle Sommertag zu sein.

Ich kann verstehen, daß die Budapester in ihre Stadt verliebt sind. Bei diesem Anblick muß man einfach Gedichte schreiben und die Heimat preisen. Die breite Donau mit ihren sieben eleganten Brücken. – Aber dann kommt sofort der Trübtropfen: Alle Brücken hatten die Deutschen zerstört und in die Donau gestürzt.

Und über die Hügel, die schönsten Aussichtspunkte berührend, fährt die Pionierbahn. Eine elektrische Eisenbahn, die bis auf den Zugführer von Pionieren bedient wird.

Am Nachmittag waren L. und die D. zu einem großen Fußballspiel. Ich allein im Zoo. Obwohl fast jeder fünfte Budapester etwas Deutsch spricht, war es doch ein eigenartiges Gefühl. Wie ein Mensch, der sich unter Marsbewohnern bewegt etwa. Da ich die meisten Tiere kenne, brauchte ich die Schilder nicht. Es war schön, die Leute vor den Käfigen zu studieren. Ich wünsch mir, daß ich oft allein gelassen werde. Heute nachmittag soll's wieder so sein. Dann seh' ich mir vielleicht Kirchen an oder steig noch einmal auf den Gellert-Berg, jenen charakteristischen Felsen zwischen Pest und Buda am Rande der Donau, um alles zu erraffen, was mir gestern durch Plapperei, Loest'sche Eile und Fotografierwut verlorenging.

Bis jetzt haben wir noch keinen ungar. Schriftsteller gesehen. Das soll am Dienstag beginnen. Szabo ist in Sommerferien. Wenn er nicht bald zurückkommt, werden wir ihn im Ferienort aufsuchen.

Langsam erwarte ich ein Brieflein von Dir und werde postkrank.

Herzliebe, ich kann mir so schwer vorstellen, was Du ohne mich tust. Sitzt Du in Deinem Zimmer und arbeitest? Rennst Du unruhig in die Kinos? Ist der Udo gekommen? Sind meine Fahnen schon da? – Den letzten unkorrigierten Teil vom »Tinko« habe ich vergessen. Du brauchst ihn mir aber nicht nachzusenden. Das wär zu riskant. Außerdem hab ich Mühe, meine Tagebuch-Notizen zu machen. Die Mahlzeiten kosten viel Zeit. Hier ißt man (wenigstens im Hotel) langsam und genüßlich. Bis zu zwei Stunden lang. Erzählt zwischendurch, trinkt und ißt wieder.

Ich träume fast jede Nacht von Dir. Von Untreue, von Gleichgültigkeit, von verachten, von fallenlassen.

Täglich wird mir aber auch, wie schon oft, gewiß, daß ich »angekommen« bin. Niemand läßt sich mit Dir vergleichen. Niemand ist je so in mich (mir?) eingedrungen wie Du.

Wenn ich »Müller-B.« höre, wie vor der Abfahrt, so muß ich lächeln. Das alles scheint mir ganz weit zurück zu liegen. Eine schmierige Welt, der ich durch Dich entronnen bin.

Und so ist's ja auch: Du warst als die Vollkommene immer in meiner Vorstellungswelt. Irgendwo mußte es Dich geben. Es kam nur auf das Finden an. Darüber hätte man freilich alt werden und absterben können. – Dank an das Leben, daß Du mir noch zur rechten Zeit kamst! Ein paar Jahre später hätt' ich Dich vielleicht nur wehmütig anstarren können und so schön finden können, wie man eine Blume schön finden kann.

Ich beginne zu träumen. –

Viele Grüße schick ich in den Sonnentag hinaus und ganz zärtliche Küsse. Ich denk an das Kringelhaar auf dem Porzellan-Nacken und habe viel Sehnsucht nach Dir.

Dein Lubko

Budapest, 30. VIII. 53

Meine Mädchenfrau!

Ich hab so Heimweh. Das hab ich nie gekannt. (Als Erwachsener nicht mehr.) Der Sonntag-Abend war hart. Wie ein Besatzungssoldat habe ich mich gefühlt.

1½ Jahr fast täglich mit Dir zusammen! Und wenn nicht mit Dir, dann mit guten Freunden. Jetzt völlig allein. Loest zählt nicht. Das gibt nur oberflächige Gespräche. Die Dolm. ist eine überhebliche intellektuelle Pute, die nur Konversation macht und sich benimmt wie ein Taxi-Girl. Loest war abends unter einem Vorwand irgendwohin zum Tanzen ausgerissen. Da war ich mit dieser Intellektschraube allein. Ich schützte Müdigkeit vor. So konnte ich auf meinem Zimmer sitzen und an Dich denken. Unten pulste das Sonntagsleben von Budapest. Man war ausgeschlossen. Nie wieder fahre ich ohne Dich hinaus.

Wenn man sich wenigstens mit solchen Menschen wie Hilde und Karl unterhalten könnte. Aber gerade diese Art ist nicht intelligent genug, daß sie Deutsch spricht.

Wenn man mich fragen würde, ob es mir in B. gefällt, könnte ich weder ja, noch nein sagen. Gut Essen und Trinken, viel Schauen macht eben bei mir das Glück nicht aus. Freilich hab ich sonst in solchen Augenblicken die Kunst, aber die Hotelatmosphäre verträgt nur Notizen. Selbst auch hier gibt es Stockungen. Ich habe mich schon zu sehr daran gewöhnt, meine Erlebnisse mit Dir abzustimmen.

Dann hat mich gestern auch die Eifersucht zu plagen begonnen. Gerade in meiner »Delegations-Einsamkeit« peitschte mich der Gedanke, daß ein Mitglied einer sowjetischen Künstler-Delegation von einem Mädchen wie Du geküßt wurde. Die beste Frau, die meine Heimat zu vergeben hatte, hat die Fremden geliebt, ist krank geworden vor lauter Liebe zu dem Unerreichbaren.

Ich hätte die Wände meines Zimmers einschlagen mögen, wenn ich daran dachte, wie hartnäckig verliebt Du warst: Es hat Dir bei Deiner sonstigen Empfindsamkeit gar nichts ausgemacht, daß Dich die Dol. gewissermaßen an die Luft setzen mußte. – Solche Gedanken zerfressen mich jetzt.

Eben kommt Loest herein und sagt, er würde nie wieder mit einer Delegation ins Ausland fahren. Auch er hat den Eindruck, daß wir bis jetzt nur eine amtliche Sollzahl zur Erfüllung des deutsch-ungarischen Kulturabkommens sind.

Wenn heute kein Brief von Dir kommt, wird sich meine Mißlaune sicher noch steigern.

Unser Vormittagsbesuch gilt heute dem Verlag für Belletristik. Das Nachmittagsprogramm steht noch nicht fest.

Gestern vormittag haben wir uns eine römische Siedlung aus dem Jahre 200 n. Chr. (Ausgrabungen) am Rande von Pest angesehen. Die Brüder konnten und wußten schon viel. Wir sind nach ihnen gar nicht so sonderlich weit gekommen; im Imperialismus jedenfalls nicht.

Am Nachmittag war ich, weil Regen drohte, nicht nochmals auf dem Gellert-Berg, sondern im Zirkus. Eine mittelmäßige Pferdenummer von Barlay wurde herzlich beklatscht!

Das »ND« erhalten wir hier. (Etwa 3 bis 4 Tage später.) Ich nehme an, daß auch die Post so lange benötigen wird. Trotzdem bitte ich Dich, das »ND« zu Hause weiter zu sammeln.

Lieb Schätzgen, ich bin heute so eifersüchtig, daß ich gar nicht recht lieb zu Dir sein kann, wie Du es sicher verdienst.

Ich kann Dir heute deshalb auch nur abwartende Küss'gen senden.

Wenn die Zeit nur schon herum wär!

Dein Lubko

Budapest, 31. VIII. 53

Liebes Evchen aus der Fünften!

Ich bin immer ein fleißiger Schreiber, nicht Evchen? Das kann ich immer leichte. Ich bin auch immer noch nicht zu sehr traurig, weil mein Evchen noch nicht geschrieben hat.

Gestern kam als erster Gruß aus der Heimat ein Telegramm von Brecht. Der Alte hält eisern Wort. Ich habe die Möglichkeiten und die Stimmungen hier beim Institut »abgetastet«. Es wird sich wohl ermöglichen lassen, daß ich 8 Tage früher zurückkehre. Das letzte Wort spricht natürlich die Stelle, die das Visum ausstellt. Wenn sie so langsam arbeitet wie in Deutschland? –

Was macht mein Evchen? Hast Du Deinen Boris-Artikel abgegeben? ich habe mir unterwegs Vorwürfe gemacht, weil wir ihn nicht noch zusammen Wort für Wort durchgegangen sind. Vielleicht hast auch Du »im Hinterhalt« gedacht: Für meine Angelegenheiten hat er natürlich keine Zeit. Verzeih'!

Bist Du lieb? Bist Du schön und klug für mich? Wie ich mich auf den Augenblick freue, wenn meine Zimmertür hinter uns zuklappt und wir durstig voneinander trinken werden! Ich sehn mich doch so nach Deiner Wärme, nach Deinem Streicheln, nach Deiner eingirrenden Stimme, kurzum nach allem, was Du mir bist. –

Gestern haben wir einen Verlag besucht, wie ich schon schrieb, dann den sogenannten Literatur-Fonds, etwa unserem Förderungsausschuß gleich. Lange quälende Gespräche und Vergleiche. Das Übersetzen ist so langweilig. Dazu überall der obligate Mokka und Cognak. Das alles interessiert mich so wenig. Etwas interessanter war am Abend die Aufführung eines Provinztheaters aus Debrecen. Besser als unsere Kleinstadttheater. Man hat auch eine andere Methode, sie zu beschicken. Schauspieler, die an der Akademie in Budapest ausgebildet wurden und schon eine Weile kleinere Rollen in der Hauptstadt gespielt haben, gehen dann in die Provinz, um sich zu »verbreitern«. Einen Bauernjungen (Naturtalent) sah ich. Der war ausgezeichnet.

Was haben wir gesehen? »Fernamt, bitte melden!« Weil wir doch in Berlin keine Gelegenheit haben, es zu sehen. Eine richtige Arnold und Bach-Klamotte mit allem erkennbarem Klamauk und Kisten. Die sowjetischen Freunde haben es auch lange nicht fürs Ausland freigegeben!

Im Anschluß daran »Spätabendbrot« im Künstlerklub. Etwa unserer »Möwe« gleich, nur temperamentvoller ging's her. Für mich abscheulich. Konversationen. Der Gast muß anständig sein und loben, wo nichts zu loben ist. Alle näheren Gespräche beginnen mit: »Ich finde ...« und dann schüttet jeder seine Weis- oder Dummheiten aus und versucht mit Dingen zu brillieren, die er irgendwann im Leben gesehen hat, und die er als Maßstäbe (für eine Theateraufführung etwa) in der Hosentasche herumschleppt.

Ich werde jedenfalls nirgendwo warm. Loest hat mit seinen dumm-listig sächsischen Schwabbeleien schnell Kontakt. Lacher, aber auch Belächler und Auslacher.

Heute werden wir die ersten Schriftsteller zu sehen bekommen. Wenn es dann bei mir nicht »zündet«, werde ich nur noch in der Hoffnung auf die dreitägige Fahrt in die Provinz und zu Szabós Bauern leben. Sie soll in der nächsten Woche vonstatten gehen, weil das Gestüt, das ich gern sehen möchte, »umzieht«. Ich dachte immer, Ungarn hat viele Pferde und Gestüte!

Die Lederjacke ist gesichtet. Wird aber unerreichbar teuer sein. Dazu werden unsere Geschenk-Forint nicht ausreichen. Es sei denn, wir bekommen Gelegenheit, Honorare zu verdienen. In dieser Hinsicht tut sich aber nichts.

Die Lebenshaltung der Bevölkerung ist (umgerechnet) teurer als bei uns. Bisher konnten wir nur bei Cigaretten entdecken, daß sie billiger als bei uns sind.

Nun, liebes Evchen, muß ich noch ein wenig ins Tagebuch malen, sonst komme ich nicht mehr nach, weil ich den größten Teil meiner »Freizeit« mit Dir verbringe. Heute hoff ich ja bestimmte, daß von irgendwoher ein Brieflein von Dir kommt. Vielleicht liegt auch schon eines im Schubfach einer Bürokratin des Instituts.

Grüß die Christa schön von mir. Bald komm ich wieder und treib Unsinn im Hause. Ich hoff so sehr, daß die kommende Zeit wieder so schön heiter und fruchtbar für Dich und mich sein wird, wie sie war, bevor ich abfuhr.

Viele, viele Streichler und ganz lange, innige Küsse

von Deinem Erwan
aus der Siebenten

Berlin, 1. 9. 53

Lubko Liebherz!

Die Sehnsucht zerreißt mich, ich weiß nicht, wie ich überstehen soll. Gestern war der schlimmste Tag, dem ein noch viel schlimmerer Abend und eine todtraurige Nacht folgten. Kahlau war da, er hatte mir mehrere Sachen zum Lesen gegeben, wir haben uns bis nach 1 Uhr ausgeklagt. Nur gut, daß wir uns haben, er wird genauso zernagt wie ich. Er ist völlig verwandelt, mir kann er erzählen, weil ich ihn in seinen »Niederungen« nicht so kannte.

Eine reine, echte Liebe kann man daran erkennen, daß sie den Menschen von Grund auf wandelt. Der Junge ist von solchem Ernst, ich freue mich an ihm. Aus ihm wird etwas. Nun bestimmt. Wie kindlich er geworden ist, das Laute, Aufdringliche schwindet mehr und mehr.

Und ich dabei: Ich glaubte, an diesem Abend nicht vorbeizukommen. Ich sehnte, sehnte mich wie nie. Was hätt ich für eine der Stunden gegeben, die ich leer ließ in den letzten Monaten. Wie ich die Zeit betrügen soll, bis ich Dich wieder hab, weiß ich noch nicht.

Dein erster Brief kann heute etwas helfen. Ich hatte auf ihn gewartet, ich wollte meinen zweiten Gruß nicht schicken, weil man im Amt durchaus nicht wußte, welche Adresse richtig ist. Ich werde die Hotelanschrift benutzen. Aber bitte: erkundige Dich nach der genauen Bezeichnung. Liebko, Du weißt, ich mag Flugzeuge nicht; aber da sie uns so oft kränken, können sie für uns auch einmal etwas tun: Nimm Luftpost, ich kann nicht so lang warten, ich werd sonst totsterben, Du wirst schon sehen.

Für Deinen Brief hab Dank, Du hast damit meine Gedanken und Gefühle aufgehellt. Die letzte Woche war, so möchte ich meinen, die bitterste, die ich in unserer Zeit hatte. –

Mitten in meinem Satz stürmte der Boris in die Wohnung und wollte gelobt sein: Er ist durch den Friedrichshain in 7 Min. hierher gelaufen. Klatschnaß – Eva mußte ein Handtuch reichen, Borissowitsch sich frottieren, um sich aus einem jagenden Köter in einen Menschen zu verwandeln.

Wir haben von 6–8 abends erzählt; ich weiß nicht mehr, wer von den beiden verrückt ist. Dann hatte er Angst, nach Hause zu gehen, weil Ingeburg nicht wußte, wo er steckte. Wie befremdend das überhaupt ist: Eine halbe Stunde, bevor er kam, war sie hier. Ich schlief aber; bis ich aufgestanden war, war der Klingler weg. Später fand ich einen Zettel im Kasten mit der Bitte um Anruf.

Boris wußte natürlich von nichts, obwohl sie den ganzen Tag in der Wohnung zusammen waren. Kurz und gut: Ich rief also um 8 Uhr an, Boris neben mir in der Zelle, wir verhandelten über den Artikel für »Friedenspost«, der dieser Tage fällig wird, dann kam das böse Ende: Ich erzählte ihr, wer neben mir steht, sie wurde bös. Wir wollten sie eigentlich bitten, zu uns zu kommen, Tee und gutes Gespräch warteten; ging aber nicht; Boris zog los, einem neuen Krach entgegen, vermutlich. Dann wird er wohl nach Lehnitz gefahren sein. Ich möchte meinen, keiner von beiden lügt: Und doch muß einer von beiden Recht haben, das ist sehr einfach: Betrügt er sie oder nicht?

Aber Schluß mit diesen Nebendingen.

Heute, Mittwoch, steht ein herrlicher Sommertag vor den Fenstern, es sommert noch einmal, alle Fernsüchte steigen wieder in mir auf. Ich weiß nicht, ob ich nicht doch noch fahren werde. Ich hab gut gearbeitet, mein Boris-Artikel (9 Seiten) wird unverändert und ungekürzt im Oktober erscheinen. Im November beginnt meine Briefreihe über Kinderliteratur. Den ersten habe ich fast abgeschlossen. Sie hatten irrtümlich den ersten Brief schon für Oktober angekündigt. Wenn ich ihn fertig gehabt hätte, wär es mir doch nicht recht gewesen: Ich hätte meinen Boris-Artikel nicht voll zeichnen können und das möchte ich doch, weil ich glaube, daß er für mich in der großen Literaturkritik ein guter Start ist. Cwojdrak hat ihn gelobt als eine »gute und gründliche Untersuchung, die, weil sie gute Argumente bringt, nicht nur für dieses Buch interessant ist«. Er hatte mir ein paar stilistische Verbesserungen vorzuschlagen, ich habe noch einmal gründlich überarbeitet. Jetzt ist er im Satz.

Außerdem mache ich mit Ingeburg eine feuilletonistische Artikelreihe für die »Friedenspost«. (Etwa wie der »Möbelartikel« in der BZ.) Sie bringt das Material, wir schreiben zusammen, d. h. ich schreibe; das darf ich sagen. Ich habe die Form entworfen, die Sache wird immer mit gleichen Personen laufen. Jede Woche ein Artikel. Außerdem will die »Friedenspost« Kritiken von mir.

Im Moment arbeite ich noch für die Jury-Sitzung am 8. 9.; die Juryarbeit bildet im Augenblick meine Haupteinnahme. Ich darf ja nicht nachgeben (meinen Stimmungen und meiner Trägheit), weil die »Familie« sich auf mich verläßt. Was würde der Quarkfrosch schreien, wenn er nichts zu füttern kriegt!

Ich war etwas krank. Ich habe mehrere Tage gelegen, hab so [Nierenreißen] oder was. Ich sagt es neulich schon.

Die »Christiane« meint, das sei die gerechte Strafe fürs Bar-fußlaufen.

Weißt Du, Liebko, was vor mir liegt? Drei Bilder von Dir! Zwei Schmalenberger von uns beiden und eins von Dünamünde, auf dem Du photographierst. Boris' Bilder sind auch nichts geworden. Sein Film war ebenfalls ein Jahr im Apparat. Aber für die Christa hat er was gebracht: Eins von ihren Eltern mit Schäferhund, und eins von dem kleinen Hundestrolch. Das freut mich sehr für das Christa-kind. Weißt Du, das Schmalenberger-See-Abend-Bild, das schöne, das wie ein Scherenschnitt wirkt, hat ganz die In-nigkeit des Schmalenberger Sommers. Dann ist da noch eines von uns auf dem Weg am Waldrand, wir beide strah-lend: Aber Du lachst, lachst wie ein Glückskind. Ich möchte so gern mit Dir, wenn Du zurück bist, ein paar Tage nach Schmalenberg; solche Traumtage, wie im vori-gen Sommer, möcht ich wiederfinden.

Ich mein, Du sehnst Dich auch danach. Mein Liebster, wie Du sagst: jetzt erst fühl ich auch ganz, was ich in Dir gefunden hab. Du Schöner, mein Kummerkind, hast mir recht Sorgen und Verzweiflung gebracht in diesen Tagen; aber ich lieb Dich unaufhaltsam, unüberwindlich.

Was macht denn mein hübscher Junge im sommerlichen Ungarn? Hockt er noch in Budapest, wird er herumgezeigt oder ist er schon draußen im fernen Land? Vielleicht hab ich Dich bald wieder hier: Brecht war so sicher und ent-schlossen, Dich zurückzuholen: »Was soll der Strittmatter bloß in Ungarn?« Man sah ihn kopfschütteln. »Er hat doch hier genug zu tun. So ein Wahnsinn (ungefähr), Leute, die arbeiten, wegzuholen. Da gibt's doch genug andere, die Zeit haben.« Nach Kahlau hat er sich sehr warm erkundigt.

Ich weiß nicht, soll ich hoffen, daß er Dich zurückholt? Ich hab das Gefühl, es werden doch reiche Wochen für Dich sein, und wenn Du wachsen kannst, will ich gern warten und mich ein bißchen quälen. Werd mir schön stark: Ich bring Dich um, wenn Du zurück bist. Wie ich mich sehne, ich glaub, so hab ich mich in den großen Sehnsuchtstagen, wenn unser Schmalenberger Glück durch eine »Reise« nach Buckow unterbrochen wurde, nicht zerquält. Ich schreck immer auf bei solchen Gefühlen, die gleich Gedanken auslösen.

Christa geht durch Dein Zimmer. Die Tür knackt, ich fühl, Du kommst und schreck dann auf. Du bist nicht da. Dann wird mir Angst. Warum hab ich nur, als Du hier warst, nicht jede Stunde als Geschenk empfunden? Ich hab wohl immer tief gefühlt, welch einen Schatz ich in Dir hab; aber so ganz voll wie jetzt, war ich nicht von Glück. Da war so viel Andres, Ablenkendes; Kinder, Küche, Kochtopf, was nicht alles. Jetzt geht alles ruhig, und wird von der Sehnsucht so zurückgedrängt: Nun ja, es muß sein; aber groß, leuchtend stehst Du davor.

Lieb mich nur; ich will so gern jung, schön und klug und auch »schön brav« sein für Dich. Ich will doch leben und das kann ich nur in Dir. Ich möchte doch blühen, und das kann ich nur, wenn Du mich wärmst.

Fühlst Du, wie ich Dich küß und lieb?
Mein Streichelkind, komm wieder!

Budapest, 2. Septbr. 53

Herzliebste!

Noch immer kein Brief von Dir. Unruhe steigt auf. Auch die Eifersucht ist nicht still. Gestern kam mir der Gedanke: Wenn jetzt ein Telegramm einträfe: »Eva sehr krank«, wie sollte ich schnell nach Hause bei diesen langweiligen Visa-Geschichten. – Dann wieder: Vielleicht ist Evchen (bei ihren sprunghaften Entschlüssen) doch noch an die See gefahren?

Ich weiß; alle Gedanken und Bedenken werden ausgelöscht sein, wenn der erste Brief von Dir hier ist, aber er muß wirklich erst hier sein.

Gestern Empfang beim Schriftsteller-Verband. Konversation wie bei allen Empfängen. Etwa zwölf oder dreizehn ungarische Schriftsteller. Mir gefiel vom ersten Anblick Peter Veres. Er kam als erster durch die Tür in den Empfangsraum. Ein Bauer. Dicker angegrauter Wischer-Schnurrbart. Bäuerliche Kleidung. Langstiefel. Sofort den Raum ausfüllend, tänzelnd, ein wenig bauern-lustig und listig alles vertreibend. Dabei gutes Gesicht voll Bauernschläue und Bauernweisheit. Wie alt wird er sein? Wohl 60–65 Jahre. Er strömt Zuverlässigkeit, Bauernverläßlichkeit aus. Leider sprach gerade er kein Wort deutsch. Wir waren auf notdürftige Übersetzungen angewiesen. Sein erster Satz: »Sie bringen gute Nachrichten mit« und listig hinzufügend: »Wieder einmal ist Deutschland der Mittelpunkt der Welt.« Ich: »Was natürlich dem deutschen Chauvinismus gar nicht zuträglich ist.« Großartiger Lacherfolg. Peter Veres schien Gefallen an dieser Antwort gefunden zu haben. Es flogen noch ein paar geistreiche Bemerkungen, die Deutschen betreffend, hin und her, dann wurden wir von anderen unterbrochen.

Ich hatte zuvor ein Foto von Veres gesehen. Er war so wie auf dem Foto. Er hat nur ein Gesicht und macht aus seinem Mißtrauen gegen die Deutschen keinen Hehl, ergeht sich nicht in Freundschaftsbeteuerungen. Ich hatte auch gerade seine vier Bauernerzählungen, die als einzige deutsche Übersetzung unter dem Titel »Die Knechte des Herrn Csatary« erschienen sind, gelesen. Die Übersetzung ist schlecht. Trotzdem konnte sie den originellen Peter Veres nicht tot machen. Ich sprach mit der Alpari, die neuerdings Werke von ihm ins Deutsche übersetzt hat. Es sei sehr schwer, Veres zu übersetzen. Er gebrauche Wörter, Redewendungen usw., die kaum im Ungar. bekannt seien. Trotzdem habe sich die Alpari bemüht, entsprechend ins Deutsche zu übersetzen. Das Amt f. Literatur hat mir etwa 150 Schreibmaschinenseiten mitgegeben. Es ist der Anfang einer deutschen Übersetzung von Veres' Roman-Trilogie »Drei Generationen«. In Deutschland ist man mit diesem Werk nicht einverstanden. Die Bücher sollten im Paul List-Verlag erscheinen, Ich soll an diesen 150 Schreibmaschinen-Seiten ermessen, weshalb man Veres bei uns nicht drucken kann. Jetzt muß ich das unbedingt lesen.

Mir scheint Veres in Ungarn eine ähnliche Stellung einzunehmen wie Brecht bei uns. Er ist parteilos, originell und dickschädelig. So wird erzählt, daß er sich nicht (auch in keiner Rede) dazu entschließen kann, das Industrieproletariat als Hauptkraft der Revolution in Ungarn zu nennen. Bei ihm sind es stets die Bauern. Eine andere Anekdote erzählte mir Gen. Heymann von ihm: Veres, der zu einem Kongreß fährt, läßt unterwegs wenden, weil er vergessen hat, seinen Schlips abzubinden. »Er kokettiert mit seiner Schlichtheit und mit seinem Bauerntum«, sagte Heymann.

Veres ließ mich im Verlaufe des Empfanges fragen, weshalb die deutsche Literatur so arm an Romanen und Erzählungen aus dem Bauerntum sei. Er habe Willi Bredels »Fünfzig Tage« gelesen und dabei festgestellt, daß Bredel ganz überrascht entdeckt habe, in Deutschland gäbe es auch Bauern.

Diese Bemerkung machte mich ein wenig traurig, zumal ich Veres nicht nachweisen kann, daß ich mich darum bemühe, über das Bauernleben zu schreiben.

Vorläufig ist auch keine Aussicht, daß etwas von mir ins Ungarische übersetzt wird. Der Plan für 1954 liegt fest. Die

Alpari, die vorschlägt bzw. darüber entscheidet, was von
deutscher Literatur ins Ungarische übersetzt wird, versteht
meinen »Ochsenkutscher« nicht. Es seien lauter kleine Geschichten, die wohl sehr verdichtet, sprachlich schön und
vor allem in den Dialogen stark seien, die aber keinen Zusammenhang ergaben. Es seien mehr Notizen. Was will
man machen, wenn es so ist, daß der Geschmack einer Genossin darüber entscheidet, was eine Nation an ausländi-
scher Literatur in ihre Sprache übersetzt bekommt. Auch
»Katzgraben« hat die Alpari gelesen. Er kommt gleich gar
nicht in Frage, weil »Brecht dazwischen« war. Die Alpari,
die vor 1933 in Deutschland gelebt hat, versorgt mit ihrem
Vorurteil und ihrer Antipathie gegen Brecht ganz Ungarn.
Ein wenig hilft Lucas noch dabei – und Schluß aus. Ge-
sehen hat die Alpari bisher in Berlin nur Brechts »Mutter«.
Gelesen hat sie den »Puntila« und »Mutter Courage«. Der
»Puntila« hat ihr nicht gefallen. Nun gefällt er niemand in
Ungarn. »Mutter Courage« habe sie beim Lesen als »stark«
empfunden. Man müsse aber erst die Aufführung sehen.
Eine Aufführung der »Mutter Courage« zu besuchen, habe
sie, so oft sie auch in Berlin war, nie Zeit gefunden. Na, ja!
 Außer Veres war von der älteren Generation noch Béla
Illés auf dem Empfang. Mein Eindruck: Ein dicker Kauf-
mann. Er spricht deutsch mit unsympathischer händleri-
scher Färbung. In Ungarn nimmt er etwa die Stellung wie
Becher bei uns ein. Man erzählt hier: Er habe ein großes
Kunstwerk geschrieben »Die Karpaten-Rhapsodie«. (Müs-
sen wir unbedingt sofort lesen!) Alles, was nach diesem
Werk erschien, sei nicht gut. (Bei uns wird demnächst ei-
niges im Dietz-Verlag erscheinen.) Alles aber, was Illes
schreibt, wird unbedingt gedruckt. Er sei der Literatur-
papst für Ungarn. – Beim Empfang führte er beständig
Privatgespräche, ohne darauf zu hören, was wir sagten. Als
Diskussionsbeitrag steuerte er die Bemerkung bei, daß

seine Bücher bei uns im Dietz-Verlag erscheinen. Ferner erzählte er eine Anekdote über ungarische Lektoren und ging dann fort. Er kam erst zurück, als der Empfang zu Ende war und verabschiedete sich förmlich von uns an der Gartenpforte der Schriftstellerverbands-Villa.

Die meisten der anderen Autoren beim Empfang waren jung und hatten noch keine Bücher veröffentlicht. Viele Lyriker. Keine Frauen. Die Jungen waren uns FDJ-freundschaftlich zugetan. Sie wollen sich mit uns auf Ausflügen und im Hotel treffen, um zu diskutieren.

Ich bedang mir ein ferneres Zusammentreffen mit Peter Veres aus. Wollte zu ihm in die Wohnung, um seine Arbeitsweise, seine sonstige Atmosphäre zu erspüren. Er wollte das anscheinend nicht. Hält ihn sein bäuerliches Mißtrauen gegen die Deutschen ab? Verständlich wär's. Wir werden uns demnächst auf meinem Hotelzimmer treffen.

Ich bin der Meinung: Es ist ein Unsinn, Schriftsteller ins Ausland zu schicken, von denen in dem betreffenden Lande nicht eine Zeile bekannt und übersetzt ist.

So Schätzgen. Das ist ein langer Brief. Ich verwöhn Dich. Wenn wir in der Provinz sind, wird's vielleicht mit dem Schreiben nichts, dann darf meine Liebste auch nicht traurig sein. –

Laß Dich küssen und streicheln und sei so von Sehnsucht geplagt wie ich.

Dein Lubko

Berlin, 3. 9. 53

Mein Liebko!

Zwei Briefe kamen gestern, mit Ungeduld wurden sie herbeigesehnt. Mir geht es wie im vorigen Jahr: Ich kann sie bald auswendig, so oft lese ich sie. Ist mir doch, als fühlt ich Deine Hand aus den Buchstaben heraus und bei lieben Worten hör ich Deine Stimme. Ich versenk mich oft in Deine Stimme, hol ihre Wärme, ihren manchmal spröden, manchmal weichen Ton herbei.

Nun geht mein ganzes Verlangen schon wieder nach neuen Grüßen von Dir. Mach's mir so, Liebster: Schreib mir ein Brieftagebuch. Ich möcht doch alles wissen von Dir und wenn ab und an ein Liebeswort mit einschlüpft, bin ich doppelt selig.

Ich glaub, ich habe jetzt das Tief durchwatet; jetzt bin ich wieder froh und werd die Freudenspannung halten können, bis ich Dich wieder liebeln und streicheln kann. Mein Schätzken, (ich strahle bei den Schmeichelnamen, die Du mir gibst) fühlst Du, wie ich Dich lieb, wie ich von Dir träume? Unser ganzer Reichtum, unser Glück wurde mir gestern so eindringlich bewußt, als ich Ingeburg und Boris bei einem Wortgefecht erlebte. Widerlich! Und sie war schuld. Wie arm ihre Liebe doch ist; sie müssen sich dauernd in die Konvention flüchten, um ihre Beziehungen überhaupt aufrecht erhalten zu können. Wenn wir einmal in solch einem Ton miteinander sprechen würden wie die beiden, als sie sich noch nicht einmal richtig zankten, würd ich mich zu Tode schämen. Dann könnt ich Dich gar nicht mehr lieben vor Scham und Schande.

Weißt Du, was jetzt richtig schön ist, was mir hilft, auf Dich zu warten? Dein kleiner »Feind«. Das ist ein so lachlustiger, beweglicher Kerl, daß man immerzu Freude an ihm hat. Und ich seh immerzu Dich hinter ihm; einen Teil meiner Gefühle für Dich, die sonst das »Streichelkind« einheimst, kann ich bei ihm abgeben. Das ist nur gut, sonst würd mein Herz wohl springen von der gestauten Liebe. (Da ist noch so viel andres, was ich halten muß; die ganze wilde Sehnsucht nach Dir, die mich auf einmal wieder durchströmt)

Meine Gedanken beginnen alle:

Wenn mein Schatz wieder da ist, … Ich möchte einmal wieder durch die Wohnung rufen können: »Lubko, komm!«

Ich denk jeden Tag, vielleicht kommst Du bald. Die »Christiane« wollt Dein Zimmer vernachlässigen, ein bissel zum Abstellraum machen. Ich hab ihr aber fein erklärt, daß Du bestimmt in Budapest fühlst, daß Du hier vergessen wirst. Ich hab ihr gesagt, Du mußt in jedem Augenblick, wenn Du hereintrittst, fühlen, alles wartet auf Dich. Du mußt Deine Arbeit sofort wieder aufnehmen können. Nun ist sie jeden Tag zuerst in Deinem Zimmer und gibt ihm Feiertagsglanz. Ich gehe jeden Morgen und Abend in Dein Stübchen und sag Dir guten Tag und gute Nacht.

Jetzt wird es wieder so sein: Ich muß Dir so viel Liebesworte sagen, daß ich über Arbeit und Tageslauf gar nichts schreiben kann. Ich möchte, daß Du mich fühlst und bin in Sorge, daß meine Stammelei mich Dir auch wirklich nahe bringt.

Du bist mein Herz, ich lieb Dich sehr.

Deine Eva

Ich schick Dir Aufbau-Verlag-Post und eine Biographie mit, die ich vom Amt bekommen hab. Briefe sind nur vom Postscheckamt gekommen (Aufbau Verlag Augusthonorar u. Neue Deutsche Literatur)

Eva

Budapest, 3. Septbr. 53

Süße Taubenfrau!

Ich hab endlich einen Brief von Dir. Fünf Tage war er unterwegs. Das nennt sich Luftpost. Ich hoffe, daß Du die nächsten Briefe direkt an die Hotel-Anschrift gerichtet hast, damit sie nicht erst amtlich »ablagern«.

Wir beendeten gerade den Besuch einer großen Autore-
paraturwerkstatt, als die Dolm. den Brief in ihrer Hand-
tasche »fand«. Hätte sie nicht ihr Taschentuch benötigt,
würde ich ihn wohl noch nicht erhalten haben. Ich hätte
sie in diesem Augenblick ohrfeigen können. Sie überreichte
ihn mir mit einem höhnisch gemeinten »Liebesbrief«.
Loest hat nämlich hier Reklame von meiner »jungen, schönen« Frau gemacht. Alle sind sie Arschlöcher. Was wissen
sie von meinem Schätzgen.

Deshalb empfand ich die Stelle im Brief so wohltuend,
(Ich las ihn feierlich erst auf meinem Zimmer.) wo Du davon berichtest, daß Jutta Deutscher und Ingeburg Dich
langsam erkennen. Das macht mich so stolz auf meine
Herzliebste.

Es hat in meinem Leben noch nie eine Zeit gegeben, wo
ich nicht mit anderen Frauen »Äugelchen« machte und
suchte; besonders in der Fremde. Nichts davon ist mehr da.
Ich bin so eingebettet in Dein Wesen und schau fast mitleidig, vielleicht sogar ein wenig hochmütig auf das Liebestrei-
ben anderer Menschen. Wie mich das froh und sicher macht.
Niemals habe ich mich als »Seitenspringer« wohlgefühlt.

Jeden Tag schwör ich mir aufs neue, daß ich nie mehr
ohne Dich wegfahre. Ich beginne meine Umgebung mit
meiner offenkundigen Unzufriedenheit zu traktieren, nur
weil Du nicht bei mir bist, weil niemand mich versteht, alle
roh zu mir sind. So verwöhnt hast Du mich. Früher hätte
ich das gar nicht bemerkt.

Auch ich weide mich jeden Tag an dem Gedanken, daß
ich Dich Schöne, Liebe wiederhaben werde. Von der ersten Stunde der Reise gibt es nur einen schönen Gedanken
für mich: das Wiedersehen. Gäbe mir heute jemand die
Möglichkeit, morgen bei Dir zu sein, würd ich sie eilig nutzen. – Soll man unter solchen Umständen überhaupt einen
Schritt von Deiner Seite tun? – Nein!

Mir ist so vollkommen gewiß, daß uns andere Menschen, die fühlen können, als etwas Gemeinsames empfinden müssen.

Liebste, dadurch wird sich alles von selbst regeln. Man braucht gar nicht ungeduldig zu werden. Schon habe ich nicht ein Fünkchen Furcht mehr, nach Spremberg zu fahren. Unsere Liebe hat eine so elementare Kraft, daß die Menschen sie wie ein Erdbeben empfinden müssen.

Bei Boris und Ingeburg bin ich mir immer noch nicht klar, wem von den beiden ich die Hauptschuld geben soll. In letzter Zeit neige ich allerdings auch dazu, sie Boris zuzumessen. Du mit deinem wachen Fühlen und Denken wirst schon für uns beide dahinter kommen. Eines steht für mich fest: Boris' Traum von der Verbindung mit einer primitiven, unkomplizierten Frau ist ein Unsinn. Und trennen können sie sich voneinander nur unter katastrophalen Bedingungen und Umständen. Einen anderen Weg scheint es mir für beide Naturen nicht zu geben.

Wir fahren heute sehr zeitig nach Stalinváros, dem ungar. Eisenhüttenkombinat, deshalb wird dieser Brief kürzer, als er hätte werden sollen.

Schnell noch zum »Tinko«-Vorabdruck. Welches Exposé willst Du Hilde E. schicken? Hast Du sie auch darauf aufmerksam gemacht, daß ein Teilvorabdruck bereits in der »NDL« erscheint? Was für einen Artikel (»Friedenspost«) habt ihr mit Ingeburg geschrieben?

Hat Heinz Kahlau inzwischen schon Nachricht von Brecht?

Ich werde voraussichtlich doch schon acht Tage früher zurückkommen – also etwa um den 15. Septbr. herum. So sehr ich wünsche, daß Du Dich noch acht bis vierzehn Tage an der See erholst, aber das wäre zuviel: heimkommen und Dich nicht vorfinden.

Ich hab schnell mein obligatorisches Frühstück verschlungen, auch die von mir dazukomponierten Weintrauben. Unten lärmt schon der Skoda-Wagen, der uns nach Stalinváros bringen wird.

Vielleicht habe ich heute wieder ein Brieflein von Dir. Das wär' fast zuviel. Jedenfalls geht Dein Brief in der Brusttasche mit.

Ich gebe Dir mehr Küsse, als Du magst.

Bleib mir gut und lieb.

Dein Junge.

Budapest, 4. Septbr. 53

Meine Traumfrau!

Gestern kam kein Brief von Dir. So muß sich der eine immer wieder gefallen lassen, gelesen zu werden. Hast Du mich denn noch lieb? Gestern am Abend und in der Nacht müßtest Du keine Ruhe gefunden haben, so sehr umkreiste Dich meine Sehnsucht.

Stalinváros hat mich nur insofern überrascht, als es (ein riesiger Komplex) in drei Jahren aufgebaut wurde. Zuerst die Arbeitersiedlung (eine ganze neue Stadt), dann erst das Werk. Also umgekehrt wie bei unserem EKO. Vielleicht würden wir uns manche Erbitterung ersparen, wenn wir es ähnlich halten würden.

Am Abend waren wir mit der Alpari (Leiterin der deutschen Abteilung des Instituts) und zwei jungen Schriftstellern auf einem Berg in der Nähe Budapests. Von den Schriftstellern kann ich Dir nichts erzählen. Einer von ihnen (Simon, ein Lyriker) kommt bald nach Berlin.

Ich sah nur Budapest und habe mich zum zweiten Male noch heftiger in diese Stadt verliebt. Nur von Salzburg bin ich in meinem Leben ähnlich berührt worden. Es ist schwer zu beschreiben. Kein ungarischer Lyriker hat es bisher vermocht, hab ich mir sagen lassen.

Eine dunkle Spätsommernacht. Das breite Band der Donau im Tale. Eine edle Silberschlange, geschmückt mit Millionen Leuchtschuppen – die Lichter von Budapest. Viele Kilometer weit kannst du die Donau, die lichtgeschmückte Donau, sehen, bis sie sich mit einem Bogen hinter den sanften Rebhügeln verliert, die man nachts freilich nur ahnen kann. Das Hitzegeflimmer der Steinstadt steigt in die Nacht. Auf dem Berge ist es kühl, und der Wind zottelt im Haar. Durch das Geflimmer scheint es, als ob kein Licht still stände. Alle Lichter hüpfen und tanzen. Sie widerspiegeln sich in der Donau, die sie abermals auf ihre Wellen nimmt und tanzen läßt. Dazu die Musik von Millionen Grillen und Zikaden aus dem Gras und von den Bäumen der Hänge und Berge. Die ganze Welt scheint Musik und Lichtergetanz geworden zu sein. Wieder fühl ich mich wie ein Erdenmensch, der das erste Mal auf einen fremden Stern zu Gast kommt.

Dann saßen wir auf der verglasten Veranda des Berggasthofes. Zum ersten Male ging mir auf, weshalb die Budapester ihre Zigeunermusiker so lieben. Ich hatte sie nur flüchtig auf einer Durchreise in Bulgarien gehört, aber das hier ist dagegen unvergleichbar.

Ich verstand nicht, wie die anderen schwätzen und schmatzen konnten. Ich hätt brüllen mögen: »Laßt mich allein, wenn ich je euer Ungarn loben soll.« Man kümmerte sich dann auch wenig um mich. Loest soff sich einen an und hatte zur Belustigung des Lokals den Ehrgeiz, Csardás tanzen zu lernen. Die Ungarn sprangen ihm zwar hilfsbereit bei, im Grunde aber lachten sie über den deutschen Tolpatsch.

Als ob der Primas meine Stimmung erraten hätte (es war wohl mehr, weil ich ihn und seine Kapelle ständig beobachtete), kam er an unseren Tisch und geigte mich fast zuschanden. Alle Sehnsucht nach Dir, alle Wehmut darüber, daß Du nicht bei mir sein kannst, wurde frei. Ich mußte, ich sag's ohne Scham, mit den Tränen kämpfen.

Ach, mein Schatz, wie ich Dich vermißte! Ich war nur die eine wunde Hälfte eines Wesens, das nicht vollkommen sein kann, nicht glücklich leben kann, ohne seinen anderen, besten Teil.

Ich habe auch gesehen, in welche Verzückung Musikenthusiasten gefallen sind, die viele weite Wege zurücklegen, um hier zu sitzen, auf Budapest zu schauen und den Zigeunern zuzuhören, und hab's verstanden.

Ich bin ohne Dich nicht mächtig genug gewesen, die auf mich einstürmenden Gefühle zu bewältigen. »Hat es Ihnen nicht gefallen, weshalb sind Sie so stumm?« fragte mich die Alpari auf dem Rückweg. Wieder beichtete ich: »Weil ich meinen liebsten Menschen nicht bei mir haben kann.« – »Kann ich verstehen«, hieß es. Ich weiß nicht, ob sie wirklich verstanden hat. Ist auch ganz gleichgültig.

Im Hotel holte ich alle fünf Bilder von Dir hervor: das Schulmädchenbild, das Jungmädchenbild und die drei, auf denen Du schon meine Frau bist. Ach, Evchen, was hätt ich Dir alles sagen müssen, wenn Du hier gewesen wärst! Wie hätten wir diese Nacht mit Liebkosungen und guten Gesprächen gefeiert!

Heute geht es über das Wochenende an den Plattensee. Auch dort soll's sehr schön sein, aber ohne Dich ist es eben nirgendwo vollkommen schön.

Ich weiß nicht, wie ich diese vielen Tage noch ohne Dich herumbringen soll. Wie gut hatt ich's doch, als ich Dich jeden Tag anschauen und abdrücken durfte.

Sei mir so treu, wie ich es Dir bin, und freu Dich so wie ich aufs Wiedersehen!

Dein Lubko

Berlin, 5. 9. früh 6 Uhr

Lubko Liebherz!

Den Abend, der eigentlich Dir und einer wichtigen Arbeit gehören sollte, hat mir Heinz Kahlau gestern geraubt.
Ich hatte ihn aufgefordert, mir seine sämtlichen Arbeiten
zu bringen, nun mußte er sie mir unbedingt vorlesen. Ich
weiß manchmal nicht, soll ich mich ärgern über ihn? Aber
er ist von einem so schönen Eifer, so lerngierig, er hat sich
in der kurzen Zeit daran gewöhnt, von mir zu hören, ob
seine Arbeiten »etwas sind«. Er brachte gestern zwei sehr
schöne neue Gedichte für sein Poem, d. h. eine neue Chronik und eine Überarbeitung des damals so unrhythmischen, ungelösten Gedichtes die »Petition«. Auch unter seinen alten Arbeiten sind nicht nur originelle, sondern gute
Sachen.

Wir bekamen gestern im Verband die Abschrift eines
Briefes der DEFA-Dramaturgie an Jutta. Sie bitten sie um
eine Besprechung; das Lektoratsurteil birgt Hinweise, aber
anscheinend wollen sie mit ihr arbeiten. Sie wäre ein ausgesprochenes »Talent«, man lobt die konsequente Handlungsführung.

Vielleicht kann die DEFA ihrem unrühmlichen Namen
einmal etwas Gutes hinzufügen.

Als ich nach Hause kam, saß der Kahlau schon hier, so
konnte ich Deinen schönen Brief vom Sonntag nur flüchtig lesen. (d. h. nur ein Mal) Den ganzen Abend machte er
mich unruhig; ich habe den Heinz dann weggeschickt, um
mit Dir allein zu sein.

Wie ich mich freu, Liebster, daß Du schöne Tage hast!
Ich wäre zu gern mit Dir auf den Gellertberg gestiegen –
Deine Schilderungen gaben mir ein so anziehendes Bild
von Budapest, daß ich nicht nur Deinetwegen, sondern
auch wegen des Landes gern nach Ungarn möchte. Wie
herrlich müßte es sein, wenn wir zusammen reisen könn-

ten! Weißt Du, ich denke immerzu an reife Hagebutten und schwarze Holundertrauben, dazu das Blau der Donau – schön muß es sein!

Nimm nur recht viel in Dich auf, aus der Schönheit schöpfst Du doch wieder neue Kraft zum Gestalten. Um in etwas zu sein, daß Du liebst, lese ich jetzt den Czabo-Band zu Ende. Ich liebe ihn von Seite zu Seite mehr. Weißt Du, was mich rührt? Die wunderbar zarte, reine Schilderung des Verhältnisses zwischen Marika und dem roten Goz. Ein Kranz von karikierten oder sanft belächelten Gestalten und darin zwei, die in sich geschlossen und vollendet sind. Die ihrer Tage und ihrem Leben voll genügen. Mir hat die Gestaltung dieser jungen Liebe doppelt viel gegeben, weil ich sie nie so erlebt habe. Unsere Liebe ist doch ganz anders und in mancher Hinsicht bin ich etwas allein geblieben, ich denke vor allem an das Kind. Glaub aber nicht, daß mich das wehmütig oder unwillig macht, Du hast mich dafür so mit Deinem Wesen angefüllt, Du gibst mir auf der anderen Seite tausendfach, was mir auf dieser einen vielleicht fehlt.

Gestern war jemand vom Ensemble hier mit einem Brief von Brecht. Er wollte Deine richtige Adresse wissen. Er hat telegraphiert an die Anschrift, die ich vom Amt hatte, und hat keine Antwort erhalten. Die Christiane hat Deine Hotelanschrift gesagt; Dein Brief war gerad gekommen.

Nun fürcht ich fast, daß mein erster, langer Brief Dich auch nicht erreicht hat und daß Du noch ernstlicher postkrank wirst.

Mein Liebchen, ich habe in diesen Tagen sehr viel zu tun. Darum bin ich nicht jeden Tag ans Schreiben gekommen. Ab nächstem Mittwoch wird's besser, da bin ich dann zu Hause und geh an die Fahnen vom »Tinko« heran; die erste Hälfte habe ich schon hier.

Die Christiane fährt am 9. für acht Tage nach Hause;

wir haben uns noch fester zusammengeschlossen. Sie drückt mich auf eine so herzige Art ab, ist richtig froh.

Ich nenne sie jetzt immer die »Berliner Bürgerin«, weil sie so stolz auf die Aufenthaltsgenehmigung ist.

Lubko Liebfuß, der etwas hastige Morgengruß soll nur eine Briefpause füllen. Ich komm heute Abend wieder mit Worten, die so innig sind wie meine Gefühle für Dich. Deine Eva

Ich lieb und küß Dich Tag und Nacht. Mir ist weh nach Dir. Nur die Arbeit rettet mich vor Trübsinn.

Balaton, 5. Septbr. 53

Meine Süßtaube!

Ohne einen Brief von Dir bin ich hier. Der erste und einzige beginnt sich in der Brusttasche zu fürchten und unruhig zu werden. Bis Montag gegen Mittag besteht nun keine Möglichkeit mehr, einen Brief von Dir zu erhalten. Das macht mich ganz krank. Hat mein Schätzchen also nicht Wort gehalten und mir jeden Tag einen Brief geschrieben? Jetzt bin ich doch bald vierzehn Tage hier und weiß so wenig von Dir. Könnt ich doch ausreißen! Meine ganze Zeit hier besteht nur aus Sehnsucht. –

Nun sind wir hier am Balaton (Plattensee). Die Ungarn wehren sich gegen alle ehmals deutschen Worte aus der Habsburger Zeit. Nur bei den Flüchen gelingt's nicht, und »Ach, du lieber Gott«, entfährt ihnen auch. Gestern hatten wir fast einen Autounfall. Der Fahrer beschimpfte einen anderen mit »Deiwel!«

92 x 15 Kilometer Erde mit Wasser bedeckt. Das ist der Balaton. Hügel und kleine Berge spiegeln sich in seinem

hell- oder dunkelgrünen Wasser. Von hier aus kannst du
fast einen Kilometer weit hineingehen, ohne daß dir der
Nabel naß wird. Wenn Du hier wärst, würde ich vielleicht
gar das Schwimmen lernen. Vor den anderen scheu ich
mich zu üben. Am Abend, als die Sonne unterging, schim-
merte die Wasserfläche in Perlmutt, wie ich es nur von der
Ägäis her kenne. Unangenehme, aber auch schöne Grie-
chenland-Erlebnisse werden wach.

Der Strand hier ist mit Villen und Gewerkschaftshei-
men bepflastert wie in Buckow und Saarow. Die Seeschön-
heit in Parzellen eingeteilt. Ich hab Freude an den heim-
kehrenden Segelbooten, die so traumhaft still über die
Perlmuttfläche gleiten. Das Strandleben mit den vielen
sich räkelnden und Faulheit übenden Menschen ekelt
mich an. Eine Weile schau ich den Strandanglern zu. Sie
angeln mit kurzen Ruten, die Rohrsperlinge schnarren,
den »Knarre, Knarre, Knietsch« hör ich nicht. (Ich glaub,
das war die Sumpfdrossel). Die Angler schießen mit einer
Zwille, wie wir sie als Jungen benutzten (Katapult), Fisch-
futter (ich glaube Maiskörner) in den See, um die Fische
an ihre Angeln zu locken. Sie lassen sich von der Abend-
schönheit des Sees nicht beeindrucken. Auch der junge
Mann mit der Intellektuellen-Brille sitzt ungerührt auf
der Kaimauer und liest einen Roman, vielleicht über einen
Sonnenuntergang in Venedig.

Die Gnitzen (kleine Beißfliegen) kommen. Sie haben
mich zusammen mit fetten, unästhetischen Frauen, die
sich »erholen«, schon am Spätnachmittag aus dem Sonnen-
bad vertrieben. –

Ein träges Leben, das ich nicht eine Woche aushalten
würde. Vielleicht wär's auch anders, wenn ich Dich hier
hätte.

Am Abend muß Loest natürlich zum Tanz. Ich will
nicht immer Spielverderber sein, weil ich's oft genug tags-

über bin. Vor Tanz hab' ich mich geschützt und von vorn-
herein verlautbart, ich könne nicht tanzen. Man will mich's
lehren, doch ich warne vor der Blamage mit mir, und so
bleib ich ungestört beim Beobachten. In einem Lokal wird
draußen unter Petroleumfunzeln getanzt. Ein Elektriker,
der für angemessene Helle sorgt, ist nicht zu finden. Die
Dolmetscherin besäuft sich, nachdem sie vorher (aus mo-
ralischer Habilitation) die Delegation »aufgelöst« und viel
von ihrem Töchterchen und ihrem strebsamen Mann erzählt hat. Jetzt aber muß doch endlich was mit Loest passieren. Die Plänkelei geht schon tagelang hin und her. Aber
Budapest ist gefährlich, man könnte gesehn werden. – Ich
komm mir vor, wie der kleine Erwin, der von Mama und
Papa mitgenommen wird, um den Tanzenden zuzuschauen.
Ei, ei! Aus den dunklen Sträuchern schleichen sich Paare
aus der Ortsbevölkerung auf die Tanzfläche. Sie gehen
auch dorthin zurück, wenn der Tanz in der Schummerung
zu Ende ist. Hinter den Sträuchern muß man nichts ver-
zehren. Das Abendvergnügen ist billiger.

Der Loest zappelt, boogt und woogt, denn er will zeigen,
daß wir Deutschen dem Csardas etwas entgegenzusetzen
haben. Ich langweile mich und schau dem Schlagzeuger zu,
der sich »europäisiert« und bei jedem arhythmischen Schlag
erst beifallheischend seine Kollegen, dann das »finstere«
Publikum anschaut. Ein bißchen schau ich auch auf die
Milchstraße, die das alles gelassen erträgt, und jetzt wohl
auch über der Stalinallee steht, wo meine Süße friedlich
schläft und mich (so hoff ich) erwartet.

So vergeht wieder ein Tag, der mich von Dir fernhält.
Gottseidank ist er vorüber. Heute hat die Dolm, wie zu ver-
muten war, einen moralischen Kater. Gestern nacht aber
mußte Loest unbedingt mit in ihr Zimmer und nach-
schaun, ob keine Fledermaus darin ist. Sie fürchtet sich doch
so vor diesen Tieren, und in Budapest gibt es keine. –

Herzliebchen, das muß ich nun alles so über mich ergehen lassen. – Heute fahren wir weiter in ein Schriftstellerheim jenseits des Sees, um weiter zu faulenzen. Der Himmel hat sich bezogen. Regen droht. Vor meinem Fenster murmelt die Brandung. Nichts, was mich trösten kann. Nur Du könntest es. Ich bin Dein.

Küsse, viele Küsse vom Lubko

Berlin, 6. 9. 53

Lubko Liebherz!

Ein wunderschöner Sonntagmorgen, friedlich, so recht vollkommen, um als Inbegriff des Friedens genommen zu werden. Ich male mir aus, wie unvergleichlich dieser Tag wäre, wenn Du hier wärst. Die Sonne taucht mein Zimmer in Licht, am Fenster auf der blauen Bank stehen fünf herrliche Sonnenrosen. Die Bank wirkt dort am Fenster so, als ob der Himmel sich in ihr spiegelt. Sie unterstreicht die helle Harmonie des Zimmers. Ich fühl mich so wohl! Im Radio leise Barockmusik, ich sitze und schreibe. Im Nebenzimmer meine Kinder, die mir täglich mehr Freude bereiten, weil sie sich gut entwickeln, bei ihnen Christa, die mir jetzt richtig ans Herz wächst. Nur gut, daß Du mich damals in meinen Depressionszuständen gemahnt hast, geduldig zu sein. Ich arbeite jetzt gründlich mit ihr, leite und kontrolliere sie ständig, nun wird es täglich besser. Das Gutsein ist doch alles: Ich hab dem Kahlau neulich 50 Mark geborgt, er wollte sie mir montags wieder bringen, ich verließ mich drauf, kaufte mir noch einen teuren Füllhalter; am Montag kam Kahlau zwar, aber ohne Geld. Nun, er konnte auch nicht dafür. Ich aber lag im Bett (fast 8 Tage) und konnte nicht zum Postscheckamt, wo ich Geld hatte. Da hat Christa alles ausgelegt; am ersten Tag, als ich aufstehen konnte, holte ich Geld und gab ihr die ausgelegten 20 Mark zurück – mit Zinsen. Ich hatte ihr ein Pfund Weintrauben gekauft. Sie drückte mich (dann) fast tot.

An dem Tag, als Du wegfuhrst, war sie auch so lieb. Vielleicht schrieb ich es Dir schon? Als ich nachts betrübt zurückkam, lag auf meinem Kopfkissen ein Zettel: »Gute Nacht und schlafen Sie gut, liebe Frau Braun!«

Am nächsten oder übernächsten Tag habe ich ihr einen hübschen Kleiderstoff geschenkt. Die Freude! Sie ist darin ganz wie ein Kind. Und ist so stolz, daß sie schon so »schön schafft«. Sie hat das Gefühl, sie ist »auf der Post«. Und das ist sie wirklich. Sie ist mir jetzt eine große, verläßliche Hilfe. Ich kann ungestört und unbesorgt arbeiten. Das merke ich richtig, wenn ich daran denke, daß sie am 9. für acht Tage wegfährt. Am 9. kommt Jutta Deutscher mit ihrer Tochter für 8 Tage zu mir. Bißchen bange bin ich vor dem Trubel; aber ich muß den beiden helfen sich zu prüfen.

So mühe ich mich, mein Leben gut zu leisten; ich arbeite ernsthaft. Ich will doch das Gefühl haben, daß ich Dich zurückverdiene. Bei allem, allem denk ich nur an Dich. Kein Gang, keine Handlung ohne meinen Liebsten. Gestern habe ich für die »BZ – am Abend« die Ausstellung: »Berlin 1836–41, wie Karl Marx es sah« besucht (sie wird heute im Märkischen Museum eröffnet). Das war so interessant, man hätte einen ganzen Tag dort zubringen können, aber so allein macht es gar keine Freude.

Wie Du in Deinem traurigen letzten Brief von Dir berichtest, geht es auch mir: Ohne Dich ist alles nur halb, ich habe mich so gewöhnt, mit Deinen Augen zu sehen, daß ich Dich zum Austauschen brauch. Herzlieb, wir wollen uns nie wieder so lang trennen!

Das gibt so eine Lücke: Der eine erlebt, der Andere

nimmt auf und überbrücken ist schwer. Nicht, daß man sich über die Ferne nicht lieben, daß man sich nicht treu sein könnte. Ich glaube, daß könnte ich über Jahre hinweg. Aber Sehnsucht ist doch ein Krankheitszustand. Man fühlt sich nicht voll, man ist immer versucht, sich in diesem wehen Gefühl zu baden und es macht einen nicht stark; entweder täuscht man Stärke vor oder wenn mans nicht kann, wird man wehleidig. Das zeigt mir so richtig Dein Eifersuchtsbrief und meine böse Stimmung, die mich in der ersten Woche befallen hatte. Das wär nie gekommen, wenn wir zusammen geblieben wären.

Ich träum immerzu von Dir und ich sehn mich so hinaus nach Schmalenberg mit Dir. Das muß sein. Guter, wir brauchen ein paar solcher Tage für uns.

Ich bin schon dauernd auf den Waldwegen, rieche den Herbst, wie er sich über die Felder schleicht und die Blätter färbt, wie er den Sommerwind umstimmt – ich seh meinen Afanasi Iwanowitsch einhergegehen, nach Pilzen suchen, hör ihn sagen: »Sind kei Maro«, Schatz, Schatz, dann wird mir so recht bewußt, welche Reichtümer wir in unserer Zeit aufgehäuft haben. Sie immer gegenwärtig zu haben, sie lebendig zu halten, heißt eine sprudelnde Quelle für neues Glück zu haben.

Wenn ich an viele unserer Stunden dort denke, die mir so unvergeßlich hoch erscheinen, dann hatten sie oft nichts weiter als einen warmen Händedruck, als Blicke und gute Worte. Aber hinter allem das tiefe Fühlen: Wir sind angekommen, wir haben gefunden, was für uns zu finden war. Jetzt fangen wir zu leben an. Jetzt ist unsere eigentliche Geburtsstunde. Ich wünsch mir für die kommende Zeit, das wieder stündlich zu fühlen.

Du schreibst, Du hoffst, daß wir nach Deiner Rückkehr wieder so heitere und fruchtbare Tage haben werden wie vor Deiner Abfahrt. Ich weiß, Liebster, daß sie alles übertreffen werden, was wir bisher hatten. Ich bin so bereit für Dich wie nie und ich sehn mich unsagbar nach Dir.

Laß Dich nicht bekümmern dort, schau und denk gut, dann werden auch die Budapester Tage Nutzen bringen. Freuen tu ich mich mit Dir auf Czabo, ihn möchte ich auch gern kennen.

Mein lieber, großer Junge, hab nur noch ein wenig Heimweh, es ist so kurz, wenn Du es vergleichst mit dem Gefühl, daß Dich jahrelang suchen ließ und unendlich schien.

Ich will Dich immer lieb haben wie jetzt oder noch mehr.

Grüß mir die beiden Herren Fuß, sie sollen weiter tapfer sein, grüß meine Zarthaut und die roten Haare. Die Augen, den Mund, die Nase, die Samtohren und meine liebsten Hände, die Dich zuerst als meinen Schatz verraten haben.

Deine Mädchenfrau

Ich soll von Christa grüßen. Sie hat sich sehr über die Karte gefreut. Sie wartet auch auf Dich, läßt Dir aber sagen, Du sollst nicht als »Raubtier« zurückkommen.

Szigliget, 6. Septbr. 53

Meine Seelenfrau!

Nicht einmal die Schönheit des Fleckchens Erde, auf dem wir nun gelandet sind, vermag die Sehnsucht nach Dir auch nur vorübergehend zu stillen. Ich kann mich nicht mehr daran gewöhnen, etwas ohne Dich richtig tief zu erleben. Du hast mich arm und reich zugleich gemacht. Reich bin ich aber nur mit Dir zusammen.

Ich sprach hier mit einem Übersetzer. Er ist etwas älter als ich. Seine Frau ist jung, eine Schauspielerin, die auch in Filmen auftrat, die nach Deutschland kamen. Wir sehen ja kaum Filme. Jedenfalls ist das so ein Liebespaar wie wir. Immer beieinander, selbst beim Essen sitzen sie etwas abseits und beim Gesellschaftsspiel betrachten sie alle Kollegen im Hause als Ganzes. Sie streicheln sich, liebkosen sich, freuen sich aneinander, obwohl sie schon lange verheiratet sind. Im Sommer dient die »Iro-Kasa« (Schriftstellerheim) hier am Balaton den ungar. Kollegen und ihren Frauen zur Erholung. Im Winter werden nur arbeitende Männer aufgenommen. Die Iro-Kasa wird zum Kloster. »Da geh ich nicht her«, sagt der ungar. Genosse Übersetzer. »Ich muß mit meiner Frau zusammen sein, sonst kann ich nicht leben.« Es handelt sich nicht um Torschlußpanik eines alten Mannes, sondern die beiden haben sich wirklich sehr lieb. Beide sind die ersten Brecht-Verehrer, die mir begegneten. Er hat die Songs der Dreigroschen-Oper daheim auf Platten und hört sie sich, von Busch gesungen, wöchentlich einmal an. Er war vor 1933 in Deutschland und fragte mich sofort nach Brecht. Als ich ihnen sagen konnte, daß ich mit ihm arbeite, freuten sich beide wie die Kinder. Nun sind wir sehr schnell Freunde geworden. Er will »Mutter Courage« und »Katzgraben« (sogar in ungarische Jamben) übertragen.

Den gestrigen Brief für Dich trag ich noch in der Tasche. Von diesem Dörfchen hier würde er zu lange bis zu Dir brauchen. Ich nehm ihn morgen mit dem heutigen und vielleicht einem dritten mit nach Budapest.

Jetzt sind wir also hier am Südrande des Balaton. Schon zwei Tage hatten wir bei der Fahrt den See immer zur Rechten. Sanfte Hügel wechseln mit steilem Mittelgebirge und schroffen Felsen. Maisfelder am Seerand, ab und zu Puszta (die es trotz Nagy noch gibt), Paprika- und Hirsefelder. Und immer wieder Mais, Mais, soweit man schauen kann. Esel- oder Kuhgespanne, ab und zu auch flotte Pferdegespanne begegnen uns. Wir sehen die bunten Flecken der Rinderherden in der Ferne. Die charakteristischen Ziehbrunnen mit dem ausgehöhlten Baumstamm als Pferdetränke sind noch da. Einmal sprang ich aus dem Auto und ging ein Stück in die Puszta hinein. Wunderschöne Blumen wachsen dort. Ich nahm mir vor, wenn wir nächste Woche aufs Land fahren, allein zu streifen. Die Dolmetscherin wird ganz zufrieden sein. Sie ist stolz darauf, daß sie Weizen und Gerste, Mais und Hirse nicht voneinander unterscheiden kann. Bauern sind für sie eine Art Urmenschen. Theoretisch (sie ist Genossin) kennt sie sich natürlich in der Bauernfrage aus. Wie ich das hasse. Diese Haltung schmälert ja auch letzten Endes den Erfolg von »Katzgraben« in Berlin.

Szigliget ist eines der landschaftlich am schönsten gelegenen Dörfer am Balaton. Es wird von einem steilen Berg überragt, auf dem sich eine Burgruine befindet, ähnlich unseren Burgen an der Saale. Zwischen See und Bergen eine breite fruchtbare Ebene. In Obstbäume und Rebhöhen gebettet liegt Szigliget. Nicht nur die Raubritter, auch die zweite Auflage der Raubritter empfanden, daß hier einer der günstigsten Plätze ist (war), in Fülle zu leben und den Feinden »Trutz zu bieten«. Die zweite Auflage waren die Eszterházys, jenes Fürstengeschlecht, dem halb Ungarn und Österreich gehörte.

Als wir gestern hier einfuhren, glaubte ich in einen neuen Frühling zu kommen. Nichts vom nahenden Herbst. Die Wiesen gelb vom blühenden Bocksbart oder vom Habichtskraut. Wie bei uns die Frühlingswiesen in der Löwenzahnblüte. Pralle Melonen auf den Feldern, die Obstbäume brechend voll, Paprikaschoten, die sich in der Sonne zu röten beginnen und weithin leuchten. Tomaten wie zwei

Fäuste groß. Staunend stand ich vor einer mindestens fünf Meter hohen Sonnenblume. Sie war so hoch und so dick wie die kleineren Apfelbäume, die in der Nähe standen. In einem Sommer herangewachsen – das ist kaum zu begreifen.

Hier haben sich also die Eszterhazys eines ihrer schönsten Schlösser hergebaut. Es ist in einen großen englischen Park gebettet. Auf einer Terrasse fand ich gestern auf meiner Entdeckungsfahrt (ich war ausgekniffen) unzählige Rosensträucher, die noch in voller Blüte standen. (Ach, hätt ich Dich gehabt, wie hätten wir dort sitzen und auf den See hinüber schauen können!) Das ganze Schloß und der Park erinnern mich sehr an das Ortenburgsche Schloß in Tambach. Wie erbärmlich aber dagegen die Bauernkaten der ehemaligen Untersassen, der Eszterházys!

Küsse, Küsse, viele Küsse von Deinem Lubko
(Fortsetzung morgen, meine Liebste.)

Szigliget, 7. Septbr. 53

Mein Herzensschatzl

Heute geht es endlich zurück nach Budapest. Viel wichtiger als dieses Paradies hier ist mir ein Brief von Dir. Noch einige Stunden, dann werde ich hoffentlich den herbeigesehnten zweiten Brief erhalten. Vielleicht sind es gar zwei, drei? Wenn Du so Zeit zum Hinaushorchen hättest wie ich, dürfte keine Stunde vergehen, in der Du mich nicht fühlst, meine Sehnsucht nicht bei Dir Anklopfen spürst.

Budapest, 8. Septbr. 53

Du, du, du, du!

Ich bin so sehnsüchtig und so böse auf alle Menschen, die mich gestern abhielten, wie gewohnt mit Dir zu plau-

dern. Ein ungar. Kollege kam schon morgens im Schlaf-
rock und holte mich aus Deinem Brief. (Rónai heißt er.)
Er war neugierig, wie unsere Kunstdiskussion und Kunst-
politik ist. Dabei konnte ich feststellen, daß die ungarischen Kollegen den gleichen Bevormundungen (vor dem
neuen Kurs) ausgesetzt waren wie wir. Darüber mündlich.
Die Frau des Rónai ist Malerin. Sie wollte mich unbedingt
malen. Während wir mit ihrem Manne plauderten, machte
sie einige Skizzen von mir. Ich mußte mir die Leder-Bas-
kenmütze aufsetzen und den beigen »Nicki« o. ä. anziehen.
Das war mir einigermaßen peinlich, aber man will nicht
unhöflich sein. Am Sonntag soll ich nun hier in Budapest
für ein Ölbild sitzen. Ich weiß noch nicht, ob ich mich
werde dazu entschließen können, denn wenn ich das Bild
nicht für Dich kaufen kann und das kann ich aus Geldmangel sicher nicht, dann ist das für mich sinnlos.

Auf der langen Rückfahrt in glühender Sonnenhitze von
Szigliget nach Budapest bekam ich zum zweiten Male so
heftige Kopfschmerzen, daß Cofein-Tabletten, starker Kaffee und alles versagte. Ich konnte kaum die Augen offenhal-
ten. So mußte ich sofort nach der Rückkehr ins Hotelbett.

Heute geht es mir besser. In der Frühe habe ich Deinen
Brief zum zweiten Male gelesen und mich, obwohl die
Nachrichten schon sehr alt sind, darüber gefreut. Ein wenig enttäuscht war ich, daß Du bis zum 2. Septbr. erst den
zweiten Brief geschrieben hast. Da Du aber sonst fleißig
warst und andere Menschen trösten mußtest, will ich (zwar
ungern) verzeihen. – Du mußt von mir (nach meiner Rechnung) jetzt jeden Tag einen Brief erhalten. Bist Du da nicht
ein bißchen beschämt?

Ein wenig Kummer macht mir auch Deine Bemerkung
im Brief, ich hätte Dir Sorgen und Verzweiflung bereitet.
Das will ich doch nicht. Meine lieben Gedanken an Dich
stolpern jetzt stets über diese Briefstelle, denn ich bin mir

so gar nicht bewußt, womit ich Dir Leid angetan haben soll.

Sonst war Dein Brief eine große, große Freude für mich, da er mir verriet, daß Du genau so sehnsüchtig auf mich wartest, wie ich es tu.

Wie kann man nur die Zeit verkürzen. Ich habe Brecht (per Luftpost) geschrieben, er möge mir über die amtliche Stelle eine Aufforderung per 15. Septbr. zur Rückkehr senden. Noch ist nichts eingetroffen. Heute jagen wir wieder in die Provinz hinaus und sind bis zum Sonnabend nicht zu erreichen. Nächste Woche soll sich dann endlich meine »Dorfwoche« anschließen. Ich habe schon keine Hoffnung mehr, daß ich früher zurückkomme. Das Institut ist ehrgeizig. Es soll jeder Gast zufrieden sein. Ich habe der Dolm schon einige Male gesagt, daß ich es nicht bin, daß ich vor allem Heimweh hab. Nun bemüht man sich, mir die Wünsche von den Augen abzulesen. Das ist fast noch schlimmer. Sie haben es ja auch in der Hand, meine Rückreise-Visa »erst nach vier Wochen« zu »bekommen«. – Ich kann also nicht verantworten, daß ich Dich von Deiner Ostseereise mit so unbestimmten Aussichten abhalte. Wenn Du gern fahren möchtest, so fahr, aber vergiß das Schreiben nicht. Sollte ich doch früher zurückkommen, so muß ich mich eben mit Deinem Fortsein abfinden. Ich bin wie ein quengeliges Kind. Jeden Tag nehm ich mir was Neues vor, was ich machen werde, um lieb mit Dir zu sein. Ich nehm mir vor, Dich jeden Abend aus der Stadt abzuholen, ein breites Bett zu kaufen, damit wir nicht mehr getrennt schlafen müssen usw. usw.

Ich hoffe nicht, daß heute noch ein Brief von Dir kommt. So werde ich wieder bis zum Sonnabend schmachten müssen und meiner Umgebung mit meinen Lustlosigkeiten und Unzufriedenheiten auf die Nerven fallen. Selbst der alte Jósef, der schon dreißig Jahre im »Astoria« bedient,

fragte heute, als ich meinen Morgenkaffee am Telefon be-
stellte: »Sind Sie heute schlimm?« – »Wieso, Jósef?« – »Weil
Sie so ungeduldig sind.« – Ich habe mich geschämt, denn
der alte Kellner ist lieb und macht immer erst einen
Schwatz mit mir, wenn er mich bedient. Vor einigen Tagen wollte er mir sogar sein koreanisches Abzeichen schenken, weil ich noch keines hatte. Er glaubte, ich empfände
das als Mangel und sei deshalb betrübt.

Die Koreaner (das Ensemble), die auch in Deutschland
waren, dann nach Bukarest fuhren, sind jetzt eine Woche
hier in Budapest gewesen. Wir wohnten Tür an Tür. Das
ganze Haus war plötzlich musikalisch. In den Nebenzim-
mern weinten die Geigen oder schmetterten die Trompe-
ten. Sänger und Sängerinnen übten. Auf den Treppenfluren
begegneten uns die kleinen, feingliedrigen Koreanerinnen
und schlugen züchtig die Augen nieder, wenn man sie an-
schaute. –

Jetzt ist es 9^h. Ich muß noch schnell zum fódrazs (Fri-
seur). Mein Haar wächst in der Hitze sehr schnell über den
Kragenrand.

Gestern habe ich wie ein Taubstummer mit Zeichen-
sprache neue Briefumschläge eingekauft.

Liebling, schreib mir. Schreib mir viel und bald, sonst
zerspring ich.

Ich drück Dich, drück Dich und küß Dich, ohne Dir mehr
zu sagen als:

Ich bin Dein, Dein, immer
Dein Lubko

Débrecen, 9. Septbr. 53

Meine liebe Schöne!

Ich bin sehnsüchtig, aber innerlich etwas froher: Gestern, bevor wir von B. abfuhren, erhielt ich Deinen dritten Brief. Danke, danke, danke.

Dein Gestammel ist schön, weil ich einmal nicht neidisch darüber sein muß wie sonst, daß Du Deine Gefühle so schön präzis auszudrücken vermagst. – Meine neueste Freude besteht darin, mir auszumalen, was wir alles noch zusammen erleben werden, wie wir alles gemeinsam empfinden werden. Große gemeinsame Reisen schweben mir vor. Wir beide Hand in Hand. Still oder über das Empfundene und Gesehene plaudernd.

Manchmal ertappe ich mich, wie ich gar nicht so recht daran glaube, daß mich daheim so ein großes Glück erwartet. Ich halt alles für einen Traum, wie früher, wo ich gezwungen war, mir so eine liebe, schöne und kluge Frau wie Du es bist, zu erträumen. Deshalb hat Dein Kosename »Traumfrau« so viel Berechtigung.

Immer, wenn ich früher auf Reisen war und Schönes erlebte, war die Rückkehr eine harte Ernüchterung. Diesmal wird es gerade umgekehrt sein.

Das ist so schwer zu fassen für mich.

Heute hat der Boris Geburtstag. Ich nehme an, daß es ein Versöhnungstag zwischen Ingeburg und ihm sein wird. Sicher wirst auch Du ein wenig »feiern« gehen, und wir werden aneinander denken. Wie hat sich doch gerade unser Verhältnis zu den beiden Djacenkos seit dem vorigen Jahr geändert!

Wir sind in Débrecen, nahe der rumänischen Grenze, gelandet. Mit uns ist ein Übersetzer (Gáspars) und natürlich unsere Dolm, die ich schon nicht mehr riechen kann. Auch L. *[...]* kann sie nicht mehr ausstehen. Über die Gründe mündlich. Dafür ist jede Briefseite zu schade.

Der alte Herr ist durch ganz Europa gekommen, versteht angenehm »weanerisch« zu plaudern und Konversation zu machen. Immer sind es Hochintellektuelle, die uns beigegeben werden. Die wirklichen Dichter und Empfinder, Darsteller sind alle nicht »intelligent« genug, sprechen nicht mehrere Sprachen, und so ist man eben stets nur auf oberflächige Plaudereien angewiesen; seine wirklichen Empfindungen verschließt man im Herzkasten.

Gestern sind wir, auf mein Drängen hin, einmal mitten in die weg- und steglose Puszta hineingefahren. Leider nicht ausgiebig lange genug, denn die Fahrt erschien unseren Stadtleuten strapaziös und gefahrvoll. Unter keinen Umständen wollten sie in einer Hirtenhütte übernachten. Wie ängstliche Kinder verfolgten sie den Stand der Sonne und drängten auf die Rückfahrt. Es stellte sich heraus, daß diese »kreuzgescheiten« Leute ihre Puszta nur aus Büchern kannten und sie nur von der Landstraße oder aus dem D-Zug gesehen hatten.

Ich mußte an Lenau denken, der die Puszta im Postwagen oder auf dem Pferderücken durchquerte. Zum ersten Male, seit ich hier bin, habe ich den Wunsch: Hier möchtest du bleiben. Aber sofort war der zweite Wunsch da: Aber nur mit deinem Evchen. – In der Puszta wurde mir klar, wie sehr ich ein Mensch der Ebene bin. Grassteppe bis in den Himmel hinein. Kein Baum, kein Strauch, kein Haus. Alle Dinge und Lebewesen werden zu Ereignissen, wenn sie auftauchen. Der Mensch wird groß. Ein Hirt wird Erlebnis. Eine Herde wird buntes, ergötzendes Treiben. Ich bin mir gewiß, daß der Mensch sich zu anderen Zeiten, wenn er da draußen in den Weiten mit den Unbilden der Witterung und der Einsamkeit zu kämpfen hat, sich sicher sehr klein vorkommt. Auch so möchte ich die Puszta einmal sehen und durchwandern. Gestern war sie zahm und nur schön. Das Herz konnte sich tummeln. Leider hätt' ich eben allein oder mit Dir sein müssen. Diese Art Menschen stören, stören, wo sie sind und machen jedes tiefere Erlebnis zunichte.

Wir besichtigten eine Entenfarm. Weiße, weithin leuchtende Ställe einer staatlichen Farm. Die Enten waren nicht »zu Hause«. Sie waren irgendwo weiter drin in der Puszta in einem Teich zum Baden. Kurz bevor wir jedoch abfuhren, sahen wir sie kommen. Zunächst waren es nur weiße Bänder, die sich am Horizont dahinschlängelten. Alles kommt in der Puszta aus dem Nichts, wird vor den Augen des Beschauers aus dem Dunst der Ferne geboren. 8000 Enten kamen in Zweier- oder Dreierreihen. Man konnte nicht sehen, wo sie herkamen, fühlte nur, wo sie hinstrebten. Auch wer sie leitete, wußte man nicht. So ließen wir die »Entenbänder« sich an uns vorüber schlängeln. In der Ebene ist ja schon ein Vogel ein Ereignis, wie ich vorhin sagte. So wurden die vielen Enten fast ein Naturereignis. Als wir uns schon wieder in den Wagen setzten, weil die ungeduldigen Städter drängten, gewahrte ich endlich, wie sich hinter den Entenreihen eine rotbekopftuchte Frau aus dem Fernendunst schälte. Sie erschien mir mit ihrer Treibgerte gegen den Abendhimmel wie die Göttin der Enten. Aus ihrer Hand schien alles über die Erde zu gehen, was Ente heißt. –

Schätzgen, der Uhrzeiger treibt mich wieder. Alles möcht ich sofort hinter mir lassen, wenn ich bei Dir sein könnte, deine Streichler, Deine Wärme, Deinen Zuspruch einheimsen könnte.

Ich hab Dich so sehr lieb, daß ich sterben müßte, wenn ich Dich nicht mehr wiedersehen dürfte. Ich leg meinen Kopf in Deinen Schoß

Dein Lubko

Débrecen, 10. Septbr. 53

Mein Liebchen Schönaug!

Heute gegen Morgen habe ich geträumt, Du habest mich hier besucht und warst im Begriff wieder abzureisen. Ich habe laut protestiert und gegen alle »Ämter« randaliert, die nicht zulassen wollten, daß Du länger bleibst. Über mein eigenes Protestgeschrei bin ich wachgeworden.

Der psychologische Hintergrund des Traumes ist folgender: Wir saßen gestern nach dem Abendbrot plaudernd mit Loest und »bondi-batschi« (so nennt sich ein uralter Begleiter und ehemaliger Magnus Hirschfeld-Herausgeber) und der Dolm in der Hotelhalle. Zwanzig Schritte ab von uns wurde in der Diele getanzt. Loest, der Eintänzer, ist nicht mehr zu bewegen, mit der Dolm zu tanzen. Ich komme als Nichttänzer sowieso nicht in Betracht. So holte sich die Dolm unseren Fahrer. Wir feixten und sahen dem Tanz in diesem Augenblick interessiert zu. Mein Interesse für »unser Paar« wurde bald durch ein Mädchen abgelöst, das figürlich, in Haltung und Bewegung, genau Dir glich. Sie tanzte sehr dezent, und ich träumte ein wenig, Du seist gekommen. Gleich darauf sagte bondi-batschi: »Seht nur diese Frau da! Welch eine vornehme Haltung!«

Loest wurde aufmerksam, schaute ein Weilchen das Mädchen an und konstatierte dann: »Wie deine Eva.«

Ich nahm mir in diesem Augenblick vor: Wenn ich erst wieder bei meinem Evchen bin, dann will ich auch so schön mit ihm tanzen. Es soll sich nie mehr zu beklagen haben, daß ich nicht genügend mit ihm tanzen geh. Nie mehr willst du dich mit deinem lieben Kinde beim Tanz zanken, wie damals im Friedrichshain. –

Später schaute ich mir diese Frau etwas aus der Nähe an und war natürlich, wie könnte es anders sein, enttäuscht. Sie hatte ein grobes Gesicht, keine Augen, worin man versinken kann. Sie strahlte keine Wärme aus, war überhaupt nichts.

Meine Sehnsucht nach Dir hatte nur neue Nahrung bekommen. Ich lag im Bett und stierte in die Nacht. Wenn doch nur diese gräßliche Zeit vorüber wäre! Mir gefällt und gefällt es nicht, obwohl alles getan wird, um mich zufrieden zu stellen. Alles verlorene Zeit!

Wenn ich in Budapest auf die Tachometer-Uhr eines Warenhauses schaute und für jede vergangene Stunde dankbar war, so tu ich es hier in Débrecen auf die Uhr der kalvinistischen Kirche, die das architektonische Bild des Marktplatzes beherrscht. Meine einzige vorläufige Freude: Am Sonnabend (heute ist erst Donnerstag) fahren wir nach Budapest zurück, dann werde ich einen Brief von Dir vorfinden, vielleicht sogar zwei, wenn Du fleißiger im Schreiben geworden sein solltest. –

Gestern haben wir hier eine preisgekrönte Produktionsgenossenschaft besucht. Als wir durch die Rinder- und Schweineställe gingen, war natürlich weiter nichts in mir lebendig, als mein Besuch mit Evchen in Markau. Ich hätte die Dolmetscherin verprügeln können, weil sie sich nicht in die Ställe wagte, nur immer draußen stand und uns mit den Worten empfing: »Ist das nicht grandios?« Es stellte sich heraus, daß unsere beiden Begleiter nie in einem Stall waren, Dörfer nur aus der Ferne von der Autostraße her kannten. Auch jetzt waren sie nicht zu bewegen, in die Hütte eines Brigadiers einzutreten. (Darüber mündlich!) Wenn ich erst Achtung, etwas Achtung wenigstens vor bondi-batschi hatte, der viel weiß und zwölf Sprachen spricht, so ist sie hier einfach zuschanden geworden. Was sind das doch für einseitige Menschen! Sie reden über alles gescheit und kennen im Grunde von der eigenen Anschauung her die primitivsten Dinge nicht. Sie fressen und leben, aber sie kennen die Entstehung der Nahrungs- und Gebrauchsgüter nicht. Kann man da noch von »gebildeten« Menschen sprechen?

Ich werde nie die Geste vergessen, mit der mir der Brigadier in seiner Kate seinen neu erworbenen Wintermantel zeigte. So ein Kleidungsstück hat er bisher nicht besessen, nur aus der Ferne bei anderen gesehen. Ob Frau und Kinder schon solche Kleidungsstücke besitzen, war diesem Manne ganz unwichtig. Der Fortschritt offenbarte sich für ihn in diesem Kleidungsstück oder in zwei neuen Fahrradmänteln, die neben dem großen Mehlsack in der Vorratskammer hingen. In der Vorratskammer brüteten zu gleicher Zeit in Spankörben auch drei Glucken, eine Schrote Speck hing vom Balken und ein Korb Eier stand zum Verkauf bereit. Das war die Schatzkammer des Mannes. Für Mann, Weib (schwanger), eine achtzehnjährige Tochter und drei halbwüchsige Jungen waren nur zwei Betten vorhanden. Die Betten: Ein mit einem Leinwandlaken überdecktes Stroh.

Hier erst lernt man verstehen, was der Sozialismus für die Menschen bedeutet. Hier erst lernt man verstehen, weshalb diese Menschen die Führer des Sozialismus wie Heilige verehren, die ihnen den Himmel auf die Erde bringen.

An einem alten Lehmhaus als Schmuck die überbunten Bilder von Lenin, Stalin und Rakosi, und der rote Stern spielt eine ähnliche Rolle wie weiland das Symbol des Sterns von Bethlehem.

Meine Plauderzeit ist wieder abgelaufen. Heute wollen wir uns die Stadt Débrecen ansehen. Ich werde, wie immer, viel an Dich denken und mir vorstellen, daß Du bei mir bist, daß ich Deine Hand halte.

Sei mir gut, Schätzgen.

Laß Dich küssen von Deinem
Streichelkind.

Berlin, 10. 9. 53

Wo ist der Junge?
Wo ist das Söhnchen?

Hat ihn der Kuckuck aus dem Nest gestoßen, muß das
arme Meisenkind verschmachten?

Ich hör so lange nichts von Dir. Die Post kommt so un-
regelmäßig. Gestern nach vier Tagen der erste Brief. Heute
wieder nichts. Hast Du zwischen dem 31. 8. und 4. 9. nicht
geschrieben? Ich glaube, es sind Briefe verlorengegangen,
denn Du tust in dem letzten Brief so, als ob ich von Eurem Besuch in Stalinstadt wüßte und als müßte mir bekannt sein, daß mein erster Brief eingetroffen ist. Ich begreife nicht, daß meine Briefe so lange brauchen, bis sie in
Deiner Hand sind. Ich schicke sie immer per Luftpost ab.
Durch die schlechte Briefverbindung ist diese Trennung
so schwer. Man kann den anderen so gar nicht deuten und
erreichen. Bis jetzt konnten wir noch gar nicht »Antwort
geben« auf Gefühle und Gedanken.

Mein liebes Herz, Deine Briefe bringen mir großes
Glück. Ich fühl mit Dir die Schönheit Budapests und sehn
mich so zu Dir und dem großen Erlebnis hin. Welche
Stunden hätten wir beide auf dem Gellertberg bei der Zi-
geunermusik verbracht! Welche Feiertage wären dort für
uns gewachsen! Ich kann mich nur über die Ferne hin an
Deinem großen Gefühlsausbruch freuen; denn freuen muß
ich mich, auch wenn Deine Stunden von Wehmut getrübt
sind. Sie werden schon zu spüren sein, wenn Du auf Deine
Arbeit ausgibst, was Du jetzt aufnimmst.

Diese Wochen ohne Dich sind schwer, aber ich spüre
deutlich das Reifen, das sie mir bringen. Ich werde irgendwie fester, ich habe mich besser in der Hand, als ich es früher je vermochte. Das macht vielleicht die bejahte Verantwortung.

Je mehr unser Leben die Form gewinnt, die uns hilft, unsere Ziele zu erreichen, desto unwilliger werde ich gegen Verschwommenheit und Formlosigkeit.

Ich habe jetzt Heinz Kahlau, Jutta Deutscher und Tochter hier (seit gestern). Ich schalt mich für die spontane Zusage, die ich ihnen gab. Heinz ist ein begabter Junge, aber irgendwie derartig unkultiviert und gefühlsstumpf, daß er mich zur Verzweiflung reizen kann. Ich habe in meiner Naivität natürlich nicht damit gerechnet, daß er die ganze Zeit hier sitzen wird. Ich bin ihn in der letzten Zeit schon kaum noch losgeworden. Er hat ein paar Mal hier übernachtet, was mir natürlich gar nicht recht war. Weißt Du, ich habe mich zunächst gefreut, daß er sich wohlfühlt. Aber in dem Augenblick, wo er es als selbstverständlich empfindet, daß ich mich nach seinen Wünschen richte, ist für mich eine neue Einstellung da. Er benimmt sich wie der »Hausherr«, kommandiert die Christa herum, rennt durch sämtliche Zimmer; gestern hatte ich in der Wohnung keine Ecke für mich. Mir war das ganz intressant. Ich habe sie schließlich abends rausgeworfen aus meinem Zimmer. Ich hatte dringende Arbeit. Ich mußte 90 Seiten »Tinko« korrigieren, die ich heute liefern mußte. Vor allen Dingen habe ich, seit Du fort bist, ununterbrochen gearbeitet. Dienstag habe ich 900 Seiten Manuskript für die Jury abgeschlossen. Dann noch einen Artikel für die BZ geschrieben (dabei saß mir der Heinz schon auf dem Halse) und viel neue, termingebundene Arbeit wartet auf mich. Dann mußte ich noch die Christa gestern auf 8 Tage nach Hause schicken. Ich sitze also mit dreifacher Arbeit da. Nun, da stören mich seine Lümmeleien.

Jutta ist stiller, ihr mißfällt sein Verhalten auch. Dafür hat sie eine Tochter, die ungefähr doppelt so schlimm ist wie Ilja im Mai war. Nun, ich werde die Zeit schon überstehen; aber es wird mir eine Lehre sein, mich vor übereilten Entschlüssen zu hüten. Man kann mit wenig Menschen auf engem Raum zusammenleben. Und wir sind eigentlich ein bestimmtes Maß von Rücksicht aufeinander gewohnt. Ich möchte mich glauben machen, daß es eine Frage der Erziehung sei, wie man sich unter solchen Bedingungen verhält; aber ich glaubs nicht ganz. Ich werde den Gedanken nicht los: Kahlau hat sich bei uns von einem umhegten Gast zu einer Wanze entwickelt, die ihre Gastgeber bis aufs Blut peinigen kann.

Vielleicht bin ich auch etwas überreizt und das macht mich hart in meinem Urteil. Vielleicht streichst Du etwas davon ab, damit der Heinz nicht gar zu schlecht wegkommt. Sagen wir: er ist ein netter, guter Junge, wenn man ihn einmal im Monat sieht und sich seine neuen (wirklich echten) Gedichte anhört. Aber um einen Menschen jeden zweiten Tag 6 Stunden zu sehen, muß man nach ihm verlangen, muß man ihn lieben.

Mein lieber Junge, ich war so mitten in schönen Lebensplänen, in Vorfreude auf den kommenden Winter, wachsende Arbeitsbegeisterung erfüllte mich, und nun hab ich einen so schweren Kummer:

Wenn nicht alles trügt, will sich wieder ein Kind einstellen. Ich bin ein bißchen wehmütig: was nützt mir nun, daß ich es dieses Mal nicht gewollt hab, daß ich gewarnt hab?

Ich werd einen Großteil meiner wiedergewonnenen Kräfte investieren müssen, um damit fertig zu werden. Meine Arbeit wollte mir ein paar Tage nicht recht gelingen. Aber es war nur kurz; es wird schon so oder so eine Lösung geben. Ich werde in den nächsten Tagen zum Arzt gehen, vielleicht hat es auch andere Ursachen; aber ich glaub's nicht. (Eben lacht der kleine Erwin und macht mich wieder ganz froh.)

Mir wär sicher leichter, hätt ich Dich hier. Aber Du

mußt nicht denken, daß es ist, wie im vorigen Jahr: Auch
das nehme ich auf, als etwas Überbrückbares, das einem
keine Berechtigung gibt, sich vom Eigentlichen ablenken
zu lassen. Und das Notwendige und Unumstößliche bist
Du, ist meine Arbeit, die immer ernsthafter geleistet werden soll.

Lieber, verzeih, daß der große Aufschwung des Gefühls
diesem Brief fehlt. Er verleiht mir aber täglich die Kraft,
mit guten Gedanken und ganz nach meinen Plänen und
in der alten Sicherheit zu leben.

Mein lieber Mann, ich lieb Dich so sehr, daß ich auch
trotz dieser neuen Schwernis in der kommenden Zeit so
für Dich sein will, wie Du mich brauchst und wünschst.
Nicht wahr, da gibt es keine Frage? Du sollst nicht noch
einmal so ein schlimmes Jahr haben und vereinsamen.
Deine Kraft soll durch mich wachsen, damit Deine Arbeit
gedeiht, damit der Sohn »Tinko« wächst, der mich gestern
beim Korrigieren so gerührt hat, er mir wieder neu ans
Herz gewachsen ist.

Ich verlange nach Dir, ich warte auf Dich. Ich wünsche
Dir gute, reiche Tage.

Deine Eva

Débrecen, 12. Septbr. 53

Schönsliebchen!

Ich könnte weinen. – Den ganzen Morgen lang denk ich
an unsere erste Begegnung in Potsdam und an alles Schöne,
was uns bisher daraus erwachsen ist. Niemals hätte ich
damals geglaubt, daß ich mich verändern könnte, daß
anderthalb Jahre später mein ganzes Fühlen und Denken
nur um Dich kreisen wird – Tag und Nacht, Nacht und

Tag. Ich glaube, einmal, in einer guten Stunde, werde ich mit Kubsch über meinen damaligen Zustand und meine Äußerung sprechen müssen, um sowohl bei ihm, als auch bei mir die leidige Erinnerung daran etwas zu verlöschen.

Manchmal betracht ich auch meine damalige Äußerung zu Irmgard Pokrant auf der Rückfahrt als eine Art Hellsichtigkeit. »Das wird entweder meine ganz große, letzte Liebe oder mein Untergang in der Liebe.« Mein Verstand hat damals, wie ich heute genau weiß, an diesen Ausspruch nicht geglaubt. Mein Gefühl aber muß so wach und so weit vorn und voraus gewesen sein, daß es den Verstand zum nachhinkenden Bettelmann machte.

Auch in Schmalenberg zwackten mich die Zweifel noch sehr oft. Jetzt kenn' ich das nicht mehr. Es gibt für mich kein Leben mehr ohne Dich. Du kannst mich nur noch töten! Alle meine Gedanken, die um die Zukunft kreisen, enthalten Dich und immer wieder Dich. Ich werde, wenn ich zurückkomme, schlimmer als der Ilja in seinen schlimmsten Tagen sein. Keine Minute unserer freien Zeit, nehm ich mir vor, ohne Dich zu verbringen.

Das wird das Positive der ganzen Ungarnfahrt sein: Ich weiß nun ganz und gar, wie ich Dich liebe, was Du mir bist und daß es ohne Dich für mich nichts mehr gibt.

An solch eine Liebe habe ich früher einfach nicht geglaubt. Ich hielt sie, nach meinen Erfahrungen, für eine Erfindung von Dichtern, Traum, Unerlebtes. Jetzt erst wird mir klar, was Du schon zu Anfang unseres Füreinander sagtest: Man kann als Dichter keine Liebe schildern, wenn man sie nicht erlebt hat. Alles, was ich bis zu Dir von der Liebe erfahren habe, war einseitiges Phantasiegebilde, zu dem ich kein Zutrauen haben konnte. Es war – verzeih den harten Ausdruck – eine Art Liebesonanie – eine Liebe zu erträumten Frauen. Nur der Rohstoff war oft vorhanden. Alles andere mußte ich selbst hinzutun und leisten. Das konnte auf die Dauer nicht anders ausgehen, als es bei mir auszugehen drohte. Jetzt erst weiß ich, wie arm ich ohne Dich war. Ich vergehe vor Freude und Bewunderung für Dich, wenn ich daran denke, wie sicher Du vom ersten Mich-Sehen an wußtest, was mir fehlt.

Gestern war der erste Tag, an dem ich Dir keinen Brief schrieb. Nicht, weil ich nicht an Dich dachte, sondern gerade umgekehrt. Ich konnte nicht mit dem Ansturm meiner Gefühle für Dich fertigwerden. Ich war krank, ganz krank. Diese schleppenden Tage von Débrecen werden mich später wie ein Alptraum verfolgen. Stell Dir vor: zwei ausländische Schriftsteller in Neuruppin. Wie ein Wanderzirkus, der zwei besonders rare Exemplare von Affen mit sich führt. Man kann keinen Schritt auf die Straße tun, ohne nicht ausgereckte Hälse, sich schüttelnde Jungfrauen usw. zu sehen. Im Hotel ist unser Tisch umlagert von Zeitungsreportern, neugierigen Studenten, Universitätsprofessoren, die in deutscher Klassik schwelgen.

Gestern abend ließ man im Speisesaal vor dem Abendessen, wo ich nach drei Seiten hin Fragen beantwortete, endlich einen sich hartnäckig durchsetzenden jungen Mann zu mir heran. Ich hatte ihn schon eine ganze Weile bei seinen vergeblichen Versuchen mit Seitenblicken beobachtet. Es war ein junger Mann von der Zeitung. Er versicherte der Dolm und bondi-batschi, er wolle mir nur ein deutsches Gedicht aufsagen und werde dann aber auch sofort wieder gehen. Ich sähe aus wie Goethe, und er müsse mir das Gedicht unbedingt sagen. Ich muß ehrlich sagen, daß ich eine Art Provokation vermutete, denn auch das kommt vor, besonders bei betrunkenen ehemaligen Horthy-Hitler-Soldaten. Ich machte also gute Miene. Der junge Mann war nicht betrunken. Um die übrige Gesellschaft nicht zu stören, flüsterte er das Gedicht etwa so:

Leuse züht durch mei Müt
lübichnes Läute,
   klünge klei Fgühling-Lüd … usw.

Ich war trotz meiner üblen Laune etwas gerührt. Er wußte nicht, daß es sich um ein Liedchen von Heine handelte. Vielleicht täusch ich mich auch. Vielleicht wollte er mich wirklich prüfen, ob ich etwas von Heine weiß. (Auf der Universität, die wir gestern besuchten, wurden wir immer wieder nach Heine gefragt, und ob er bei uns noch unterdrückt werde!)

Jedenfalls sang ich dem Manne zu allem Überfluß auch noch die Melodie vor. Bei der zweiten Strophe versuchte er mitzusingen. Die Gesellschaft an unserem Tisch und an den Nachbartischen begann aufzumerken. Wir bekamen beide Applaus.

Solche merkwürdigen Dinge geschehen hier. Ich weiß nicht, ob ich Gulliver im Reiche der Zwerge oder Onkel Dichter bin, der einen Kindergarten besucht.

Im Vordergrund aber steht immer die Sehnsucht nach Dir, nach meiner Arbeit, nach meinem Zuhause, das ich nun wirklich auf der Welt hab. Auch das habe ich nie in meinem Leben so gespürt.

Bleib mir lieb, mein Schatz. Ich fahr jetzt einigen (?) Briefen von Dir entgegen. Das hält mich hoch.

Lange, lange Küsse
Dein Lubko

Berlin, 12. 9. 53

Mein Liebster, mein einziger Mann!

Wie ich Dich herbeisehne, wie ich nach Dir verlange! Die Welt verarmt von Tag zu Tag mehr, und der einzige

Reichtum, der mir für die Trennungszeit von Dir bleibt, die Briefe, ist seit Tagen ganz versiegt.

Schatz, was ist, schreibst Du nicht, oder erreicht mich die Post nicht? Wieder sind vier Tage vergangen ohne ein Zeichen von Dir. Wie traurig mich das macht, in welche Ungewißheit und Leere falle ich!

Ich hab solche Sehnsucht nach Dir, ich werd bald krank. Jetzt erscheint mir die Zeit, bis wir uns wiedersehen, unendlich! Ich versuche, mir den Tag auszumalen, an dem ich Dich wiederfind, – die Sekunden, bevor der Zug einrollt, die schlimmsten und schönsten Augenblicke, die ich schon oft durchlebte, wenn ich Dich auf dem Bahnhof erwartete. Ich nehm mir vor, alle Leute zu verjagen, zu sagen: »Ist mein Erwin, geht weg von ihm.« Dann nehm ich Dich an die Hand und hol Dich nach Haus. Ich will Dir's so schön machen und will so lieb sein, daß Du gleich heimfindest.

Mein guter Junge, ob Dich mein »Kummer«-Brief von vorgestern inzwischen erreicht hat? Liebster, der Kummer ist inzwischen vergangen. Hätt ich doch nur noch zwei Tage länger gewartet, dann hätt ich Dich nicht zu beunruhigen brauchen. Aber das quälte mich schon acht Tage, da mußte ich Dirs erzählen, damit mir leichter wird. Verzeih die zwei Tage Unruhe, ich machs nicht wieder, Liebster!

Eine Menge Unruhe und Zeit ist mir dadurch erspart, ich will die Kräfte auf andere Art gut nutzen! Nun freu ich mich doppelt auf Dich, denn die Ungewißheit hatte sich vor unser Wiedersehen geschoben, es verdunkelt. Welch ein Gefühl mich befällt, wenn ich an Dich denk, kann ich nicht beschreiben. Ich bin so eifersüchtig auf alles, was von Dir ist, ich geb nichts aus der Hand. Der Boris nimmt sich manchmal von Deinem »guten« Tabak; ich könnt so bös werden, weil er nicht merkt, daß mir das weh tut. Der Heinz Kahlau hat immer den großen Aschenbecher genommen (Du weißt, die polnische Schale), sie stand immer bei mir, er holte sie sich wieder. Ich hab ihm einen anderen Napf gegeben, ich lieb das unscheinbare, schwarze Ding so, weil von Deinen schönen, ruhigen Händen Spuren daran sein müssen. Wenn Du nur in einer Arbeitspause Deine Pfeife an ihrem Rand erst wieder ausklopfst! O Liebster, Liebster! Ich glaub, der Besuch stört mich so, weil er mich so hindert, mit Dir allein zu sein, weil er »unsre Wohnung« anfüllt, die so reich ist von unserem Glück. Wie ich mich auf die Wintertage mit Dir freu! Schatz, wir wollen diesen Winter so stark leben, wie wir nur können: viel arbeiten, erleben, aufnehmen und uns so innig warm lieben wie nie. Wie gut ist doch alles bereitet für unser Glück! Diesen Winter werden wir nicht als Nomaden auf der Straße und in finstren Kneipen erleben, wir werden helle, warme Tage haben, werden uns ungestört einigeln können, niemand darf uns stören. Ach, ich schreib mich immer mehr in Sehnsuchtsstimmung! Wenn Du doch nur früher kommen könntest; wie ist es damit, Du schreibst gar nicht mehr davon? Brecht ließ heute durch Käthe anfragen, wie es damit steht. Er hat zwei Mal telegraphiert; aber anscheinend keine Antwort erhalten.

Heute ist ein Brief von Peter an uns gekommen – ich hab ihn aber erst bruchstückweis entziffern können. So eine Schrift hab ich noch nie gesehen! Sie ist genau so eigenartig, verschroben wie Peter. Kennst Du sie? – Ich werde gleich noch einmal versuchen, den Text zu lesen. – Bis auf einige Worte habe ich den Brief jetzt entziffert. Peter scheint seine unglückliche Stimmung nicht loszuwerden; er versucht zu arbeiten – aber 300 Blatt Papier sind schon in den Korb gewandert. Er schreibt, er wird die Schreiberei an den Nagel hängen und sich daneben! Aber noch hofft er. Ich habe den Eindruck, daß er dort ziemlich am Rande des Geschehens bleibt, daß er wenig finanzielle Bewegungsfreiheit hat und auch keine Initiative, sie sich zu verschaffen. Er sitzt irgendwo in einer Kleinstadt und lebt ein abgerundetes bürgerliches Leben mit.

Schade, daß man seine Adresse nicht hat, ich würde ihm sonst schreiben.

Mein Liebchen Zarthaut, bist Du noch so schön, lieb und gut wie früher? Ist alles noch da – Augen, Mund, Hände und die Gebrüder Fuß? Wenn ich doch wenigstens einen Herrn Fuß hätte, mich mit ihm zu unterhalten, ihn zu streicheln und zu drücken! Ich bin so voll Angst, die Zeit ist so lang, es kann so viel geschehen inzwischen. Ich kann Dich so schlecht finden in meinen Gedanken, weil ich nicht weiß, wo Du bist, weil ich keine Post bekomme; und weil Du mir bisher auf keinen Brief geantwortet hast. Deine letzte Nachricht ist zehn Tage alt! Das darfst Du nie wieder tun, mich allein lassen. Ich kann zwar gut arbeiten und es ist schön, überall zu spüren, wie Menschen auf meine Hilfe für ihre Arbeit rechnen, aber leben kann ich ohne Dich schlecht. Die Tage gehen so gleichmäßig und still dahin, auch unfroh, meine echte Freude, die mich zum Hüpfen und Strahlen bringt, bist Du. Nur gut, daß ich mein kleines Lubko hab! Er erinnert mich immerzu an Dich, das Bürschlein bekommt jetzt Deine Haare; wenn die Sonne auf seinen Kopf fällt, entzündet sie ein richtiges Rotgold wie bei Dir. Du warst also doch ein braver, lieber Mann! Der Kleine wird eigentlich ganz, wie gewünscht, – nur ist er eben kein Mädchen. Aber mir ist viel lieber, einen zweiten guten Jungen zu haben, wie Du bist. So schön kann ein Mädchen nie sein!

Mein Liebster, diesen Gruß schreibe ich am Sonntagmorgen. Wie sehr hoff ich, daß er mir Gutes von Dir bringt. Wie traurig, wenn er wieder leer bleiben sollte!

Mein lieber, einziger Mann!

Komm bald zurück, ich warte.

Deine Eva

Budapest, 13. Septbr. 53

Du Gefühllose, Du!

Das hättest Du nicht tun sollen. Voller Vorfreude, daß ich zumindest nach fast einer ganzen Woche Abwesenheit einen Brief von Dir in Budapest vorfinden würde, kam ich gestern gegen Abend aus Débrecen, wo ich Dir (auch aus Vorfreude) einen Liebesbrief schrieb. Wie tief fiel ich, als nur Loest mit Post »gesegnet« war, und ich leer ausging. Als ich enttäuscht mein Zimmer betrat, flammte die Hoffnung noch einmal auf: Das Bücherpaket war angekommen. Ich riß es entgegen meiner Art auf – und die Enttäuschung war noch größer. – Wenn ich mich nicht vor dem »Katzenjammer« und der Unlust zu leben, die einem nach solchen Exzessen befällt, gefürchtet hätte, würde ich mich sinnlos betrunken haben. So verbrachte ich eine traumschwere Nacht mit der leisen Hoffnung, am Sonntag (heute) einen Gruß von Dir zu erhalten. Fast feierlich ging ich heute morgen beim Portier nachfragen: »Sonntags nichts Poscht«, wurde mir erklärt. –

Jetzt wird es langsam Abend. Ich bin heute frei. Den ganzen Tag lieg ich auf meinem Zimmer und stier die Decke an. Bis jetzt war ich außerstande, Dir auch nur ein liebes Wort zu schreiben. Du kennst ja meine Verzweiflungsstimmungen genau.

Neunzehn Tage bin ich von Dir fort. Erst drei Briefe hast Du mir geschrieben. Was soll ich da denken. Bist Du krank? Sind die Kinder krank? Hast Du Christa heim geschickt und wirst nun mit der Arbeit nicht fertig? Mußt Du zuviel arbeiten, um Deinen Lebensunterhalt zu verdienen? Habe ich Dich beleidigt? Magst Du mich nicht mehr? Bist Du mir untreu geworden? Hast Du unsere Trennungszeit nicht überstanden? Hundert Fragen.

Obwohl ich nicht wünsche, daß Du je ohne mich ins Ausland reist, möchte ich doch, daß Du es einmal erleben solltest, im Ausland so lange ohne einen Gruß von Deinem liebsten Menschen zu sein.

Meine Verzweiflung ist groß. Sie ist so groß, daß ich nicht einmal weiß, ob es sich noch lohnt, Dir eine liebe Zeile zu schreiben. Ich wähne Dich schon ganz anderswo engagiert. Meine Zeilen wähne ich mitleidig belächelt in Deiner Hand, während sich Deine Gedanken einer neuen Liebe zuwenden, die Dich überfallen hat.

Du mußt das verstehen. Diese »Wartezeit« im Ausland legt viele vergebliche und enttäuschende Wartezeiten aus der Kriegszeit bloß. Überall, wo man geht und steht, drängen sich Anklänge aus dieser Zeit nach vorn. –

Hättest Du mir doch nie gesagt, Du würdest mir jeden Tag schreiben! Als ich es anzweifelte, bekräftigtest Du es noch. Ich war so sicher, oft und liebe Post von Dir zu erhalten – Und jetzt ist mir zumut wie in meiner schrecklichen Rekrutenzeit, wo ich fast immer zuschauen mußte, wenn andere Post erhielten und sich freuten.

Ich versuche mich vergeblich damit zu trösten, daß unsere Genossen, die gezwungen waren, in Emigration zu leben, in dieser Hinsicht Schlimmeres durchlebt haben. Ich las zur Tröstung einen Brief von Fucik, den er seiner Frau und Gefährtin aus der Todeszelle schrieb. Alles das tröstete nur eine Weile. Zwar kann ich mir sagen: Du mußt nicht sterben, du bist weder in der Emigration, noch im Kriege, und die Qual wird in längstens zehn Tagen vorüber sein. Das alles kann ich mir sagen, aber ich kann nicht wissen (weiß es wenigstens im Augenblick nicht), ob ich mein Evchen so wiederseh, wie ich es verließ, ob ich wirklich das Glück, die Einmütigkeit wieder vorfinde, von denen ich stündlich träume.

Loest und die Dolm sind zum Fußballspiel. Sie interessiert sich zwar nicht dafür, läßt ihn aber (zu seinem Unwillen) aus Eifersucht nicht allein. Ich bin froh, wenn ich

allein sein kann. Jeden Tag muß ich mich aufs neue beherrschen, daß ich weder Grobheiten sage, noch ein paar
Ohrfeigen herunter haue. Ich habe selten eine so egozen-
trische, mit kleinbürgerlichen Ehrgeizen ausgestattete Frau
kennengelernt wie diese. Alles an ihr regt mich auf. Wenn
ich sie essen seh, möcht ich sie ohrfeigen, wenn ich sie singen hör, möcht ich sie schlagen. – Sie ist zwar nicht ältlich
(dreiundzwanzig wie Du) fast hübsch zu nennen (wie man
eine tote Schaufensterpuppe hübsch nennen kann), aber
sie hat einen für meine Begriffe so widerlichen Charakter,
daß man sie keinesfalls auf (ohnehin gequälte) Ausländer
loslassen sollte. Das fühlt sogar Loest, für den sonst alles,
was lange Haare und einen Rock trägt, Frau ist. Er hat
sich, wie ich Dir schon schrieb, am Balaton ein wenig mehr
als nötig um sie gekümmert. Sie muß ihn mächtig enttäuscht haben. (Ich glaube, sie wollte nur erreichen, daß
sie seine Übersetzerin für Ungarn wird, oder daß er ein
Gedicht über sie schreibt.) Nun eignet sich Loest zum Ge-
dichteschreiben und zu Umgangsformen, wie sie sie glaubt
beanspruchen zu müssen, wie eine Kuh zum Jodeln. Auch
er gesteht mir fortwährend, daß er sie züchtigen möchte.
Ist das nicht merkwürdig.

In dieser Umgebung läßt Du mich nun so allein und
ohne ein liebes Wort. Findest Du nicht selbst, daß das hart
ist?

Ich habe heute nur bittere Küsse für Dich. Hätt ich nie
damit gerechnet, daß Du mir schreiben wirst!

Dein böser Junge

Wenn Du mir nicht schreiben kannst, willst, magst, so gib
doch Christa den Auftrag, mir wenigstens jeden Tag drei
Zeilen zu schreiben. Das wär doch netter, als mich ganz
zu vergessen.

Budapest, 14. Septbr. 53

Du Untreue! (ungültig Str.)

Es muß Dir doch fast peinlich sein, wenn ich Dich jeden Tag mit einem Brief belästige. Mein Unwillen hat
während der letzten Nacht noch zugenommen. Wenn ich
heute keinen Gruß oder wenigstens eine indirekte Nachricht (das müßte sich doch ermöglichen lassen, wenn Du
mir selbst nicht schreiben magst) von Dir bekomme, habe
ich mir vorgenommen, nicht wieder zu Dir zurück zu
kommen. Soviel ich auch hin und her überlege: es kann
nicht mit rechten Dingen zugehen, daß Du mir nicht
schreibst.

Auch Brecht läßt nichts mehr von sich hören. Ich hatte
ihm geschrieben, er solle mich bis zum 15. September über
das Außenministerium zurückrufen lassen. Nun ist auch
diese Gelegenheit verpatzt, denn wenn jetzt der Abruf
kommt, wird man es hier mit dem Ausreisevisum ohne
Zweifel so lange hinziehen, bis ich meine vier Wochen und
mehr voll habe. –

Was mir am Sonnabend, als ich Dir den Liebesbrief
schrieb, noch wie ein großes Glück erschien, will mir jetzt
wie ein Fluch erscheinen: Ich habe mich ausgeliefert, wieder einmal (zum zweiten Male) ausgeliefert, mein Herz auf
den Händen getragen. Nun kann ich sehen, wie ich mit
dem, was dabei heraus kam, fertig werde. – Weshalb quälst
Du mich eigentlich so? Bist Du nicht mehr mein Evchen?
Hast Du so schnell vergessen, wie sehr ich Dir gehöre?
Kleine Unberechenbarkeiten war ich ja von Dir gewöhnt,
aber in dieser Richtung bisher keine.

Ich fürchte, ich werde krank. Das darf ich aber nicht. Man
würde hier den Ehrgeiz aufbringen und mich unter allen
Umständen wieder gesund machen wollen. Dann müßte ich
noch länger hier bleiben.

14. Septbr. (nachmittags)
Hier habe ich abgebrochen, weil mich die krankhafte Bitterkeit schier übermannte. Du wirst sagen: Ja, ganz mein Junge, wie ich ihn kenne; als ob in ihm der »Liebesaufzug« gerissen und in Tiefen gestürzt wäre. Genau wie seine Schmalenberger Aufzeichnungen vom Vorjahr. – Damit hast Du recht, nur mit der Einschränkung, daß zwischen den einzelnen »baisses« jetzt längere Zeitabschnitte liegen. Wär ich bei Dir, wär hier vielleicht gar kein Tief eingetreten, denn hinter aller Resignation und »flotten Aufgabe« steht ja eben gerade meine Liebe zu Dir. Ich weiß nicht, wie ich mich sonst retten soll, als durch eine so negative Eruption.

Sei nicht bös über den gestrigen Brief und über die vorstehenden Zeilen. Du sollst mich so sehen, wie ich (noch) bin und nicht anders. Es wird besser. Das fühl ich selbst. Ich benutze diese Redewendung nicht nur als Ausflucht.

Was war? Dein Brief vom 6. Septbr., also vom vorigen Sonntag war nicht weniger als acht volle Tage unterwegs.

Das nennt sich Luftpost. Schuld bist Du aber doch. Du bist eine kleine »Chauvinistin«, wenn Du glaubst, daß deutsche Buchstaben, die Dir in der Hitlerzeit eingedrillt wurden, auch jetzt internationale Gültigkeit haben. Wenn Du Glück hast wie bei dem vorletzten Brief, trifft er auf einen Postbeamten aus der habsburgischen Monarchie, der solche Mädchenfrau-Hieroglyphen (weiß der Deibel, wie es sich schreibt) entziffern kann. Wenn Du Pech hast, muß man damit erst zu einem Graphologen oder Schriftsachverständigen. Das war mit dem letzten Brief der Fall. Man mußte erst die Anschrift in lateinischen Buchstaben daneben schreiben. Wenn ich Deine Anschrift »verfremdet« lese, so heißt auch bei ganz gutem Willen und Kenntnis deutscher Buchstaben: »Buvagast« und »Hotal Astdrio«. Das ist ein bißchen stark, und ich glaube, daß es mit allen weiteren Briefen von Dir ähnlich gehen wird, bis Dich diese Mahnung erreicht.

Daß Du aber gerade schreibfleißig bist, kann ich auch trotz der obigen Entschuldigung nicht behaupten. Drei Tage Wartezeit ist wirklich viel zwischen zwei Briefen. Mit Unbehagen denke ich deshalb an die kommende Zeit, in der Christa nicht da und Besuch im Hause ist. So sehr ich mich über Juttas Besuch bei Dir freue, aber ihr Mädchen ist eine unerzogne »Quirle«, die Bücher und Zeitungen zerreißt. –

Da werd ich schön schmachten können! Ach, Schatz, wär die Zeit nur herum. Es ist die härteste Sehnsuchtsprüfung meines Lebens, weil ich eigentlich, wie mir jetzt aufgeht, bisher nichts hatte, was meine Sehnsucht so herausfordert wie Du. Das übersteigt noch die Sehnsucht nach meiner Mutter, da ich als Elfjähriger das Haus der Eltern verließ.

Du bist in dieser Hinsicht bevorteilter; kannst Dir Deinen Tag einrichten wie Du magst, hast Deine richtige Arbeit. Ich werde durch meine Tage geführt wie ein Schaf und darf nur blöken: »Schön – ausgezeichnet.« In Wirklichkeit aber möchte ich mit den Füßen stampfen und brüllen: »Laßt mich endlich nach Hause und zu meinem Evchen. Ihr versteht alle nichts von mir!«

Schönen Dank, mein Evchen, auch wenn der Brief schon acht Tage alt ist. Ich werde jetzt abgeholt, um zu Peter Veres in die Wohnung zu gehen. Das habe ich doch durchgesetzt. Heute abend oder morgen in der Frühe komm ich wieder zu Dir.

Grüß Jutta, wenn sie noch dort ist, Heinz Kahlau und alle Freunde.

Und Du laß Dich küssen und drücken, ich kann nicht sagen, was alles.

Dein großer ausgebockter Junge

Budapest, 15. IX. 53

Liebe Schreibfaule!

Seit gestern endlich Dein vierter Brief eintraf, wie ich Dir schon schrieb, geht es mir innerlich etwas »ruhiger«. Die durchgehende Resignation und vor allem die peitschende Sehnsucht haben sich dadurch allerdings nicht vermindert. Wie oft zitiere und sehne ich Dich tagsüber herbei, spreche leise und auf meinem Zimmer auch laut mit Dir, wie ein Einsiedler mit seinem Gotte.

Du tröstest mich in Deinem letzten Brief so lieb, wie Du mich immer zu trösten und aufzurichten verstehst. Schlimm ist, daß ich nicht telefonieren, nicht wenigstens Deine Stimme hören kann.

Soviel bis jetzt bekannt ist, sollen wir am 26. IX. abreisen. Also noch 11 lange Tage! Runde vier Wochen behalten uns also die Kulturabkommen-Erfüller unter allen Umständen fest. Was red ich: Einen runden Monat. Wir haben uns ausbedungen, daß wir dann aber zurückfliegen wollen. Auch das wird uns wahrscheinlich gewährt werden, wenn wir nur ausharren und dem Institut keine »Schande« durch vorzeitige Abreise bereiten. (Jetzt gehn wir erst einmal zum Rundfunk-Interview. Gestern waren wir im Kinderbuch-Verlag und bei Peter Veres daheim).

(nachmittags)
Ein langes Rundfunk-Interview gemacht. Es soll nach Berlin überspielt werden. Vielleicht verfolgst Du in nächsten Tagen ein wenig das Programm, wenn Du Lust hast. Oder ruf einfach beim Rundfunk an und frag nach.

Ach Liebste, und nun ist wider Erwarten heute dein fünfter Brief eingetroffen. Das ist ja fast zuviel für mich Ausgestoßenen: zwei Tage hintereinander einen Brief von Dir. Und wie schön und gleichzeitig doch wieder »betrüblich« er ist!

Schatzel, weißt Du, ich habe Dir jeden Tag einen Brief

geschrieben. Es sind jetzt schon über zwanzig Briefe für Dich unterwegs. Bin ich nicht lieb? Nach meiner Rechnung sollte Dich ab Anfang September jeden Tag ein Brief erreichen. Ich will optimistisch sein und annehmen, daß sie noch verspätet eintreffen. Wenn sie nicht eintreffen, bin ich nur froh, daß ich so viele Briefe geschrieben habe; denn wenn ich so wenig geschrieben hätte wie Du, würde Dich ja fast keiner erreicht haben.

Luftpost geht »normal« fünf Tage, wenn die Anschrift lateinisch und deutlich oder mit Maschine geschrieben ist, sonst eben 8 Tage wie Dein letzter Brief. – Gewöhnliche Post geht 8–9 Tage nach meinen Errechnungen. Ein Mensch fährt etwa 24 Std. von hier nach Berlin und umgekehrt, und ein Brief braucht so lange. Das ist toll, und ich bin nur froh, daß wir in 11 Tagen (jetzt sind es nur noch 10½, Liebste) nicht mehr auf die Post angewiesen sind.

Eben komme ich vom Besuch einer Kinderkrippe und eines Kindergartens. Ich mußte im weißen Mantel hindurchspazieren. Stell Dir vor, wie hilflos ich mir vorkam! Dabei wurde natürlich die Ansicht, daß wir wieder ein Kind haben sollen, potenziert und rebellierte mich.

Süßer Schatz, ich bewundere Deine Stärke, die gerade diese entsprechenden Stellen Deines heutigen Briefes (vom 10. IX.) ausströmen. Du wächst, wächst beständig in meinem Herzen. In Deiner Liebe ist man ein Gefangener. Eine süße Gefangenschaft. Immer muß ich es wiederholen: Das ist mir nie in meinem vierzigjährigen Leben begegnet, auch in der ersten Liebe nicht, die bisher für mich oft das (einseitige) Muster war. Wie soll ich es nur beweisen, was Du mir bist. Arbeiten, Großes für die Menschheit schaffen, Dich nie betrüben (Dabei hab ich's im gestrigen Brief erst getan, nicht? Ich seh Dich lieb und verzeihend lachen, so wie es nur Du kannst.) oder beleidigen, schön. – Aber um Großes, immer Größeres zu schaffen, brauche ich eben

Dich, Deine Liebe, Deine Wärme, Dein Verständnis, Deine
Schönheit (innerlich und äußerlich), Deine Gesundheit,
Deinen Optimismus, Deinen Zuspruch – alles. Liebste,
Liebste, ich muß meine »Feindschaft« gegen ein weiteres
Kind wirklich anmelden. Freilich, sicher bin ich mehr schuld
als Du. Ich möcht, vorausgesetzt, daß ich dann noch soviel von Dir spüren könnte und würde, mich entmannen
lassen, um Dir zu beweisen, daß auch ich Opfer bringen
würde. Schatz, laß uns an unser gemeinsames Werk denken! Auch wenn Du Dich jetzt noch so stark fühlst, laß es
nicht sein. Ich glaube Dir sogar, daß ich auch dann nichts
an Liebe von Dir zu vermissen haben werde. Du hast es
bewiesen. Aber denk auch an Deine eigene Verwirklichung.
Wenn man ans Werk denkt, muß man menschlich manchmal hart sein.

Wart nicht zu lange. Geh zu der Ärztin, die Dir das vorige Mal sagte: »Weshalb sind Sie nicht früher gekommen?«
Oder besprich Dich mit Ingeburg. Oder seid Ihr uneins
miteinander nach dem Boris-Krach?

Ich weiß, daß Du mich vielleicht belächelst, aber versuche mich doch zu verstehen. Wir haben beide Kinder genug und so lange ich mich allen Jungen gegenüber in
Schuld befinde, kann ich einfach nicht ja sagen. Ich will
lieber, und wenn es mein Leben lang sein muß, auf eine
Tochter verzichten. Die Aussicht, eine zu erhalten, ist nicht
groß.

Nie würde ich Dich so inständig bitten, deine Gefühle
zurückzustellen, wenn ich nicht wüßte, daß auch Du im
Hintergrund Deine berechtigten Bedenken hegst. Sei vernünftig, mein großer Schatz!

Zu Heinz Kahlau usw. schreib ich Dir morgen. Ich hätte
große Lust, dem Bengel einen »flotten« Brief zu schreiben.
– Da brauche ich mich nicht zu wundern, wenn ich keine
Post von Dir bekomme, wenn er Dir auf der Schürze sitzt.

Sag ihm in meinem Namen, er möge sich seiner Plumpheit schämen! Sag ihm ruhig offen Deine Meinung. Solche Menschen brauchen das. Sonst tue ich es.

Du liebe, liebe Eva, könnt ich doch erreichen, daß jeder meiner Briefe einen Gegenbrief von Dir auslöst. Den letzten Brief schick bitte, wenn Du ihn per Luftpost abgehen läßt, am 20. Septbr. ab. Dann erreicht er mich gerade einen Tag vor der Abreise. Ich möchte nicht, daß Deine lieben Briefe in der Welt umher irren.

Duuu, wenn ich komme! Das soll aber ein Liebesfest werden. Selbst, wenn ich Dich nur anschauen, Deine Hand halten, bei Dir liegen und nicht stürmischer sein dürfte, wäre ich zufrieden. Ach, Liebste!

Ich will noch schnell den Brief zur Post bringen. Er soll per Luftpost reisen, damit Du ihn früher hast. Er wird einige andere überholen.

Dann haben wir Abendprogramm: Gestern sahen wir einen packenden italienischen Film »Rom, 11 Uhr«. Ich wünschte, man würde ihn auch bei uns vorführen, damit ich mit Dir darin sitzen könnte und nicht mit einer Übersetzerin, die aus dem Mund stinkt.

Heute werden wir wieder am Abend mit Künstlern zusammen sein. Gemalt soll ich nun wohl doch noch werden. Die verrückte Malerin hat sich die Erlaubnis beim Außenministerium eingeholt. Es muß ja alles offiziell gehen! Ich habe mir inzwischen sagen lassen, daß die Malerin etwas kann, und daß es nicht nur eine »Schnapsidee« ist. Am Sonntag habe ich mich nämlich nicht hinbringen lassen, wie ausgemacht war, weil ich so postlos und zertrübt war und mit meinem Evchen-Kummer allein sein wollte.

Schatz, Schatz, Schatz,

sei vernünftig und stürz mich nicht in neue Ängste. Wir sind gerade so schön heraus. Ich will Dich auch jeden Tag

lieber und lieber haben, und wenn ich zerspringen oder irr-
sinnig vor Liebe zu Dir werden sollte.

Immer ganz, ganz Dein Lubko

und großer Junge

Willst Du Küsse?

Ich hab viele hier, die kann ich Dir immer leichte geben,
Duuu!

Budapest, 16. Septbr. 53

Liebes Herzkind!

Ich mußte den Luftpostbrief, den ich gestern abend zu
Dir auf den Weg bringen wollte, wieder zurücknehmen.
Man braucht hier vorgeschriebene Umschläge für Luftpost, sonst werden sie (die Briefe) wie normale behandelt.
Da hast Du wahrscheinlich von mir keinen Luftpostbrief
erhalten. Ich brauche mich auch vielleicht nicht zu wundern, daß Brecht nicht auf meinen »Luftpostbrief« reagierte. Sprich doch einmal mit ihm telefonisch und erklär
ihm meine ganze Lage und wie kummerig ich bin, damit
er nicht falsch denkt.

Nun sind es wirklich nur noch 10 Tage bis zu Dir. Mir
wird schon richtig feierlich zumute, wenn ich an die Heim-
fahrt denke. Die Hinfahrt hat mich fast

[Brief abgebrochen]

Budapest, 16. IX. 53

Allerliebster Schatz!

Dein fünfter und vierter Brief endlich eingetroffen.
Mein Vorwurfsbrief ist ungültig, wenn er kommt. Schuld
bist Du, weil Du mit deutschen Buchstaben Adresse
schriebst. – Am 20. Septbr. bitte letzten Brief einstecken,

dann erreicht er mich einen Tag vor Abfahrt am 26. IX. 53. Wir fliegen wahrscheinlich zurück. Deine »Luftpost« war stets 6–10 Tage unterwegs, wahrscheinlich, weil Du nicht vorgeschriebenen Umschlag benutztest. Ich hab Dir bis jetzt jeden Tag einen Brief geschrieben. Das kann ich immer leichte, weil ich mein Evchen so lieb hab.

Kahlau schmeiß raus, wenn er sich nicht anständig benimmt. Ich bin empört. Schließlich hält er Dich noch ab, mir zu schreiben, während ich hier nach jeder Zeile lechze. Wie?

Schatzel, unsere Tochter darf noch nicht kommen. Sie soll warten. Jetzt steht unser gemeinsames Werk im Vordergrund. Da muß man auch einmal hart sein können, sich nicht nur Gefühlen überlassen, auch den Verstand sprechen lassen.

Warte nicht zu lang. Geh zum Arzt, zu der Ärztin, die Dir damals sagte: »Weshalb kommen Sie so spät?« Oder besprich Dich mit Ingeburg. Seid ihr verkracht?

Versteh mich bitte richtig, meine Schöne: Alle unsere künftige Arbeit wird ein gemeinsames Werk sein, denk ich. Das ist mir in der Trennungszeit erst so richtig klar geworden. Du mußt an Deine Entwicklung denken. Sie darf noch nicht abgeschlossen sein. Wir haben augenblicklich Kinder genug. Schatzel, sei brav und tapfer. Ich weiß, daß ich auch bei einem dritten Kind keine Liebe von Dir einbüßen würde. Du bist so groß, hast es bewiesen. Wir wollen unsere (besonders aber Deine) Kräfte nicht nur in Kinder stecken. Leg mir das alles nicht unlieb, roh oder egoistisch aus.

Ich freu mich ja so auf Dich, meine Schöne, Liebe. Du sollst doch auch schön bleiben. Ich will auch noch viel lieber zu Dir sein, als ich es bisher war.

Ich treff mich in zehn Minuten mit Örkeny und werde Deine Grüße mit geheimem Stolz auf Dich ausrichten.

Ich bin Dir ja so gut. Lange, lange Küsse, mein Evchen von Deinem großen Jungen mit der großen Sehnsucht.

Berlin, 16. 9. 53

Liebster Mann!

Die Sehnsucht, die Sehnsucht hält an. Deine Briefe stillen sie nicht, sie fachen sie nur noch an. Wie ich bei Dir sein, mit Dir erleben möchte! Wie schön sind Deine Briefe, wie reich machen sie mich! Der Reichtum, der aus einem Erleben entspringt, ist nie so groß wie der, den man aus der richtigen Betrachtung, aus dem Einordnen gewinnt. Das zeigen mir Deine Briefe deutlich. Keine Schilderung der Naturschönheiten, keine Beschreibung irgendwelcher Zustände könnten mir einen so guten Einblick in Land, Leute und Deine Erlebnisse mit ihnen geben, wie Deine Gedanken, die Du mir über das Erlebte schenkst. Wie sehr angereichert hat mich Deine Begegnung mit dem Brigadier und der Schatzkammer in der Lehmkate! Ich hatte heute ein Erlebnis, bei dem mir vor Scham und Schande die Tränen kamen: Am Vormittag klingelt es; zwei alte Arbeiter wollen fragen, ob in der Kammer der Luftschacht in Ordnung ist. Der Eine schaut nach – erst, nachdem ich ihn aufgefordert habe, hereinzukommen. Der Andere, älter (ungefähr 60 Jahre) bleibt draußen stehen. Dann haben sie sich bedankt, daß sie nachsehen durften, der kleine Alte in einer so devoten Haltung, etwas vorsichtig, ungläubig über meine Freundlichkeit, mich anstaunend, mit kleinen ungeschickten Kopfverbeugungen abgehend. Ich hab mich so geschämt, daß wir diesen Arbeitern immer noch als Menschen aus einer anderen Welt erscheinen, daß sie gar keine Brücke zu uns sehen.

Wie lange Zeit wird es noch dauern, bis alle Menschen

das Bewußtsein ihres Wertes und ihrer Würde erwerben!

Wie viel werden wir tun müssen, um diesen Menschen die Lebensbedingungen zu erschaffen, die sie auf ihr Menschsein stolz machen!

Ich denke so: Uns hat der Sozialismus viel gebracht, ja alles. Wir sind nichts ohne diese Republik. Aber hat er auch wirklich allen, die es durch ihre Arbeit verdient haben, schon einen solchen »Schatz« gegeben, hat er ihre Wünsche erfüllt, Neues gebracht? Vielleicht wäre man ruhiger, wenn man mit vielen arbeitenden Menschen sprechen, sie in ihrem Leben beobachten könnte. Vielleicht gibt es doch größere Entwicklungsschritte, als man in solchen Stunden annehmen möchte.

Etwas anderes erzählte Christa, die heute gut erholt aus Dünamünde zurückgekommen ist. Ein Mädchen, das mit meiner in Pfalzheim lebenden Tante entfernt verwandt ist, hat ein Kind von einem dreiviertel Jahr. Sie haben so eine kleine Kate (Bodenklasse 8), einen klapprigen Gaul, alte Rinder, die jahrelang angespannt wurden, kurz eine schlechte, armselige Wirtschaft. Davon leben fünf elternlose Geschwister. Das 20jährige Mädchen mit Kind führt die Wirtschaft. Christa hat mir beschrieben, wie sie das Kind gefunden hat, nicht aus Liederlichkeit allein, sondern aus bitterer Armut: In einem Hemdchen nur, ohne Bett- und Windelzeug. Christa hat dabei an unseren Kleinen gedacht. Auch ihr wurde der krasse Unterschied bewußt, der die Lebensanfänge dieser beiden Kinder bestimmt. Wie leicht läßt sich das sagen und schreiben: Der Sozialismus bietet allen Menschen die gleichen Möglichkeiten zur Entfaltung ihrer Fähigkeiten. Muß man sich nicht fragen: Was nützt der gute Gartenboden einer Pflanze, deren Wurzelwerk verrottet und verkümmert ist?

Ich denke so: an solchen Dingen kann man erst ermessen, welch eine große Aufgabe unsere Schule hat, um diese unterschiedlichen Startbedingungen zu überbrücken. Und wie sehr versagt sie oft noch!

Solche Eindrücke und Gedanken machen das Leben schwer, man möchte sehr viel mehr tun. Vor allen Dingen aber müßte man auf diejenigen einwirken können, die in unserem Staat eine neue Art von Dünkel und Distanz erworben haben und auf ihre Distinguiertheit von den arbeitenden Menschen stolz sind.

An all diesen Dingen, durch die vielen schweren Gedanken der letzten Monate wird einem erst klar, was Realismus eigentlich ist. Realismus, der sozialistisch insofern ist, als er an eine unaufhaltsame Entwicklung glaubt, der aber zeigt, daß wir erst Schritte auf dem Wege gegangen sind, – und mit welcher Blindheit und Unachtsamkeit oft! Realismus, der der Feind aller Jubilismen und Übertreibungen ist, die sich sozialistisch nennen. Liebster, da bin ich stolz auf Dich: In all Deinen Arbeiten bist Du Realist gewesen, hast nicht beschönigt, wenn Du auch in wenigen, über die wir oft gesprochen haben, mit unzulässigen Mitteln künstlerische Wirkung zu erreichen gesucht hast – was Dir mißglückte.

Besonders stolz bin ich auf »unseren« Sohn »Tinko«, ich les und les ihn immer wieder, lese auch anderen daraus vor und freu mich, wie es Dir gelungen ist, die Dialektik in künstlerische Gestaltung umzusetzen. Das Spiel und Gegenspiel, der Gefühlsaufschwung und Gefühlsturz, der Gegensatz zwischen Epischem und dramatischen Elementen – kurz, mir will scheinen, als wäre kaum eine Deiner Arbeiten von der Komposition her so glücklich. (da fällt mir ein: gestern schickte der »Sonntag« eine »Kritik« zum »Frühbeet« von einer Leserin Gertraude Witzemann. Jutta Deutscher meint, sie sei aus Spremberg. Ich werde das feststellen und darauf antworten. Ich hoffe, daß es Dir recht ist, das ist so dumm, so beckmesserisch, so völlig ahnungslos allem gegenüber, was Kunst heißt, das man mit ganz geringem Aufwand an Beweismitteln das hohe Pferd dieser Leserin zum Straucheln bringen kann. Der »Sonntag« findet die Kritik »interessant«.

Mein Liebster: das Leben wird unser, es wird schöner, so find ich in diesen Wochen, in denen mir die Trennung von Dir die Werte unseres Zusammenlebens ins volle Licht rückt. Laß es uns immer ernster, verantwortungsvoller und damit froher leben. Ich bin glücklich, daß ich Dich hab und lieb Dich wie nie. Ich warte! Eva

Budapest, 17. Sep. 53

Allerliebste Du!

Man versucht alles, um Dir näher zu sein. Nun versuche ich es mit dieser Art von Briefen, von denen ich annehme, daß sie schneller zu Dir reisen als die anderen.

Heute nacht haben sich Deine Bilder wieder Sehnsuchtsseufzer anhören müssen. Ich war so aufgewühlt. Ich versuchte, Örkeny von Dir zu grüßen. An Deinen früheren Mann konnte er sich nicht erinnern. Als ich ihm Dein Bild zeigte, wußte er sofort Bescheid. Tibor Dery, der daneben saß, sagte, das Bild betrachtend: »Eine schöne Frau, eine sehr schöne Frau.« Dann wurden Berliner Erinnerungen erzählt. Auch Dery war vor 33 in Berlin. Er spricht gut deutsch und war sehr gerührt, als ich ihm erzählte, welche Freude uns seine »Antwort« bereitet hat. Heute werden wir nun Pál Szabó treffen. Auf ihn bin ich am gespanntesten. Die Ungarn waren sehr erstaunt, wie gut ich in der ungarischen Literatur Bescheid wußte. Ich habe zwar nicht geblufft, aber meine Kenntnisse sind noch jung, und ich habe die Zeit des Hierseins ausgenutzt, mir diese Kenntnisse anzueignen. Von Sandor Nagy halten die meisten ungar. Kollegen nicht viel. Er ist ein Schoßkind schlechter Funktionäre. Mein Eindruck war anscheinend richtig. Ich weiß noch nicht, ob ich mich überhaupt mit ihm treffen werde.

Noch 9 Tage, mein Evchen! Gestern kam auch endlich ein zweites Telegramm von Brecht. Ich glaub aber kaum, daß es mir noch helfen wird, früher zurückzukommen. Das wäre zu schön! Ich denk mir beständig aus, wie unser Wiedersehen sein wird und wie schön wir's in der Zukunft haben werden. Hoffentlich gibt's keine Enttäuschung.

Gestern war ich hier auf einer landwirtschaftlichen Ausstellung. Die Sehnsucht nach Land und Tieren hat mich gepackt. Nächstes Jahr müssen wir uns unbedingt ein Fleckchen Erde beschaffen, wo wir uns Tiere halten können. Mit Dir zusammen verspricht das alles eine lockende Sicherheit. Du fühlst mit Tier, Baum und Blume so wie ich. Du wirst nicht nur »gnädig« auf meinen Spleen mit diesen Dingen herabschauen, sondern selbst mitten in sein.

Als Du mir schriebst, daß Du Jutta D. eingeladen hast, waren meine Bedenken sofort da. Ich äußerte sie auch leise im Brief. Bist doch eine kleine, naive Ungeschickte, was den Verkehr mit Menschen anbetrifft. Der Kahlau ist (und wird immer nur sein) nur »in Dosen« zu ertragen. Du solltest ihm aber wirklich offen sagen, was Dir an ihm mißfällt. Man muß ihn doch erziehen.

Gerade war Loest im Zimmer. Wir wollen heute einen energischen Vorstoß machen, ob wir nicht doch ein paar Tage früher fahren können. Er hat es auch satt, nachdem er gestern wieder von einer »großen Liebe« enttäuscht wurde, die sich als Dirne entpuppte. –

Ich kann gar nicht mehr vernünftig konzipieren bei der Aussicht, daß ich doch früher zu Dir komme, als gedacht. – Du wirst mich tagelang bei der Hand führen müssen wie einen kleinen Jungen, der Angst hat, daß die Mutti wieder fortgeht.

Heute haben wir unsere alte Dolmetscherin Gott sei Dank zum letzten Male. Wir haben uns über sie beschwert und machen überhaupt dem Institut ein wenig Kopfzerbrechen.

Morgen kann ich Dir vielleicht Genaueres über unseren wirklichen Abreisetermin mitteilen. Laß Dich wild küssen und drücken, gib mir Deine Hand

Dein Lubko

Budapest, 18. IX. 53

Lieb Evchen!

Den gestrigen Abend verbrachten wir also mit Szabó Pál. Er kam etwas später am Treffpunkt an als wir. Im Restaurant herrschte Trubel, Tanzmusik. Die Dolm kennt Szabó nicht. Sie hatte Bange, daß wir ihn nicht finden. Ich erkannte ihn aber sofort, als er eintrat. Man wollte mir nicht glauben. Zum Beweis ging ich auf ihn zu, nannte seinen Namen. Er stimmte. Er lächelte verlegen. Er versteht nicht deutsch. Wir konnten uns nichts sagen. So schleppte ich ihn stumm an unseren Tisch. Die Dolm war weggegangen, um sich »schön« zu machen. Wir saßen uns am Tisch gegenüber und redeten freundlich aufeinander ein, ohne ein Wort voneinander zu verstehen. Wir studierten nur die Mienen und die sich im Gesicht spiegelnde Herzlichkeit voneinander.

Nach dem Bilde, das wir daheim haben, hatte ich mir einen etwas schweigsamen, fest in sich ruhenden Mann vorgestellt. Ich sah einen temperamentvollen, etwas nervösen, fast hastigen Dorfbürgermeister. Er ißt hastig, schlingt fast. Er hat schnelle, fahrige Bewegungen, spricht schnell, keckert, wenn er lacht. Er lacht gern, aber sein kurzes Auflachen hinterläßt keine Entspannung, keine Wellen des Nachfreuens auf dem Gesicht. Er hat schöne schlanke Hände, die etwas ihnen durchaus gemäßes tun, wenn sie schreiben. Der ganze Habitus des Pal ist jedoch der des Bauern. Während Peter Veres den Typ des wohlbestallten Mittelbauern darstellt, ist Szabo der hastig und viel arbeitende Kleinbauer, der schnell ißt, um bald wieder an die Arbeit gehen zu können; der Typ also, den wir mit »Rakker« bezeichnen.

Über den Verlauf des Abends erzähl ich Dir, wenn ich komme, nur etwas Hervorstechendes aus dem Gespräch noch schnell: Ich hatte ihm gesagt, daß uns (Dir und mir) sein Liebespaar, der rote Goz und Marikka so gut gefallen habe usw. Er sagte: »Um so ein Liebespaar darstellen zu können, muß man selbst sehr verliebt sein und lieben und eine liebe Frau haben. Ich habe eine liebe Frau, deshalb konnte ich das schreiben.« —

Ich hätt am liebsten gesagt: Ich hab auch eine und werde noch eines Tages ein besseres Liebespaar in die Literatur bringen.

Plötzlich ist der Tag der Abreise ganz nahe. Die Visa sind fertig. Wir haben uns mit L. verbündet und sind ganz energisch vorgegangen. Gleich werde ich Dir unsere genaue Ankunftszeit mitteilen. Ich muß nur noch eine Besprechung abwarten. Wir fliegen und kommen auf dem Flugplatz in Schönefeld an. Vielleicht kannst Du mit dem Schriftstellerverband kommen. Er bekommt ein Telegramm, damit er uns abholt.

Wir fliegen Montag ab. Abfahrtzeit hängt vom Wetter ab. In fünf Stunden sind wir in Berlin

Gute, Liebe, Süße

ich bin bald bei Dir.

Viel Küsse
Dein großer Junge.

[7. 10. 1953]

Liebes Herz!

Wenn ich nicht da sein sollte, wenn Du fortgehst, nimm die vielen Küsse und Händedrücke, die ich Dir hier gebe. Mein Liebko, noch einmal: verzeih, denk lieb an mich, ich werde in Gedanken in jeder Sekunde bei Dir sein.

Lieber, der Tag heut soll so werden, wie Du wünschst. Ich werde in Dich hineinhorchen und versuchen, die Stunden schön zu machen.

Mein guter, »großer« Würdenträger ich bin Dir lieb, sei Du's auch wieder.

[o. D.]

Liebko, Lubko Liebherz!

Ich hoff zwar, Dich noch zu sehen, bis ich wieder fort muß, aber ich will Dir doch rasch einen Gruß schreiben. Sei mir lieb und kein trauriger kleiner König, ich lieb Dich nicht zu wenig.

Ich hab Dir Dein Geld gebracht, die zwanzig Mark hab ich mir wieder genommen. Morgen bekommst Du die 350 Mark. Ich hol sie früh.

Deine liebe Eva

1954

Liebste

Ich grüß Dich schön. Es fällt mir schwer, nicht zu schreiben, aber der Geldmangel zwang mich dazu. Will doch ein kleines Mitbringsel für Dich einsparen. –

Hab Sehnsucht, aber dann denk ich an die kühle Ev. –

Nun fahren wir doch heute über Belgien und Luxemburg nach Paris. Anstrengend, weil man möglichst viel mit den Augen erraffen will. Unsere Mission beim PEN haben wir erfüllt.

Ganz hinten zwacken mich die Sorgen um Dich. Du weißt schon. Wird zwischen uns alles noch einmal so werden, wie es war, Evchen?

Vor Paris hab ich ein wenig Furcht, weil ich dort ganz mittellos und abhängig sein werde. –

Nachts träum ich von Dir, von Schulzenhof und Heumachen. Brecht will kommenden Dienstag von Paris abfahren. Werden wir also wohl Mittwoch in Berlin sein. Verzeih die Hast. Es gibt viel zu erzählen.

Ganz große Küsse

Dein Lubko

Die Originale der Goghs, Rembrands etc. habe ich gesehen.

[Anfang Juli 1954]

Lieber böser Konsequenter!

Wärst Du es etwas weniger und hättest mir eine Zeile aus dem sauberen Amsterdam oder dem gefährlichen Paris geschrieben, hättest Du weniger Angst und dafür viel, viel Liebe in mir erweckt.

Ich habe doch so sehr Sehnsucht nach Dir und würde vor Freude weinen wie in der alten Mahlsdorfer Zeit, wenn ich wissen durfte, daß unsere Gedanken sich begegnet sind.

So aber kann ich auch anders denken: es war so viel Spannung in Dir – zwischen uns; Du hattest, wie wir früher einmal von einem unmöglich scheinenden Zustand sagten, eine ganze Reihe von Valenzen frei, um für neue Bindung fähig zu sein. Nun habe ich ein unruhiges Herz und doch, o merkwürdiger Zustand, ein ruhigeres als in den vergangenen Wochen: ich fühl wieder wie sehr ich Dich liebe. Ich hatte Zeit hinab zu tauchen und wieder mit meinen offenen Gefühlen in Dir herumzuwandern und über Dich her zu gleiten. Und wie gut von Dir, daß Du mir, die sich nicht in solchen Stunden ausdrücken und befreien kann wie Du, Liebster, das Bändchen Toskanische Liebesgedichte gebracht hast. Eines ist darin, das sagt ganz, was ich fühle; es rührt mich und hilft mir.

Das Leben liegt nun wieder so offen vor mir, ich bin so voll Freude auf die kommende Zeit, die mir mit einem Schlag Arbeitswillen und -kraft zurückgegeben hat. Jede ungenutzte Stunde erscheint mir jetzt wie ein Diebstahl an uns.

Weißt Du, was ich ganz stark fühle: es ist besser eine Liebe durch Trennung zu verlieren als durch Gewohnheit.

Ich hab jetzt nur einen Wunsch:

Daß es mir gelingt, so zu sein, daß Du mich wieder lieben kannst.

Ich muß einfach aufhören, sonst wächst meine Sehnsucht über mich hinaus.

Ob Du mich noch liebst?

Ich war mal Deine Mädchenfrau

Dein Schönaug

Dein Frauchen

Dein Evchen

Schulzenhof, den 14. VII. 54

Guten Morgen, schöne Frau,

obwohl Sie's nicht mögen, muß ich Ihnen mit der Maschine schreiben, weil die Zeit halt knapp ist. Hier ist es
schön, daß man's allein schlecht aushält und erträgt, und
das Herz sucht ein anderes zum Mitschwärmen.

Meine Augen sind viel am Himmel, der mir keine gute
Heuernte gönnen will. Es wird Zeit, daß was erfunden wird,
das Wetter zu regulieren.

Johannisbeeren sind langsam überreif, ebenso die Sta-
chelbeeren. Die schöne Frau wird tagelang nichts zu tun
haben, als zu pflücken, zu essen und einzuwecken. Ich hoff,
daß sie so gescheit ist und gleich noch ein Fläschchen von
dem Wundermittel zum Einwecken einkauft, damit wir
hier nicht in die Kalamitäten kommen.

In mir regt sich, wie die schöne Frau leicht erkennen
wird, der Dichter, doch er wird noch durch mannigfaches
Gelärm und Getu im Hause, das von einer Korporation
angefertigt wird, die sich Familie heißt, niedergeknüppelt.
Schlafen kann ich auch nicht recht. – Jetzt werde ich aber
wirklich froh sein, wenn die Zeit der Rücksichtnahme und
immer wieder Rücksichtnahme hier im eigenen Anwesen
vorüber ist, sonst muß ich wirklich rigoros werden.

Nun hätte ich noch eine Wunschliste. Ich wäre der schönen Frau sehr zu Küssen verbunden, wenn sie mir einige, wenn nicht gar alle diese kleinen Wünsche erfüllen könnte:

Kohlepapier (Packung liegt auf meinem Schreibtisch)

Dünnes Schreibpapier (Durchschlagpapier) im Regal

Braunes Notizbuch (auf dem Schreibtisch)

Mappe mit Anekdoten (auf dem Schreibtisch)

Bürste und Kamm für Hella (Kammer) Christa soll den Kamm suchen!

Anorak (Schrank)

Ferner bitte ich die schöne Frau für mich zu kaufen:

Badehose

Farbband für Schreibmaschine (13 mm)

die letzte Geflügelzeitung

1 Buch über Ziegenzucht (Karl-Marx-Buchhandlung oder Alex)

Das sind in der Tat viele Wünsche, doch ich bin überzeugt, daß die schöne Frau morgen im Laufe des Tages noch Zeit findet, kleine Besorgungen zu machen.

Schlecht wär nicht, wenn die schöne Frau einige Nummern der »TR«, in denen mein Vorwort enthalten ist, fürs Archiv besorgen würde.

So dann werde ich mich weiter um alles Häusliche und Gärtliche kümmern gehen, in der Hoffnung, daß, wenn die schöne Frau hier bei mir sein wird, die richtige, eigentliche Arbeit wieder zu ihrem Recht kommen wird – bei ihr und bei mir. Bei jeder Arbeit kommt es vor allem auf den Rhythmus an, habe ich gestern festgestellt. Den richtigen Rhythmus zu finden, das ist alles.

Ich grüß die schöne Frau sehr lieb, küß sie und hoffe bang, daß nichts sich vor das freitägliche Eintreffen allhier auf dem schönen Schulzenhof schieben möge.

Ihr Mann Lubko

Dollgow-Schulzenhof, den 16. VII. 54

Evchen,

ich werde langsam heu- und regenkrank. Um etwas Nützliches zu tun, habe ich nun meine Schreibmaschine auseinandergenommen und gründlich gesäubert. Nun werde ich noch das große Waschfaß flicken. Ich möchte gern Möhren säen und komme nicht hinaus, des dämlichen Regens wegen.

Wärest Du hier, würden wir Afanasi-Tag machen, dann hätt das Leben einen Glanz.

Dollgow-Schulzenhof
Krs. Gransee, 19. VIII. 54

Eva!

Unser eben geführtes Telefongespräch, Dein Brief bestätigen mir, was ich solange dumpf fühlte: Im Grunde bin ich mit Schulzenhof und allem, was die Hälfte meines Lebens ausmacht, allein.

Was sollen mir alle Schwärmereien, alle schwärmerischen Versicherungen?

Ich habe die letzten Tage darüber nachgedacht, was du eigentlich außer Schwärmen in Schulzenhof getan hast. Übrig geblieben ist ein energischer Ansatz, einige Früchte und etwas Gemüse zu konservieren, und als es ein kleines Mißgeschick dabei gab, war die Begeisterung zerstoben. – Nicht eine Unkrautstaude hast Du aus Deinem Blumengärtchen gerissen. Vom Schwärmen wachsen keine Rosenbüsche vor dem Fenster und auf dem Hofe.

Ich habe Deine Verachtung der Praxis nur zu deutlich gespürt. Ich kann Dir aber schon jetzt sagen, Deine Arbeit und Dein Buch wird ein Dreck sein, wenn Du so weiterlebst. Es werden einige Intellektuelle lesen und zu dem Urteil kommen »nicht schlecht«, aber dem Volke wirst Du nichts gegeben haben.

Im Grunde genommen ist es nur Deine Faulheit, die Dich in Schulzenhof nicht die richtige »Arbeitsatmosphäre« finden läßt.

Das schöne Reden über die Natur und Tiere habe ich nun oft genug mitgemacht. Es hat mir einen Schock gegeben, als ich mich jetzt wiederum als Betrogener dastehen sah, von dem ich mich so schnell oder gar nicht mehr erholen werde.

Ich hatte geglaubt, in meinem Leben würde nun endlich Ruhe eintreten – nichts. Ich bin es aber müde, dieses Auf und Ab von Stimmungen mitzumachen. – Was sollen mir die dunklen Andeutungen von der »Leitersprosse« in Deinem Briefe. Du hast Dich jedenfalls für die Stadt entschieden, und ich glaube auch, daß das Leben dort das Dir gemäße ist. Nicht lange, und es wird heißen: »Ich habe da einen Menschen kennengelernt, der meine Arbeit besser zu würdigen versteht, der mich verehrt, mir galanter den Hof macht als Du, grober Bauer.«

Dazu möchte ich es nicht erst kommen lassen. Begib Dich ruhig in das Garn der Schmuser. Zwischen uns wollen wir jedenfalls klare Linien ziehen, denn im Grunde sieht es bei uns, wenn auch auf anderer Ebene, nicht anders aus als bei den Djacenkos. Du hast überhaupt keinen Grund, Dich über irgend jemand zu ereifern oder die Nase zu rümpfen.

Ich werde noch Deine Antwort abwarten, dann werde ich mein Leben wieder selber ganz in die Hand nehmen, werde mir eine verläßliche Person herholen. Auch Du sollst das Deine allein führen, und dann werden wir sehen, wie weit jeder kommt.

Pony-Brandy, Minna, Kuder, Hella, sie alle hassen Dich, weil Du ihr Herrchen schmählich verraten hast.

Ich könnte Dir noch so manches sagen, denn ich bin zum Überlaufen voll Haß und Gram. Ich weiß, daß Du diesen

Brief nicht ernst nehmen wirst und ihn dem kleinen unge-
bärdigen Jungen zuschieben wirst, aber Du irrst Dich. Du
hast mich betrogen, und betrügen lasse ich mich seit einer
gewissen Zeit meines Lebens nicht mehr.

Erwin

Schulzenhof, den 30. VIII. 54

Sötling-Mausohr!

Da der Vormittag schon angerissen war, bin ich gleich
noch ein wenig »pilzen« gegangen. Es ist jetzt so still in
den Wäldern. Die Vögel schon stumm, nur das große Rauschen in den Wipfeln. Da konnt ich so recht mit uns allein sein. Jedesmal bei so einem Waldgang wird mein Herz
weiter, und ich könnt weinen vor Glück. Es ist jetzt so viel
Erfüllung in meinem Leben. –

Die Wolke, die unser Zusammenleben überschattete,
scheint sich auch wieder zerteilt zu haben. Ich weiß zwar
noch nicht ganz genau, ob Du mir nur aus Klugheit verziehen hast und für Dich allein noch grämelst, aber ich
weiß, daß es noch schöner mit uns gehen wird.

Ich habe jedenfalls aus der Sache gelernt, daß jede Lüge
oder jedes Verschweigen wie ein verstecktes Giftkraut auf
der Blumenwiese unseres Zusammenlebens wächst. Eines
Tages aber tut es seine stinkende Blüte auf und wird offenbar. Neue Giftkräuter will ich weder aus Mitleid, noch aus
Furcht, noch aus Eitelkeit säen.

Der Nachmittag verging abwechslungsreich. Wollte in
der Nähe von Pony-Brandy im Garten arbeiten. Wurde ans
Telefon geholt. Gespräch aus Cottbus. Wollte mich erst
verleugnen lassen, weil ich dachte, Maria wär's. Dachte
dann: Wozu? Ging ans Telefon. Mußte lange warten. Brach
nach etwa 20 Minuten ab. Machte Krach mit der Telefo-

nistin und war doch ganz froh, so drum herum gekommen zu sein. Ging in den Konsum und die Postfrau mir nach. Das Gespräch war da. Es war die »Lausitzer Rundschau«. So ist das manchmal.

Die Kollegen dort beginnen am Sonnabend schon zu drucken. Wollen auch vom eigenen Illustrator bebildern lassen. Sie wollten nur wissen, ob sie die Kürzung von der »Täglichen Rundschau« nachdrucken dürfen. Ein Vorwort baten sie mich zu schreiben. Das habe ich eben mit Vergnügen getan, und so mußte die Arbeit für den Kinderbuchverlag noch einen Tag liegenbleiben.

Wilhelm war hier und kassierte Eintrittsgeld fürs Erntefest.

»Erwin, Erwin, ich gloobe die Teiln is nischt für mich, was Erwin? Erwin, Erwin, wie is denn mit dem Mädel, was bei dir in Stellung is? Is die hübsch? Die ist doch hübsch, nicht wahr? Ob die was für mir wäre?«

»Bißchen zu jung, Wilhelm.«

»Na ja, ich bin jetzt neununddreißig. Na ja, bißchen zu jung, aber sonst könnte es doch gehn. Mit die Teil'n, das wird ja nischt. Erwin, Erwin, setzt ihr euch bei uns beim Erntefest? Ihr könnt euch doch bei uns setzen. Wer zuerst da ist, hält die Stühle frei. Schön' Gruß von meine Mutter, und das Buch liest sich schön, hat sie gesagt.«

Du kannst Christa also darauf vorbereiten, daß sie hier einen glühenden Verehrer hat.

Die Dame Hella hat heute abend plötzlich wieder die Chaiselongue für sich entdeckt. Sie ist nur mit Gewalt herunter zu bekommen. Jetzt hat sie sie doch wochenlang nicht angeschaut. Was in so einer Hundeseele vorgeht? Ich habe sie in die Scheune aufs Heu expediert.

Pitty war beim Abendbrot als schwarzer Schatten am Küchenfenster, hat aber keine sonderlichen Anstrengungen unternommen, hineinzukommen. Ich glaube, er hat

Dich sehr lieb und vermißt Dich. Das macht ihn immer sympathischer.

Die beiden Kaninchen stellen sich schon an der Bretterwand hoch und betteln nach Futter. Sie reihen sich sehr schnell in den Kreis *unserer Tiere* ein und entwickeln Gewohnheiten.

Ich werde müde, Schatz. Das sollte nur ein Gruß sein. Verzeih die Maschinenschrift. Auf dem kratzigen Papier hakt meine Feder so und kann der Eile der Hand und der Gedanken nicht folgen.

Wie hast Du's zu Hause (wo ist nun eigentlich zu Hause? Immer dort, wo Du bist?) angetroffen?

Ich werd jetzt in Deinem Bett schlafen. Draußen rauscht der Wind. Da will ich noch ein bißchen lesen, an Dich denken und mich auf den neuen Arbeitstag freuen.

Schlaf gut, arbeite gut und denk ohne Bitterkeit an

Deinen Lubko-Liebherz

Grüß mir unsere Kitta und die beiden kleinen Männer im Kinderzimmer recht schön.

NS: Vier Gläser von den Gurkenstücken waren aufgegangen, auch das wiedereingeweckte Glas mit Gurkensalat. Ich habe die Lauge wieder aufgekocht, noch etwas mehr Essig drangegeben und wieder verschlossen. Den Gurkensalat habe ich zum Abend gegessen und so getan damit, als ob schon Winter wäre. Er hat also seine Bestimmung erreicht.

26 Bei der Heuernte, Schulzenhof, 1957. »Heute habe ich einen Regenschauer lang unter so einer Heuhütte gelegen. Das war heimlich, nur Du hast dabei gefehlt.« (Erwin, 21.9.1954)

27 »Hochverehrter Herr Heumacher in Schulzenhof – Ich sende Ihnen eine ganz lange Nase für Ihren Giftbrief.« (Eva, 19.6.58) Foto: Erwin Strittmatter

28 Christa Grytsch, 1957. »Sie ist mir jetzt eine große, verläßliche Hilfe.« (Eva, 6. 9. 1953) Foto: Edith Rimkus-Beseler

29 Christa und Eva, 1957. »Dieses Fräulein [Rimkus] hat in Wirklichkeit überhaupt kein Gefühl für Pferde. Sie hat Christa dressiert, nicht das Pferd. Christa weiß, was Rechts- und Linksgalopp ist und mehr solche akadämliche-militärische Schikanen, aber sie fällt vom Pferd.« (Erwin, 14. 2. 1957) Foto: Edith Rimkus-Beseler

30 Eva und der lettische Schriftsteller Boris Djacenko, Wolziger See, 1957. »Mitten in meinem Satz stürmte der Boris in die Wohnung und wollte gelobt sein.« (Eva, 1.9.1953) Foto: Erwin Strittmatter

31 Eva mit ihrer Familie: Bruder Udo, die Großeltern Agnes und Fritz Berner, Mutter Hedwig Braun, vorn Ilja und Erwin jr. »Es ist mir unbegreiflich, daß so ein alter Mann [Großvater Fritz] eine solche Neigung fassen kann wie er zu Dir.« (Eva, 15. 2. 1957) Foto: Erwin Strittmatter

32 Die Eltern Helene und Heinrich Strittmatter, Schulzenhof, 1957. »Mama schickte ein Päckchen für Dich. Es roch so wurstig.« (Erwin 3.3.1957) Foto: Erwin Strittmatter

33 Pferdemeister Emil Schmidt auf Brandy, 1957. »Ich hab Emil Maigeld gegeben. Es war für ihn ein Fest.« (Eva, 2. 5. 1958) Foto: Edith Rimkus-Beseler

34 Erwin und Christa beim Pflügen mit Brandy, 1957. »Dafür habe ich mir beim Pflügen den rechten Zeh verstaucht. Der Jähzorn war schuld. Da ich keine Peitsche hatte, trat ich Brandy mit dem Fuß in den Hintern.« (Erwin, 14. 4. 1955) Foto: Edith Rimkus-Beseler

35 Die Söhne Ilja (l.) und Knut mit dem jungen Boxerhund Pan, 1956. »Knut ist da – und nicht da.« (Erwin, 3. 3. 1957) Foto: Erwin Strittmatter

36 Eva füttert die Tiere, im Hintergrund das Fenster von Erwins Arbeitszimmer, 1958. »Eben haben sie – die Ponys – gerade von mir eine Riesenladung altes Brotzeug geschenkt gekriegt.« (Eva, 2.5.1958) Foto: Erwin Strittmatter

37 Christa, Erwin jr. und Eva am alten Klostertisch im Hofgarten, 1957. »Wenn ich's richtig bedenke, muß ich doch sehr hinter den Kindern zurückstehen. Sie spielen die erste Geige, wie ich's immer vorausgesagt habe.« (Erwin 21.9.1954) Foto: Erwin Strittmatter

38 Erwin jr. im Garten vor seinem Osternest, 1958. »Aber auch sonst sollst Du nicht immer so ultimativ reden. ›Ohne Kinder kann ich in Schulzenhof nicht glücklich werden.‹« (Erwin, 5. 10. 1954) Foto: Erwin Strittmatter

39 Spazierfahrt in den Wald, 1958. »Du fühlst mit Tier, Baum und Blume so wie ich.« (Erwin, 17. 9. 1953) Foto: Ruth Berlau

40 DDR-Delegation vor dem Abflug nach Ungarn, Kulturfunktionär Hans Koch, Erwin Strittmatter, Helmut Hauptmann (1. Reihe v. l.), 1958.

41 Mit Willi Bredel in Budapest, 1958. »Will Bredel rief am Echo-Ort nach der goldhaarigen Königstochter. Er ist ein guter Kamerad. Stets lustig.« (Erwin, 28.4.1958)

42 Eva mit Schwiegermutter Helene, Schulzenhof, 1957. »Aber um Großes, immer Größeres zu schaffen, brauche ich eben Dich, Deine Liebe, Deine Wärme, Dein Verständnis, Deine Schönheit (innerlich und äußerlich), Deine Gesundheit, Deinen Optimismus, Deinen Zuspruch – alles.« (Erwin, 15.9.1953) Foto: Erwin Strittmatter

43 Im blühenden Obstbaum, Schulzenhof, 1955. »Du steckst jetzt so voll Freude, daß mir ganz leicht ums Herz ist.« (Eva, 15. 2. 1957)

44 In seinem Arbeitszimmer im Schulzenhofer Katen, Winter 1956/57. »Wir beide
zusammen können nie arm werden, auch wenn uns durch widerliche Umstände alles
genommen werden sollte. Die Hauptsache, daß wir immer zusammen sind. –« (Erwin,
20. 9. 1954)

Schulzenhof, den 31. VIII. 54

Sötherz-Mausohr!

Die Dunkelheit und die Mücken haben mich beim Heureuter-Bauen auf dem Hofe überfallen. Die Dunkelheit hat mir nichts getan, aber die Mücken haben mir den Rücken zerstochen. Wahrscheinlich, weil ich viel geschwitzt habe und wie ein Fuchs rieche.

Der Tag hat mich heute gejagt. Morgens kam ich aus dem Konzept. Hab erst das Vorwort für die »Lausitzer Rundschau« ins Reine geschrieben, dann mit Deinem Brief zusammen zur Post gebracht. Bin beim Förster wegen Holz fragen gegangen und dort kleben geblieben. Försters sind nette Leute, die Dir auch gefallen werden. Die Frau kannte ich schon aus dem Konsum. Sie fiel mir ihres Akzents wegen auf. Flüchtlinge aus der Bukowina. Das Gegenstück zu Karl und Hilde. Sehr aufmerksam und zurückhaltend, aber echt, wie ich glaube. Ob in der Partei, weiß ich nicht. Ich habe mir abgewöhnt, zuerst danach zu fragen, weil es bei uns so viele schlechte »Parteigänger« gibt, die weniger wertvoll sind als Menschen, die positiv zu unserer Republik stehen.

Jedenfalls kamen wir ins Erzählen, und es wurde fast 10 Uhr, bis ich daheim war. Die Tiere noch nicht gefüttert. Kannst Du Dir das vorstellen? Dann ging's im Tempo. Gegen Mittag bekam ich heftig Kopfweh und stellte fest, daß ich noch gar nichts gegessen hatte.

Brandy scharrte aufgeregt im Stall und tat so seinen Unmut kund. Die Minna war beleidigt und sagte im Minnaton: »Du denkst wohl, das laß ich mir gefallen, was? Zum Possen geb ich am Abend bloß einen Liter Milch. Wo ist denn die Eva, wenn die da wäre, könnte das gar nicht passieren. Überhaupt steh ich mit dir nicht gut, weil du mich immer zu kräftig massierst. Du denkst wohl, du kannst mit mir alles machen, was?«

Ich hatte beschlossen, die Tiere, weil sie spät auf die Weide kamen, über Mittag draußen zu lassen. Ich wollte gleich einmal ins Holz und mir Reuter-Stangen und etwas Brennholz holen. Als ich den Wagen zurecht machte, kam die Rache von Brandy. Ich hör schon das dumpfe Gehoppel und denke: na, das hört sich doch an wie der galoppierende Brandy. So war es auch. Mit einer riesigen Pauke als Bauch erschien er auf dem Hofe. Ich versuchte schnell gut zu machen und gab ihm sein fälliges Mittagsheu. Er rührte es nicht an. Mir schwante Böses. Ich geh in den Garten nachsehen. Was hat Herr Brandy gemacht. Er hat herausbekommen, daß man das Lattengitter am Koppeleingang hochheben muß. Mit der Schnauze, er ist ja ein reiner Zahnkünstler, hat er das Gitter ausgehoben und erst einmal dem Gemüsegarten einen Besuch abgestattet. Die Möhren hat er sich vorgenommen, es ist nicht mehr viel von übrig ... reißt aus, stampft ein, verschlingt sie mit der Wurzel ... Damit aber nicht genug, hat er auch noch einen Teil Markstammkohlpflanzen ratzekahl gefressen und das erste Blumenkohlbeet zertrampelt. Da hätten wir den ersten Streich für das Pony-Brandy-Buch.

So etwas von Bauch. Der kleine Abetlein ist ein Waisenknabe dagegen. Ich fürchtete, daß Brandy Sandkolik bekommen würde, weil an den Möhren doch Sand dran ist.

Als ich schwitzend und ausgemergelt mit einer Fuhre Brennholz und Stangen für Heureuter aus dem Wald kam, war das eingetreten, was ich befürchtete. Brandy stöhnte und stand ganz still im Stall. – Jetzt aber hinaus und in die Longe. Zuerst wollte er überhaupt nicht laufen, so daß ich wirklich ernstlich zu seinem Guten die Peitsche benutzen mußte. Ich hab ihn solange gejagt, bis uns beiden der Schweiß kleckte, dann begann Gas bei ihm abzugehen und schließlich mistete er. Das schlimmste war überstanden. Jetzt, wo ich das hier schreibe, während meine Pellkartoffeln kochen, ist er schon wieder ganz munter. Das ging noch gut ab. So ein Freßsack! Und ein Gedächtnis hat er!

Nun sind die Pellkartoffeln mit Hering, mit Eva-Hering gegessen, und es ist gleich zehn Uhr. Pitt fängt von der Chaiselongue aus Mücken und Nachtfalter. Er kommt nicht dahinter, daß sie von draußen an der Scheibe flattern. Wie dumm ist doch so ein Eva-Pitt gegen ein Erwin-Brandy. Aber ich habe ihm ein paar Nachtfalter ins Zimmer gelassen, und nun fängt er sie auf dem Tisch sitzend am Lampenschirm. Das tue ich alles für Deinen Liebling, der sich wieder Sonderrechte erschlichen hat.

Ich muß aufhören, mit Dir zu plaudern, weil die Arbeit für den Kinderbuch-Verlag fertig werden soll. Übrigens will (heute telegraphisch angekündigt) am Freitag-Vormittag Liselotte Remané wegen des Manuskripts für »Frau von heute« nach hier kommen. Kannst Du nicht schon Freitag kommen? Mir ist das ein bißchen unheimlich, hier Damenbesuch zu empfangen.

Denkst Du auch an mein Pferdebuch? Vor allem bring mir Nägel mit, nicht gerade alle, aber viel von den kleineren. Und Hellas altes Halsband für den Hammel. Holen möcht ich ihn mit Dir zusammen.

Und bring bitte die Grausteiner Geschichten mit. Sie liegen entweder auf meinem Schreibtisch oder im Regal bei den anderen Sammelmappen. Vielleicht kann ich daraus etwas für »Volk und Wissen« nehmen.

Es ging morgens in Eile.

Langer Kuß von Lubko

Kinderbuchverlag-Arbeit noch nicht fertig abgeschrieben.

Schulzenhof, Freitag, 10. Sep. 54

Sötling-Mausohr!

Nur ein paar Zeichen als Gruß, gutes Kind.

Der Förster ist mir in den Abschied geraten. Ich konnt nicht so bis zuletzt bei Dir sein, wie ich wollte. Dafür war aber auch die Wehmut nicht so groß. Fluch und Dank dem Förster!

Die Tiere habe ich alle gegrüßt. Pitt hat am Nachmittag umhergemauzt und Dich gesucht. Jetzt ruht der Prinz auf deinem Bett.

Draußen ist wieder dieses wundervolle Panorama. Die Stille in der Nebenwohnung ist ein großer Gewinn. Man kann, solange man will, unbeobachtet auf dem Hof stehen und beobachten.

Die Kohlrüben waren leider schon sauer. Die Hella und die Katzenschar laben sich trotzdem daran.

Wilhelm hat heute seine acht Fuhren geschafft. »Nicht wahr, Erwin, ich war heute fleißig. Ich bin ein fleißiger Mensch, nicht, Erwin?«

Ich koche Bohnen. Einen ganzen Viertelkorb Stangenbohnen habe ich heute noch gepflückt. (Und Du bist die Frau, der es immer noch nicht genug Bohnen und Gurken waren. Was nun?) In Köpernitz habe ich einen Topf von der Größe Mostrichtopf erhalten. Den koch ich heute voll. Was dann? Wie's klappen wird, weiß ich auch noch nicht.

Wo hast Du die Rezepte?

Ich schlucke löffelweise Natron. Die Magenverstimmung macht mir zu schaffen.

Laß Dir das für heute genug sein. Die Astern auf meinem Tisch nehme ich für Küsse. Ich will sehr fleißig sein, bis Du wiederkommst. Jetzt muß ich abschreiben.

Ich warte und mache mich süß für Dich

Dein Lubko

Schulzenhof, den 11. IX. 54

Liebste Frau!

Der Tag begann heute gleich ohne Gräue und Nebel. Die Sonne stand schon auf dem Hof und wartete. Es war 7.30 Uhr, und ich hatte es verschlafen. Meine Uhr geht überhaupt nicht mehr. Heute nachmittag wollte ich Dich anrufen, um mich zu erkundigen, wie spät es eigentlich ist. Du warst nicht daheim. Immer auf Wilhelm und das Radio angewiesen sein wollte ich nicht. Eine billige Armbanduhr habe ich im Konsum gekauft, damit ich nicht ganz »zeitlos« lebe, bis die andere repariert ist.

Wir haben heute mit Wilhelm Mist für das Erdbeerbeet gefahren. Ich wartete und wartete unten im Garten. Wilhelm kam mit der Mistfuhre nicht wieder. Was mußte ich sehen. Er mühte sich vergebens, den rückwärtigen Wagenschieber mit der breiten Seite nach unten in den Wagenkasten hinein zu praktizieren. – Beim Hacken bekam er Blasen. Er stand da und pustete sie an wie heißes Essen. Eine Weile später sagte er: »Mir ist so im Kopf. Sind das Kopfschmerzen oder was?« Ich gab ihm eine Tablette. Er aß sie wie Pfefferminzbonbons. – Langsam macht mir die Sache Spaß. Wenn ich immer hinter ihm steh, schafft er auch was. Man muß ihm ein Pensum vorschreiben, dann setzt er seine Ehre drein, es zu schaffen. Gestern hat er tatsächlich 8 Wagen Holz geholt und wollte nur sechs Stunden bezahlt haben, obwohl er bis halb acht abends arbeitete. »Ich bin ein Mann von Wort«, sagte er. »Wenn ich sage: acht Fuhren, dann acht Fuhren, so muß der Mensch sein, nicht, Erwin?«

Geld und Post waren heute morgen schon hier. Das war endlich wieder ein herzlicher Brief von Dir. Ich habe aufgeatmet und mir geschworen, Dich nie wieder zu betrüben.

Es war wirklich schwer, Dich gestern fahren zu lassen.

Dazu noch ungeküßt. So schön sahst Du aus. Ich könnt es wirklich keinem Manne verdenken, wenn er sich auf Anhieb in Dich verliebt. Eigentlich bin ich in dieser Hinsicht ein wenig unruhig. Es ist vielleicht ein sträflicher Leichtsinn, Dich solange allein zu lassen.

Was Du mir von Knut schriebst, hat mich so erregt, daß mir wohl die Hand ausgerutscht wäre, und wenn zwanzig Makarenkos im Bücherschrank stünden. Jetzt geb ich ihm die letzte Chance: Hat er außer in Musik und Sport nicht durchweg eine Zwei in seinem ersten Zeugnis auf der Oberschule, dann geht er in einen praktischen Beruf. Das mach ich nicht mit.

Langsam blühen im Garten die Astern auf. Ich möcht ihnen sagen: »Wartet doch noch ein wenig, bis Liebchens Augen Euch sehen können. Ihr Dummen, könnt doch viel mehr mit Eurem Blühen ausrichten, wenn ihr noch ein Weilchen wartet.«

Nun freue ich mich schon auf morgen, wenn ich Deine Stimme im Telefon hören werde. Ich will's noch mal versuchen. Immer kannst Du doch nicht auswärts sein.

Ich bin schon so müde, aber ich muß noch abschreiben, damit ich morgen die Probeseiten für »Frau von heute« abschicken kann.

Es grüßen Dich alle Tiere, besonders Pitt, der sich nach Dir sehnt. Brandy hat einen neuen Galopp einstudiert, der ihm auch mit gefesselten Vorderfüßen erlaubt, große Strecken zurückzulegen. Ich lieb ihn immer mehr, wie Hella und Dich.

Dein Lubko

Denkst Du an den Wecker und an etwas Hafermehl oder Haferflocken für Brandy? Grüß die beiden Rangen und viele Küßchen.

Schulzenhof, den 12. IX. 54

Liebe, liebe Mädchenfrau!

Es ist Vollmond draußen. Du kennst die Ruhe nach einem Regenschauer. Auf dem Hofe alles wie versilbert. Der Blick in die Märchenwiese vorm Hause.

Das ist heute alles schwer zu ertragen ohne Dich. Vorigen Sonntag habe ich Dich in den Auenwald geführt. Heute bin ich die ganze Tour allein abgewandelt. Du warst mir nahe.

Selbst die Grünlingssuppe kocht für morgen auf dem Herd. Ob sie mir gelingen wird wie Dir? Es war ein Göttermahl. Alles was durch Deine lieben Hände geht, schmeckt, wird heil und gut.

Eine Weile lag ich auf der Brache vorm Auenwald und sah drei Bussarden zu, die sich ins Himmelsblau spiralten. Schwarmschwalben umschwirrten sie wie Mücken, nein, zuweilen wie kleine Geschosse. Die kleine harmlose Hausschwalbe entwickelt viel Mut. Sie stößt auf den großen Räuber zu, ohne sich zu fürchten, weil sie schneller und wendiger ist als er.

Das große Rauschen der Wipfelmühle hat meine Gedanken begleitet. Ich war wie der einzige Mensch auf Erden. So fühl ich mich auch jetzt noch. Alles in Schulzenhof schläft schon. Ich habe abgewaschen und vorgekocht. Morgen will ich nach Rheinsberg.

Draußen hängt die Glucke in Pitts Reisesack am großen Sauerkirschbaum. Hella sträubte das Fell, als sie den baumelnden Sack entdeckte, knurrte und bellte. Allein traute sie sich nicht bis hin. Als ich mit ihr zusammen näher ging, flatterte die Glucke im Sack. Hella zog den Schwanz ein und rannte davon. Ich lachte, daß es weithin über die Wiesen schallte. So gibt es auch für den einsamen Menschen zu lachen, wenn er Tiere um sich hat.

Brandy kommt jetzt schon stets mit gefesselten Vorderbeinen von selbst hochgehinkt, wenn er genug gefressen hat. Wenn ich ihm im Hofe die Fessel abnehme, hopst er noch eine Weile weiter, als ob der Strick noch dran wäre.

Pitt und Hella haben sich heute an Brathering gelabt. Ich schaff sie nicht. Weiß nicht, was mit meinem Magen los ist. Eine Stulle, schon bin ich satt.

Es tat gut, heute Deine Stimme im Telefon zu hören. Dazu die Aussicht, daß Du bald kommst. – Das Kindergeräusch werden wir schon überstehen. Wir müssen unsere Arbeitszeit dann eben mehr auf die Morgen- und Abendstunden verlegen. Am Tage kommt man ja so nicht zum Sitzen. – Was aber wird mit der Post, die in der Stalinallee einläuft?

Filster hat mir heut die Stangen für die Heu-Reuter auf den Hof gefahren. Er wollte Gurken für die Fuhre. Ich war richtig stolz, als ich heute nachmittag zwei Spankörbe Gurken dorthin brachte. Durch Zufall sah ich seine Schweineställe. Sie sind nicht anders als bei Maaß. Müssen die Leute hier früher arm gewesen sein!

Ich bin müde, Schatz, und müßte doch noch soviel tun. In meinem Bauch rappelt es. Ich muß mich hinlegen. Vielleicht wache ich dafür morgen früher auf.

Bin auch erst ½ 7 aufgewacht. Der Wecker fehlt.

Liebste, jetzt fahr ich nach Rheinsberg und will versuchen, Maler und Elektriker zu bekommen.

Behalt mich lieb und nehmt alle Küßchen von mir

Der Lubko

Kuder ist satt und spielt mit Moosstücken, die der Wind nachts vom Scheunendach pellte.

Schulzenhof, den 13. IX. 54

Lieb Evchen!

Eigentlich wollt ich heut nicht schreiben. Es liegt soviel ungemachte Arbeit da. Am Nachmittag aber, als ich aus dem Garten kam, klappte der Briefkastenschlitz, und ein eiliger Brief von meinem Frauchen war da. Der Brief war aber so schön, wohl der schönste, den ich bisher von meiner Guten erhielt, daß er zur Antwort zwingt. Ich sage nicht zuviel: Der Brief hatte etwas bettinisches. Er ging mir so warm ans Herz, daß ich jubeln hätte können, weil ich so reich bin, mit einem so lieben Wesen von Frau beschenkt.

Die Welt wurde gleich noch einmal so licht. Ich habe die ersten Äpfel gepflückt und sie wie Schätze auf dem Boden gelagert. Brandy wurde ein allzu eifriger Apfelnäscher. So habe ich die unteren Zweige, die ihn stets verführten, abgeleert. Mit mir waren Pitt und Kuder. Max und Moritz. Bei jedem Apfelkorb, den ich ins Haus trug, liefen sie spielend nebenher. Natürlich glaubten sie, ich würde die Apfelzweige mit den dicken Äpfeln nur für sie zum Spielen bewegen. Also beide rauf auf den Baum. Der kleine Kuder wagte sich auf ganz dünne Zweige, um an die wakkelnden Äpfel heranzukommen und piepte dann jämmerlich, wenn er nicht zum Ziele kam. – Die Katzen machen mir immer mehr Spaß. Ich seh schon, daß man sich auch vom Kuder wird wieder nicht trennen wollen. Übrigens hätt ihn Brandy fast ertreten. In seiner Spielerei legt er sich mitten auf den Weg, ganz platt, und schleicht an. Keine Furcht vor dem heranrasenden Brandy.

Übrigens habe ich heute eine ernsthafte Liebeswerbung von Pitt an Frau Grämlich beobachtet. Es geschah mit viel Geschrei auf der Hausbank.

In Rheinsberg war ich. Bei zwei Malern war ich. Der erste arbeitet nur für »höhere Leute und Behörden«. Ich war

eben kein »höherer Leut« mit dem Rucksack auf dem Buk-
kel. Der andere hat Aufträge, Heime auszumalen. Er hat
Lungenschuß, der Sohn Kopfschuß, und Rente beziehen
auch beide. Sie dürfen sich nicht übernehmen. Schuld war
natürlich immer die Entfernung – Dollgow. Der dritte
kommt am Sonntag maßnehmen. Mein Berater war wieder der junge Kolbe bei Bröker. Er meint, daß dieser Maler bestimmt kommt. Er habe nur keinen Geschmack, und
man müsse sich immer in jedem Zimmer Proben streichen
lassen. Na, dacht ich, das wird unsere Eva-Mutter ja be-
stens besorgen.

Elektriker noch fraglich. Soll wieder nachfragen. – Wagen
und Geschirr für Brandy bekomme ich nun von Rheinsberg. Es soll alles auf abenteuerliche Weise entführt werden, so daß es der Alte Klosettscheißer, er ist übrigens Ka-
pitalist und war Besitzer von zehn oder mehr großen
Häusern in Rheinsberg, nicht merkt. Wegen mir kann er
es ruhig merken. Wenn ich gekauft habe, habe ich gekauft.

Morgen werde ich mit Wilhelm Heu-Reuter bauen.
Heute muß endlich der Probetext für »Frau von heute«
weg, deshalb muß ich Dir schon Gute Nacht sagen. Ich
wünschte, Du lägst schon nebenan, und ich könnte dann
nach der Arbeit bei Dir kuscheln kommen.

Ach, Liebste, es soll so schön werden, wie Du es voraus-
siehst!

Ich kuschel' mich in Gedanken bei Dir ein, Du liebe
Eva-Mutter

Dein Lubko

Schulzenhof, den 15. IX. 54

Liebchenfein!

Im Radio schöne Musik, die macht mich immer sehn-
süchtiger. Nur gut, daß mich die Tiere hier halten, sonst
wär ich schon längst in Berlin. Danach dürfen wir uns
nicht wieder für so viele Tage trennen. Wozu? Das verdienen wir durch unsere Arbeit, daß wir immer zusammen
sein dürfen. Wir müssen jetzt sozusagen Christas Urlaub
abbüßen. Da ist etwas nicht richtig organisiert.

Gestern habe ich nicht geschrieben, weil ich schon so
sehr damit rechnete, Du würdest morgen zu mir kommen.
Nun kam heute Dein Brief und sagte etwas anderes. Gleich
werde ich ein bißchen unwillig, wie Du siehst.

Heut hat Brandy das erste Mal auf dem Brachland gewei-
det. Ich habe sämtliche Gemüsekulturen dort behackt, damit ich ihn beobachten konnte. Leider bleibt er auch mit gefesselten Vorderfüßen nicht auf der großen Brache. Er
hopste solange umher, bis er mich gefunden hatte, dann
war's gut. Er ist eben ein richtiger Junge wie Illa und Abetlein.

Am Nachmittag, als ich ihn putzte, hatte ich die Gebrüder Degenbrodt, zwei Großbauernsöhne und Pfer-
denarren zu Besuch. Sie hatten schon von dem schönen
Hengst gehört. Fast eine Stunde verbrachten sie bei uns
auf dem Hofe und musterten Brandy immer wieder und
bewunderten ihn. Dann wurden tausend Pferdegeschich-
ten erzählt. »Wenn Sie nun noch ein Shetlandpony anschaf-
fen«, sagte der eine, »dann bin ich jeden Sonntag hier.«
Die Kerle werden etwas jünger sein als ich. Sicher sind sie
stockreaktionär, aber die Tierliebe machte sie mir doch
sympathisch.

Morgen werden die Wiesen gemäht. Mein Wilhelm ist
in Berlin. Er sollte Küchenmeisters Buch für Dich mitnehmen. Denkst Du, er war zu bewegen, Dich aufzusuchen?

Dabei bleibt der Kerl drei Tage in Berlin. Er ist sicher verliebt in Dich und benimmt sich nun wie ein kleines Kind bei einer schönen Tante.

Ich bin Invalide. Mir ist beim Apfelpflücken etwas ins Auge gefallen. Nun geht es mir so wie Dir vor kurzem. Mein Magen ist auch noch nicht in Ordnung. Das Bier steht seit einer Woche ungetrunken auf dem Regal. Das Natronpäckchen wird immer dünner. –

Diese Einsamkeit hier ist eigenartig. Zuweilen spricht man den ganzen Tag zu niemand außer zu den Tieren. Wer das nicht an sich erprobt hat, soll mir nicht von Einsamkeit oder Einsiedelei reden, wie z. B. der gute Boris.

Sag doch bitte dem Knut, er möchte sofort an Ulle, in dem Sinne, wie wir besprochen haben, schreiben. Die Sache läßt mir keine Ruhe. Das Weibsluder kassiert sicher meine Briefe, denn ich kann mir nicht denken, daß Ulf nicht antworten würde.

Was macht der Paprika in Berlin? Kannst Du welche einwecken? Wenn ich nur Gläser bekommen würde, dann würde ich mich schon an die Pflaumen heranmachen. So werde ich doch wieder einen Korb zum Abtrocknen schaffen müssen.

Ein richtiges Ragout, dieser Brief, nicht?

Der »Frau von heute« habe ich 20 Seiten per Eilpost geschickt. Ich habe so das Gefühl, daß sie bei 5000,– DM Honorarforderung zurückspringen werden. Vielleicht denken sie in ihrer naiven Art, daß so etwas mit 250,– DM abgemacht ist.

Noch weiß ich immer nicht, was Helene Weigel von mir wollte. Du hast sicher noch nicht angerufen. Liebchen, versäume es wirklich nicht, Ruth anzurufen, Dich für das Tuch zu bedanken und sie einzuladen und wegen Buckow zu versöhnen. Das kannst Du doch so gut.

Und vergiß nicht Deine Anmeldung beim Schriftstellerverband, damit wir nächstes Jahr zusammen ins Ausland fahren können.

Etwas Schnupfen und keine Taschentücher.

Morgenarbeitslust und kein Wecker.

Von Kaffee wollen wir nicht reden, la, lalaaaa, lala!

Mit dem Hund, das habe ich gewußt, deshalb habe ich Dich entscheiden lassen. Du hast in meinem Sinne entschieden. Da hab ich wieder einmal gesehen, wie wir uns gleichen. Gut, daß Du ehrlich warst und Deine richtige Meinung gesagt hast. An einem Tier muß man ungeteilte Freude haben. Beim ersten Anblick muß man ja sagen können. In Ungarn haben die Komondores nicht die zugehängten Gesichter. Man kann den Kopf durchaus freischneiden. Aber der Kuvasz ist eben doch schöner. Natürlich kenn ich die. – Es wird schon bald klappen, daß ich Dir einen Hund bringe, den Du ganz gern magst.

Die Astern auf meinem Tisch sind noch prachtvoll. Die Teil hat gestern ihren Hauklotz und drei Stangen Holz geholt. Da ich in Rheinsberg war, holte sie sich Herrn Filster zum Aufladen des Holzklotzes. Unverfroren! Mir sagte sie: »Ich habe so sehnsüchtig auf Sie gewartet. Zum Holzklotzaufladen.« Bloß gut: Der Alte ist noch nicht wieder bei ihr gewesen.

Nun weißt Du wieder alles. Ich werde wohl heute meines Ooges wegen Schluß machen müssen. – Draußen rauscht der Wind. Das Getack ist wie ein großes Gelärm im Hause.

Peter hat sein Exposé geschickt. Kann kein Mensch verstehen, wenn er den »Tinko« nicht mindestens dreimal gelesen hat.

Hast Du schon mit der DEFA telefoniert. Manchmal kommt mir Peter vor wie Wilhelm, der sich lang auf die Erde legt, um das Zentimetermaß an eine Latte zu halten und 1.50 m abzumessen.

Mein Bauch tut weh,
mein Auge ist grau,
ich warte und warte
auf meine Frau.

Dein Lubko

15. 9. 54

Mein Liebchen und Seelchen!

Stunden vorher war ich in so sanfter, gelöster Stimmung. Die Sehnsucht wollte mich verschlingen und war drauf und dran, dir ein Telegramm mit einem Gruß zu senden. Aber ich wollte alles das, was ich empfand, in diesem Brief hineinnehmen. Nun ist Knut gekommen und ich hab mich lange mit ihm unterhalten. Fremde Gedanken sind in die sanfte Stimmung gedrungen. Eben rief Veken an und störte mich erst recht.

Heut kam dein dritter Brief und ich fühl, wies zwischen uns schwingt. Eine Brücke aus unsichtbaren Fäden ists schon, so sicher, daß ich jederzeit zu dir spazier'n und nach dir schauen kann. So seh ich dich auch jetzt: an deinem Tisch (oder in meinem Bett) abschreibend oder, wenn du schon fertig bist, ein wenig lesend. Das Strecken könnte man sich vielleicht erlauben, obwohl es erst neun Uhr ist, denn das Bein tut wieder weh. Es muß geschont werden, weil so schon niemand zum Heilen und Sänftigen da ist. Wie gern wär aber die einzige Jemandin, die's kann, bei dir. Wie sehnt und sehnt und sehnt sie sich. Wie nie zuvor weiß sie, daß diese ganze glückliche große Welt für sie klein und unglücklich wird ohne dich. Wie gern würde sie alles – das ganze Berlin – für dich einen lieben Menschen hingeben (der doch gar nicht immer lieb ist, aus dem man aber alles herauslocken kann). Das ist's wohl: man liebt die

Menschen und Dinge, die einem Echo geben, oder man liebt sie, besser, so weit, wie sie einem antworten, wie sie aufblühen unter einer Berührung. Und hier ist alles tot. Nirgends etwas Lebendiges – außer den Kindern, dies ja von dir haben (ich weck den Ilja durch dich auf, er liebt dich schon, weil ich immer ehrfürchtig mit ihm von dir spreche. Du hasts gemerkt). Aber sonst: das einzige Lebendige, der Himmel, ist so gewaltsam begrenzt, und muß so Spiegel sein für fremde Formen und Farben, daß seine eigene Schönheit nicht zur Geltung kommt. Stündlich sehn ich mich schmerzhafter nach dem Mond überm Nebeltal und dieser Herbst ohne dich – und dich wissen in dieser Umgebung –, das ist nicht zu ertragen. Das erste Mal fühl ich übrigens jetzt, daß ich, so wie ich dich nun liebe und so, wie du jetzt lebst, mit dir auch glücklich sein könnte, ohne die Abgrenzung und ohne die eigene Arbeit. Das heißt aber nicht, daß ich so etwas will: ich fühl's nur als Bereitschaft. Die Stadt mit ihren zerfließenden Konturen und ihren gespreizten, alles verdeckenden Menschen scheint mir jetzt fremd wie einem, der immer im Walde war und nun zum ersten Mal der schrecklich öden Fremde ausgesetzt ist.

Und weil die Sehnsucht so groß geworden ist, werd ich am Freitag mit dem Abendzug zu dir kommen, nur für eine Nacht. Der Gedanke daran beschwingt mich seit gestern, die Fahrt erscheint mir als das schönste Abenteuer seit zwei Jahren. Irma kommt Freitag früh, sie muß aber Sonnabend nach Potsdam, ich komm und bring dir Sachen und – mich. Diesmal wirst du mich erwarten am Bahnhof, ja? Mir geht's, wenn ich mich dem Bahnhof nähere, wie einem Fieberkranken und furchtbar wird's, wenn sich die Spannung nicht in Jubel löst, sondern in Enttäuschung. – Wir sprechen dann über alles, auch, ob ich mit den Kindern kommen soll oder nicht. Irma könnte mich am Wochenanfang begleiten – aber, wir sprechen darüber noch.

Liebster, ich bin so eingegangen in dich, ich kann und will mich nicht mehr lösen von dir, ich bin mit dir zu allem bereit.

Gestern hab ich meinen Arbeitstag um sechs begonnen wie immer, aber meine Hauptarbeit kam erst abends um acht zu ihrem Recht, sie ging bis früh um vier. Um sechs bin ich wieder aufgestanden, den ganzen Tag die Kinder um mich und doch vier Stunden geschrieben. – Wenn ich Knut und diesen Brief zur Bahn gebracht haben werde, geht es wieder weiter. Ich sitz jetzt abends immer in deinem Zimmer und schlaf auch in deinem Bett, all die schönen Stunden des vergangenen Jahres tauchen wieder vor mir auf. Und ich fühl mich bei dem Gedanken an das vergangene Gute und an das zukünftige Große so wachsen, daß mein Inneres bis zu dir hinreicht, und es wird immer stärker werden und dich ganz einhüllen und immer beschützen. Ich wein jetzt manchmal vor Glück.

Ich möchte dich einmal ganz sanft drücken und küssen,
dann ging
ich glücklicher noch in den neuen Tag.
Deine Evanette

Schulzenhof, den 20. IX. 54
Meine liebe Frau!
Schon zwei Abende setz ich an, Dir zu schreiben. Die Müdigkeit überfiel mich. Jetzt entsann ich mich des »gespendeten« Kaffees.

Es war schwer, Dich am Sonnabend-Morgen in das Dämmerdunkel hineinfahren zu lassen. Ich ließ im Arbeitszimmer die Lampe brennen, damit Du bis über die Brücke hinaus noch ein Zeichen von mir haben solltest. Lange hörte ich noch in der Morgenstille das Geknack des Fahrrades, dann huschte ich noch einmal ins Bett, nicht um zu schlafen – das ging nicht mehr, nachdem ich Dich draußen wußte, sondern, um noch ein bißchen Deine hinterlassene Wärme und Deinen Duft zu haben.

Regelmäßig um sechs kommt jetzt ein Meisenpärchen an Dein Zimmerfenster und klopft mich zuverlässiger als der Wecker wach. Noch weiß ich nicht, ob es die Mücken und Nachtinsekten abpickt, die im Schein der Lampe ans Fenster flogen oder ob das geschäftige Vogelpaar auf den Fensterkitt aus ist. Meisen lieben ja fettige Sachen, und im Kitt sollte Firnis sein.

Der gestrige Sonntag war mehr als ein Arbeitstag für mich. Am Sonnabend-Abend kamen 650 Erdbeerpflanzern edelster Sorten. Das hatte ich nun von meinem energischen Brief. Die Sendung kam in der Frist von drei Tagen. Ich sehe die Gärtner richtig schmunzeln, als sie sie abschickten mit der Voraussicht, daß ich den Sonntag zum Pflanzen nehmen mußte. Das Essen wird bequemer sein als das Pflanzen. – Dazu kam das Heu, das immer noch nicht ganz aufgereutert ist, weil mir Regenschauer dazwischen kommen.

Bereits zweimal habe ich angesetzt, unsere Räder von Köpernitz zu holen. Stets platzte nach den ersten Ausfuhrversuchen wieder etwas am Pferdegeschirr, so daß ich wieder ausspannen und flicken mußte. Durch den Karacho am Freitag sind sämtliche Nähte am Geschirr, das ja lange ungebraucht gehangen hatte, defekt geworden. Nun muß ich wohl tatsächlich auf das Eintreffen des neuen Geschirrs warten, das diese Woche kommen soll. Natürlich muß ich nun allmorgendlich zur Post und zum Konsum laufen. Ja, ja, so ein Familienvater hat's nicht leicht, wenn er auf die Kinder, auf das Hausmädchen und was weiß ich alles, Rücksicht nehmen muß.

Brandy ist wohlauf. Ein Trost. Die Wunden heilen gut, und wir verstehen uns täglich besser.

Die Hella ist eine alte Hure. Bis jetzt hatte ich sie einge- sperrt, und sie begann mir leid zu tun. Da sie immer noch Blutungen hat, glaubte ich nicht an »Gefahr« und nahm sie heute mit zum Heuen. Nebenan haute der Gastwirt (er hat die Wiese vom kranken Klein übernommen) mit einem gelben Fixköter, der eine abgehackte Lunte hat, und den sie »Nurmi« nennen. Eine Viertelstunde ging alles gut, aber dann hörte ich das Gequieke von Hella aus dem Wald. Es war geschehen. Die Söhne des Gastwirts freuten sich. Der alte Gastwirt aber sagte: »Laß sie, sie wollen auch ihre Freude haben.« Ich spielte den Gleichmütigen, um den Leuten keinen Anlaß zur Schadenfreude zu geben. Am liebsten hätte ich aber die ganze Gastwirtsfamilie mit der Harke von der Wiese prügeln mögen. – Bleibt nur die ge- ringe Hoffnung, daß Hella nicht aufnimmt, dachte ich. – Am Abend ließ ich sie ein Weilchen auf den Hof, bis ich mir mein Abendbrot gemacht hatte – schon hing sie an der Pumpe wieder mit dem Stummelschwanz von Filster zu- sammen, der sich durch die Gärten von hinten herange- pirscht hatte. Nun werden wohl alle Hoffnungen dahin sein, denn die Dorfköter sind tüchtiger als so ein dekaden- ter Deddy Dunnat.

Nun bleibt die einzige Rettung, doch noch einen jun- gen blutsfremden Chow-Chow-Rüden zu kaufen, damit wir im Frühjahr solche unangenehmen Überraschungen ausschalten und evtl. doch noch zu Nachzucht von der Hure Hella kommen. So hat sich die Frage ob Komondor oder sonstwas von selber entschieden.

Der Maler war hier. Ein älterer Mann. Er quatscht ein bißchen viel. Man kann ihn aber lenken. Das mußt Du dann besorgen. Am kommenden Montag kommt er pünktlich. Also schon aus diesem Grunde mußt Du hier sein.

Mit dem billigen Winterholz war nichts. Das hatte sich Wilhelm ausgedacht, weil ihm die Arbeit des Holzheranholens zu beschwerlich war. Der Parteisekretär hatte ihm kein Wort gesagt. Für die Dollgower sind Wilhelms »Spinnereien« keine Seltenheit.

Steintöpfe habe ich im Konsum gekauft. Kann sie aber erst abholen, wenn ich einen Ponybeifahrer habe. Zum Pflücken von Bohnen, Gurken und Pflaumen komme ich sowieso nicht. Die Pflaumen werden schon ganz welk am Baum. O, wir sind Sünder gegen die Fruchtbarkeit der Erde!

Der Artikel für die »Tägliche Rundschau« quält mich, und ich komm und komm nicht dazu, damit zu beginnen. Dann steht wieder die Wahlveranstaltung des Schriftstellerverbandes offen. Immer, wenn ich öffentlich reden soll, empfinde ich es als eine Bedrohung, bis ich's hinter mir habe.

Die »Frau von heute« antwortet nicht auf meinen Brief. Es ist so, wie ich vermutete. Wie gut, daß ich mich nicht mit dem Fertigmachen überstürzt habe. Das ist ein lauer Wind, wie bei der »Wochenpost« damals.

Außer am Kürzerwerden der Tage und an der Nebeldüsterheit sind draußen an Gras und Bäumen noch keine Herbstanzeichen zu spüren. Die Wiesen leuchten immer noch österlich auf, wenn die Sonne scheint. Das ist mir recht, denn den Herbst möcht ich mit Dir hier erleben.

Gestern las ich in Feuchtwangers »Narrenweisheit« einen Ausspruch von Rousseau, der auf uns paßt: »In der ländlichen Einsamkeit aber braucht man einen Gefährten, der die eigenen Gefühle teilt.«

Das ist wahr, und ich kann hin und her – her und hin denken: es gibt in meinem bisherigen Leben keinen Menschen, der in seiner Art, die Natur, die Menschen, die Probleme zu betrachten, mir so verwandt ist oder war wie Du (oder Dich). Das beste aber, daß diese Verwandtschaft eine ursprüngliche und keine angenommene ist, wie das sonst bei Liebenden leicht der Fall ist.

Diese Gewißheit feiere ich täglich auf meinen Gängen durch Hof, Garten, Felder und Ställe. Diese Gewißheit ist meine schönste Erwerbung in den letzten Jahren. Sie geht über alles, alles – über Schulzenhof, Nationalpreis, Erfolge in der Kunst – über alles. Wir beide zusammen können nie arm werden, auch wenn uns durch widerliche Umstände alles genommen werden sollte. Die Hauptsache, daß wir immer zusammen sind. –

Und nun wieder ein Sprung von der Philosophie zu handgreiflicheren Fakten. Erinnere Knut bitte nochmals an den Brief für Ulf. Laß ihn sofort schreiben, wenn er wieder dort ist. Außerdem soll er das alte Fahrrad zum Überholen und Aufreparieren wegschaffen, damit er nachher ein Fahrrad hat, wenn er nach Rheinsberg in die Schule soll. Dulde keine Verzögerung und Ausflüchte. Er muß sich dazu bequemen, auf die Praxis einzugehen. Wenn er Dich fragen sollte, wohin das Fahrrad zu bringen sei, so laß ihn selber eine entsprechende Werkstatt suchen und sich umtun. – Es fällt mir ein, daß ich den Schlüssel vom Fahrradraum hier habe. Knut soll sich einen ausborgen, evtl. beim Hausmeister. Laß ihn aber alles selber besorgen. Er muß Aufgaben haben.

So, mein Lieb, ich muß noch mehr Briefe schreiben. Die Korrespondenz häuft sich bedrohlich auf der Platte des Sekretärs. Wie schön wird das sein, wenn man später morgens eine Stunde Briefe abdiktieren und mittags unterschreiben kann! Ich bin ja durch meine Zeitungsarbeit sogar in der Lage, Romanteile oder andere künstlerische Arbeiten abzudiktieren. Mich stört nicht, wenn ich das nicht sofort wieder lesen kann, was ich eben dachte oder sagte oder diktierte oder schrieb. Beweis: Die Entstehung der »Dame Daniel«.

Morgen rechne ich, ein Briefchen von Dir zu erhalten. Schon deshalb muß ich morgens wieder zur Post marschieren, damit ich nicht solange darauf zu warten brauche. –

Hast Du schon mit der Rechtsanwältin gesprochen?

Küsse, ganz warme Küsse

vom Lubko

Schulzenhof, den 21. IX. 54

Liebes, liebes Evchen,

hätt ich geahnt, daß Du krank bist (oder warst) hätt ich trotz aller Müdigkeit schon am Sonnabend oder Sonntag geschrieben. So mußtest Du nun solange warten. Wenn man krank ist, ist man ungeduldiger und lauscht noch inniger in die Welt hinaus auf ein Zeichen von lieben Menschen.

Nun ist auch heute der Brief erst am Nachmittag weggegangen. O weh! gerade jetzt, da ich kein Fahrrad habe und alles mit meinem kranken Fuß bewalten muß, kommt auch noch die Post jeden Morgen eine Viertel- oder halbe Stunde früher. Ich weiß wirklich oft nicht, wo ich zuerst hinspringen soll.

Der Regen treibt alle Tage Schabernack mit mir. Kaum habe ich einen Reuter fertig, da kommt eine Husche. Das werdende Heu ist naß – so kann ich es nicht weiter reutern, sonst schimmelt es, und die Tiere werden uns krank, wenn sie's später fressen. Heute habe ich einen Regenschauer lang unter so einer Heuhütte gelegen. Das war heimlich, nur Du hast dabei gefehlt. Werden wir aber nachholen. Der Wind rauscht im Wald, der Regen prasselt auf die Wiese und auf das Heudach. Man wird nicht naß. Die Spinnen kommen unters Dach gelaufen. Auch für sie hat man gesorgt, ohne daß man es wußte.

Nachmittags habe ich endlich Brandy ohne Geschirrpanne wieder ausgefahren. Wir waren halb in Rheinsberg. Er soll sich an die Wege gewöhnen. Zurück sind wir auf die Wiese gefahren und haben Gras für die Hälfte der Viehbelegschaft geholt. Dabei sind wir beide wieder in einen Schauer gekommen. Durchnäßt kamen wir an. Der Kleine ist so lieb und brav, wenn man seine Jungenstreiche nicht rechnet. Immer mehr lern ich durch ihn die Kinder verstehen. Das ist auch etwas wert. Jetzt hab ich ihn auf das Wort »Zucker« dressiert. Natürlich muß ich unterwegs immer ein paar Stücke beihaben. Für »Zucker« macht er alles. Im Notfall also auch ohne wirklichen Zucker eine gute Hilfe. So kommen wir täglich weiter. Ein bißchen verprellt ist er noch von dem Unglück, aber auf sanftes Zureden reagiert er wie Hella, wenn sie mit Todesverachtung in den Wassergraben geht.

O, das Hürlein von Hella. Heute morgen hing sie schon wieder mit dem glubschäugigen Grauköter von Herzig zusammen. Nun ist sie bis auf den kleinen Dackel von Weise alle Hunde in Schulzenhof durch. Der Dackel drückt sich aber auf unserem Hofe herum. Morgen wird wohl auch das noch geschehen. Was bin ich für ein geplagter Hella-Vater!

Pitt scheint mit Frau Grämlich nicht weiterzukommen. Jedenfalls weist sie ihn stets ab, wenn ich es sehe. Vielleicht ist sie auch eine Bigotte. Was auf dem Heuboden geschieht, kann ich ja nicht wissen!

Dank für Deinen Brief. Sei unbesorgt, er war trotz der Krankheit so, daß ich Dich deutlich fühlte. Dank auch für die Post. Die »Freifrau« von Freital fällt mir nun wirklich auf die Nerven. Auch Erich Weinert hat sie so belästigt und gequält. Sie schickte heute eine Abschrift von einem Brief, den ihr Weinert 1950 geschrieben hat. Es scheint eine ganz ausgeschamte Bettlerin zu sein.

Honorar für den Romanvorabdruck von der »Täglichen Rundschau« ist immer noch nicht eingetroffen. Das macht mir langsam Kummer, denn am 1. Oktober ist mein Geld bei Voß fällig. Ich möchte gerade bei dem nicht in Verzug geraten.

»Die Frau von heute« schweigt.

Denk bitte an Ruth. Ruf sie wenigstens einmal an, wenn Du weiter nichts zuwege bringst. Tu das bitte, ja?

Wenn Bernhard jetzt kommt, wo wir nächste Woche den Maler haben, so ist das nicht gerade günstig. Irgendwie wird sich's aber wohl einrichten lassen. Er weiß sich ja zu schicken.

Liebste, ich zähle wie Du die Tage. Langsam werde ich des Alleinseins müde, zumal mir die Gründe nicht zwingend genug erscheinen. Wenn ich's richtig bedenke, muß ich doch sehr hinter den Kindern zurückstehen. Sie spielen die erste Geige, wie ich's immer vorausgesagt habe.

Kommst Du nun am Sonntag gleich mit den Kindern, oder läßt Du sie mit Christa noch in Berlin, bis wir den Maler aus dem Haus haben? Das ist zu überlegen.

Draußen wispert's in den Bäumen. Die Tiere schlafen alle. Nur meine Maschine klappert. Ich sitze im Rollkragenpullover und Lederjacke. Es ist kühl geworden, und zum Feueranmachen nehm ich mir die Zeit nicht.

Wenn wenigstens mein Bett vorgewärmt wäre. Wenn man einschliefe und kuscheln könnte

Ich warte und halte viele Küsse bereit

Dein Lubko

Schulzenhof, den 22. IX. 54

Hör mal, Schätzchen,

das wird wohl nun der letzte Brief sein, bevor Du kommst. Die Liebeleien auf dem Papier habe ich endlich satt. Ich habe schon Visionen: Als ich heute gegen Abend Brandy in der Koppel austoben ließ, jaulte die Hella auf dem Hofe so, als ob sie Frauchen begrüßen würde. Mein ganzes Fühlen und Trachten; bis in die Augen hinein; stellte sich darauf ein, daß Du gleich bei mir im Garten sein würdest. Vergeblich – und als ich hoch ging, um nachzusehen, woher Hella ihre Freude nahm, hing sie wieder mit dem Glubschauge zusammen. –

Noch etwas Putziges ist passiert. Als es dunkelte, holte ich Brandy aus der Koppel. Pitt und Kuder natürlich hinter mir her. Als ich Brandy die Fesseln losmachte, hatte sich Kuder nebenan ins Gras gesetzt, um einen Haufen zu machen. Das ging mit soviel Geknatter und Getöse vor sich, daß Brandy erschrak und davonrennen wollte. Ich mußte natürlich schallend lachen. Die Nachbarn werden wohl bald an meinem Verstand zweifeln.

Die Rimkus hat geschrieben. Sie hat ihr Motorrad aus gesundheitlichen Gründen verkaufen und sich einen Wagen kaufen müssen. Am 6. Oktober will sie für einige Tage kommen. Ich denke, daß wir dann den Maler aus dem Haus haben. Außerdem gehört die Edith ja zu den Menschen, die sich anpassen und nicht beschäftigt sein wollen. Ich denke, ich werde ihr zusagen.

Auf der Wiese ist mir's so ergangen wie gestern. Wieder hab ich unterm Reuter liegen müssen. Jetzt bleibt noch ein Reuter für morgen, dann bin ich endlich damit fertig, und ich kann mich mit dem Obst beschäftigen.

Ich habe heut das regnerische Wetter dazu benutzt, die Wohnung in Ordnung zu bringen, ausfegen, Staub wischen usw. Jetzt am Abend habe ich abgewaschen und die

Küche gesäubert für den Fall, daß Bernhard morgen kommt.

Ich hör gerad die »Wundertüte«. Schöne Sachen wieder, und Du bist nicht hier. Ich kann bald keinen Satz mehr schreiben, ohne zu klagen.

Sei mir nicht böse, wenn ich heute schon Schluß mache. Ich bin müde und träge.

Ich küß Dich, sehr müde schon

Dein Lubko

Meine obligaten Fragen:
Hast Du mit der Rechtsanwältin gesprochen?
Hast Du Ruth angerufen?
Hat Knut an Ulf geschrieben?
Bring bitte meine Wintermütze mit.

Schulzenhof, den 5. X. 54

Liebe Eva-Mutter!

Es tut mir leid, daß ich gestern fortfuhr, ohne Dich noch einmal anzuschauen, aber ich kann so schlecht gegen meine Gefühle handeln, das weißt Du. Ich war sehr traurig, weil ich Brandy so verdreschen mußte, ohne daß er eigentlich die Schuld trug. Deine Reden unterwegs: »Sieh doch nur, er will nicht usw.« und »Von jetzt ab fahr ich nur noch mit dem Rad« haben bewirkt, daß ich das Tier so ungerecht behandelte. Ich schämte mich vor Brandy, weil wir sonst so gut zusammen stimmten. Er hat mich nicht verstanden, und es war mir wie ein Verrat.

Der Rückweg hat mich wenigstens von dem Gedanken befreit, daß wir Brandy überschunden haben. Nicht weit hinter Köpernitz überholte mich der Dorfschmied mit seiner langbeinigen Stute flott im gummibereiften Wagen.

Brandy konnte nicht leiden, daß er vor uns fuhr. Er hat ein Tempo vorgelegt, wie ich es nie erlebt habe. Ich hatte nur zu halten. Dabei rannte er sich merkwürdigerweise wieder trocken. Der Schweißtrieb ließ nach. – Das scheint eben auf der Verwendung des »Ersatzfutters« zu beruhen. Es ist schweißtreibend für die erste Stunde und macht schlapp.

Aber auch sonst solltest Du nicht immer so ultimativ reden. »Ohne Kinder kann ich in Schulzenhof nicht glücklich werden.« »Ohne Clo kann ich es gesundheitlich nicht aushalten.« »In solchen ungemalten Räumen kann ich nicht hausen.« Und bald wird's wieder heißen: »Ohne Briketts ist es kein Leben in Schulzenhof.« Nicht nur Du bist feinfühlig. Schließlich will ich Dich bei mir haben und sage dann zu, ob es sich mit meiner Arbeit und mit meinen Plänen vereinbart, danach frage in diesem Augenblick weder ich, noch fragst Du danach.

Jetzt haben wir uns, wie mir scheint, ganz schön hineingeleiert. Es ist halb zehn Uhr, der Maler ist noch nicht da. Die Sache zieht sich mehr und mehr in die Länge. Christa ist brav. Sie bemüht sich, den Kindern und mir gerecht zu werden, hilft sogar beim Füttern und rennt hin und her. Ilja wirft sich aus Bockigkeit auf dem Hof hin und strampelt mit den Beinen. Ich habe seit gestern, wo ich ihm den Klaps gab, merkwürdigerweise Respekt bei ihm. Kann ich aber immer hinterher sein und eingreifen? Das Gezerr und Gequietsch geht den ganzen Tag. Ich habe den Eindruck, daß er kein schwieriges, sondern ein verzogenes Kind ist. (Aber auch von Dir verzogen, weil er fühlt, daß Du ihn für ein schwieriges Sonderkind hältst.) Zu Christa sagte er gestern abend, als er zu Bett gebracht wurde: »Der Vater ist böse, weil meine Mutti nicht wiederkommt.« – Ich muß also den bösen Mann spielen. Das war in Spremberg so und ist jetzt auch wieder so. Und es ist doch so schwer (laut Brecht) »böse« zu sein.

Irgendwie müssen wir es aber jetzt schaffen, aus dem Wirrwarr herauszukommen. Gestern abend habe ich gut gearbeitet. Der Termin bei »Frau von heute« beginnt mir langsam auf den Nägeln zu brennen. Dazu kommt jetzt die Kartoffelernte.

Christa sagte, es gäbe jetzt wieder Haferflocken in Berlin. Sei doch so lieb und bringe ein paar Tüten mit. Knut wird meine Aktentasche mitnehmen, weil seine zu klein ist. Auch die bring bitte, wenn es nicht zu umständlich ist, mit. An die Decken denkst Du wohl selber, nicht? Wenn es mit der Rimkus aus irgendeinem Grunde nicht klappen sollte, gib bitte telegrafisch Nachricht.

Ich hab's eilig.

Küsse von deinem Lubko

Grüße von Kitta

20. XI. 54

Kleine, liebe Holzhackerfrau!

Ich hab schon große Sehnsucht. Du fehlst mir überall.

Die Wohnung habe ich mich bemüht, nicht zu verunraten. Post ist nicht auf dem Postamt. Sie muß bei einem Haus- oder Ersatzmeister lagern.

Bleib mir gut und nimm große Küsse von

Deinem Lubko

1955

Lieb Ev!

Von den nächsten 25 Lebensjahren sollst Du nicht 3, sondern 23 bei mir sein.

> Dies wünscht Herr Zahnlücke
> In einem kühlen Bette,
> da liegt eine kühle Maid.
> Mein Liebchen ist, ich wette,
> zerfrorn und eingeschneit.
> Sie hat mir viel versprochen
> und hielt es nimmernein.
> Ich habe mich gerochen,
> ließ sie im Bett allein.

Alte Foxweise

Pittishof, den 5. April 55

Liebste, Schönste!

Nun sitz ich hier. Die Verbindungstür zu öffnen und etwas ins Nebenzimmer zu sagen, hat keinen Sinn. Gestern, als die Kollegen abgefahren waren, überfiel mich Dein Wegsein. Ganz, ganz einsam und müde wurde ich. Dazu hätt ich weinen mögen wie ein Kind. Wenn ein Kind weint, kommt doch irgendwann jemand. Wenn ich geweint hätte ... Hast Du gefühlt, daß sich mein Abschied im Streicheln verbarg, als Du aus meinem Stübchen gingst? Ich wußte schon dabei, daß mir das später als Abschied nicht genügen würde. Nun gehe ich umher mit etwas Versäumtem im Unterbewußtsein.

Evchen, komm doch lieber wieder!

Ich habe heute zwei Blumen aus Deiner Stube umgepflanzt, nur um ein Bewerbchen zu haben hinein zu gehen. –

Von Bohsdorf noch immer keine Nachricht.

Die Tauben fliegen schon seit gestern umher. Federn haben sie auch schon lassen müssen. Die Katze der Frau Hundt ist ihnen bis auf unser Scheunendach nachgestiegen. Die Grämlich lauerte ihnen auch schon auf. Es wird wohl nicht gut gehen mit den zarten Täubchen. Die Grämlich hat bereits den dritten Star auf dem Boden vertilgt. Wir kommen immer noch nicht dahinter wie und was. – Pitt hat sich gestern einen Hecht aus dem Kleinen Rhin gefischt und gleich an Ort und Stelle bis auf den Kopf verspeist.

Brandy hat heute Kunstdünger mit uns von Köpernitz geholt. Hella ist brav und wartet als Hausmonument, bis wir zurückkommen.

Vom Roman scheint mir jetzt der Anfang geglückt, wie ich ihn brauche. Nun will ich beibleiben und jeden Tag mein Pensum schaffen.

Den drei Kollegen habe ich den Psalm vorgelesen. Sie waren beeindruckt, doch die Diskussion ergab, daß die ersten drei Teile, in denen konkrete Dinge und nichts Philosophisches behandelt wird, am stärksten und wirksamsten sind. Das würde sich ein wenig mit dem Eindruck der Sonnabend-Gesellschaft decken. Ich weiß also nun gar nicht, was tun. Ich lasse es liegen. Vielleicht vernichte ich es überhaupt in einer Zornesanwandlung.

Hella schnarcht. Ich bin auch müde.

Lese seit (1946 war's wohl) den Rosegger wieder. In seinem »Erdsegen« hat er sprachlich etwas ähnliches gemacht, wie ich's versuche. Fundgrube für mich. Damals habe ich das nicht genügend herausgelesen. Das Wiederlesen von Büchern ist eigentlich ein guter Messer fürs eigene Reifen.

Ich küsse Dir Hände und Stirn. Denk ein wenig hierher!

Dein Lubko.

Hellashof, den 14. IV. 55

Meine liebe Frau!

Heute war ich schon früh auf der Post, um einen Brief von Dir in Empfang zu nehmen. Es war kein Brief gekommen. —

Gestern war ich krank. Hab nur das Nötigste machen können. Diarrhöe (o. ä.). Mir war ganz schwummrig. Was schuld war, weiß ich nicht. Heute ist es etwas besser. Dafür habe ich mir beim Pflügen den rechten großen Zeh verstaucht. Der Jähzorn war schuld. Da ich keine Peitsche hatte, trat ich Brandy mit dem Fuß in den Hintern. Eine Beruhigung: Er hat mit dem Gummistiefel nicht soviel gefühlt wie ich. Bluterguß. Humpelei.

Knut ist mit drei Mark Pflügegeld ins Kino. Er ist stolz. Jetzt kann er das Pflügen bald.

Heute den ersten Tag wieder am Roman gearbeitet. Es will nicht so recht flecken, wenn man sich um alles kümmern muß. Es gab im Konsum Hecht. Da hat mir das Essenkochen viel Zeit genommen.

Meine Stimmung schwankt hin und her. Mal möcht ich hier alles verkaufen und nichts mehr sehen. Mal möcht ich um alles in der Welt nicht von hier fort. Das gleichmäßige Seelenklima fehlt.

An das, was zu machen ist, darf ich gar nicht denken, sonst renn ich gleich weg. Wo man geht und steht, wird man von ungetaner Arbeit angestarrt.

Hella hat gestern einen Junghasen angeschleppt. So ein kleiner Dürer-Junghase. Sie wollte dafür gelobt sein. Pitti hat ihn gefressen.

Das Wetter entspricht meiner Stimmung. Oder umgekehrt? Frau Rühr sitzt bei geöffnetem Fenster. Ich putze den Brandy. Was murmelt sie und murmelt, denk ich. Sie liest sich Romane vor. Vielleicht war's gar einer von mir, und ich sollte es hören.

Die Wiesen werden grüner, immer grüner. Ich seh's mit Unlust, weil ich meinen Kunstdünger noch nicht ausgestreut habe. So sieht der Frühling eines Wiesenbesitzers aus.

Ich weiß nur eins ganz sicher: Ich hab Dich lieb. Ich will nicht mehr ohne Dich sein.

Hoffentlich erreicht Dich das Briefchen noch vor Deinem Vortrag. Du sollst wissen, daß ich bei Dir bin.

Komm bald.

Dein Mann

Stalinallee, 2. V. 55

Du Rätselhafte und Sonderbare,

ich weiß nicht, ob ich Dich hab oder nicht. Dadurch führ ich ein schweres Leben und möcht nicht hier und nicht dort sein.

Hast recht gehabt: »Tinko« hat mich sehr viel bekannter gemacht. Viel verkauft. Hals tut mir vom Sprechen weh. Nicht eine Minute hatte ich Ruhe.

Dauernd passieren Dinge, die ich nicht wollte, weil Leute, die ich will, nicht da sind. Ersten Abend bei Djacenkos (mit Boris), gestern bei Weiskopfs mit Wassers. Heute weiß ich noch nicht, ob bei Brecht oder lieber im Bett.

Müde, müde, müde und immer das so sehr ungewisse Gefühl in bezug auf Dich. Ich schreibe im Bett. Leide an körperlichen Schmerzen. Der ganze Mund ist wund von dem elenden Gebiß. Scheiß in diese verfluchte Eitelkeit! Freß dauernd Tabletten

Hochachtungsvoll

Ihr Erwin Strittmatter

Stalinallee, 7. VII. 55

Lieb Ev!

Den Tag über herumgerannt. Krach auf Ämtern. Wäsche geholt. Die Alte ist rührend vertrauensselig. Echte alte Ostpreußin. Den ersten Schwung schleppte ich im Rolltuch von ihr. Im Sack wäre alles zerknautscht. Den zweiten Schwung in Papier. Deine Blusen ließ ich noch dort. Sie waren mir zu duftig. Ich sollte sie auf Kleiderbügeln nach Hause schleppen. – Die Alte war der menschliche Ausgleich für den Ärger mit den »neuen Menschen« auf den Ämtern, diesen Stinkbürokraten. Die und die Kleinbürger müssen bei uns geköpft werden.

Jetzt ein bißchen geschlafen. Stalinallee-Stille. Das Fenster knarrt vom leisen Luftzug. Mein Koffer ist gepackt.

Ich denk an die Liebe und ihre Traurigkeiten. – Hier trägt alles die Spuren von evalicher Zerrissenheit. Halb geputzte Fenster, halb abgenommene Gardinen, mehr Abwasch als ich je hinterlassen habe. Überall Bücher herausgerissen. Pseudo-Genialität – O, wie ich Dich liebe!

Man schreibt einen Artikel, und dann läßt man sich wieder gehen, bis es einen wieder »packt«. Man macht den

Versuch, eine Erzählung zu schreiben und denkt, sie muß auf »Anhieb kommen«. Und die Lade, die man vollgeschrieben haben muß?

Nimm mir's nicht übel. Ich bin ein wenig verbittert durch Dein Verhalten die letzte Zeit. Prüfe Dein Leben ab, aus wieviel Halbheiten es besteht!

Mit Brecht habe ich telefoniert. Er freut sich, daß ich zur »Kreidekreis«-Diskussion fahre. Er war eben im Begriff, nach Buckow zu fahren. Wir sollen unbedingt dorthin kommen. Aber diesen Vorsatz können wir wohl wieder begraben.

Ich will weiter, weiter – nicht hin und her.

—

Hier die Brotkarten und ein wenig Post.

—

Zaghafte Küsse mit viel Bedenken

von Deinem Lubko

Liebe Grüße für Abes, Pitterpatter, Heinjak und Knut

1956

Berlin, 23. III. 56 abends

Herzliebste,

ich habe viel darüber nachgedacht. Die Sache ist so: Ich spüre seit einiger Zeit wieder Unausgeglichenheit und Unzufriedenheit bei Dir. (Vermutlich hängt das mit Deiner Drüsenkrankheit zusammen). Allmählich werde ich dadurch unglücklich. Das steigert sich von Tag zu Tag und endet dann stets mit einem Ausbruch. – Alles geschieht nur aus dem tiefen Wissen, daß wir zusammengehören. Ich seh in solchen Stunden unser Werk bedroht, und das Werk will geschützt sein. Es drängt mich zu solchen Taten – – Ausdruck der Hilflosigkeit.

Ich habe Dich damals gewarnt, als wir die erste Zeit zusammen waren. Ich habe mich zögernd in Dir ausgebreitet und gelagert. – Nun aber bin ich ganz in Dir und Du in mir. Es kann gar nicht anders sein als heute Morgen, wenn ich spüre, daß bei Dir die leisesten Anzeichen vorhanden sind, mich ab-, hinaus-, fortzudrängen, Dich zu entziehen.

Wenn Du es richtig überlegst: Wie sollen wir anders glücklich werden? Wir müssen weiter miteinander gehen.

Ich fühle, daß der gewesene Winter, daß der kommende Frühling, mich unausgesetzt veränderte und verändern wird. Ich ahne nur, wo die Reise hingeht. Ich weiß nicht, ob Reise und Reife nach oben, nach innen oder in die Tiefe gehen. Wahrscheinlich in jede Richtung. Ich will so gern, daß Du bei mir bleibst. Du bist doch meine einzige, einzige große Liebe. –

Ich schreibe tastend am ersten Teil des »Wundertäters« weiter, damit er einheitlich bleibt. Im zweiten Teil, so fühle ich, werde ich schon ein ganz anderer sein. Ich fühle mich wie ein Vogeljunges, daß durch ein Löchlein in der Ei-schale schon sieht, daß die Ei-Enge nicht die Welt war.

Versteh mich. Du brauchst mich nur zu lieben wie am Anfang – dann ist alles gut.

Ich küß Dich innig

Dein Mann

Grüß Henrik herzlich.

Schulzenhof, den 10. Nov. 56
9 Uhr abends

Liebste!

Du kennst die Stimmung: Im Stübchen ist's still, nur das Atmen des Hundes, das Knistern des Korbes. Das Pfer-degeschirr an der Holzwand. Heute der Sattel neben mir auf einem Stuhl, damit ich ihn immer vor Augen habe. (Auch so ein Jugendtraum!) Knut schon zu Bett. Christa erfreut sich drüben still ihrer neuen Jacke, die das Evchen wieder extra unpraktisch gekauft hat. (Natürlich bläkt sie vorn auseinander, wie ich vermutete!)

Wenn das Evchen jetzt hier wäre, würde es leise und ver-stohlen (immer wie mit ein wenig schlechtem Gewissen) sein Bett zurechtmachen. Ich würde mich umsehn, durch die Scheiben schaun: Da liegt die olle In-die-Hosen-Moa-kersche schon im Bau, liest noch ein paar Zeilen und rrrrrr. Also wär ich fast so allein wie jetzt.

Es sind viele gute Gefühle für Dich da, aber wenig Worte, sie einzukleiden. Wenn man tagsüber viel nach schö-nen Worten suchen muß, fällt's abends schwer, und man möchte nur fühlen. (Bei Dir ja fast Dauerzustand und Krankheit), deshalb wirst Du verstehn.

Ich bin nicht traurig, bin aber auch nicht sehr froh. Das wird schon ein bißchen mehr nach froh hinneigen, wenn ich erst weiß, was Dir fehlt. In den Wald müßt ich auch wieder einmal, um ganz mit dem Gefühlspalterteufel in mir fertig zu werden. – Es klingt noch so manches (manche freche Offenbarung von Dir) am Djacenko-Abend in mir nach. Du wolltest klug sein und dachtest: Es paßt gerade. – Ob es wirklich passend war? Meine Skepsis war noch nicht zu Ende – trotz Deiner Beteuerungen. Jetzt ist sie wieder hellwach, wieder steh ich davor, alle Antennen einzuziehen, mich innerlich autonom zu machen – und was alles.

Aber es ist jetzt nicht die Zeit, Dir mit meiner neu erwachten Skepsis das Herz schwer zu machen. Vielleicht hast Du mehr Teufelchen in Dir getötet als ich.

Stanislaus läßt grüßen und verspricht ein Junge nach Deinem Geschmack zu werden. Hier eine kleine Visitenkarte aus dem Heutigen:

Stanislaus grub, harkte, säte im Garten, dachte und dachte: Auch der Herr Jesus hatte mit seinem guten Blick die Kranken geheilt, Lahme und Sündige. Er war gefangengesetzt worden, und man hatte ihn ans Kreuz geschlagen. Sollte jetzt Herr Stanislaus Büdner gefangen und ans Kreuz geschlagen werden? – Stanislaus sah auf den blühenden Mohn. Leises Angstzittern war in ihm. Ein Zitronenfalter umtaumelte die kleine Blütensonne einer Mohnstaude.

»He, sag der Königin, mir geht es schlecht!«

Der Wind ging durch das Beet. Der Falter verneigte sich: »Ich bring Dir Botschaft, Büdnerjunge.«

»Wird mich der Hornknopf kreuzigen, du gelber Bote?«

»Gut oder schlecht – ihr bändigt keinen Blick. Stecht mir die Augen aus, dann seh ich mit den Händen!«

Der Zitronenfalter war längst über die Pflaumenbäume

hinweg auf das Lupinenfeld der Bäuerin Schulte geflogen. Stanislaus aber sann noch über seiner Botschaft. Er sagte die Worte vor sich her, kratzte eine Weile in der Erde und sagte sie dann wieder. Vater Gustav kam leise. Als Stanislaus ihn gewahrte, formte er seine Worte zu einem Gesumm: »Stecht mir die Augen, summ, summ, aus, dann, summ, summ, seh ich mit den summ, summ Händen, summ!«

Niemand sollte wissen, daß sich Stanislaus, der konfirmiert und aus der Schule war, mit Schmetterlingen unterhielt und tröstliche Botschaften von ihnen entgegennahm …

Und hier kann der leere Vater nur noch einen Gruß und einen scheuen Kuß anhängen.

Dein Mann

Krankenhaus Kaulsdorf
10. 11. 56 mittag

Mein Liebchen!

Noch bin ich gänzlich »unkenntlich«, ich sitze hier auf dem Sprung in meinem neuen Domizil, das ich mit einer mittelalterlichen Frau vom Horizont Charlotte Wohlgemuths (der jungen Frau Wohlgemuth – so ist mein erster Eindruck –) zu teilen haben werde. Der Arzt wird mich rufen lassen und dann werde ich einiges mehr über mein Schicksal erfahren. Der Brief hier wird's Dir weitersagen, wenn ich weiß.

Am Vormittag hab ich mit der Bürokratie des Krankseins Bekanntschaft gemacht. Ich hab mich sehr gefreut, in jedem Büroraum, den ich hier betrat, zu sehen, mit welcher Liebe und Festigkeit man am Personenkult doch hängt.

Ein schwerer Abschied war das gestern. Mit einem weinenden und – wie bei der geschätzten Kunst gewisser »Geisteskranker« – einem lachenden Auge. Denn als ich traurig am Fenster stand, hatt' ich doch Spaß an der Posse »Vorstellung der Schwiegertochter«. Durch diesen Auftritt wurde ich ganz gehindert, Dir zu winken und Dir nachzuschaun. Ich hab die Kinder dann bewirtet und noch ein bißchen großes Geld zerhackt, um Knut die Sachen zu besorgen, die wir beim letzten Mal nicht finden konnten. Er wird Dir's ja erzählt haben.

Ich habe gestern Abend mit beiden Sterns gesprochen. Sie waren – und besonders Jeanne, bei der man immer merkt, ob ihr Gefühl nicht nur aus Freundlichkeit geäußert wird, sondern wirklich echt ist – beeindruckt, von den »Selbstverständlichkeiten«.

Unsere Meinung von der schlechten Aufmachung und vom »Verstecken« teilen sie ganz. Sie haben erst lange suchen müssen und glaubten schon, die Arbeit sei in dieser Nummer nicht erschienen, eh sie sie fanden.

———————————— Trauriger Sonntagvormittag. Erst gestern Abend spät erfuhr ich etwas von den Vorstellungen, die sich die Ärzte über meinen Aufenthalt hier machen: Sie haben Zeit! Das ist ja selbstverständlich, es ist wie mit der Landstraße, die seit Jahrhunderten im Fluß Menschen und Schicksale vorübergleiten sieht und die dem kleinmenschlichen Zeitbegriff so fern steht. So ist das Krankenhaus. Es ist ihm gleichgültig, wie lange jemand in ihm ist und war. Es tut ja seinen Dienst. Daß es nur einem Ausnahmezustand der Menschen sein Dasein zu verdanken hat, wird es nicht wissen. »Das Krankenhaus« frißt alles: Ärzte, Schwestern, sie verfallen ihm. Und wer in ihre Hände fällt, verfällt dem Zeitmaß, das von ihm nichts weiß.

Nun, da ich einmal hier bin, heißt es also: warten. Das,

was ich fürchtete, als ich mich hierher brachte, tritt nun ein. Mein Arzt, der andre, traut sich, die Diagnose schnell zu stellen. Er hätte gestern wirklich gewußt, was los ist und gehandelt.

Hier werde ich erst tagelang mit Spritzen vorbereitet, bis man zur Diagnosestellung »schreiten« kann. Die Handlung, die dann folgen soll, scheint für die Ärzte immer noch va-banque-Spiel. – Ich ergebe mich – nur scheinbar.

Ich habe solche Sehnsucht nach Dir! Und bin wahrhaftig wie gefangen. Ich habe Bücher, aber Bücher sind nur fremdes Leben, das den Neid und Sehnsucht nach dem eigenen Leben weckt, wenn man so abgesondert ist. Das »innre« Leben ist doch nur im richtigen Wechselspiel mit der Gemeinsamkeit gesund.

Es ist schon ganz schön schwer, wenn man nicht krank ist – was ich ja nicht bin – nicht an der Einsamkeit schlimm zu erkranken.

Ich lieb Dich so!

Darum verzeih den Trübsinn, der nicht tief ist; es ist nur eine kleine Rebellion gegen das scheinbar Unabänderliche. Im Innern bin ich froh und voll Gewißheit, angefüllt mit guten Kräften, die aus »uns« gewachsen sind. Die beiden Tage, die ich durch Dich hatte, waren schön und reich. Und ich bin sicher, daß Du gute Tage haben mußt, das Zauberborn in Dir ist ja am Sprudeln, die Heiterkeit des Jungen, der die Königin der Falter finden will, ist ja in Dir, das habe ich an Deinem ganzen Wesen und an den Dir ganz rein entströmten Sätzen gemerkt, die Du mitbrachtest. Und daher kommt mein Frohsinn eigentlich. Die Bängnis der letzten Wochen, bevor Dein Weg wieder frei wurde, ist verflogen. Ich bin so sicher, daß der Stanislaus eine kleine magische Sonne in sich trägt, die das ganze Werk durchstrahlen, die Bitternis seines ganzen Lebens Lügen strafen und den Menschen, die er später einmal durch dein Wort anrühren wird, Wunderkräfte verleihen und einen Glauben an das Gute geben wird, den sie doch, ach, so nötig haben. Du weißt es ja, wir haben's oft gesprochen. Sie brauchen Stärkung, weil das Leben ungebührlich viel von ihnen fordert. Sie brauchen Beispiele von Stärke, die das Schmähliche besiegt. Und gerade jene Kraft von der Weiche des Wassers, die den Stein besiegt, ist es, die gezeigt werden sollte. Und die hat Stanislaus, – Deine Beharrlichkeit, Dein Drängen zum Licht. Ein Held, der schwer zu schildern ist, weil er so ganz und gar unheldisch ist! Ich glaube, Du mußt ihm viel aus Deinem Lebensschatz mitgeben. Du bist es doch, was Du auch sagen magst.

Wenn er sich auch schwach zeigen mag, muß sein Grundzug doch Kraft sein, wenn er vom Leben auch umgetrieben werden muß, muß seine Grundhaltung doch Widerstand und Wille zum Sieg sein.

Nun, ich kann Dir nichts sagen, was Du nicht viel besser wüßtest, viel tiefer fühltest, als ich.

Ich möchte nur, daß Du weißt: Einer ist außer Dir da, der so an Dein Werk glaubt wie an die tägliche Wiederkehr unseres Lichtes. Einer ist außer Dir da, der die Fülle vorausahnt, die Du ausgießen willst. Und so verstehst Du die Sorgen der letzten Wochen: weil ich weiß, was sich in Dir gestaut hat und jetzt in Worte gefaßt werden muß, wollt ich, daß Du die Hemmnisse fortstößt, die Dir aus Freunden gekommen sind, Dich zu behindern.

Jetzt, wo Du frei wirst, brauchst Du gar nicht zu prüfen, zu klügeln, wenn es erst strömt, strömt auch das Gute, das Große aus Dir.

Ich möchte Dich sehen, das weißt Du. Wenn Du von einem Herausreißen nicht für Deine Arbeit zu fürchten hast, wäre ich glücklich, wenn Du Donnerstag kämst.

Immer Dein Evchen

Den [...] habe ich unterrichtet. Mittwoch 11 Uhr.
Grüße an Christa und Knut. Und auch meine Tiere.
Ein Wort zu den Alltäglichkeiten: Dankbar wäre ich für
Schlafsack, Bademantel (hängt im Bad) und Äpfel und
Kaffee.
Nun, wachsen die jungen [Hennen]

Stanislaus-Vater
                Schulzenhof, den 13. XI. 56 (Dienstag)
Liebe Frau!

Ich habe Deinen schönen Brief als Feierabendlektüre
(wieder) gelesen. Vielen Dank und viele Küsse dafür. Wie
traurig, daß Du nun nicht bei mir bist, und auch die
heitere Schaffenszeit erlebst, nachdem Du dem dumpfen
Brüten und den vielen Unzufriedenheiten zuschauen mußtest.

Gestern und heute – auch am Sonntag – habe ich eigentlich den ganzen Tag am »Wundertäter« gesessen. Bis
auf einen kleinen Ausritt von etwa einer Stunde. Pan hinterm Pferdeschwanz. Die Rehe gar nicht scheu auf unseren Wiesen, auf den Wiesen nach Köpernitz, wo du im vorigen Jahr über den Sumpf gingst. Der werdende Abend.
Das leise Tropfen von den Bäumen und das Pochen von
vielen neuen Gedanken und Stanislaus-Geschichten im
Hirn.

Es ist mir nicht möglich, einen so schönen, tröstenden
und mitfühlenden Brief zustande zu bringen, wie Du mir
einen geschrieben hast. Sei nur nicht traurig deshalb.

Eh dieser Brief Dich finden wird, werde ich bei Dir gewesen sein. Ich möcht's aber so: Du sollst einen Gruß haben, wenn ich wieder von Dir gegangen bin.

Ich kann Dir nur sagen: Wenn die Skepsis auch (Du

weißt in welchem Bezug) noch in einem Herzwinkel auf Lauer liegt, so habe ich Dich doch lieb wie keinen Menschen zuvor, und das wird so sein bis zu meinem Tode.

Dein Mann

1957

Dis is Kitty und
sieht aus wie ein
Wildschwein bei
Nacht

Du liebe Frau,

heut erst ward mir inne, in welche Gefahr ich Dich gehen ließ. So ist das mit mir: Ich war so beschäftigt mit dem Meinigen und doch nicht mit dem Meinigen, als Du fuhrst. In meinem Tagebuch von gestern steht zwar: Wie mutig! – aber da dacht ich nur an Krankheit und heute an alle Gefahren, die bei Operationen wohl immer gegeben sind.

Eigentlich müßt ich, wenn ich's bedenke, hier wegfahren und zu Dir, aber im Krankenhaus bin ich macht- und hilflos, hier aber kann ich starke, gute Gedanken für Dich herstellen. Kann mir vorstellen, wie wir später miteinander durch den Wald reiten, im Boot fahren, hinter die Geheimnisse des Lebens schaun werden.

Unser Tag war heute so: Bis zehn Uhr geschrieben. Neun Seiten, und nun beginnt die Liebesgeschichte mit Lilian. – Dann die Pferde. Brandy in der Gartenkoppel (gerade!) geritten. Alles gut. Dieses Fräulein hat in Wirklichkeit überhaupt kein Gefühl für Pferde. Sie hat Christa dressiert, nicht das Pferd. Christa weiß, was Rechts- und Links-galopp ist und mehr solche akademliche-militärische Schi-kanen, aber sie fällt vom Pferd. Ich sagte: Solange die R. mir nicht auf ungesatteltem Pferd zehn Zigarren von Rheinsberg holt und heil mit Pferd und Zigarren hier an-kommt, kann bei mir von Reiten nicht die Rede sein. – Aber wie so oft im Leben: Auf den Reitschulen wird das Reiten als Wissenschaft betrieben. Man reitet im Probier-glas.

Am Nachmittag wieder korrigiert. Christa ging mit Sherry im Trauermarsch bis auf unsere Torfwiese. Es war des verknacksten Fußes wegen, den wir nun im Schritt-Tempo wieder gefügig machen wollen. Dort auf der Torf-wiese sagte ihr Sherry jedoch, als ein Fuhrwerk kam, ade und kam allein nach Hause. Ihr Fußverband hatte sich in eine Moorpackung verwandelt.

Christa die ersten drei »Geschäftsbriefe« diktiert. Al-lerdings in Langschrift. Ein bißchen hilft's vielleicht doch.

Jetzt ist's Abend. Die kleine Brigade hat gefüttert. Der Kommentar ist vorüber. Pan ist satt. Die letzte Stunde vor dem Zubettgehn. Niemand guckt durch die Glastür.

Gestern war der Sohn da. Sehr verbindlich, sehr freund-lich, aber man weiß immer nicht, ob um Taschengeld oder um sonstwas. In der Küche beklagte er sich bei Erika Schmidt – so daß ich's hören sollte – über seine Mutter, die herzzerreißende Briefe, aber nicht einmal eine Packung Kau-Gummi schicken würde. Das war mir widerlich.

Und immer mehr wird's Frühling. Wenn ich mich nicht zu arg verhörte, probierte gestern die Lerche hinterm Wald. Unter einem Stamm, den ich wegräumte, standen frisch-grüne Scharfgarbe, Wegerich und Wermut, alles klein, aber schon vollends da.

Wenn der Brief kommt, wirst Du vielleicht Schmerzen

haben. Er will ein wenig trösten und sagen, daß ein gewisses Evchen Berner-lndiehosenmoakersche noch beliebt ist.

Küss

von Deinem

Mann

Wie waren unsere Söhne in Neuruppin?

Berlin, 15. 2. 57

Einen Morgengruß mit dem Goldfüller auf dem hochfeinen Briefpapier! Einen Kuß als Dank für den Besorger!

Evchen ist's noch sehr wohl. Sie wird erst am Sonnabend operiert, inzwischen spielt sie ein bißchen Gräfin von Arnim (nur fehlt ihr der Ponpon, dem Fräulein Tonton) der feine Vogel, der nur Karnickelbraten frißt, wär auch ganz schön zur Unterhaltung. Dafür aber hat Evchen hier was andres Feines: Entengeratsch und Möwengeschrei, Tag und Nacht das Dampfertuten und den Großstadttatem, der von der Weidendammer Brücke herüberweht. Mein Zimmer hat einen Balkon zur Spree hinaus, so lang ich noch umherlaufen kann, nutz ich die Möglichkeit, meine Nase in die tätige Welt hinauszustrecken.

Und auch wenn ich werde festliegen müssen, wird mir die Nähe der handfesten Arbeiter auf den Schiffen wohltun. Ich hab sie beobachtet – ihre Ruhe zeigt, daß in ihrer Arbeit ein Sinn steckt. Sie bringen Riesenlasten Kohle. Gestern abend konnt ich unser Theater sehen, das sich drehende Zeichen des Ensembles auf dem Dach, und davor die Fassade des Friedrichstadt-Palastes. Das find ich freundlich vom Teufelchen Zufall, mir die Erinnerungen so nahe zu bringen an unsere schöne Gemeinsamkeit.

Ich habe noch immer unsern Abschied im Sinn, der schön war. Wie wir unter den frühlings-bereiten Zweigen am Auto standen, warst Du so ganz der Schmalenberger Erwin, fast noch mehr: der Junge, dessen Miene den Stolz auf die erste Uhr verrät, bei der seine Hand in der Tasche sich hält, und der die Welt grad groß genug findet für seine Kraft, um mit ihr Fangen zu spielen. Du steckst jetzt so voll Freude, daß mir ganz leicht ums Herz ist. Und es trifft sich gut, daß sich mein Leben jetzt auch lichtet: Ich habe das Märchen mit den Kindern wieder ausprobiert und sehr viel schönes dabei erfahren und genau den Wert gefühlt und die Fehler. Ich muß Dir davon erzählen. Ich habe schon wieder so schöne neue Stoffe, die völlig durchdacht und ganz erfühlt sind. Ich freu mich so aufs Schreiben. Heute probier ich noch eins aus. Darum zählt das bißchen Schreiben gar nicht.

Vom Opa hab ich Trauriges gehört. Er soll aus dem Krankenhaus, aber Großmutter ist noch nicht gesund.

Wenn ich da wäre, würde ich sagen, wir holen ihn nach Schulzenhof; Du bist sein einziger Gedanke. Er hatte schlechte Zeit, immer geweint, und meine Mutter dachte, er würde sterben; aber es geht ihm besser, sagt der Arzt, doch braucht er Bewegung und eine Umgebung, die ihn ablenkt. – Es ist mir fast unheimlich, daß so ein alter Mann eine solche Neigung fassen kann wie er zu Dir. Meine Mutter sagt, er spricht von Schulzenhof wie vom Paradies. Vielleicht kannst Du ihn auch bei Dir haben, obwohl ich nicht da bin. Du sagtest ja damals, er störe Dich nicht. – Aber urteile nach Deinem Wohlbehagen oder Deiner Unruhe nach einer solchen Überlegung.

Die Kinder waren in mässiger Verfassung – erkältet, blasse Stubenkinder, aber lieb wie immer und selig über die Bildchen und die Bücher.

Erwin sagt zu dem großen Bären in Tolstois Buch: Daylowitsch. Ich mußte mit ihnen die drei Bären und das »sinnige« Kätzchen spielen. Es macht mir ebensoviel Vergnügen wie ihnen. Die ganze Kinderzeit taucht wieder auf. Dann haben wir noch Wit Kalientje und Swart Kalientje gespielt, dabei war ich mal die böse Nele und mal ein guter Schwan. Als guter Schwan habe ich die beiden – Wit Kalientje und Swart Kalientje – auf dem Rücken über einen See geschleppt. Es war herrlich für die Spatzen! –

Gestern hab ich Herrn Goethe in den Harz und ein Stück nach Italien hinein begleitet. Wie nah wird er einem aus diesen Lebensberichten. Der Charakter ist viel schöner und vielseitiger als der durch Eckermann vermittelte, der einem doch schon so viel gibt. Ich freu mich auf die vielen schönen Stunden, die mir dieser Spaziergang durch eine heitere, gestaltete Welt machen wird.

Ich hab wieder die Bitte, die ich aus dem Kaulsdorfer Krankenhaus sandte: Meinen Daunenschlafsack hätt ich gern und Bettwäsche – aber für Christa: bitte gute und bitte mit Knöpfen und instand!

Wenn Du mich Anfang der Woche sehen kommst, wird es mir vielleicht nicht gut gehen, laß Dich nicht davon verblüffen – ich darf vier Tage nichts essen und auch kaum trinken und auch sonst gibt es Unannehmlichkeiten. Vielleicht magst Du aber auch erst nach Deiner Fahrt mit Anna kommen – am 21., da wird es bei mir schon wieder besser sein.

Jedenfalls bin ich ruhig und auch geduldig und heiter, ganz tief innen.

Ich hab Dich so lieb wie eh und je und fühl: es wird Frühling (gerad jetzt)

Einen großen Kuß und tausend Streichler für den lieben Kopf!

Dein Evchen.

Gruß für Christa und Knut!

Ich hab vier Freunde in meinem Zimmer: eine kleine rosa
Hyazinthe und drei violette Krokusse, die zusammen in
einem Schälchen sind, das ich mir selbst geschenkt hab.

Schulzenhof, den 15. II. 57

Lieb klei Mutterssen!

Ich bin sehr müde, aber ich habe gehört, daß man es
nicht sein darf, wenn sein Frauchen im Krankenhaus liegt.
Vielleicht erreicht Dich der Brief trotz Dollgower Postver-
hältnisse noch am Sonntag, und Du bist nicht so allein
und verlassen.

Es ist mir, als wärst Du schon lange, lange fort, weil ich
doch sonst immer gleich mit jeder Neuigkeit aus Haus und
Hof zu Dir gelaufen komme. – Es gibt aber auch keine
Neuigkeiten. Ich arbeite und versuche sogar, meine Post-
schulden mit Christas Hilfe abzutragen. Heute allerdings
mußte alles noch einmal geschrieben werden. Sie hört
beim Diktat immer nur halb hin und schreibt dann nach
eigenem Ermessen. Die alten Fehler also auch da!

Das ist Deine Aufnahme mit dem Hammer-Apparat vom Thörnsee. Wenn wir erst wieder drauf fahren! Lang ist's nicht mehr hin. Heute sangen die Stare schon eifriger. Einer saß am Garteneingang auf dem alten Sauerkirschbaum und tat ganz groß: »Wo is Evchen? Wo is Evchen?«

»Sollst Du fragen?«

»Freilich, freilich!«

»Kehr lieber Deinen Kasten und mach mir keine Sehnsucht!«

Alle Pferde lassen grüßen, Pimpel-Pan und Hella,

auch

Dein

Mann

Berlin, 1. 3. 57

Guten Morgen!

Hier schreibt eine große Spaziergängerin einen Sonntagsgruß für einen gewissen Schulzenhofer Herrn Liebchen usw ... Die Dame Tonton, die jetzt im Bett liegt und auf den Knien schreibt, weil's im Sitzen noch nicht recht gehen will, ist schon imstande, den langen Korridor auf und nieder zu gehen, ohne zu taumeln und macht auch sonst schon allerhand Kunststreiche (wenn die Wissenschaft das auch für außerstande halten sollte!) Zu den schönsten Kunststücken gehört, daß bewußte Dame von Tag zu Tag verliebter in ihren Mann wird, was wirklich sicher als Hohn und Spott auf einen Invaliden bedeuten kann ... Aber sie wird ganz bald nach Hause kommen und dann wird sich für die Liebe [...] Frühling finden ... Mein guter Hosenträgerjunge, süß [...], kleine matte Fliege, ich hab Dich immer noch an meinem Bette sitzen und nicht wissen: wohin. Das hat mir so weh getan, ich war so hilflos und Du so bedürftig – wenn ich doch nur hätte mit Dir gehen können, Du kleine Nacktschnecke mit dem vielen Salz auf all dem nackten … Ich wünschte mir, daß Du ein wenig fühlen solltest, wie lieb ich Dich hab und doch konnt ich erst gar nicht zu Dir dringen, weil Du so verkrampft warst. Sicher bist Du in Schulzenhof schon wieder gesünder geworden, was aber noch bleibt an Kümmernissen und an Spannung, wolln wir schnell tilgen, wenn ich komme. Ich freu mich so auf Dich, auf unser ganzes Leben!

Gestern hab ich mich wieder mit Herrn Goethes Erinnerungen befaßt und in »Dichtung und Wahrheit« herrliche Stellen über das Wesen der Poesie und über das Leben des Dichters gefunden, die Dich ganz bestätigen. Ich muß sie Dir zeigen, wenn ich komme.

Gegen Abend waren gestern Sterns hier. Sie haben viel von Belgien erzählt, was ganz interessant war. Im Übrigen sind sie völlig matt, ohne Lebenstrieb. Ich hatte den Eindruck, ich sei gesund und sie seien krank.

Von Knut habe ich gestern einen [wüsten] Brief bekommen, von Christa vorgestern einen mit Zeichnungen. Ich dank ihnen herzlich, willst Du das bestellen? Ich kann noch so schlecht schreiben, wie Du siehst, sonst würde ich ihnen selbst danken. Ich hab mich sehr gefreut!

Grüß alle Hausgenossen, zwei- und vierbeinige, und auch die Nachbarn von mir, auch für Helmut liebe Grüße!

Und für Dich: einen großen, großen Kuß!

Ich verlang so nach Dir!

Dein Evchen

Mein kleiner Garten blüht und duftet. – Ganz Frühling

Schulzenhof, den 3. März 57

Lieb Evchen!

Sonntag. – Nachmittag. – Frühlingssonne, aber noch etwas Eis in der Luft. Ich seh die Pferdchen an der Gattertür. Sie kauen friedlich Maisstengel. Mutter Mary wartet immer noch – bis das Evchen kommt.

Ich sitze hier und schäme mich. Ein so lieb-lieber Brief von Dir. Ich habe nicht geschrieben, nicht einmal Tagebuch, seit Du weg bist. Ich mache meine Arbeit, mein Pensum, ja, manchmal auch mehr als das, aber sonst bin ich unlustig, habe mit Lebensüberdruß zu kämpfen. Frühlingskrank? Verdrängungen? – Das Leben ohne Dich ist schwer. Das sagte ich Dir schon.

Mit dem Brecht-Artikel heute begonnen. Alles lustlos, nur aus Disziplin. – Und immer wieder gut, daß ich die Pferdchen habe, die mich mit dem Fohlensollen und Planen nach vorn reißen. – Die Zeit wird vergehn. –

Gleich werden wir zu Schmidts gehn. Helmut und ich. Frau Schmidt hat Geburtstag. Wir sind eingeladen. Sicher wegen Fotos. –

Ernschtinle hockt mir dauernd auf der Pelle wegen dem Frauentag. Ich soll etwas aussuchen, was sie den fünf Frauen, die da kommen werden, vorlesen kann. Mich kotzt das an. Nirgendwo Abwehr, wenn Du nicht da bist.

Mama schickte ein Päckchen für Dich. Es roch so wurstig. Ich öffnete es – bis auf ein kleines Päckchen Unverderbliches. Schinken und Speck essen wir schon. Du bist nicht böse. Die »Fettigkeiten« wären am Ende verdorben.

Heute brachte Frau Schmidt Eier und einen Kasten Pralinen für Dich. (Sicher von ihrem Geburtstag.) Das ist wieder rührend. Ich heb das hier auf, denn Du bist ja nicht wild auf Süßes.

Der Star hat seinen Kasten gekehrt und den Vorjahresmist hinausgeworfen. Das Pärchen richtet sich für beständig ein und singt am Morgen, wenn der Frost auch grau auf den Kirschbaumzweigen liegt.

Die Nächte in der Kammer waren kalt. Mein Zahnrheuma stellte sich pünktlich ein. Nicht so heftig wie Neujahr.

Die Fuchsie und das »Fleißige Lieschen« am Fenster blühn. Die Firma Hoffmann-Füllster sägt schon seit zwei Tagen Holz mit der Kreissäge vor unseren Fenstern hinter der Füllster-Scheune. Das Gesirr hallt weithin und geht mit der Zeit durch Mark und Bein. – Vorfrühling auch das.

Ich ging morgens mit Sherry spazieren. Das Eis birst krachend auf den Seen. Die Vögel tirilieren. Brennesseln und Unkräuter sprießen schon am Wegrand.

Christa hat viel zu tun und verdient sich acht Tage Urlaub ehrlich. Für uns sorgen, Topinambur hacken, Holz machen, denn es geht auf die Neige, Mist fahren wir auch schon in die Wiesen, dazu noch Abschreiben für mich und voltigieren – natürlich. Augenblicklich ist sie mit Axel unterwegs.

Knut ist da – und nicht da. Beflissen, aber dabei weit fort und natürlich voll politischer Ressentiments und Flausen. Er muß unter Arbeiter. Es gab eine Zeit, da ging er auf den Dorftanz und hielt's mit den Bauernjungen. Das war mir lieber. Diese verfluchten Kleinbürger verderben ihn vollends.

– Jetzt sind wir bei Schmidts gewesen von 5 bis 9 Uhr. Ich habe mir zuvor einen Knopf an den Lederhosen – dort vorn – angenäht, den Schal umgebunden und die Fingernägel saubergemacht. – Uropa hat uns mit Militärgeschichten unterhalten und das Neueste aus der Politik (laut »Märkischer Volksstimme«) erklärt. Ich habe die ganze Familie durchfotografiert und Geschichten aus meiner Dorfschulzeit erzählt. Torte, Obstwein, dünnen Kaffee und Wurststullen. –

Nun, da's langsam still im Hause wird, bräucht ich zwei, drei liebe Streichler – es könnten auch noch mehr sein. –

Ich las mit Freude von Deinem ersten Ausflug auf den Korridor und warte, (aber nicht ungeduldig) auf Dein Telegramm. Heute Mittag war ich drauf und dran von hier abzufahren. Bei Dir zu sein für eine Stunde wäre gut gewesen, aber das Berlin ekelt mich im Augenblick so an. Es wird wohl erst anders werden, wenn ich den Roman hinter mir habe.

Überspann nichts, klei Mutterssen! Schick mir auch ein Telegramm, wenn ich vorher noch einmal kommen soll. Für Dich nehm ich's mit Berlin schon auf.

Bleib mir so lieb wie jetzt auch nach drei Tagen Hierseins.

Es küßt Dich gewaltig
Dein Mann

ERWIN MIT DEM STROHHUT

Pferdehof, 30. IX. 57

Meine liebe Frau!

Bringe mir bitte zwei Schmalfilme 15° mit. Ich vergaß es Dir zu sagen.

Es ist vor dem Zubettgehn. Hunde grunzen. Voll Schmalz-
stullen und Restreis. Pitti und Mausemieze nicht vergessen.
Kalte Nacht. Fenster beschlagen. Bei Schmidts alles krank.
Hoffentlich nicht asiatische Grippe, herbeigeholt auf einer
Hochzeitsfeier.

Wilhelm hackt Holz. Lotte rannte in der Dämmer-
stunde nach Güldenhof zum Kannenspülen. Hat ja kein
Fahrrad.

Pferdchen alle brav. Dein Junge auch. Denkt an die
schöne warme Nacht von gestern.

Boris' Mantel vergessen.

Schöne Nacht und Zähneputzen nicht vergessen!

Lange Küsse
Dein Mann

Berlin, 6. X. 57 abends

Na, Mausemieze,

da bin ich schon. Eben den Kaffee ausgetrunken, den
Du hast auf Deinem Schreibtisch stehen gelassen. War wie
ein Kuß, den ich Dir in Anbetracht der großmütterlichen
Kontrolle nur auf die Wange geben konnte.

Über den künstl. Planeten gelesen. Geschlafen. Ich bin
für energischere Vorstöße ins Innere des Menschen. Es sei
denn, wir lernen aus den Kenntnissen vom Weltraum uns
besser kennen. Das Unerforschte in uns!

Ascorvit gegessen wegen anschleichender Grippe. Aber
keine Besorgnis! – Fahne rausgesteckt. Zug geht schon 5^{55}.

Die Enten. Das sind sicher mehr als drei, sonst könnten
sie nicht so teuer sein. Drei hatte ich nur bestellt. Gebt ihnen Brot, paar Körner, gekochte Kartoffeln. Fliegen lassen
wir sie, wenn ich komme.

Denke an unseren Fratzenschneider und an den mir immer lieber werdenden Illa – natürlich auch an die Tochter, die der Mutter schon zu schaffen macht.

Gib mir bitte Obacht, daß Vater sich nicht schindet. Soll sich Emil holen. Dem war's peinlich, daß das Rad am Dogcart schon entzwei war. Sein Schwiegersohn hatte es soeben für 3 Mark gemacht.

Mir ist's, als ginge ich für 10 Tage in die Einsamkeit, weil doch Du nicht da sein wirst. Jeden Tag andere Menschen. Mit den Gedanken allein.

Dann muß aber wieder Schluß sein mit den Einsamkeiten. Es muß weiter an unserer gemeinsamen Welt gebaut werden. Wir dürfen's, wir müssen's, denn es ist keine abseitige. –

Päckchen Kinderbuch Verlag, waren die bulgarischen »Tinkos«.

Hier ist schon viel Besoffenheit. Staatsfeiertagsbesoffenheit. Einer über uns grölt zur Trompete Schlager. – Die junge Lehrerin zwei Treppen tiefer – wie vom Tode auferstanden. Diese Problematik kommt dann hinterm WEISSEN HOLLUNDER.

Du siehst schon: Ich wollt nur bissel mit Dir reden und hinter allem Tratsch steht, wie lieb ich Dich habe.

Dein Mann

Grüß Opa und Mutter. Natürlich Emil und Knut.

Leipzig, 7. X. 57 17^h

Liebste,

ich bin schon wie… hie… Vor der Abfahrt nach Altenburg einen Gruß. Gestern noch Ingeburg und Hermlin erlebt. Wurde spät. Einen ganzen neuen Film ausgedacht. – Heute so bit by bit geschlafen: Bahn, Hotel usw.

Leipzig voll Gewerkschaftskongreß. Kaum Zimmer zu bekommen. Krach in allen Sprachen auf den Hotelgängen. Nebenan wurde ein Marokkaner krank. Blieben vier Kollegen bei ihm. Sitzen (im Türkensitz) hemdig in den Doppelbetten, kloppen Karten und rangeln und quieken den ganzen Tag obszön. Viele »Dämchen« in Leipzig. Messestimmung.

Bin natürlich gleich zu den Sheties in den Zoo gerannt. (Und die Schuhe drücken. Ich Esel hätte lieber die alten mit schiefen Absätzen anziehen sollen!) 28 Ponies, 2 Silvas dabei. Leider hinten latschig. Die meisten überhaupt Säbelbeine hinten. Entzückende Fohlen 8 Stück. Drei davon noch kleiner als Petzolds. Pater familias ein stattlicher Schimmelhengst. Größe wie Axel, aber viel breiter; noch breiter als Silva. Habe gefilmt.

Bei aller Sehnsucht halte ich es (bis jetzt) doch für gut, daß Du nicht mit bist; denn Du warst schon zu lange aus regulärer Arbeit heraus. Der Endeffekt wäre vielleicht Unzufriedenheit mit Dir selber gewesen.

Von den »Veranstaltern« habe ich noch niemand gesehen. Ich lieb das nicht, jemand am Rock bammeln!

Jetzt nehme ich meinen »Stanislaus« unter den Arm und ziehe ein paar Straßenzüge weiter. Von dort soll's mit dem Auto nach Altenburg gehen.

Denk Du lieb an mich. Bis jetzt spür ich Dich noch und bin in Deiner Hut.

Es grüßt und küßt Dich fein

Dein Mann

Grüße Vater, Mutter, Schmidt, Pan, Hella und die Ponys.

Gera, 10. X. 57

Liebchen,

da bin ich wieder. Morgens 6^h. Um 8^h geht's weiter nach Jena.

Bis jetzt waren alle Veranstaltungen ein kleiner Triumphzug. In Leipzig mußte geschlossen und abgesperrt werden. Schade, daß Du »Wundertäterin« nicht dabei sein konntest. Oft werde ich gefragt: »Wo haben Sie Ihre Frau?« Unsere »Einheit« ist überall bekannt. Von vielen soll ich Dich grüßen: Martin Viertel, Ludwig Turek, Hammers usw.

Mit Turek haben wir in Leipzig auf einer Parkbank Schuhe getauscht. Ich konnte in meinen Schuhen nicht mehr weiter.

Hier in Gera wütet die Grippe. Im ganzen Kreis gibt's kein »Ascorvit« mehr. Wie gut, daß Du mir noch das Fläschchen in die Jackentasche geschoben hast. Das war ein lieber Gruß.

Viele Leute kommen, schütteln mir dankbar die Hände; junge und alte. Da fühlt man erst, was es bedeutet und wie wirklich verantwortungsvoll es ist, Schriftsteller zu sein. Ich werde traurig, wenn ich daran denke, als welche »Nichtse« wir kürzlich in Frankendorf standen.

Das Forum in Leipzig war gut besucht, jedoch sonst jämmerlich. Kurella und Wieland H. als Haupt-Akteure. Völlig hilflos. Ich habe mich geärgert, daß ich mich hatte überreden lassen, »oben« Platz zu nehmen. Es war noch schlechter als in Berlin. Rudolf Hammer schrieb mit wie auf dem Gericht, bis er einschlief …

Und Du? Bist Du fertig geworden mit der Grippe oder hat sie Dich? Kannst Du arbeiten? Bist Du lieb? Trotz aller Erfolge pocht in mir die Sehnsucht. Die Bestätigung einzuholen, daß wir gut gearbeitet haben, ist gut, aber schon sind die Lust und der Drang größer, wieder zu arbeiten, noch Größeres zu machen.

In den Hotelzimmern bleiben die Blumen. Heute sind's weiße Chrysanthemen. Schade, daß ich sie Dir nicht schikken kann.

Wenn Du kannst, schreib doch bitte einen Brief an Mama. Heute hat Heini Geburtstag.

Gestern habe ich hier auf der Straße mit einem Jungen Freundschaft geschlossen. Dahinter verbirgt sich die Sehnsucht nach Illa und Pitterpatter.

Langer Blick und langer Kuß

Dein Mann

Grüße an alle, besonders an Kitta.

Unterwegs – Erfurt, 12. X. 57

Mein liebes Weib,

langsam nähert sich die Fahrt ihrem Ende. Heute in Nordhausen, morgen noch 2 »Vorstellungen« in Sondershausen. In Jena war's wieder überfüllt. Dafür war Apolda, ein Städtchen mit klangvollem Namen, unter aller Würde. Wie Spremberg. Dümmlinge herrschen.

Scorell war in der gleichen Lage. Letzte Nacht saßen wir auf dem Bettrand und erzählten Hundegeschichten.

Jetzt bin ich zufrieden, daß Du nicht bei bist. Es wäre Dir sicher zu viel geworden.

Grippe konnte ich mir immer noch fern halten, obwohl ich dauernd angeniest und angehustet werde.

In solchen Städtchen wie Apolda kann man nur 24 Stunden aushalten, wenn man zwischendurch die Nachrichten vom künstlichen Mond liest.

Nun fühle ich Dich zwar noch stark wie am Abreisetage und die Sehnsucht steigert sich, aber ich weiß nicht mehr genau, was Du tust, wie Dein Befinden ist. Sei nur nicht krank. Und die Tochter?

Neben mir sitzen zwei thür. Kloßfresserinnen am Warte-
saaltisch und unterhalten sich über »Kuchebacke«. Ich habe
Heimweh nach unserer Welt.

Großer Kuß

Dein Mann

Grüße an alle.

Berlin, Mittwoch, 27. 11. 57

Lieber, kleiner Mützenjunge!

Die Wochenpost hat pünktlich ihren Text geholt (Bergner konnt ich nicht sprechen, er ist auch krank). Zur Röntgenaufnahme war ich abends auch noch. Ich krieg sie heute
mittag schon; aber zum Arzt kann ich erst Freitag früh.
Noch zwei unruhige Tage also.

Bei der Tankstelle hab ich angerufen und versucht, was
ich konnte. Aber sie haben nur einen Mann zum Ab-
schmieren und sind bis zum 14. besetzt. Da wird es also
besser sein, Du kommst ohne Wagen. Es gäbe nach meiner Meinung dann zwei Möglichkeiten: Entweder, wenn
man den Wagen auch unabgeschmiert vorführen kann,
sich vom Verband auszubedingen, daß er uns von Schwe-
rin nach Dollgow schafft, damit man am 4. nach Berlin
kann; oder bei der Polizei anrufen und sagen, Du mußt
weg und um einen Termin nach dem 14. bitten. Gleichzeitig bei Politz anmelden. Du müßtest mich wegen dieser
Sache vielleicht Freitagnachmittag anrufen, weil ich nicht
die VP-Stelle weiß, die den Wagen prüft. –

Hier hat eine sehr gewichtige Dame Stiefel angerufen,
der Du versprochen haben sollst, sie in dringender Ange-
legenheit anzurufen. Sie hat mir ihre Telephonnummer gesagt. Die Stimme klang paßrecht zu der rot-behüteten Kul-
turbundtante aus Machnow. Irre ich mich? – – –

Sonst können diese Leute Dir nur sagen, daß sie Dich

sehr lieb haben und die Tage bis zum Sonnabend zählen. Laß gut sein und lächle nicht über die Liebeserklärung; ich werd sicher irgendwann mal wieder ganz gesund sein. Wenn ich erst weiß, wie ich das »Loch in der Lunge« stopfen kann, werde ich alles tun, um schnell damit fertig zu werden. Im Augenblick ist's gar zu arg. Ich hab die ganze Nacht gefiebert und bin immerzu wachgewesen. Wenn man sich so schwach und matt fühlt, klingt auch alles, was man sagt und schreibt so; man könnt sich den Kopf abreißen, es hilft nichts.

Bleib man mein Freund!

Dein Evchen

Grüße für Kitta

1958

Berlin, 25. 4. 58

Lieber Mann!

Keine Adresse – aber einen Brief mußt Du bekommen; »Wundertäter« können nicht geschickt werden, da der Verlag kein Exemplar mehr besitzt. Neuauflage wird erst Juni da sein. – Das, damit Du nicht denkst, ich hätt Deine Aufträge vergessen. Ich hab alles besorgt: Kinderbuch hat »Pony Pedro«, »Freier Bauer« auch.

Aufbau-Verlag hat Fahnen von »Katzgraben« geschickt, ich hab sie mit Korrekturen schon zurückgegeben, hab Kaspaer geschrieben, daß Du eventuell die Kalenderlieder noch auswechseln möchtest, daß wir uns deshalb nach dem 10. 5. melden werden. – Das wären die »technischen« Sachen. – Und sonst?

Sehr schwer war's, als Du fort warst. Ich hatte nicht gedacht, daß es so schlimm sein könnte. Hab Deine Ungarn-Briefe von vor fünf Jahren gelesen, das hat's noch schlimmer gemacht. Ich kann Dich gar nicht deuten, so ohne Adressen-Anhalt und ohne die Hoffnung auf Briefe von Dir. Ich weiß gar nicht, warum in zwanzig Tagen (so viel sind es fast) keine Post hin und her zu befördern sein soll? Mir ist so unheimlich, als wärst Du aus der Welt. Und eine Leere ist bei mir, obwohl ich all die Tage ganz fest zu tun hatte und mit der Arbeit gut dran war. Was soll man machen? Sieben Jahre – ohne Dich geht's nicht mehr.

Ich freu mich sehr auf unseren Sommer.

Weißt Du, was ich weiß? Du hältst es auch nicht aus und schreibst mir doch!

Dein Evchen

Heut geh ich nach Schulzenhof

26. IV. 58

Lieb Evchen,

ich grüß Dich schön. Denk viel an Dich, wie stets, wenn ich allein unterwegs bin.

Heute habe ich das mit dem »Tinko«-Honorar geregelt. Dann können wir beide einmal privat nach hier.

Unser Besuch hat den Charakter eines Staatsbesuches. Täglich Berichte in den Zeitungen: was wir oder wo wir uns gerülpst haben. Besuche, Besuche, Diskussionen. Wie erwartet, keine Zeit, bis man müde ins Bett sinkt.

Am ersten Abend bei Ronais. Sie lassen Dich herzlich grüßen. Gestern flogen sie ab nach London zur PEN-Tagung. Mein Bild habe ich nicht bekommen. Eben habe ich die »Dreigroschen-Oper« gesehen. Ich müßte dazu was sagen. Schrecklich!

Ich lieb Dich jedenfalls

Dein Mann

Wiederschreiben wird kaum lohnen. Letztlich bleibt der Brief dann in der Fremde. Kommen voraussichtlich 7. Mai zurück.

Szabó Pál läßt herzlich grüßen

noch 26. IV. 58

Pál Szabó hat vor vielen, vielen Schriftstellern gerufen: »Und was war ausgemacht? Wo ist Deine Frau? Die schönste Frau von Ost-Europa?«

Vor solchen Komplimenten muß ich natürlich erblassen. (Ich bin aber errötet.)

Auf dem Flugplatz empfing mich Michail Ronai mit dem Ruf: »Wo hast Du das Evchen?« – Du bist also hier bekannter, als Du weißt.

Der junge Istvan Simon läßt Dich lieb grüßen. Er blickt immer noch in die Welt wie ein scheuer Hase. Inzwischen hat er jedoch geheiratet.

Ich muß die Plauderstunde beenden. Unten warten sie mit dem Abendbrot. Dann geht's wieder in die Diskussion.

Guten Abend,

mein Evchen

Dein Mann

28. IV. 58

Lieb Evchen!

Morgens. Alles schläft noch. Der Frühling hat sich für einen Tag hinter Wolken versteckt. Hier auf der Margareten-Insel gibt's warme Heilquellen. Ich nehm jeden Morgen ein Bad gegen mein Arm-Rheuma. Dann eß ich Vollmilch-Joghurt.

Gestern waren wir am Balaton. Mit ungarischen Schriftstellern. Pál Szabó und seine Frau waren mit. Vor lauter Agitation aber hat man wenig von der Naturschönheit. Umseitig die Ketschka-Halbinsel. Ich hab mir von den Kindern ein neues Ketschka geben lassen. Willi Bredel rief am Echo-Ort nach der goldhaarigen Königstochter. Er ist ein guter Kamerad. Stets lustig.

Gestern sah ich auch »Tinko«. Er hat hier den Titel: »Er hat noch keinen Vater«.

Was macht die Tochter? Wie denkst Du an mich? Ich hab Dich lieb.

Dein Mann

1. V. 58

Liebste,

ich sende Dir in einer stillen halben Stunde am 1. Mai-
Abend schöne liebe Grüße und Küsse. Bis Nachmittag auf
der Tribüne, dann im Tempo mit dem SIS über alle Ver-
gnügungsplätze. Schrecklich für einen Menschen, der wie
ich zum Verweilen und Beschauen neigt. Am Abend wieder gemeinsames Essen mit Schriftstellern. Gespräche über
»Bauchschmerzen«, wie wir sie so lieben.

Die Bücher sind noch nicht angekommen. Habe wenig
Hoffnung. Ingeburg sandte über Deutsche Botschaft ein
Maitelegramm. –

Wie fühlst Du Dich, Liebes? Wird die Reise nach Berlin per Bahn nicht zu anstrengend für Dich? Wir kommen
doch erst am 8. V. mittags.

Grüß alle lieb von mir.

Ich muß schon wieder gehn.

Kuß

Dein Mann

Dollgow, den 2. Mai

Mein lieber Mann!

Du hast mir einen schönen ersten Mai gemacht durch
deinen Brief. Ich hatte mich schon darauf eingerichtet,
ganz allein und ohne Gruß von dir, den Tag zu feiern. Mitten in der Arbeit war ich (über Nachbar schrieb ich), da
kam die Post von dir. Nun konnt ich wieder dein Bild an-
lächeln. Vorher hatte ich es verbannt von meinem Tisch.
(ein neues Bild übrigens; die nette Fotografin Unzner hat
dir vier Porträts geschickt. Du wirst verzeihn, ich konnte
nicht widerstehn und hab sie ausgepackt) Ich hatte es verbannt, weil ich dir böse war. Am Vortag kam die erste Post

von dir nach Schulzenhof – und nicht für mich. Karten für Kitta und Meister Emil. Zwar konnte ich mir denken, dass nicht du schuld warst, sondern die Brief-Post, die eben länger braucht, aber was hilft Vernunft? Liebe macht dumm, wie Brecht zu sagen pflegte.

Schulzenhof-Neuigkeiten:

Emil war mit den Ponys zur Maifeier nach Menz. »So wat von Minschen hätt de Welt noch nich gesehn.« Opa Schmidt, Marlies und Hannelore Herzig auf dem kleinen Wagen; Axel und Kitty zogen. Frau Schmidt hatte den Wagen ausgeputzt und hinten ein Transparent befestigt. (Packpapier, blaue Schreibschrift) »Kampfmai 1958 gegen Atomtod. Mütter, denkt an Eure Kinder!«

Ich hab Emil Maigeld gegeben. Es war für ihn ein Fest. Er hat natürlich den größten Privat-Erfolg gehabt mit unseren Ponys. Aber er war auch wirklich beeindruckt von »de dolle Schtimmung«. Von Burow, Globsow, Güldenhof, von überall waren die Leute nach Menz gekommen. Du siehst: selbst noch hier draußen ist etwas von der großen Bewegung zu spüren, die die Menschen jetzt ergriffen hat.

Weitere Neuigkeiten: Silva hat noch kein Fohlen.

Eben haben sie – die Ponys – gerade von mir eine Riesenladung altes Brotzeug geschenkt gekriegt.

Ich hatte es ihnen versprochen; wenn ich mit meinem Artikel fertig sein würde, sollten sie es haben. Sie haben immer geschubst und gemurrt: Wann wirst du fertig – Brot her! Nun bin ich fertig, und mein erster Weg ging raus zum Ponygarten.

Kitta ist seit Dienstag in Berlin, Montag kommt sie wieder.

Am Tag, nachdem wir beide abgereist warn, hat die Krähe drei von den kleinen Küken geholt. Jetzt sind die andern Küken immer in der Voliere. Gedeihen gut und fressen unheimlich.

Meine Pflanzen sind angekommen. Ich habe meinen Garten allein gegraben und fast fertig. Hab eine große Blase an der rechten Hand, ganz schlimme Hand. Mach aber heute weiter.

Hab für die Tochter – wie gute Mütter tun solln, laut DFD-Buch – vorgesorgt und putziges Zeug gestrickt. Stricke noch mehr.

Hab viel Musik gehört und auch gelesen: Endlich Solones »Fontamara«. Habe begriffen, was Brecht meinte, als er es so lobte. Es ist wahrhaftig einer der stärksten Romane, die ich gelesen habe. Wie da gezeigt ist, daß der Faschismus nur eine neue Phase des Kapitalismus ist – die frechste, räuberischste, wie Brecht sagte – wie das an der ganz menschlichen, erschütternden Geschichte dieser kleinen Leute bewiesen wird, das ist wahrhaftig große Kunst. Es ist übrigens ganz »brechtisch«.

Ich bin – ist das 'ne Neuigkeit – munter und hab dich lieb.

Und freu mich so, daß du schon früher kommen sollst. Ich werd am 6. nach Berlin fahrn und dich erwarten. Der Brief soll aber doch zu dir, ich glaub du kriegst ihn noch. Grüß diese Leute in Budapest, die von der dicken Bombula lächerlich schmeichelhafte, sehr verjährte Sachen sagen.

Bleib heiter! Dein Evchen.

Die Wiesen grünen, die Bäume warten mit dem Blühen, bis Du zurückkommst. Zwei Frühlinge für dich, Morcheln gibt's schon.

Grüße für Helmut und Willi Bredel.

3. V. 58

Lieb Evchen,

die Zeit der Rückreise rückt näher. Kopf und Bauch sind dicker geworden. Der Magen macht wieder jede Sünde mit. Ich komme mir vor wie ein Diplomat, für den weder Veilchen noch Mandelbäume blühen.

Morgen soll für mich und Helmut endlich ein ruhiger Tag sein.

Gestern kam Dein Brief. Schönen Dank. War doch sehr lieb. – Gestern sah ich auch Simon Istvan wieder auf einem Empfang. Bis zu ihm und seiner jungen Frau in die Wohnung kam ich noch nicht.

Gleich werde ich mir die »Mutter Courage« auf Ungarisch ansehen. Kommen also am 8. V. bestimmt zurück.

Ich hab Dich sehr lieb.

Liebe Grüße und Drücker und Küsse

Dein Mann

Berlin, Montag, den 16. VI. 58

Liebste,

ich schreibe lieber gleich. Sonst muß ich bei den Postverhältnissen in Dollgow wieder zirkulieren, damit Du den Brief noch erhältst. Heu wollen wir doch auch noch machen. Und wenn ich nicht schreibe, dann bist Du wieder …

Als ich abfahren wollte, kam Günti Seifi mit Frau. Nachher war es zu spät. Nun sitze ich noch hier. Innerlich sehr zerrupft. Der alte Kampf zwischen Liebe zu Dir und Liebe zum Werk. Wenn ich noch bleibe, hast Du weiter nichts als einen mit der Welt unzufriedenen Knurrhahn. Ich war so schön beim Erfinden … Es wird schon bitter im Munde.

1958

Ich werde in Zehdenick absagen. Mit dem losen Gebiß kann ich nicht lesen. Sonntag fahre ich dann nach hier. Wenn Du am Montag aus dem »Gefängnis« kommst, kann ich ja die erste Autofahrt mit dem neuen Sohn machen.

Auf Deinem Schreibtisch steht ein kleines Empfangsgeschenk. Aber ich bin ja früher hier als Du. –

Du siehst schon, ich weiß nicht, was ich schreiben soll. Erlaß mir's. Es hat sich alles verkrampft. Vergifte mich bei Gelegenheit!

Dein Mann

Berlin, 19. 6. 58

Hochverehrter Herr Heumacher in Schulzenhof –

Ich sende Ihnen eine ganz lange Nase für Ihren Gift-Brief.

Weiter nichts –

nur noch Küsse.

Sie brauchen nicht zu eilen, vor Montagnachmittag werde ich nicht heimkommen. Sie brauchen aber »dazu« nicht in Berlin zu sein, wenn die Arbeit draußen sich so anläßt, daß es besser ist, erst Mittwoch oder so zu unterbrechen, macht das gar nichts. Ich kann gut allein – zu zwein mit Matthes natürlich – nach Hause. Da ich dann noch paar Sachen zu regeln haben werde, Bürokratenkram, ist's vielleicht besser, Sie bleiben bis Mitte der Woche draußen. Sonst werden Sie dem kleinen Säufer und Seufzer gleich gram. Er kann auch gut mit Taxi fahren; er will nicht nur ein »neuer« Sohn sein.

Er ist Matthes.

Und ich bin Eva, die noch nie auch nur halb so wehleidig und quengelig war, wie Ihr es in Eurem Brief hinstellt.

324

Ich verlang gar nix. Nix Brief, nix Besuch, nix Kampf mit dem Werk. Was gern gegeben wird, wird gern genommen. Auf alles andere wird gern verzichtet.

Küssen Sie nur »Hühnerschreck«!
Ihre Eva

Erwins Pferdeherde vergrößerte sich mit den Jahren auf über dreißig Ponys. Nachdem 1960 die alte Scheune abgerissen und ein Pferdestall gebaut worden war, in dessen oberer Etage Erwin ein großes Arbeitszimmer bekam, in dem er unter anderem den Roman »Ole Bienkopp« schrieb, verwirklichte er sich einen Jugendtraum: Er schaffte sich Araberpferde an und wurde ein in der DDR angesehener Pferdezüchter.

1970 ließen Eva und Erwin nach ihren Plänen auf dem hinteren Teil des Schulzenhofer Anwesens ein Haus bauen. Hier lebten sie mit den Söhnen Matthes und dem 1963 geborenen Jakob. Eva hatte sich von der Literaturkritik abgewandt und schrieb Gedichte. Sie, die einst nicht schreiben, sondern lieber Erwin liebhaben wollte, wurde die Lyrikerin der DDR mit der höchsten Buchauflage. Doch blieb sie Erwins Lektorin, besaß sie bis zu seinem Tod am 31. Januar 1994 und darüber hinaus das uneingeschränkte Streichrecht für seine Werke. Und Erwin war ihr der wichtigste Kritiker ihrer Gedichte.

Schulzenhof selbst wurde ein Halt für Freunde und Kollegen auch in Zeiten, da Erwin 1980 den dritten Teil seiner »Wundertäter«-Trilogie geschrieben hatte und ihn die Parteioberen mit einem Bann belegten, den sie erst aufhoben, als sein Alterswerk »Der Laden« (1983) zu den Lesern gekommen war, das ihn später auch in ganz Deutschland bekannt machen sollte.

Es gab dunkle Zeiten und lange lichte Zeiten in Schulzenhof, aber immer blieben die beiden Dichter durch den »Klebstoff« Literatur miteinander verbunden. Seit Anfang 2011 liegen sie nebeneinander auf dem kleinen Schulzenhofer Waldfried-

hof: der Dichter, der an Fügung, und die Dichterin, die an Zu-
fall glaubte. Leser besuchen ihre Gräber, und Sohn Jakob ver-
waltet das Anwesen in ihrem Sinne. Am Wochenende öffnet er
angemeldeten Besuchern das Hoftor und führt sie übers Gehöft,
zeigt ihnen die Arbeitsräume von Eva und Erwin, die einer
des andern Ich sein wollten.

Anhang

Anmerkungen

12 *Deine Mahnung an die »Vertreterin des DSV«* – Die Mahnung bezieht sich auf eine Faschingsfeier während der Wochenendtagung der Arbeitsgemeinschaft Junger Autoren in Potsdam (23./24. Februar 1952), auf der Eva »wie verrückt« tanzte. Erwin missbilligte dieses zügellose Tanzen, er meinte, Eva sollte sich doch mehr wie eine »Vertreterin des Schriftstellerverbandes« benehmen.

13 *zu Deinem Buch* – Der 1950 zunächst in der »Märkischen Volksstimme« in Fortsetzungen abgedruckte Debütroman »Ochsenkutscher« erschien noch im selben Jahr als einziges Buch bei der »Märkischen Druck- und Verlags-GmbH Potsdam«, die für diese Publikation extra gegründet wurde, und als Buchclubausgabe bei der Büchergilde Gutenberg Berlin. 1951 übernahm der Aufbau-Verlag den Roman und schloss mit Erwin einen Vertrag über seine weiteren literarischen Arbeiten.
Lope (Kleinermann) – Hauptfigur aus dem Roman »Ochsenkutscher«.

14 *Für Boris* – Boris Djacenko, in Ost-Berlin lebender Schriftsteller lettischer Herkunft. Djacenko hatte 1951 den »Ochsenkutscher« gelesen und lernte Erwin im selben Jahr durch seine Frau Ingeburg Kretschmar-Djacenko kennen, die Leiterin der Auslandsabteilung im Amt für Literatur war.
An Deiner Straßenbahn-Haltestelle – Am Hultschiner Damm (Berlin-Mahlsdorf).
Irmgard – Irmgard Pokrant, junge Autorin.

15 *seit gestern weiß ich es sicher* - Die beiden hatten sich am 4. März 1952 in Berlin getroffen.
Fischerdorf auf Mönchgut – Eva absolvierte im Rahmen ihres Lehrerstudiums an der Berliner Humboldt-Universität ein Praktikum auf der Rügener Halbinsel Mönchgut.

16 *Spremberg* - Erwin wohnte mit seiner zweiten Frau und den Söhnen aus erster und zweiter Ehe in der Johann-Strauß-Straße 1.

17 *der Bote der gestrigen Nacht* - Erwins Brief vom 5. März 1952.

18 *Belojannis* – Nikos Belogiannis; der griechische Kommunist war im Dezember 1950 in Athen verhaftet und vor ein Kriegsgericht gestellt

worden. Ihm und weiteren 93 Personen wurde in dem im Oktober 1951 beginnenden Prozess die Mitgliedschaft und Tätigkeit für eine verbotene Partei, die Kommunistische Partei Griechenlands, sowie Spionage für die Sowjetunion vorgeworfen. Trotz zahlreicher Gnadengesuche und Proteste auch aus dem Ausland wurden Belogiannis und drei Mitangeklagte zum Tod durch Erschießen verurteilt und in einer Geheimaktion am 30. März 1952 hingerichtet.

19 *Dank für Deinen Brief* – Evas Brief vom 5. März 1952.

21 *zum Schlafen zu Hause* – Eva wohnte bis Mai 1953 in Berlin-Mahlsdorf, Akazienallee 15.

Dein Gedicht – Erwins Gedicht »Du« erschien 1951 in der Anthologie »Neue deutsche Lyrik«.

drei Erzählungen – »Das Jahr der kleinen Kartoffeln« und »Der entminte Acker« erschienen 1951 in der Anthologie »Neue deutsche Erzähler«, während die Geschichte »Wegen der fünf Bananen nun ...« 1953 in dem Erzählungsband »Eine Mauer fällt« veröffentlicht wurde. In diesem ersten Erzählungsband von Erwin sind auch die beiden anderen erneut abgedruckt.

23 *kam Dein zweiter Brief* – Evas Brief vom 7. März 1952.

dieses Gedicht – Erwins Gedicht »Du«, das er schrieb, als er Eva noch nicht kannte, und in dem er seine Wünsche an eine Partnerin formulierte, wird immer wieder in den Briefen erwähnt:

Du
Ich hab manche Nacht verwacht, zu ergründen,
wie du sein sollst, wenn du es sein sollst, Geliebte.
Trachte kein Spiegel zu sein, Zarte,
wenn du nicht bei der ersten scheuen Begegnung fühltest:
Ich bin's!
Hab deine Heimat nicht im Vergangenen.
Schmück dich nicht täuschend mit deinem Leib.
Singe dich selbst uns zur Nacht,
leih keinen Ton dir dazu.
Such mich zu ertragen, Tu's so,
daß du die schlafenden Lügen nicht in mir weckst;
denn sie sind mit ihren irrigen Flügeln
immer bereit, dich vor Weh zu schützen.
Ertaste die Stunden, die mich fordern, allein zu sein.
Wehr deinem Lidrand die Träne.
Halte mich mit Ermunterung zum Gehn
und bedenke, daß wir uns stets verwandeln.
Such nicht den Mann in mir,

wenn er abgelegt, wie ein gehorsamer Hund,
neben dem Schreibtisch liegt.
Sei meines Werkes führende Gärtnerin.
Teil ihm die Sonne, den Regen zu.
Sei seine gefährlichste Wächterin.
Vor allem erschrick nicht, wenn du glaubst,
ich sei von uns fortgegangen.
Folg mir oder laß mich allein die Stelle erkunden,
an der sich fürder zu leben lohnt.
Aber schone mich nie, verwart keine Zeit,
wenn du voraus bist.
Winke einmal, wie es Eilende tun, dem Zögernden zu,
dann geh und tu!

23 *aus meinen Wanderjahren* – Bezieht sich wahrscheinlich auf seine
   Zeit in den dreißiger Jahren im Rheinland.
25 *zu meinem Flüßchen* – Die Erpe fließt östlich von Berlin-Mahlsdorf.
   da ist wieder Dein Brief – Erwins Brief vom 7. März 1952.
28 *Dein »weiser« Brief* – Evas Brief vom 9. März 1952.
30 *Kindergeschichte* – Auf Wunsch des Kinderbuchverlages besuchte
   Erwin das Pionierlager Wuhlheide und schrieb für das Jahrbuch des
   Verlages die Erzählung »Der Wald der glücklichen Kinder«.
32 *Heiligen See* – See bei Potsdam, an dem Eva und Erwin am 15./16. März
   1952 ein gemeinsames Wochenende verbracht hatten.
33 *Hindernisse* – Eva war von ihrer Mutter Hedwig Braun, die sich um
   ihren Sohn Ilja kümmerte, abhängig.
35 *für unseren Abend* – Am 15. März 1952 in Potsdam.
   Zentralverband – Im Juni 1950 wurde der »Deutscher Schriftstellerverband im Kulturbund zur demokratischen Erneuerung Deutschlands« gebildet, auf dem III. Schriftstellerkongress am 22. Mai 1952
   gründete sich der »Deutsche Schriftstellerverband« (DSV) in Ost-
   Berlin als Zentrale, in den DDR-Bezirken gab es entsprechende Be-
   zirksverbände. Erst im November 1973 wurde der Verband in »Schriftstellerverband der DDR« umbenannt.
   von jener Sitzung – Eva Wernitz (geb. Braun) und Erwin Strittmatter
   hatten sich bei einer Wochenendtagung der Arbeitsgemeinschaft
   Junger Autoren in Potsdam (23./24. Februar 1952) kennengelernt.
36 *Dein Brief* – Erwins Brief vom 17. März 1952.
38 *kam endlich Dein Brief* – Evas Brief vom 17. März 1952.
39 *Freundschaftsvertrag mit einem Werk* – Solche Verträge zwischen
   Künstlern und ihren Verbänden waren in der DDR üblich und sollten die Nähe zur Arbeiterklasse fördern und demonstrieren. In die-

sem Fall war es ein Betrieb in Finsterwalde. Auch Eva fuhr mit unter dem Vorwand, den Schriftstellerverband zu vertreten.

39 *frei nach Stitzer* – Karl Stitzer war ein Erzähler, Rundfunkautor, der vor allem satirische Gedichte schrieb.

40 *Rippenfellentzündung, die mich schon einmal* – Eva war 1947 an einer schweren Rippenfellentzündung erkrankt.

41 *für Deinen Brief* – Erwins Brief vom 18. März 1952.
meinen Ilja – Der am 1. Juli 1951 geborene Sohn aus der Ehe mit Marko Wernitz.
ihn damals fortgeben mußte - Eva hatte Ilja schon im Alter von sechs Wochen zu ihrer Mutter nach Neuruppin gegeben, weil sich in Berlin kein Krippenplatz für das Kind fand.

42 *Mein Brief mit dem »Plan«* – Erwins Brief vom 20. März 1952.
»Krankenbrief« – Evas Brief vom 21. März 1952.

43 *Boris und Ingeburg* – Boris Djacenko und Ingeburg Kretschmar-Djacenko, s. Anm. 14: *Für Boris.*

44 *die Erzählung* – »Der Wald der glücklichen Kinder« für den Kinderbuchverlag.
nachts – Erwin hatte die Nacht mit Eva in Berlin verbracht, war aber schon in den frühen Morgenstunden aufgebrochen und hinterließ diese Nachricht.
»Sei allem Abschied voraus …« – Bezieht sich auf ein Gedicht von Rainer Maria Rilke aus dem Zyklus »Sonette an Orpheus«.

45 *hast Du vorgedacht* – Erwins Brief vom 29. März 1952 aus den frühen Morgenstunden (nachts).

46 *das webersche Sonnenhotel* – Ein Hinterhofhotel in der Nähe des Berliner Alexanderplatzes.

47 *Hella* – Erwins Chow-Chow-Hündin.
Spremberger »Mannschaft« – Erwins Söhne aus erster und zweiter Ehe: Ulf, Knut, Uwe und Thomas.

48 *Bernhard Seeger, Irmgard Pokrant* – Beide gehörten zu den jungen Potsdamer Autoren, die Erwin schriftstellerisch betreute.
daheim – Bei der Mutter in Neuruppin.

50 *konnte nicht fahren* – Evas hatte eine Fahrt nach Neuruppin geplant.
traf ich meinen Mann – Marko Wernitz, Evas Ehemann und Vater von Ilja, von dem sich Eva getrennt hatte, wohnte wieder bei seinen Eltern in Berlin-Mahlsdorf.
Deinen letzten Brief – Der von Erwin nachts geschriebene Brief vom 29. März 1952.

50 f. *in diesen beiden Tagen* – Eva und Erwin hatten sich in Berlin getroffen.

51 *die Erzählung* – »Der Wald der glücklichen Kinder«.

51 *Zu den beiden anderen* – Diese Erzählungen hatte ihr Erwin mit dem Brief vom 24. März 1952 geschickt. Es handelt sich um »Die Heuschlacht im Heidedorf« und »Aus dem Tagebuch eines Braunkohlenhäuers«, veröffentlicht 1953 in dem Band »Eine Mauer fällt«.

die Komödie – Das Stück »Die neue Straße von Katzgraben. Szenen aus dem Bauernleben« hatte Erwin für die im August 1951 veranstalteten III. Weltfestspiele der Jugend und Studenten in Berlin geschrieben und zur Aufführung eingereicht, es wurde aber von einer Kommission abgelehnt. Erwin arbeitete danach weiter daran.

52 *Avec mes sens, avec mon coeur et mon cerveau* – Eine deutsche Übersetzung der ersten Strophe dieses Gedichts findet sich in Stefan Zweigs Biographie über den belgischen Dichter Émile Verhaeren (1855–1916), der für die Intensität seiner Sprache und seine Lebensbejahung bekannt ist und mit dem Zweig seit dem Sommer 1902 freundschaftlich verbunden war: »Mit meinen Sinnen, meinem Herzen und meinem Geist, / Mit meinem ganzen Sein, das wie eine Fackel / Sich deiner Güte und deiner Klarheit entgegenstreckt, / Die nie unbefriedigt blieben, / Liebe ich dich, lobe dich und danke dir / Daß du eines Tages so einfach daherkamst / Auf den Wegen der Hingabe, / Um in deine wohltätigen Hände mein Leben zu nehmen« (s. Stefan Zweig: Emile Verhaeren, Gesammelte Werke in Einzelbänden, hrsg. von Knut Beck, Frankfurt a. M. 1984, S. 230 f.).

54 *B. v. Münchhausen* – Börries von Münchhausen (1874–1945), deutscher Lyriker. Eva kannte zu dem Zeitpunkt wohl nur seine Gedichte und wusste nichts von seiner antisemitischen Gesinnung und der Nähe zum Nationalsozialismus (s. Jutta Ditfurth: Der Baron, die Juden und die Nazis, Hamburg 2013).

Morgen fahre ich nach Rostock – Mehrtägige Dienstreise im Auftrag des Schriftstellerverbandes.

werden wir erst fahren können – Eva und Erwin planten für den Mai 1952 eine gemeinsame Reise nach Bad Blankenburg in Thüringen. Er wollte ihr Saalfeld zeigen, wo er vor und nach 1945 gelebt hatte.

55 *alle drei Briefe* – Evas Briefe vom 29., 30. und 31. März 1952.

57 *Da ist der Brief* – Evas Brief vom 30. März 1952.

befreit von dem schweren Ring – Evas Ehering aus der Verbindung mit Marko Wernitz, mit dem sie seit Juni 1950 verheiratet war und von dem sie sich bereits im Juli 1952, nach der Geburt des gemeinsamen Sohnes, getrennt hatte. Auch mochte Erwin Frauen nicht, die Schmuck trugen.

58 *Belojannis* – Nikos Belogiannis, s. Anm. 18: *Belojannis*.

58 *Diese Lektion für Sonnabend* – Erwin, seit 1947 Mitglied der SED, bereitete ein Referat über den Dreißigjährigen Krieg für ein Parteilehrjahr in Potsdam vor.

nach der Weigel auch Brecht – Helene Weigel war »begeistert« von Erwins Roman »Ochsenkutscher« (Tagebuchnotiz Erwin Strittmatters vom 19. Oktober 1951; ESA, Nr. 181). Hans Marchwitza hatte Bertolt Brecht und Helene Weigel auf das Stück »Die Straße nach Katzgraben« aufmerksam gemacht. Erwin hatte den Sketch nach der Ablehnung für die Weltfestspielen 1951 zu einer »Bauernkomödie« umgearbeitet. Brecht wollte den dramatischen Versuch lesen.

60 *solche Referate oder Lektionen* – In seinem Tagebuch notierte Erwin am 18. Januar 1952: »Das organisierte Selbststudium, zu dem ich von der Landesleitung der Partei eingeteilt wurde, macht mir noch arges Kopfzerbrechen. Ich will mich aber bemühen, es systematisch durchzuhalten. Bei der ersten Konsultation am 3. Februar werde ich dann sehen, ob ich mit meiner selbst entwickelten Methode auf dem richtigen Wege bin« (ESA, Nr. 181). Die Lektionen des Parteilehrjahrs, für das er das Referat über den Dreißigjährigen Krieg vorbereitete, hatten am 3. Februar 1952 begonnen.

62 *Boris und Ingeburg zu versöhnen* – Erwin übernachtete, wenn er in Berlin war, bei Boris Djacenko und Ingeburg Kretschmar-Djacenko, hatte sie aber bei seinem letzten Berlin-Aufenthalt, als er mit Eva nach Finsterwalde gefahren war, versetzt.

»Schweigen des Meeres« – Erzählung des franz. Autors Jean Marcel Bruller unter dem Pseudonym Vercors.

Der Mann – Am Ende des Briefes steht ein mit Maschine geschriebenes Gedicht, das nachträglich durchgestrichen und mit dem Zusatz versehen wurde: »Ich konnt's nicht mehr richtig, deshalb die richtige Fassung auf einem anderen Blatt.« Das andere Blatt ist nicht überliefert.

Gras und Korn und roter Mohn,
Dächer, die in Sonne zittern.
Listig lauernd, Stein als Thron
Eidechs sonnt die Schuppenflittern.
Traurig, wenn der Bussard klagt,
der wie himmelhängend jagt.
Lustig, wenn die Lerchen singend,
Lieder leiternd, Blau bezwingend,
über Dir wie Punkte stehn.
Und im warmen Windeswogen,
sich zur garen Erde neigend,

Halme klirrend bilden Bogen,
Körnerfülle reif bezeugend.
Du, im offnen Leinenhemd,
eine Blume zwischen Zähnen
und das Haar vom Wind gekämmt,
in den Augen Freudentränen
bist versöhnt mit Gras und Stein
zwischen Blühn und Sommersein.

63 *auch drei Briefe von Dir* – Erwins Briefe vom 1., 2. und 3. April 1952.

64 *um den 1. Juli* – Sohn Ilja wurde am 1. Juli ein Jahr alt. Erst 1953 gelang es Eva, ihn in einer Berliner Wochenkrippe unterzubringen, doch wurde er von den Betreuerinnen schon bald als »krippenuntaugliches Kind« eingestuft.

65 *Dame Weber* – Inhaberin des Hinterhofhotels am Berliner Alexanderplatz, in dem Eva und Erwin gelegentlich übernachteten.
Von meiner Mutter – Hedwig Braun.

66 *da ich Deinen Brief habe* – Evas Brief vom 4. April 1952.

67 *Bahnhof K.* – Bahnhof Köpenick.

68 *Schriftstellerkongreß* – Der III. Deutsche Schriftstellerkongress fand vom 22. bis 25. Mai 1952 in (Ost-)Berlin statt, hier wurde der Deutsche Schriftstellerverband (DSV) gegründet.
mit drei Briefen von mir – Evas Briefe vom 29., 30. und 31. März 1952.

69 *aus einer tiefen Depression entstandene Brief* – Evas Brief vom 4. April 1952.
noch einen Brief von Dir – Erwins Brief vom 3. April 1952.
zu Hause einen Brief von Dir – Erwins Brief vom 6./7. April 1952.

70 *in Deinem häßlichen Traum* – S. Erwins Brief vom 3. April 1952.
Der Abschied war so jäh – Beide hatten sich nach der Vorstandssitzung des Schriftstellerverbandes, zu der Erwin nach Potsdam fuhr, in der Nacht vom 9./10. April in Berlin-Mahlsdorf getroffen.
Schellenberger – Johannes Schellenberger war Cheflektor im Verlag Neues Leben.

71 *neugierig-hämischer Empfang* – Evas Wirtin war eine Freundin der Eltern von Evas Ehemann Marko Wernitz, der wieder zu ihnen gezogen war.

72 *Dorf meiner Großmutter* – Frankendorf bei Neuruppin, wo Evas Großmutter, Agnes Berner, lebte.

74 *KB* – Kulturbund.

75 *BGL* – Betriebsgewerkschaftsleitung.

75 *Antrag an die Partei* – Evas Antrag, Mitglied der Sozialistischen Einheitspartei Deutschlands zu werden, wurde zunächst abgelehnt, da vor allem Arbeiter in die »Arbeiterpartei« aufgenommen werden sollten. Erst 1959 wurde sie Kandidatin und 1961 Mitglied der SED.
Handschrift umtauschen – Eva hatte versprochen, sich um eine besser lesbare Handschrift zu bemühen.

76 *Heute kam Dein »erster« Brief* – Evas Brief vom 11. April 1952.

77 *Amur und Hella* – Erwins Hunde in Spremberg.

78 *Ccyllas* – Gemeint ist Scilla, auch Blaustern genannt.

80 *nach Neuruppin* – Eva fuhr für vier Tage zu ihrer Mutter und ihrem Sohn.
als ich Dir diesen Brief schrieb – Evas Brief vom 4. April 1952.

81 *Unser letztes Beisammensein* – Treffen am 9./10. April in Berlin-Mahlsdorf.
Deinen Brief von vor den Ostertagen – Evas Brief vom 11. April 1952.

82 *Bobby und Erna Reimer* – Mit dem Journalisten Erich (Bobby) Reimer, von 1949 bis 1951 stellvertretender Chefredakteur der »Märkischen Volksstimme«, und seiner Frau Erna verband Erwin eine langjährige Freundschaft. Reimer hatte den Vorabdruck des »Ochsenkutschers« in der »Volksstimme« und den Druck des Buches initiiert.
Dein Tagungsbrief – Evas Brief vom 12. April 1952.

83 *zum Beispiel dieser Kleinschmidt* – Erwin überarbeitete sein Stück »Katzgraben«, das Brecht für das Berliner Ensemble angenommen hatte. Kleinschmidt heißt die Figur des Neubauern.

85 *Johannes* – Johannes Schellenberger, Lektor und Erwins Freund.

86 *Dein Ostermontag-Brief* – Evas Brief vom 14. April 1952.

89 *Irmgard* – Irmgard Pokrant.
das halbe Ich – Eva und Erwin hatten sich am Wochenende in Potsdam und Berlin-Mahlsdorf getroffen.
so häßlich die Szene auch manchmal war – Der »Arbeiterschriftsteller« Hans Marchwitza, der sich als Förderer der jungen Schriftstellergeneration sah, hatte Erwin zum Schreiben ermuntert. Dieser hatte ihm vor der Veröffentlichung seines Debütromans »Ochsenkutscher« das Manuskript zu lesen gegeben. Marchwitza reagierte allerdings ungehalten: »Müsst ihr Jungen immer gleich Romane schreiben, könnt ihr nicht mit kleinen Sachen anfangen?« Der Roman war schon mit einer Widmung für ihn im Druck, die Erwin nach dieser Szene bereute. (Eva im unveröffentlichten Gespräch mit Lars Herde im März 2006; EvSA, Nr. 1394.)

90 *Irma, Charlotte und Arthur* – Die junge Autorin Irma Harder und das Ehepaar Charlotte und Arthur Wasser waren zunächst mit Erwin und dann auch mit Eva befreundet.

90 *vierte Fassung der Komödie* – »Katzgraben«.

Boris schreibt einen »Lockbrief« – Boris Djacenko hatte ein Zimmer in der Försterei Schmalenberg bezogen und schlug Erwin vor, auch ein Zimmer dort zu beziehen.

auf der Insel Ios in der Ägäis – Erwin war als Mitglied des III. Bataillons des SS-Polizei-Gebirgsjäger-Regiments 1943/44 auf den griechischen Inseln stationiert. In seiner 1985 erschienenen Erzählung »Grüner Juni. Eine Nachtigall-Geschichte« verarbeitete er diese Zeit literarisch.

Exposé des Kinderbuches – Nach dem Erfolg des »Ochsenkutschers« zeigte auch der Kinderbuchverlag Interesse an einem Buch. Das Exposé schrieb Erwin für das Kinderbuch, das unter dem Titel »Tinko« erschien.

95 *Platz an der Friedrichstrasse* – Eva und Erwin trafen sich öfter in dem MITROPA-Café unter dem S-Bahnbogen an der Friedrichstraße; der Ort lag etwa in gleicher Entfernung von der Probebühne des Berliner Ensembles, wo Erwin arbeitete, wie von Evas Arbeitsplatz im Büro des Schriftstellerverbandes in der Taubenstraße.

folgendes Bild – So hatte Erwin Eva bei der Konferenz über junge Literatur in Potsdam wahrgenommen.

96 *Conny* – Vermutlich Konrad Schmidt, zu der Zeit Kulturfunktionär.

die Novelle überarbeitet – »Maltusch und der Alte« erschien 1953 in dem Erzählungsband »Eine Mauer fällt«.

97 *Frau Maria* – Erwins zweite Frau Anna Strittmatter, die er Maria nannte und mit der er noch verheiratet war. Sie lebte mit seinen vier Söhnen in Spremberg.

98 *das empörte Kindergesicht* – Erwin hatte sich kritisch über Evas neuen braunen Mantel geäußert, nun trug er selbst ein braunes Hemd.

Hans M. – Hans Marchwitza.

99 *Zusammenstoß mit Baum* – Werner Baum war Sekretär des Berliner Schriftstellerverbandes.

100 *über die Wuhlheide sprechen* – Erwin hatte sich auf Initiative des Kinderbuchverlages und um Anregungen für eine Geschichte zu sammeln einige Zeit im Pionierzeltlager Wuhlheide aufgehalten.

Fachausschuß – Eva war als wissenschaftliche Mitarbeiterin des Schriftstellerverbandes Mitglied des Fachausschusses »Junge Autoren« und mit der Vorbereitung einer für den Mai 1952 geplanten Fachtagung beschäftigt.

am 12. 5. nicht teilnehmen – Eva und Erwin hatten vor, zu dieser Zeit nach Bad Blankenburg zu reisen.

101 *doch gestern wieder* – Eva und Erwin verbrachten die Zeit vom 25. bis 27. April 1952 zusammen in Berlin.

101 *Ich werde nicht schreiben* – An dieses Versprechen, sich nicht schriftstellerisch betätigen zu wollen, hat sich Eva nicht gehalten, erinnerte
sich aber daran selbst noch nach Erwins Tod am 31. Januar 1994.
Auch er kam immer wieder darauf zu sprechen. Zu Lebzeiten erschienen von ihr über 30 Gedicht- und Prosabände.

103 *bekam ich Besuch* – Zu Besuch kam Evas Ehemann Marko Wernitz,
mit dem sie noch bis zum Sommer 1952 verheiratet war. Danach
nahm sie wieder ihren Mädchennamen Eva Braun an.
durch den Klatsch der Umgebung – Erwins Freund Johannes Schellenberger hatte die beiden in einem Restaurant gesehen. In einem
unveröffentlichten Gespräch mit Lars Herde im März 2006 erzählte
Eva: »Uns war klar: Am nächsten Tag geht durch die Literaturwelt
die Erzählung: Der Strittmatter und die Braun vom Schriftstellerverband haben dort gesessen. Nein, ich hatte da ja noch den Namen
aus meiner ersten Ehe, hieß noch Wernitz, als wir uns kennenlern-
ten« (EvSA, Nr. 1394).

104 *Charlottes Gefasel* – Charlotte Wasser, Mitarbeiterin des Schriftstel-
lerverbandes.
Elli – Günter – Elli, eine junge Agronomin, und Günter, ein junger
Bergmann, sind Figuren aus dem Stück »Katzgraben«.

107 *Sonntag-Abend* – Gemeint ist das Treffen beider zwei Tage zuvor in
Berlin.

108 *Deine Stimme* – Eva und Erwin hatten am 29. April 1952 miteinander telefoniert.

109 *im Demonstrationszug* – Am 1. Mai, dem »Internationalen Kampf-
und Feiertag der Werktätigen für Frieden und Sozialismus«, wurde
in der DDR demonstriert.

110 *Heute begann ich mit dem Kinderbuch* – Bezieht sich auf den Roman
»Tinko«.
Heiner … Mopsche – Figuren aus der Erstfassung von »Tinko«. Der
Roman durchlebte viele Schreibmetamorphosen.

111 *Bl.* – Blankenburg.
voll von Vorwürfen aus Senftenberg – Während seiner Ehe mit Anna
(Maria) Strittmatter hatte Erwin in Senftenberg eine Affäre mit der
Volontärin Christel Kolasser, die er als Lokalreporter der »Märkischen Volksstimme« kennengelernt hatte. Sie wollte sich nicht damit
abfinden, dass er die Beziehung zu ihr beendet hatte.

112 *»Bienenhäuschen«* – Evas Briefkasten am Haus in Berlin-Mahlsdorf.
Scibor-Rylski – Aleksander Ścibor-Rylski. Der Roman »Kohle« des
polnischen Schriftstellers und Drehbuchautors war 1950 im Verlag
Volk und Welt erschienen.

113 *schon am Dienstag* – Die Rede ist datiert vom 6. Mai 1952.

dickfelligen Kinderbuchverlag – Der Verlag drängte auf einen Vertragsabschluss für das Kinderbuch. Erwin aber wollte erst einmal das Manuskript fertigschreiben.

Reden von Pieck und Ulbricht – Die beiden Spitzenpolitiker warnten während der Maifeierlichkeiten vor der bevorstehenden Unterzeichnung des Deutschlandvertrages durch die Bundesrepublik Deutschland und die drei westlichen Besatzungsmächte und bezeichneten den Deutschlandvertrag als einen »Generalkriegsvertrag«.

114 *Hast Du das Hochhaus schon gesehen?* – Das 35 Meter hohe, neungeschossige Haus an der Weberwiese galt als erstes sozialistisches Wohnhaus und Musterbau für die zu erbauende Stalinallee.

115 *den Plan des Kinderbuches* – Eva wollte ein Kinderbuch schreiben, ihr erstes, »Brüderchen Vierbein«, erschien aber erst 1958 im Kinderbuchverlag.

mit Deinem Brief vom Dienstag – Eva erwartete Erwins Brief vom 29. April 1952.

116 *zwei Briefe von Dir* – Evas Briefe vom 29. und 30. April 1952.

nach Thüringen – Immer wieder ist die Rede von der geplanten gemeinsamen Reise nach Bad Blankenburg.

in Schmalenberg – Erwin hatte beschlossen, in eine Bodenkammer in der Försterei Schmalenberg (Fangschleuse) bei Erkner zu ziehen. In einer zweiten Bodenkammer wohnte schon sein Freund Boris Djacenko, s. Anm. 90: *Boris schreibt einen »Lockbrief«.*

118 *Edith Müller-Beeck* – Sie war in Erwin verliebt und zunächst gegen seine Verbindung mit Eva. Später wurde sie als Kinderbuchautorin Edith Bergner bekannt (SV, Personendossier, ZA 3692).

119 *gleich drei Briefe* – Erwins Briefe vom 29. und 30. April sowie vom 1. Mai 1952.

dem Kantorowicz bin ich jetzt doppelt gut – Der renommierte Literaturwissenschaftler Alfred Kantorowicz hatte am 31. Januar 1951 in der Zeitung »Tägliche Rundschau« eine positive Rezension zu Erwins »Ochsenkutscher« veröffentlicht. Sie schützte Roman und Autor vor weiteren Presseangriffen und üblen Leserzuschriften. Nach Evas Studium an der Humboldt-Universität wollte Kantorowicz sie als Assistentin einstellen, Eva aber hatte schon dem Schriftstellerverband zugesagt (s. Irmtraud Gutschke: Eva Strittmatter. Leib und Leben, Berlin 2008, S. 19 f.).

120 f. *dieses Senftenberger Mädchen* - Christel Kolasser, s. Anm. 111: *voll von Vorwürfen aus Senftenberg.*

121 *Heiner und Mopsche* – Figuren aus der Erstfassung von »Tinko«.

von meinem »Rotstift« – S. Erwins Brief vom 30. April 1952.

121 *vor dem Kongreß* – Der III. Deutsche Schriftstellerkongress fand von 22. bis 25. Mai 1952 in Berlin statt. Kuba (Kurt Barthel) war Sekretär des Schriftstellerverbandes und Evas Chef. Aus Termingründen war er gegen Evas geplante Urlaubsreise nach Thüringen.

122 *am 1. Mai Kriegsgedanken* – Evas Brief vom 2. Mai 1952.

124 *bin so kleinmütig geworden* – Die gemeinsame Urlaubsfahrt nach Bad Blankenburg ist vermutlich nicht zustande gekommen. Wenn überhaupt, kann sie nur in der Zeit vom 5. bis 11. Mai stattgefunden haben, spätestens ab 16. Mai wohnte Erwin in der Försterei Schmalenberg und arbeitete dort an »Katzgraben«.

nach Fangschleuse – Fangschleuse war die der Försterei Schmalenberg nächstgelegene Bahnstation.

126 *Dieser schöne Sonntag-Abend* – Erwin hatte Eva am 25. Mai 1952 in Berlin besucht.

127 *fröhlicher Abschied am Morgen* – Eva hatte Erwin in Schmalenberg besucht.

129 *Stichwort: Peter Edel* – Der Schriftsteller, Maler und Buchillustrator mit österreichischem Pass arbeitete als Kulturredakteur für »Die Weltbühne« und die »BZ am Abend«. Eva und Erwin hatten ihn als »ersten ausländischen Korrespondenten« in der Wohnung von Ingeburg Kretschmar-Djacenko getroffen, und Eva war von ihm beeindruckt.

alte Heimatdorf – Erwin wollte nach Bohsdorf fahren.

130 *Dieser Tag gestern* – Eva war am 8. Juni 1952 bei Erwin in Schmalenberg.

zur Bahn laufen – Zum S-Bahnhof Hirschgarten.

Morgen abend komme ich – Eva wollte am 10. Juni 1952 nach Schmalenberg fahren, was sie auch tat. Ihren Brief nahm sie vermutlich mit.

131 *Dein Brief* – Evas Brief vom 9. Juni 1952.

133 *Und nun bist Du da* – Erwin schrieb den Brief, während Eva schlief.

135 *11. VIII. 52* – Ansichtskarte aus Ilsenburg.

136 *Dein Gedicht* – Erwins Gedicht »Du«, s. Anm. 23: *dieses Gedicht.*

auf die Jungen – Erwins vier Söhne in Spremberg.

137 *Buckow* – Erwin hielt sich einige Zeit im Buckower Sommerhaus von Bertolt Brecht und Helene Weigel auf, um mit Brecht und anderen Mitarbeitern des Berliner Ensembles an »Katzgraben« zu arbeiten.

138 *Die Ploog* – Ilse Ploog war Lektorin im Kinderbuchverlag, Erwin sollte für den Verlag nach Dresden fahren.

139 *kam Dein Brief* – Evas Brief vom 18. Juni 1952.

Beide schreiben wir vom »Du« – S. Anm. 23: *dieses Gedicht.*

140 *21. 10. 52* – Brief mit Bleistift geschrieben.

141 *Nachricht vom Ensemble* – Im Vorfeld und während der Proben zu
»Katzgraben« gab es immer wieder Änderungswünsche in Bezug auf
die handelnden Personen und Konflikte sowie Auseinandersetzungen mit den Schauspielern. Brecht bestand auf seinem Experiment
eines neuen Theaters für ein neues Publikum. Über die Arbeit und die
Auseinandersetzungen s. Brechts »›Katzgraben‹-Notate 1953« in Bertolt Brecht: Werke, Schriften 5, Frankfurt 1994, S. 104–190.

Da ich Deiner Ansicht nach schuldig bin – Eva war von Erwin schwanger, und er war darüber nicht erfreut, sondern warf ihr vor, ihn auf
diese Weise an sich binden zu wollen. Er drohte sogar, sich zu erhän-
gen, wenn sie das Kind bekäme. Daraufhin versuchte sie es zunächst
abzutreiben. (Eva in einem Gespräch mit Bert Koß im April 2000;
EvSA, Nr. 1108.)

142 *den Platz finden* – Die Untermietverträge in der Försterei Schmalenberg wurden Erwin und Boris Djacenko zum Ende des Jahres ge-
kündigt. Die Vermieter meldeten Eigenbedarf an. Erwin war also
wieder auf der Suche nach einer Bleibe, um in Ruhe schreiben zu
können.

zu Deinem Tagebuch – Das Motto von Erwins Tagebuch vom 5. Juni
1952 bis 15. Juli 1953 ist: Wenn ich allein bin (ESA, Nr. 829). Aus-
züge aus seinen Tagebüchern liegen in zwei Bänden im Aufbau Verlag vor: »Nachrichten aus meinem Leben: Aus den Tagebüchern 1954
bis 1973« und »Der Zustand meiner Welt: Aus den Tagebüchern
1974–1994«.

die Erzählung nun doch zu Dir paßt – Eva hatte die Druckfahnen zu
dem Erzählungsband »Eine Mauer fällt« gelesen und Erwin abgera-
ten, ihn zu veröffentlichen. Sie fand die Texte zu schwach und agita-
torisch. Erwin meinte, der Cheflektor des Aufbau-Verlages würde
wohl mehr von Literatur verstehen als sie. Der heftige Streit hätte
fast zur Trennung geführt. (S. Irmtraud Gutschke: Eva Strittmatter.
Leib und Leben, Berlin 2008, S. 20.)

143 *»sécheresse d'âme« ... Rilke* – Rilke sprach gegenüber Lisa Heise in
einem Brief vom 2. August 1919 von einer »unüberwindlichen
›sécheresse d'âme‹« (»Dürre der Seele«), die ihn dichterisch unproduk-
tiv »verstummen und stumm bleiben läßt« (s. Rainer Maria Rilke:
Briefe in 2 Bänden [1896–1926], hrsg. von Horst Nalewski, Frankfurt am Main 1991).

144 *Hilde und Karl* – Hilde und Karl Kuhnart, die Besitzer der Försterei
Schmalenberg.

Irma – Irma Harder.

2. XI. 52 – Brief aus Spremberg.

144 *Kalle Kralle«* – Arbeitstitel von »Tinko«.

Kofferschwitzkur von Schmalenberg – Erwin zog aus der Försterei Schmalenberg aus und zurück nach Spremberg.

145 *Volker* – Volker Strittmatter, Sohn von Erwins Bruder Heinrich.

Irmas Brief an B. S. – Irma Harder und Bernhard Seeger.

Vater ist der Produktionsgenossenschaft doch beigetreten – Erwins Vater Heinrich Strittmatter in Bohsdorf hatte als ehemaliges NSDAP-Mitglied mit der neuen gesellschaftlichen Situation in der DDR gehadert und lange gezögert, in die LPG (Landwirtschaftliche Produktionsgenossenschaft) einzutreten.

146 *»unserer Krise«* – Gemeint ist der nächtliche Streit in Mahlsdorf um die Veröffentlichung von »Eine Mauer fällt«. Nach der Erstveröffentlichung ließ Erwin den Band nie wieder drucken.

am Mittwoch – 5. November 1952.

Berlin – Erwin übernachtet in einem Zimmer im Künstlerclub »Die Möwe«.

147 *Nach Gorki* – Gorki wird vielfach zitiert in dem Wortlaut: »Die Kinder sind unsere Richter von morgen, sind die Kritiker unserer Anschauungen und Taten, sind die Menschen, die in die Welt hinausgehen, um durch ihre Arbeit neue Lebensformen zu schaffen.«

Es ist an Zimmer frei – Erwin war zunächst in das Zimmer von Helene Weigel gezogen, das die BE-Intendantin in der »Möwe« hin und wieder zwischen den Proben und Vorstellungen nutzte, aber immer noch auf der Suche nach einer eigenen Unterkunft.

wenn Du wieder gesund sein wirst – Erwin hielt Schwangerschaften für eine »Frauenkrankheit«.

Ich bin hier gewesen – Erwin wollte Eva in Mahlsdorf besuchen.

148 *»Bobby«* – Erich Reimer, s. Anm. 82: *Bobby und Erna Reimer.*

F. – Fangschleuse bei Berlin; das besichtigte Zimmer wurde nicht angemietet.

N. – Neuruppin.

149 *Du hast Schmerzen* – Eva war hochschwanger, die Geburt des Kindes stand im Juni bevor. Ein amerikanisches Abtreibungspräparat, das Eva bis in den fünften Schwangerschaftsmonat eingenommen hatte, war wirkungslos geblieben.

Die letzte Voraufführung – Die Premiere der ersten Fassung von »Katzgraben« war für den 23. Mai 1953 angesetzt. Dem Publikum gefiel das Stück nicht, und aus Sicht der Parteifunktionäre passte es nicht mehr zu der aktuellen Landwirtschaftspolitik der DDR. Man wollte nun die Großbauern wegen ihrer landwirtschaftlichen Kompetenz im Lande behalten, in »Katzgraben« endet der Großbauer jedoch als lächerlicher »Verlierer der Geschichte«.

150 *Marianne und Konrad* – Marianne und Konrad Schmidt, Literaturwissenschaftlerin und Schriftsteller.

Dora Kopp – Sie arbeitete im Büro des Schriftstellerverbandes.

Das Häuschen in Schmalenberg – Das Häuschen konnte doch nicht gemietet werden.

151 *doch noch warten muß* – Sohn Erwin jr. wurde am 25. Juni 1953 geboren.

an meine Adresse – Als Mitarbeiterin des Schriftstellerverbandes wurde Eva Anfang April 1953 von ihrem Chef, Kuba, für sich, die Kinder und Erwin eine Vier-Zimmer-Neubauwohnung in der Stalinallee angeboten, die sie Anfang Mai bezog. Erwin wohnte zu der Zeit noch bei Brecht und Weigel in Berlin-Weißensee. Er war allerdings in Spremberg gemeldet und hatte noch keine Zuzugserlaubnis für Berlin.

Dich mit meinen Gedanken begleitet – Am Abend des 23. Mai 1953 fand die Premiere von »Katzgraben« im Haus des Deutschen Theaters statt.

Deinen Bruder – Erwins jüngerer Bruder Heinrich Strittmatter.

152 *Du Schwindlerin!* – Es ist doch keine Tochter geworden, wie Eva »versprochen« hatte.

153 *26. 6. 1953* – Brief mit Bleistift geschrieben.

die »Enttäuschung« – Eva schrieb diesen Brief nach der Geburt des gemeinsamen Sohnes aus der Entbindungsstation des Oskar-Ziethen-Krankenhauses in Berlin-Lichtenberg. Erwin hatte sich eine Tochter gewünscht.

154 *Endlich habe ich Papier* – Eva schrieb diesen Brief mit Bleistift auf der Rückseite eines Glückwunschtelegramms, das sie im Krankenhaus bekommen hatte.

Deine Schwindelschimpferei – Erwins Mitteilung vom 24. Juni 1953.

diese Dachstube – Das Zimmer, das Erwin in der Försterei Schmalenberg bewohnt hatte.

155 *Einsichten unter die Menschen zu bringen* – Erwin hielt sich in der Wohnung in der Stalinallee auf, als Eva im Krankenhaus lag. Er bekam bereits die Vorbereitungen zum Aufstand vom 17. Juni durch die Bauarbeiter der noch im Entstehen begriffenen Vorzeigestraße mit. Die Unzufriedenheit mit der Regierung, die die übersteigerten Forderungen einer Normerhöhung in der Produktion lediglich kurzfristig wieder zurücknahm, offenbarte sich ihm in Gesprächen und auf Plakaten. Am 17. Juni 1953 selbst beobachtete Erwin zunächst allein und dann an der Seite Bertolt Brechts die Vorgänge in der Stadt. Am 18. Juni hatte er einen Artikel (»Denkschrift«) fürs »Neues Deutschland« (»ND«) verfasst, in dem er seine Schlussfolgerungen zu

den Ereignissen formulierte: »Unzufriedene Arbeiter kann es nur geben, wenn Partei und Regierung nicht gut gearbeitet haben.« Er prangerte auch die Schönfärberei in der Presse an, die kritische Stimmen weglasse und so über die Köpfe der Menschen hinwegrede. »Wie können wir einen neuen Kurs einschlagen, wenn wir uns über unsere Fehler in der Vergangenheit keine Klarheit verschafft haben?« Der Artikel wurde zunächst nicht veröffentlicht. (Eine ausführliche Schilderung s. Annette Leo: Erwin Strittmatter. Die Biographie, Berlin 2012, S. 244–250.)

156 *»ND« wird meine »Denkschrift« natürlich nicht bringen* – Das »ND« hatte Erwins Artikel zu den Ereignissen am 17. Juni 1953 noch immer nicht veröffentlicht. In der Zwischenzeit hatte er zwei neue Fassungen geschrieben, die er ebenfalls dem »ND« übergab. Seine Forderung nach einer Diskussion über die Fehler, die zu den Ereignissen geführt hatten, blieb als Grundaussage bestehen. Schließlich veröffentlichte das Blatt Anfang Juli eine verstümmelte Version seines Textes.
Dein Brief hat nichts in mir geändert – Evas Brief vom 27. Juni 1953.
Man hat mir gestern die Leviten gelesen – Während Eva im Krankenhaus war, hatten ihre Mutter und Erwin sie dort besucht. Dabei hatte Evas Mutter Erwin ermahnt, sich mehr um Mutter und Kind zu kümmern.
Christa – Christiane Grytsch, ein von Hedwig Braun empfohlenes »Umsiedlermädchen« aus Dünamünde in der Nähe von Frankendorf, lebte von 1953 bis 1961 als Haushaltshilfe bei der Familie Strittmatter.
Charlotte – Charlotte Wasser.
Aktenzeichen von Sch. – Johannes Schellenberger war kurz vor dem 17. Juni 1953 verhaftet worden. Erwin, der ihn durch seine Arbeit mit den Potsdamer »Jungen Autoren« kannte und schätzte, setzte sich gemeinsam mit Bernhard Seeger brieflich für ihn ein. (S. Annette Leo: Erwin Strittmatter. Die Biographie, Berlin 2012, S. 243 f.)

157 *1. 7. 53* – Brief mit Bleistift geschrieben.
Dein Dienstagbrief – Erwins Brief vom 30. Juni 1953.

158 *das quälende Dreiergespräch* – Gespräch beim Besuch von Hedwig Braun und Erwin im Krankenhaus, s. Anm. 156: *Man hat mir gestern die Leviten gelesen.*

161 *Maria* – Erwins zweite Ehefrau Anna Strittmatter.

163 *alle Bitternis, die Dich befällt* – S. z. B. Erwins Ärger über Hedwig Braun und ihre in Erwins Brief vom 1. Juli 1953 erwähnten Vorwürfe.
beide Jungen – Erwin und Boris Djacenko, mit denen Eva Dünamünde, den Heimatort von Christa Grytsch, besucht hatte.

165 *Du bist nicht da, bist so weit* – Im Rahmen eines Kulturaustausches befand sich Erwin mit einer DDR-Delegation in Ungarn.

Ingeburg – Ingeburg Kretschmar-Djacenko.

166 *Jutta Deutscher* – Pseudonym von Jutta Werner (SV, Personendossier, 1860).

Udo – Udo Braun, Evas jüngerer Bruder.

»Friedenspost« – Wochenzeitung der Gesellschaft für Deutsch-Sowjetische Freundschaft (DSF).

Borisverhältnis – Die Rede ist von Ingeburg Kretschmar-Djacenko und Boris Djacenko, in deren Beziehung es immer wieder kriselte.

»Herz und Asche« – Der Roman von Djacenko erschien 1954 im Verlag Neues Leben.

167 *aus dem Erzählungsband* – Djacenkos erster Erzählungsband »Menschen an der Grenze« war 1950 erschienen.

168 *Hilde Eisler* – Hilde Eisler war 1952/53 stellvertretende Chefredakteurin der »Friedenspost«.

27. VIII. 53 – Der Brief enthält eine getrocknete Blüte.

169 *»Rossalkas« Heimat* – Russalka, ein weiblicher Wassergeist aus der gleichnamigen Oper des tschechischen Komponisten Antonín Dvořák, nach der Gedichtvorlage »Die Nixe« von Alexander Puschkin, dessen Poem »Eugen Onegin« Erwin bewunderte.

Vertreterin Alpari – Tilda Alpari vertrat gegenüber der DDR-Delegation den ungarischen Schriftstellerverband. Sie arbeitete als Übersetzerin und übertrug Werke ungarischer Autoren ins Deutsche.

Loest – Erich Loest war zusammen mit Erwin auf die Reise nach Ungarn delegiert.

Stefan Heymann – Er war von 1951 bis 1953 »Außerordentlicher Gesandter und Bevollmächtigter Minister der Diplomatischen Mission in Ungarn«, gewissermaßen DDR-Botschafter.

2. Szabo-Band – Von dem ungarischen Schriftsteller Pál Szabó, in dessen Büchern es vor allem um das Leben der ungarischen Bauern geht, erschien 1951 auf Deutsch die Roman-Trilogie »Um einen Fußbreit Land«.

170 *die Christiane, die Ingeburg und Deinen Lubko im Wagen* – Christa Grytsch, Ingeburg Kretschmar-Djacenko und der zwei Monate alte Erwin jr.

im Hausbuch – In den Miethäusern der DDR war laut Meldegesetz durch eine Mieterin bzw. einen Mieter (»Hausvertrauensmann«) ein Hausbuch zu führen, in das alle Bewohner und alle Besucher, die sich länger hier aufhielten, eingetragen werden mussten. Ebenso hatten sich Bewohner, wenn sie eine gewisse Zeit abwesend waren, zu melden.

171 *Grund des Leitartikels im »ND«* – Nach der Veröffentlichung von Erwins verstümmeltem Artikel zum 17. Juni 1953 im »Neuen Deutschland« (s. Anm. 156: *»ND« wird meine »Denkschrift« natürlich nicht bringen*) war am 9. Juli ein Kommentar des Chefredakteurs Rudolf Herrnstadt (»Nochmals zum Charakter des 17. Juni«) erschienen, der gegen kritische Stimmen aus den eigenen Reihen gerichtet war. Diejenigen, die die »faschistische Provokation« der Ereignisse nicht erkennen würden, hieß es in dem Kommentar, würden den »Ernst der Lage« nicht begreifen. Das zielte unmissverständlich auf Erwins Artikel (s. Annette Leo: Erwin Strittmatter. Die Biographie, Berlin 2012, S. 250).

B. – Berlin.

H. – Stefan Heymann, s. Anm. 169: *Stefan Heymann.*

M.-Insel – Margareteninsel.

172 *Friedrichshain* – Gemeint ist der Saalbau Friedrichshain, ein 1888 erbauter Tanz- und Versammlungssaal, der in den 1990er Jahren abgerissen wurde.

Ich muß die Tinte für die Briefaufschrift – Ab hier ist der Brief mit grünem Buntstift geschrieben.

174 *das heutige »Adlon«* – Das Hotel in Berlin war im Krieg größtenteils zerstört worden.

vom Gellert-Berg auf Buda – Der Gellértberg ist die höchste Erhebung Budapests.

175 *L. und die D.* – Erich Loest und die Dolmetscherin.

Udo – Udo Braun, Evas Bruder.

meine Fahnen – Druckfahnen.

176 *Müller-B.* – Edith Müller-Beck.

178 *Evchen aus der Fünften* – Die Wohnung in der Stalinallee befand sich in der 5. Etage.

179 *Deinen Boris-Artikel* – Eva hatte für die Zeitschrift »Neue Deutsche Literatur« eine Besprechung zu Boris Djacenkos Novellenband »Wie der Mensch Gesicht bekam« geschrieben, veröffentlicht in Heft 10 (1953).

Arnold und Bach-Klamotte – Die Schauspieler und Theaterautoren Franz Arnold und Ernst Bach waren zu Beginn des 20. Jahrhunderts durch ihre boulevardesken Schwänke und Lustspiele bekannt, daher der an deutschen Theatern für deftige Komödien gängige Begriff »Klamotte«.

Kisten – Begriff unter Theaterleuten für »Kabinettstückchen« von Komödianten.

180 *noch ein wenig ins Tagebuch malen* – Die Notizen aus Ungarn vom 25. August bis 21. September 1953 befinden sich im Erwin-Strittmatter-Archiv in der Akademie der Künste, Berlin.

180 *Christa* – Christa Grytsch.

181 *Erwan aus der Siebenten* – Erwins Hotelzimmer befand sich in der 7. Etage.

Der Junge ist von solchem Ernst – Heinz Kahlau.

Dein erster Brief – Erwins Brief vom 27. August 1953 aus Budapest.

im Amt – Amt für Literatur und Verlagswesen, s. Anm. 187: *Amt f. Literatur.*

183 *meine Briefreihe über Kinderliteratur* – Für die Zeitschrift »Neue Deutsche Literatur«.

Cwojdrak – Günther Cwojdrak war 1952 bis 1958 Redakteur der Zeitschrift »Neue Deutsche Literatur«.

der »Möbelartikel« – Eva hatte in der »BZ am Abend« einen Artikel über Möbel aus Hellerau veröffentlicht.

Juryarbeit – Eva arbeitete im Fachausschuss des Schriftstellerverbandes für Kinder- und Jugendliteratur.

184 *Die »Christiane«* – Christa Grytsch.

Brecht war so sicher – Auch auf Bitten von Erwin schickte Brecht ein Telegramm nach Ungarn, dass Erwin in Berlin gebraucht werde und daher sein Aufenthalt vorfristig beendet werden sollte.

185 *unser Schmalenberger Glück durch eine »Reise« nach Buckow unterbrochen* – In der Zeit, als Eva Erwin im Schmalenberger Forsthaus besuchte, kam es wiederholt vor, dass Erwin zu Brecht nach Buckow fahren musste.

186 *Peter Veres* – Der ungarische Schriftsteller Péter Veres veröffentlichte in den 1950er Jahren Erzählungen über das bäuerliche Leben in Ungarn.

Alpari – Tilda Alpari, Betreuerin der DDR-Delegation.

187 *Amt f. Literatur* – Das Amt für Literatur und Verlagswesen wurde im August 1951 gegründet und erteilte die vorgeschriebenen Druckgenehmigungen. Aus ihm ging das 1954 gegründete Ministerium für Kultur hervor. Leiterin der Auslandsabteilung war Ingeburg Kretschmar-Djacenko.

188 *Ein wenig hilft Lucas* – Anspielung auf die Brecht-Lukács-Debatte, in der die kontroversen Realismus-Auffassungen von Bertolt Brecht und dem ungarischen Philosophen und Literaturwissenschaftler Georg Lukács diskutiert und gegeneinander ausgespielt wurden.

Stellung wie Becher – Johannes R. Becher, Dichter und Autor der Nationalhymne der DDR, war u. a. Mitbegründer und erster Präsident des Kulturbunds und Gründungsmitglied und Präsident der Deutschen Akademie der Künste (der DDR).

189 *Zwei Briefe kamen gestern* – Erwins zwei Briefe vom 28. August 1953.

191 *vom Amt* – Amt für Literatur und Verlagswesen der DDR, s. Anm. 187: *Amt f. Literatur.*

191 *Ich hab endlich einen Brief von Dir* – Evas Brief vom 26./27. August 1953.

192 *Jutta Deutscher und Ingeburg* – Jutta Deutscher, eigentlich Jutta Werner, und Ingeburg Kretschmar-Djacenko.

193 *nach Stalinváros* – Sztálinváros wurde 1961 umbenannt in Dunaújváros.
Hilde E. – Hilde Eisler wollte in der »Friedenspost« einen Vorabdruck aus dem Roman »Tinko« bringen.
Hat Heinz Kahlau inzwischen schon Nachricht von Brecht – Erwin hatte Bertolt Brecht den 22-jährigen mittellosen Heinz Kahlau als Meisterschüler vorgeschlagen. Sein Meisterschülerhonorar hätte die Akademie der Künste übernehmen sollen, wie Eva im Juni 1999 in einem unveröffentlichten Gespräch mit Lars Herde erzählte (EvSA, Nr. 1394).

194 *EKO* – Der Bau eines Eisenhüttenkombinats Ost (EKO) sowie einer dazugehörigen »sozialistischen Wohnstadt« (ab 1953 Stalinstadt) begann im Sommer 1950. Stalinstadt wurde 1961 in Eisenhüttenstadt umbenannt.
der deutschen Abteilung des Instituts – Ungarisches Literaturinstitut in Budapest.
Simon – István Simon, ungarischer Lyriker.

196 *Du schon meine Frau* – Geheiratet haben Eva und Erwin allerdings erst am 14. Juni 1956.

197 *5. 9. früh 6 Uhr* – Als Postskriptum steht kopfüber oben auf dem Briefrand: »Ich lieb und küß Dich Tag und Nacht. Mir ist weh nach Dir. Nur die Arbeit rettet mich vor Trübsinn.«
an Jutta – Jutta Deutscher.
die DEFA ihrem unrühmlichen Namen – Die DEFA wurde in jenen Jahren immer wieder von der SED-Führung kritisiert, nicht genug Filme mit der »richtigen Sicht« auf den sozialistischen Aufbau zu produzieren. Im Frühjahr 1953 startete die DEFA-Produktionsgruppe »Das Stacheltier« mit satirischen Kurzspielfilmen, wofür auch Eva und Erwin ein Drehbuch geschrieben hatten, das aber von der DEFA abgelehnt worden war.
Deinen schönen Brief – Erwins Brief vom 29. August 1953.

198 *Czabo-Band* – Eva las auf Anregung von Erwin die Trilogie »Um einen Fußbreit Land« von Pál Szabó.
mit einem Brief von Brecht – Ein Mitarbeiter vom BE erkundigte sich in Brechts Auftrag nach der richtigen Adresse von Erwins Aufenthaltsort in Ungarn, da Brechts Telegramm mit der Aufforderung zum Abbruch der Reise offenbar nicht angekommen war.

199 *Aufenthaltsgenehmigung* – Für Berlin galt der Viermächte-Status, was bedeutete, dass nicht nur Ausländer, sondern auch DDR-Bürger, die

nicht aus Berlin kamen, eine Aufenthaltsgenehmigung benötigten, wenn sie dort zum Beispiel einer Beschäftigung nachgehen wollten. Das traf für die Haushaltshilfe Christa Grytsch zu.

200 *würde ich vielleicht gar Schwimmen lernen* – Erst im Alter von 60 Jahren lernte Erwin schwimmen.

von der Ägäis her kenne – Erwin war während des Zweiten Weltkriegs in Griechenland stationiert.

201 *die Dolm* – Dolmetscherin, so auch in weiteren Briefen abgekürzt.

203 *liebe Frau Braun* – Eva hatte nach der Scheidung von Marko Wernitz wieder ihren Mädchennamen Braun angenommen.

den beiden helfen – Heinz Kahlau und Jutta Deutscher.

BZ – am Abend – Berliner Tageszeitung, die erst am Nachmittag erschien.

in Deinem traurigen letzten Brief – Erwins Brief vom 29. August 1953.

204 *Dein Eifersuchtsbrief* – Bezieht sich auf Erwins Brief vom 29. August 1953 aus Budapest.

Afanasi Iwanowitsch – Figur aus der Erzählung »Gutsbesitzer aus alten Tagen« von Nikolai Gogol (in neueren Übersetzungen »Gutsbesitzer aus alter Zeit«).

»Sind kei Maro« – Keine Maronen.

205 *Czabo* – Pál Szabó.

206 *Busch* – Der Schauspieler und Sänger Ernst Busch spielte am Berliner Ensemble und leitete bis 1953 die erste Schallplattenfirma der DDR.

trotz Nagy – Imre Nagy war ab 1953 Ministerpräsident in Ungarn. In dieser Zeit wurden große Teile der Steppenlandschaft in Ackerland umgewandelt.

209 *aus Deinem Brief* – Evas Brief vom 1. September 1953.

Rónai – Mihály (Mitju) Rónai, ungarischer Dichter und Publizist.

Die Frau des Rónai – Die Malerin Marianne Gábor.

erst den zweiten Brief – Evas Brief vom 1. September 1953.

212 *Deinen dritten Brief* – Vermutlich Evas Brief vom 3. September 1953.

unser Verhältnis zu den beiden Djacenkos – Die enge Freundschaft zu Ingeburg Kretschmar-Djacenko und ihrem Mann Boris war auch durch die Ehezwistigkeiten der beiden inzwischen abgekühlt.

213 *Ich mußte an Lenau denken* – Der melancholische österreichische Dichter Nikolaus Lenau war im 19. Jahrhundert durch die Puszta gereist und hatte darüber geschrieben.

215 *damals im Friedrichshain* – Saalbau Friedrichshain, s. Anm. 172: *Friedrichshain*.

218 *nach vier Tagen der erste Brief* – Erwins Brief vom 9. September 1953.

in dem letzten Brief – Erwins Brief vom 4. September 1953.

219 *Ilja im Mai* – Eva hatte Ilja nach Berlin geholt und in einer Wochenkrippe untergebracht, doch stellte sich heraus, dass er ein »krippenuntaugliches Kind« war.

220 *der kleine Erwin* – Erwin jr.

221 *vom Eigentlichen ablenken* – Erwin hatte ihr während der Schwangerschaft vorgeworfen, sie ließe sich durch ihren Zustand vom »Eigentlichen«, das hieß, von seiner Arbeit ablenken.

222 *mit Kubsch über meinen damaligen Zustand* – Hermann Werner Kusch, Drehbuchautor des DEFA-Films »Saure Wochen – frohe Feste« (1950), hatte während der Potsdamer Autorentagung im Februar 1952 »ein Auge auf Eva geworfen«, woraufhin Erwin angesichts der ausgelassen tanzenden Eva zu ihm sagte: »Lass die, siehst doch, was die wert ist« (s. Irmtraud Gutschke: Eva Strittmatter. Leib und Leben, Berlin 2008, S. 22).

Ilja – Evas ältester Sohn wollte immer in der Nähe der Mutter sein.

223 *Horthy-Hitler-Soldaten* – Miklós Horthy, eine der umstrittensten Figuren der ungarischen Geschichte, führte Ungarn an der Seite Hitlers in den Krieg.

225 *mein »Kummer«-Brief* – Evas Brief vom 10. September 1953.

226 *durch Käthe* – Die Dramaturgin Käthe Rülicke-Weiler war von 1951 bis 1956 Mitarbeiterin von Bertolt Brecht.

Brief von Peter – Peter Jokostra (eigentlich Heinrich Knolle) und Erwin kannten sich seit Jugendtagen. Nach dem Krieg wurde Knolle als Schulrat in Spremberg eingesetzt. Er verfasste »exzentrische Lyrik und Essays«, hatte aber kaum Einkünfte. Erwin sorgte dafür, dass ein Gedichtband von ihm gedruckt wurde. 1953 ging er als Lektor und Dozent nach Chemnitz, das gerade in Karl-Marx-Stadt umbenannt worden war. 1958 floh Knolle in den Westen. Er wurde Vorbild für die Figur des Weißblatt in Erwins Roman »Der Wundertäter«. Als 1961 der Roman in der BRD erscheinen sollte, sorgte Knolle maßgeblich dafür, dass das unterblieb. (Eva Strittmatter 2006 in einem unveröffentlichten Gespräch mit Lars Herde; EvSA, Nr. 1394.)

227 *Deine letzte Nachricht* – Erwins Brief vom 4. September 1953.

229 *Ich las zur Tröstung einen Brief von Fucik* – Der tschechische Autor und kommunistische Widerständler Julius Fučik war von den Nazis im September 1943 in Berlin-Plötzensee hingerichtet worden.

230 *Wenn Du mir nicht schreiben kannst* – Das Postskriptum steht gestürzt unter dem Brief.

231 *(ungültig Str.)* – Ungültig Strittmatter.

232 *Schmalenberger Aufzeichnungen* – Tagebucheintragungen unter dem
Motto: Wenn ich allein bin; ESA Nr. 829.

233 *Juttas Besuch* – Jutta Deutscher.

nach meiner Mutter – Helene Strittmatter, Erwins Mutter.

234 *Dein vierter Brief* – Evas Brief vom 5. September 1953.

dein fünfter Brief – Evas Brief vom 6. September 1953.

237 *Die verrückte Malerin* – Marianne Gábor; sie wollte Erwin malen.

238 *die kann ich Dir immer leichte geben* – Anspielung auf eine Redewendung aus »Tinko«, die Eva und Erwin hin und wieder gebrauch-
ten.

Budapest, 16. IX. 53 – Luftpostbrief.

Dein fünfter und vierter Brief – Evas Briefe vom 5. und 6. September 1953.

239 *unsere Tochter darf noch nicht kommen* – Da Eva andeutete, dass sie
möglicherweise wieder schwanger sei, drang Erwin auf eine Abtrei-
bung.

Örkeny – István Örkény, ein ungarischer Autor, der im Zusammenhang mit dem Volksaufstand in Ungarn 1956 ein Schreibverbot erhielt, das erst 1960 wieder aufgehoben wurde.

240 *Deine Begegnung mit dem Brigadier* – S. Erwins Brief vom 10. September 1953.

241 *meiner in Pfalzheim lebenden Tante* – Pfalzheim ist ein Nachbarort
von Christa Grytschs Heimatort Dünamünde in der Ostprignitz, in
dem Evas Tante Trude, eine Schwester von Hedwig Braun, lebte.

242 *Realismus, der sozialistisch insofern ist* – Sozialistischer Realismus ist
ein Begriff der marxistisch-leninistischen Ästhetik. »Die Methode
des s. R. zielt auf künstlerische Aneignung der Wirklichkeit in ihrer
revolutionären Entwicklung, die Beurteilung der einzelnen, beson-
deren Erscheinungen der Wirklichkeit vom Standpunkt der erkann-
ten Gesetzmäßigkeiten der revolutionären Entwicklung und das
Urteil über das Heute vom Blickpunkt des Morgen. […] Wahrheit
und Parteilichkeit bilden in der sozialistisch-realistischen Kunst eine
untrennbare Einheit […]« (s. »Kulturpolitisches Wörterbuch«, hrsg.
von Harald Bühl u. a., Berlin 1970).

»Kritik« zum »Frühbeet« – Es handelt sich um einen Leserbrief zum
Vorabdruck aus dem Roman »Tinko« unter der Überschrift »Frühbeet« in der Wochenzeitung »Sonntag«.

243 *Budapest, 17. Sep. 53* – Luftpostbrief.

An Deinen früheren Mann – Marko Wernitz.

244 *unbedingt ein Fleckchen Erde beschaffen* – Im Winter 1953 begannen Erwin und Eva ein Haus auf dem Land zu suchen.

Jutta D. – Jutta Deutscher.

246 *sein Liebespaar, der rote Goz und Marikka* – Figuren aus der Roman-Trilogie »Um ein Fußbreit Land« von Pál Szabó.

247 *»großer« Würdenträger* – An diesem Tag, dem vierten Jahrestag der DDR, erhielt Erwin für »Katzgraben« den Nationalpreis dritter Klasse. Wie Eva im Interview erzählte, hatte Brecht dafür gesorgt (s. Irmtraud Gutschke: Eva Strittmatter. Leib und Leben, Berlin 2008, S. 61).
Ich hab Dir Dein Geld gebracht – Eva und Erwin führten, auch später, getrennte Konten.

248 *Amsterdam, 24. VI. 54* – Postkarte mit der Abbildung von Vincent van Goghs Gemälde »Die Kartoffelesser«. Erwin fuhr zusammen mit Bertolt Brecht, der neben Johannes Tralow von 1953 bis 1956 Präsident des Deutschen PEN-Zentrums Ost und West war, zum 26. Internationalen P. E. N.-Kongress nach Amsterdam.
denk ich an die kühle Ev. – Vor Erwins Abfahrt hatte es Unstimmigkeiten gegeben: Sie hatten ein Haus auf dem Land gesucht und dieses in Schulzenhof bei Gransee gefunden. Es sollte ein Ort zum Arbeiten und Schreiben sein. Bereits am 1. Juni 1954 hatte Erwin den Hof von dem Geld, das er als Nationalpreisträger erhalten hatte, gekauft und ihn einschließlich der dazugehörigen Tiere (Ziege und Hühner) am 15. Juni vom Vorbesitzer übernommen. Eva war wenig erfreut, dass sie sich, während er nach Amsterdam und Paris fuhr, um die Tiere kümmern musste. (Eva 2000 im Gespräch mit Bert Koß; EvSA, Nr. 1108.)
nach Paris – In Paris fand das Theaterfestival der Nationen statt, auf dem auch das Berliner Ensemble gastierte.

250 *Schulzenhof* – Während Erwin Schulzenhof zu seinem Hauptwohnsitz ernannt hatte, lebte und arbeitete Eva, nach einem Wohnungstausch, hauptsächlich in der Wohnung in der Stalinallee 22.
Wundermittel zum Einwecken – »Original BLITZ Einmachglas-Verschlußmittel«. Durch Verbrennen einer alkoholischen Lösung mit 8 % Benzoesäure wurde der Deckel angesaugt und das Glas hermetisch verschlossen.
Gelärm und Getu im Hause – Der Untermieter in Schulzenhof, Herr Theil, hatte Frau und Kleinkind zurückgelassen und war mit einer Jüngeren durchgebrannt. Frau Theil wohnte mit dem Kind zunächst weiterhin in einer Hälfte des Schulzenhofer Katens.

251 *»TR«* – »Tägliche Rundschau«.
mein Vorwort – Das Vorwort zu »Tinko«.

252 *Afanasi-Tag* – »Schlemmertage« einlegen wie die Hauptfigur aus der Gogol-Erzählung »Gutsbesitzer aus alten Tagen«, s. Anm. 204: *Afanasi Iwanowitsch.*
Dein Brief – Dieser Brief ist nicht auffindbar.

253 *Pony-Brandy, Minna, Kuder, Hella* – Tiere auf dem Schulzenhofer Anwesen. Den Ponyhengst Brandy porträtierte Erwin später in dem Kinderbuch »Pony Pedro«.

254 *jede Lüge oder jedes Verschweigen* – Eva fühlte sich betrogen. Aus den Unterlagen zu Erwins Scheidung von seiner zweiten Frau hatte sie erfahren, dass er noch nach der Geburt des gemeinsamen Sohnes Erwin jr. Sexualkontakt mit seiner Frau Anna gehabt hatte. (S. Irmtraud Gutschke: Eva Strittmatter. Leib und Leben, Berlin 2008, S. 24.)

ans Telefon geholt – In Schulzenhof gab es erst ab 1965 ein Telefon, Erwin musste zur Poststelle Dollgow fahren oder laufen.

Maria – Erwins zweite Ehefrau Anna Strittmatter, von der er am 5. Oktober 1954 geschieden wurde.

255 *beginnen am Sonnabend schon zu drucken* – Vorabdruck von »Tinko« in der »Lausitzer Rundschau«.

Wilhelm – Wilhelm Wohlgemuth, Sohn der Schulzenhofer Nachbarn Ernestine und Arthur Wohlgemuth.

die Teiln – Frau Theil, Untermieterin in Schulzenhof, s. Anm. 250: *Gelärm und Getu im Hause.*

Die Dame Hella – Erwins Chow-Chow-Hündin, die er aus Spremberg mitgebracht hatte.

Pitty – Evas Kater Pitt.

256 *unsere Kitta und die beiden kleinen Männer* – Christa Grytsch und die Söhne Ilja, den Erwin 1966 adoptierte, und Erwin jr.

257 *Heureuter* – Gestell zum Heutrocknen.

Karl und Hilde – Die ehemaligen Wirtsleute in der Försterei Schmalenberg.

Brandy – Erwins Pony.

Minna – Vom Vorbesitzer übernommene Ziege.

258 *Pony-Brandy-Buch* – Das Buch »Pony Pedro« erschien 1959 im Kinderbuchverlag.

Der kleine Abetlein – Gemeint ist Erwin jr., der kräftig zugenommen hatte, weil Christa ihn mit Ziegenmilch fütterte.

259 *Liselotte Remané* – Die Journalistin und Übersetzerin schrieb für die Illustrierte »Die Frau von heute« ein Gutachten zu Erwins Erzählung »Paul und die Dame Daniel«. Als Buch erschien diese Liebesgeschichte 1956.

die Grausteiner Geschichten – Die Geschichten über seine frühe Kindheit in Graustein bei Spremberg sind nicht auffindbar.

260 *in den Abschied geraten* – Erwin hatte Eva mit dem Pferdewagen zum Bahnhof Köpernitz (bei Rheinsberg) gebracht, begegnet waren sie dem Dollgower Förster.

260 *Die Stille in der Nebenwohnung* - Die Untermieterin Theil war ausgezogen.

Wilhelm – Der Nachbarssohn Wilhelm Wohlgemuth.

261 *ein herzlicher Brief von Dir* – Dieser Brief ist nicht auffindbar.

262 *Knut* – Knut Strittmatter, Erwins zweitältester Sohn aus erster Ehe. Nachdem seine Mutter 1951 in den Westen gegangen war, lebte er mit seinem Bruder Ulf und den beiden Halbbrüdern Uwe und Thomas bei Erwins zweiter Frau in Spremberg, auch nachdem Erwin die Familie verlassen hatte. Zum Jahreswechsel 1953/54 ließ Erwin Ulf und Knut nach Berlin kommen. Ulf lernte ab 1954 auf dem Gut Markee Geflügelzüchter, und Knut wurde in einem Schulinternat in der Königsheide (Berlin) untergebracht. Im November 1954 kam er nach Schulzenhof und ging in Rheinsberg zur Oberschule, wie sich Eva Strittmatter 2006 in einem unveröffentlichten Gespräch mit Lars Herde erinnerte. (EvSA, Nr. 1394)

Makarenkos im Bücherschrank – Anton S. Makarenko, der sowjetische Pädagoge und Schriftsteller, propagierte die gewaltlose Erziehung von Kindern und Jugendlichen.

Probeseiten für »Frau von heute« – Die Geschichte »Paul und die Dame Daniel« sollte in der Zeitschrift »Die Frau von heute« vorabgedruckt werden.

263 *die Glucke in Pitts Reisesack* – Durch künstliche Dunkelheit wurde den Hennen nach der Kükenaufzucht das Glucken abgewöhnt.

264 *Das Kindergeräusch werden wir schon überstehen* – Gemeint ist ein dauerhaftes Zusammenleben in Schulzenhof mit den Söhnen Ilja und Erwin jr. und die damit verbundene Unruhe, die Erwin beim Arbeiten stören könnte.

Filster – Willi Fülster, Nachbar in Schulzenhof.

Maaß – Ein Bauer aus Dollgow.

Kuder – Ein junger Kater.

265 *ein eiliger Brief von meinem Frauchen* – Der Brief ist nicht auffindbar.

etwas bettinisches – Anspielung auf die Briefschreiberin Bettina von Arnim (1785–1859), literarisch und sozial engagierte Romantikerin.

allzu eifriger Apfelnäscher – In einer Tagebuchnotiz vom 20. Oktober 1954 beschreibt Erwin unter dem Titel »Der Apfeldieb«, wie geschickt der Hengst Brandy reife Äpfel erntete und vernaschte (s. Erwin Strittmatter: Nachrichten aus meinem Leben. Aus den Tagebüchern 1954–1973, Berlin 2012, S. 9). Es sind die ersten Aufzeichnungen zum späteren Buch »Pony Pedro«, das 1959 im Kinderbuchverlag erschien.

Frau Grämlich – Katze der Nachbarin Pauline Hundt.

266 *Berater war wieder der junge Kolbe bei Bröker* – Verkäufer im Landwarenhaus Bröker in Rheinsberg. Die Räume im Schulzenhofer Katen waren in einem erbärmlichen Zustand und sollten, nachdem die Untermieterin ausgezogen war, instand gesetzt und renoviert werden.
der Alte Klosettscheißer – Der Rheinsberger Landwarenhausbesitzer Bröker.
Wilhelm – Wilhelm Wohlgemuth.

267 *Nun kam heute Dein Brief* – Auch dieser Brief ist nicht auffindbar.
Illa und Abetlein – Die Söhne Ilja und Erwin jr.
Gebrüder Degenbrodt – Degebrodts sind Bauern aus Dollgow. Gerhard Degebrodt wurde später Vorsitzender der LPG »Rotes Banner« in Menz/Dollgow.
Küchenmeisters – Wera und Claus Küchenmeister, von denen 1953 u. a. das Kinderstück »Das Waldfest der Tiere« erschien.

268 *Ulle* – Erwins ältester Sohn Ulf, der inzwischen bei seiner Mutter in Duisburg lebte und als »republikflüchtig« galt.
Das Weibsluder – Erwins erste Frau Waltraud, die 1951 in die BRD übergesiedelt war. Ulf wollte laut einem Briefe vom 12. August 1954 wieder in die DDR zurückkehren.
was Helene Weigel von mir wollte – Sie wollte, dass Erwin eine Rolle für sie schrieb.
Ruth – Ruth Berlau, langjährige Mitarbeiterin und Geliebte Brechts, Schauspielerin, Regisseurin und Fotografin.

268 f. *Anmeldung beim Schriftstellerverband* – Eva und Erwin planten eine Urlaubsreise nach Bulgarien.

269 *Die Teil* – Frau Theil, die ehemalige Untermieterin in Schulzenhof.
Herrn Filster – Der Nachbar Willi Fülster.
Peter hat sein Exposé geschickt – Peter Jakostra hatte ein Exposé für die geplante Verfilmung von Erwins Jugendroman »Tinko« verfasst, das aber für den DEFA-Film von 1957 (Drehbuch Eva und Erwin Strittmatter) nicht verwendet wurde.

270 *Nun ist Knut gekommen* – Knut Strittmatter besuchte in der Königsheide (Berlin) ein Schulinternat für Kinder der SED-Kader, deren Eltern im Ausland arbeiteten.
Veken – Der Jugendbuchautor Karl Veken.
dein dritter Brief – Erwins Brief vom 13. September 1954.

271 *ohne die eigene Arbeit* – Eva hatte mit dem Schriftstellerverband vereinbart, die Zuarbeit für Anna Seghers' Hauptreferat auf dem nächsten Schriftstellerkongress zu leisten. Das war sehr zeitaufwendig, musste sie doch an die 60 Romane und Erzählungsbände lesen und inhaltliche Zusammenfassungen schreiben. Erwin gefiel das über-

haupt nicht, sie sollte mit ihm auf dem Lande leben. (Eva im Gespräch im April 2000 mit Bert Koß; EvSA, Nr. 1108.)

271 *Irma* – Irma Harder

am Bahnhof – Die Bahnstation Köpernitz.

274 *auf die Kinder, auf das Hausmädchen* – Die Söhne Ilja, Erwin jr. und Christa Grytsch lebten bei Erwin in Schulzenhof, während Eva in Berlin arbeitete.

275 *wie bei der »Wochenpost« damals* – Die Wochenzeitung hatte einen vereinbarten Vorabdruck abgesagt. Eva verlangte daraufhin von der Zeitung eine finanzielle Entschädigung, die auch gezahlt wurde.

277 *der Brief erst am Nachmittag weggegangen* – Erwins Brief vom 20. September 1954.

278 *Der Kleine ist so lieb* – Der Hengst Brandy.

Pitt scheint mit Frau Grämlich nicht weiterzukommen – Kater Pitt und die Katze der Nachbarin Hundt.

Dank für Deinen Brief – Dieser Brief ist nicht auffindbar.

279 *Honorar für den Romanvorabdruck* – Auszug aus »Tinko«.

Geld bei Voß fällig – Die nächste Rate an den Vorbesitzer des Schulzenhofer Anwesens musste gezahlt werden.

Ruth – Ruth Berlau.

Bernhard – Der Schriftsteller Bernhard Seeger besuchte Erwin in Schulzenhof.

mit den Kindern – Die Söhne Ilja und Erwin jr.

280 *Die Rimkus hat geschrieben* – Die mit den Strittmatters befreundete Fotografin Edith Rimkus-Beseler hielt sich öfter in Schulzenhof auf, um Tiere und Landschaft zu fotografieren.

281 *Bernhard* – Bernhard Seeger.

die »Wundertüte« – Eine DDR-Rundfunksendung, die ab 1953 vierzehntägig mittwochs ab 22.30 Uhr auf dem Deutschlandsender lief.

Ruth – Ruth Berlau.

ohne Dich noch einmal anzuschauen – Erwin hatte Eva, die wieder zum Arbeiten nach Berlin fuhr, mit dem Pferdewagen zum Bahnhof Köpernitz gebracht.

282 *Das war in Spremberg so* – Bezieht sich auf seine Ehe mit Anna Strittmatter.

283 *Kitta* – Christa Grytsch.

284 *8. Februar 1955* – Postkarte.

Von den nächsten 25 Lebensjahren – Es war Evas 25. Geburtstag, und seit fast drei Jahren waren die beiden zusammen.

285 *Von Bohsdorf noch immer keine Nachricht* – In Bohsdorf lebten Erwins Eltern Helene und Heinrich Strittmatter.

285 *Frau Hundt* – Pauline Hundt, die direkte Nachbarin in Schulzenhof.
Vom Roman – Erwin arbeitete am ersten Teil des »Wundertäters«.
Den drei Kollegen – Diese Lesung vor den Kollegen wird in Erwins
Tagebuch von 1955 nicht erwähnt.

286 *den Rosegger* – Von dem österreichischen Schriftsteller Peter Rosegger stammt der 1900 erschienene Briefroman »Erdsegen«.
wieder am Roman gearbeitet – »Der Wundertäter«, Teil eins.

287 *Frau Rühr* – Ida Rühr war Untermieterin bei der Nachbarin Pauline
Hundt.
Stalinallee – Weil Erwin die Vierzimmerwohnung in Berlin nicht
mehr mitfinanzieren wollte, hatte Eva sie im November 1954 gegen
eine Zweiraumwohnung in der Stalinallee, die nur halb so viel Mie-
te kostete, getauscht. Diese Wohnung behielt Eva bis 2001. Erwin
hielt sich in Berlin wegen des Buchbasars am 1. Mai auf, während
Eva in Schulzenhof war.

288 *bei Weiskopfs mit Wassers* – Erwin besuchte mit den Freunden Charlotte und Arthur Wasser das Schriftstellerpaar Grete und F. C. Weiskopf. Weiskopfs lebten seit 1953 in Ost-Berlin, Grete Weiskopf veröffentlichte Kinder- und Jugendbücher unter dem Namen Alex Wedding,
F. C. Weiskopf war Vorstandsmitglied des Schriftstellerverbandes.
Mein Koffer ist gepackt – Erwin fuhr u. a. zu den Ruhrfestspielen
nach Recklinghausen (s. Günther Drommer: Erwin Strittmatter. Des
Lebens Spiel, Berlin 2000, S. 241).

289 *»Kreidekreis«-Diskussion* – Brechts »Der kaukasische Kreidekreis«
erlebte in diesem Jahr seine westdeutsche Erstaufführung in Frankfurt am Main und wurde überall heftig diskutiert.
die Brotkarten – Der endgültige Wegfall des rationierten Verkaufs
von bestimmten Lebensmitteln auf Karte erfolgte in der DDR erst
1958 und ging einher mit einer staatlichen Subventionierung der
Preise für Grundnahrungsmittel.
Abes, Pitterpatter, Heinjak und Knut – Die Söhne Erwin jr., Ilja,
Erwins Bruder Heinrich Strittmatter und Erwins Sohn Knut.

290 *endet dann stets mit einem Ausbruch* – In seinem Tagebuch notierte
Erwin an diesem Tag: »... nicht am Roman geschrieben / ›Tragischer
Mord‹ des Hofhahns / Evchen will davon / Versöhnung / Notizen /
Vorbereitung zur Reise nach Berlin. Fahrt nach Berlin zur Parteikon-
ferenz«. Erwin hatte den Hofhahn, der Eva wochenlang attackierte,
geköpft und ihr vor die Füße geworfen: »Da hast du deinen Hahn!«

291 *Henrik* – Der junge Schriftsteller Henrik Bereska war zu Besuch in
Schulzenhof.

292 *wenn ich erst weiß, was Dir fehlt* – Es bestand der Verdacht auf eine
Bauchhöhlenschwangerschaft.

292 *Visitenkarte aus dem Heutigen* – Zum Vergleich dieselbe Passage aus dem 1957 erschienenen ersten Band der Trilogie (s. Erwin Strittmatter: Der Wundertäter, Berlin und Weimar 1957, S. 69 f.):

Stanislaus grub, harkte, säte im Garten, dachte dabei und dachte: Auch Jesus hatte mit seinem guten Blick Kranke geheilt, Lahme und Sündige. Er war gefangengesetzt worden, und man hatte ihn ans Kreuz geschlagen. Sollte jetzt Herr Stanislaus Büdner gefangen und ans Kreuz genagelt werden? Er sah auf den blühenden Mohn, und es war ein leises Angstzittern in ihm. Ein Zitronenfalter umtaumelte die kleine Blütensonne einer Mohnstaude.

»He, sag der Königin, es geht mir schlecht!«

Der Wind ging durch die Stauden. Die Mohnblüte mit dem Falter neigte sich: »Ich bring dir Botschaft, Büdnerjunge.«

»Wird mich der Hornknopf kreuzigen, du gelber Bote?«

»Gut oder schlecht – ihr bändigt keinen Blick. Stecht mir die Augen aus, dann seh ich mit den Händen!«

Der Zitronenfalter war längst über die Pflaumenbäume hinweg auf das Lupinenfeld der Bäuerin Schulte geflogen. Stanislaus aber sann noch über seiner Botschaft. Er sagte die Worte vor sich her, kratzte eine Weile in der Erde und sagte sie dann wieder. Vater Gustav kam leise. Als Stanislaus den Vater gewahrte, machte er aus der Botschaft ein Gesumm: »Stecht mir die Augen, summ, summ, aus, dann, summ, summ, seh ich mit den, summ, summ, Händen, summ!« Niemand sollte wissen, daß sich Stanislaus, der konfirmiert und aus der Schule war, mit Schmetterlingen unterhielt.

293 *Krankenhaus Kaulsdorf* – Eva lag wegen Verdachts auf Bachhöhlenschwangerschaft in der gynäkologischen Station.

vom Horizont Charlotte Wohlgemuths – Die Wohlgemuths sind Schulzenhofer Nachbarn.

man am Personenkult doch hängt – In den Büros hingen noch Bilder von Stalin, obwohl Nikita Chruschtschow Anfang 1956 auf dem XX. Parteitag der KPdSU mit dem Personenkult um Stalin abgerechnet hatte.

294 *»Vorstellung der Schwiegertochter«* – Knut hatte Eva und Erwin seine Freundin vorgestellt.

Abend mit beiden Sterns – Jeanne und Kurt Stern hatten das Drehbuch zu dem DEFA-Film »Das verurteilte Dorf« (1952) geschrieben.

die Arbeit – Vermutlich ein Zeitungsartikel von Jeanne und Kurt Stern über eine Auslandsreise.

295 *die Königin der Falter* – Bezieht sich auf die Schmetterlingskönigin aus dem Roman »Der Wundertäter«, die nach einer großen Ausein-

andersetzung zwischen Eva und Erwin Einzug in das Manuskript fand. Erwin reagierte auf Evas Einwand, er schildere auf Kosten seines Haupthelden Stanislaus ein Figurenpanoptikum, mit einem Zornesausbruch. Er verlangte, Eva solle den Text noch einmal lesen, sie aber musste zu einer Sitzung nach Berlin fahren. Er hielt ihr Fahrrad am Gepäckträger fest und drohte: »Wenn du jetzt fährst, stecke ich das Manuskript in den Ofen und es existiert nicht mehr, wenn du zurückkommst.« Eva blieb. Später bezeichnete sie diese Auseinandersetzung als Erwins Sieg über ihren Willen. Nach diesem Streit erfand Erwin die Schmetterlingskönigin, die dem Stanislaus Büdner zu poetischer Inspiration verhilft. (Eva in einem Gespräch mit Bert Koß im April 2000; EvSA, Nr. 1108.)

297 *Deinen schönen Brief* – Evas Brief vom 10. November 1956.

Pan – Ein junger Boxerrüde, den Erwin Eva geschenkt hatte.

299 *im Krankenhaus bin ich macht- und hilflos* – Erwin schrieb am 13. Februar 1957 in sein Tagebuch: »Evchen nach Köpernitz. Im Auto zum Bahnhof. Einen Tag fährt sie zu ihren Söhnen, dann geht sie ins Krankenhaus, um sich operieren zu lassen. Drei Wochen wird's dauern. Ich bewundere ihren Mut. Wie tapfer sind doch Frauen in derlei Dingen!« (ESA).

im Boot fahren – Erwin hatte Eva 1956 ein Schlauchboot geschenkt.

Dieses Fräulein – Edith Rimkus-Beseler praktizierte das in einer Reitschule Erlernte während eines Aufenthalts in Schulzenhof.

300 *R.* – Edith Rimkus-Beseler.

Sherry – Name einer Ponystute.

Christa die ersten drei »Geschäftsbriefe« diktiert – Die Haushaltshilfe Christa Grytsch sollte in Schulzenhof auch als Sekretärin für Erwin arbeiten.

Gestern war der Sohn da – Erwins Sohn Knut, dessen Mutter Waltraud, inzwischen verh. Lemke, in der BRD lebte.

Erika Schmidt – Tochter des Nachbarn Emil Schmidt, den Erwin als Pferdepfleger angestellt hatte.

301 *Berlin* – Eva schreibt aus der Frauenklinik der Charité in der Tucholskystraße (Berlin-Mitte).

Fräulein Tonton – Ihr erstes Gedicht machte Eva bei einem Spaziergang an der Hand ihres Vaters: »Fräulein Tongtong hat ein Pongpong, geht sie weg, liegt er im Dreck« (Irmtraud Gutschke: Eva Strittmatter. Leib und Leben, Berlin 2008, S. 171).

unser Theater – Seit 1954 spielte das Berliner Ensemble im Haus am Schiffbauerdamm.

302 *der Schmalenberger Erwin* – Bezieht sich auf die Zeit, als Erwin in der Försterei Schmalenberg wohnte.

302 *das Märchen mit den Kindern wieder ausprobiert* – »Lumpatz und Lumpko« nannte Eva eine Kindergeschichte, die sie zu schreiben versuchte und den Söhnen Ilja und Erwin jr. abends am Bett erzählte.

Opa … Großmutter – Evas Großeltern Fritz und Agnes Berner.

Die Kinder – Die Söhne Ilja und Erwin jr., die Eva besuchte, bevor sie sich in Berlin ins Krankenhaus begab.

Tolstois Buch – Das Kinderbuch »Drei Bären« von Lew Tolstoi erschien zuerst 1951 im Alfred Holz Verlag.

303 *Fahrt mit Anna* – Am 20. Februar 1957 besuchten Erwin und Anna Seghers in der Altmark eine Landwirtschaftliche Produktionsgenossenschaft (LPG), die den Namen »Anna Seghers« trug. (Erwins Hinweis in seinem Tagebuch 20. 2.–4. 3. 1957: »Von dieser Fahrt wäre manches zu berichten – keine Lust«; ESA.)

305 *Pimpel-Pan und Hella* – Boxerrüde und Chow-Chow-Hündin.

Berlin – Eva war noch immer im Krankenhaus in Berlin.

Dame Tonton – S. Anm. 301: *Fräulein Tonton.*

306 *Sterns* – Jeanne und Kurt Stern.

für Helmut liebe Grüße – Der junge Schriftsteller Helmut Hauptmann war in Schulzenhof zu Besuch.

307 *Mutter Mary* – Ponystute.

Ein so lieb–lieber Brief von Dir – Evas Brief vom 1. März 1957.

Brecht-Artikel – Erwin sollte für die »Wochenpost« über das Brecht-Archiv schreiben. »Besuch bei Brecht heute« erschien im April 1957. Zu Brechts erstem Todestag am 14. August veröffentlichte die »Wochenpost« Erwins Text »Gesellenjahre bei Brecht«.

zu Schmidts – Erwin und Helmut Hauptmann wollten eine Geburtstagfeier bei den Schulzenhofer Nachbarn Marie und Emil Schmidt besuchen.

Ernschtinle – Die Schulzenhofer Nachbarin Ernestine Wohlgemuth.

Mama – Erwins Mutter Helene Strittmatter.

308 *in der Kammer* – Erwin schlief in Schulzenhof in einem Raum ohne Ofen.

Firma Hoffmann-Füllster – Die Schulzenhofer Nachbarn Hans Hoffmann und Willi Fülster.

Diese verfluchten Kleinbürger verderben ihn vollends – Zielt auf die Rheinsberger Oberschule, in der Knut das Abitur machte.

309 *auf Dein Telegramm* – Eva sollte telegrafieren, wann sie aus dem Krankenhaus entlassen wird.

den Roman – Erwin schrieb am Roman »Der Wundertäter«, Teil eins.

zwei Schmalfilme – Eva und Erwin besaßen seit 1957 Kameras und drehten 18-mm-Schmalfilme.

310 *Wilhelm ... Lotte* – Die Schulzenhofer Wilhelm und Charlotte Wohlgemuth.

Boris' Mantel vergessen – Boris Djacenko hatte seinen Mantel in Schulzenhof vergessen. Er und Eva waren nachts mit dem Taxi von Berlin aus gekommen, weil Boris, nach Aussage von Eva (Gespräch mit Lars Herde im März 2006; EvSA, Nr. 1394), den Auftrag hatte, Erwin davon zu überzeugen, dass er bestimmte kritische Passagen aus dem »Wundertäter«-Manuskript streichen sollte. Erwin hatte laut Tagebucheintrag vom 8. Mai 1957 den ersten Teil der Trilogie fertiggestellt (s. Erwin Strittmatter: Nachrichten aus meinem Leben. Aus den Tagebüchern 1954–1974, Berlin 2012, S. 79). Der Roman sollte noch vor Weihnachten im Aufbau-Verlag erscheinen. Einen vereinbarten Vorabdruck wollte die »Wochenpost« absagen, weil der Roman für Fortsetzungen nicht geeignet sei. Eva forderte eine finanzielle Entschädigung, woraufhin der Abdruck eines zweiseitigen Auszugs vereinbart wurde.

Berlin – Erwin hielt sich in Berlin auf, von wo aus er anlässlich der »Woche des Buches« (7. bis 13. Oktober 1957) zu einer Lesereise in verschiedene Städte aufbrach.

in Anbetracht der großmütterlichen Kontrolle – Evas Großmutter, Agnes Berner, war zu Besuch in Schulzenhof.

Fahne rausgesteckt – Der 7. Oktober 1957 war in der DDR »Tag der Republik«. Die Bewohner der Stalinallee mussten flaggen.

Die Enten – Erwin hatte Flugenten für Schulzenhof geordert.

311 *Fratzenschneider ... Illa* – Gemeint sind Erwin jr. und Ilja Strittmatter.

die Tochter, die der Mutter schon zu schaffen macht – Eva war schwanger, und Erwin hoffte wieder auf eine Tochter.

daß Vater sich nicht schindet – Evas Großvater, Fritz Berner, der in Schulzenhof zu Besuch war, baute auf dem Hinterhof einen Schuppen.

Emil – Der Nachbar Emil Schmidt, der für Erwin als Pferdepfleger arbeitete.

Sein Schwiegersohn – Herbert Franke, verheiratet mit Emil Schmidts Tochter Else.

als ginge ich für 10 Tage in die Einsamkeit – S. Anm. 310: *Berlin*.

Ingeburg – Ingeburg Kretschmar–Djacenko.

312 *nehme ich meinen »Stanislaus« unter den Arm* – Erwin las während der »Woche des Buches« aus dem »Wundertäter«.

313 *Martin Viertel, Ludwig Turek, Hammers* – Martin Viertel war Student am Literaturinstitut »Johannes R. Becher« in Leipzig. Der als Arbeiterschriftsteller bezeichnete Ludwig Turek war auch Jugend-

buchautor. Der Schriftsteller Franz Hammer war u. a. Vorsitzender des thüringischen Arbeitskreises »Junge Autoren« im Schriftstellerverband, sein Vater Rudolf Hammer war mit Erwin befreundet.

313 *als welche »Nichtse« wir kürzlich in Frankendorf standen* – Erwin und Eva hatten am 5. Oktober 1957 Evas Großeltern, Agnes und Fritz Berner, zu einem Besuch in Schulzenhof abgeholt. Sie trafen in Frankendorf auf Hedwig Braun. Die Begegnung mit Evas Mutter war unerfreulich. Erwin notierte im Tagebuch: »Wir wurden behandelt wie die Parias im Königreich der Kleinbürger« (Tagebuchnotiz am 5. Oktober 1957; ESA).

Kurella und Wieland H. – Alfred Kurella, der u. a. leitende Funktionen in der Akademie der Künste und im Schriftstellerverband innehatte, und der Präsident des P. E. N.-Zentrums der DDR Wieland Herzfelde.

Rudolf Hammer – Vater von Franz Hammer und langjähriger Freund von Erwin.

314 *Mama ... Heini* – Erwins Mutter Helene Strittmatter und Erwins Bruder Heinrich Strittmatter.

llla und Pitterpatter – Die Söhne Ilja und Erwin jr.

Unterwegs – Erfurt, 12. X. 57 – Geschrieben auf zwei Ansichtskarten von Apolda, in einem Briefumschlag.

Scorell – Der Satiriker und Hörspielautor Alf Scorell, eigentlich Alfred Scorell-Stiehler.

Nachrichten vom künstlichen Mond – Am 4. Oktober 1957 hatte die Sowjetunion den ersten künstlichen Satelliten, »Sputnik«, ins All geschickt.

Und die Tochter? – Erwin fragt nach dem Wohlbefinden des noch ungeborenen Kindes.

315 *Bergner* – Herbert Bergner war stellvertretender Chefredakteur der »Wochenpost«, die einen Vorabdruck aus dem »Wundertäter« bringen wollte.

Zur Röntgenaufnahme – Eva war in Berlin, um sich wegen des Verdachts auf Tuberkulose untersuchen zu lassen.

bei der Polizei anrufen – Das Auto sollte zur Erneuerung der Prüfplakette bei der Polizei vorgestellt werden.

Politz – Vermutlich die Autowerkstatt.

316 *»Loch in der Lunge«* – Bezieht sich auf den Tuberkuloseverdacht, s. Anm. 315: *Zur Röntgenaufnahme*.

317 *Keine Adresse* – Erwin hielt sich zusammen mit Willi Bredel und Helmut Hauptmann im Auftrag des Schriftstellerverbandes vom 23. April bis 8. Mai 1958 in Ungarn auf.

»Wundertäter« – Die erste Auflage des Romans war bereits kurze Zeit nach dem Erscheinen vergriffen.

317 *»Pony Pedro«* – Das Buch erschien 1959 in einer illustrierten Ausgabe im Kinderbuchverlag. Die Zeitung »Der Freie Bauer« brachte einen Vorabdruck.

Fahnen von »Katzgraben« – Das Stück »Katzgraben« (mit dem »Nachspiel Katzgraben 1958«) erschien 1958 im Aufbau-Verlag.

Kaspaer – Gemeint ist Günter Caspar, der seit 1956 Cheflektor im Aufbau-Verlag war.

318 *26. IV. 58* – Auf einer Ansichtskarte aus Budapest begonnen, auf Briefpapier fortgesetzt.

bei Ronais – Mihály Rónai, ungarischer Lyriker und Übersetzer, und seine Frau Marianne Gábor, Malerin.

Mein Bild – Marianne Gábor hatte Erwin während seiner Ungarnreise im September 1953 gemalt (s. Erwins Brief vom 15. September 1953).

319 *28. IV. 58* – Ansichtskarte von der Halbinsel Tihany.

Titel: »Er hat noch keinen Vater« – Titel der ungarischen Ausgabe von »Tinko«.

320 *1. V. 58* – Ansichtskarte von Budapest.

SIS – Russische Automarke.

Ingeburg – Ingeburg Kretschmar-Djacenko.

nicht zu anstrengend für Dich? – Eva war hochschwanger.

Dollgow, den 2. Mai - Mit Schreibmaschine geschrieben.

durch deinen Brief – Erwins Brief vom 26. April 1958.

über Nachbar schrieb ich – Eva hatte für die »Neue Deutsche Literatur« (6/1958) einen Artikel über Herbert Nachbars Roman »Die gestohlene Insel« verfasst.

321 *Kitta und Meister Emil* – Christa Grytsch und der Pferdemeister Emil Schmidt.

Opa Schmidt, Marlies und Hannelore Herzig … Axel und Kitty – Emil Schmidts Vater, Schulzenhofer Kinder und zwei von Erwins Ponys.

Frau Schmidt – Marie Schmidt, Frau von Emil Schmidt.

322 *Hab für die Tochter* – Gemeint ist das im Juni erwartete Kind.

DFD – Demokratischer Frauenbund Deutschlands.

Solones »Fontamara« – Erstlingsroman des italienischen Schriftstellers Ignazio Silone.

Helmut – Helmut Hauptmann.

323 *3. V. 58* – Ansichtskarte vom Balaton.

Gestern kam Dein Brief – Evas Brief vom 25. April 1958.

Günti Seifi – Günter Seifert, ein Freund aus Erwins Senftenberger Redakteurszeit.

Ich war schön beim Erfinden – Erwin arbeitete an »Pony Pedro«.

324 *aus dem »Gefängnis«* – Die Entbindungsstation im Krankenhaus, wo Eva am 13. Juni 1958 Sohn Matthes auf die Welt gebracht hatte.

lange Nase für Ihren Gift-Brief – Erwins Brief vom 16. Juni 1958.

Matthes – Der neugeborene Sohn.

Kommentiertes Personenverzeichnis

Editorische Notiz

Die vorliegende Ausgabe umfasst den Briefwechsel zwischen Eva und Erwin Strittmatter von 1952 bis 1958. Wiedergegeben werden 163 Briefe, 112 von Erwin, 51 von Eva. Die Korrespondenz dieser Jahre ist nahezu vollständig erhalten (vgl. Vorwort, S. 7) und bietet, im Gegensatz zu den späteren Jahren, in denen sich die Strittmatters größtenteils an einem Ort aufhielten und nur selten Briefe schrieben, die Möglichkeit, die ersten sieben Jahre dieser Beziehung durch Briefe und Gegenbriefe mitzuverfolgen. 1952 haben sie insgesamt 76 Briefe gewechselt, 1958 gingen noch 7 hin und her.

Die Originale befinden sich im Erwin-Strittmatter-Archiv (ESA) und im Eva-Strittmatter-Archiv (EvSA) der Akademie der Künste, Berlin. Sie sind größtenteils handschriftlich verfasst, darunter auch einige Postkarten, und nur wenige wurden auf der Schreibmaschine getippt; die entsprechenden Hinweise finden sich in den Anmerkungen.

Die Wiedergabe der Briefe folgt in Orthographie und Interpunktion den Eigenheiten des jeweiligen Verfassers, was auch für die Schreibweise von Namen gilt, die in den Anmerkungen und dem Personenregister gegebenenfalls korrigiert wurde. Nur wenige offenkundige Versehen wurden stillschweigend korrigiert, um Missverständnissen vorzubeugen.

Hervorhebungen erscheinen im Druck kursiv. Die Wiedergabe der Daten und Ortsangaben in den Briefköpfen sowie die typographische Einrichtung der Grußformeln wurden moderat angeglichen.

Unleserliche Wörter wurden durch […] ersetzt, eine aus persönlichkeitsrechtlichen Gründen notwendige Streichung ist durch *[...]* kenntlich gemacht. Nicht eindeutig entzifferte Wörter stehen in eckigen Klammern.

Die Transkription der Briefe besorgten im Auftrag von Eva Strittmatter Constanze Holtz-Baumert (Eva Strittmatter) und Günther Drommer (Erwin Strittmatter), das Kollationieren der Abschriften übernahmen Erwin Berner (Eva Strittmatter) und Ingrid Kirschey-Feix (Erwin Strittmatter).

Erwin Berners besonderer Dank gilt Dr. Franka Köpp von der Akademie der Künste, die das Buchprojekt über Jahre begleitet sowie durch ihr Mit- und Vordenken und das Auffinden von Materialien ermöglicht hat. Ebenso dankt er ihrer Kollegin, der Archivarin Bettina Köhler, sowie Brigitte Triems, die mit ihren Französischkenntnissen ausgeholfen hat. Angelika Neutschel dankt er für das erste Lesen des Manuskripts und für ihren Zuspruch zu dieser Unternehmung.

Der Abdruck der Abbildungen erfolgt mit freundlicher Genehmigung von Jakob Strittmatter/Akademie der Künste, Berlin. Weitere Bilder stellten zur Verfügung: Ruth Berlau/ H. Hoffmann (4, 21, 39), Erwin Berner (5, 11, 35), bpk/ Gerhard Kiesling (23), ND/Fieguth (6, 12) und Edith Rimkus-Beseler/U. Beseler (28, 29, 33, 34, 43).

Inhalt

Anhang

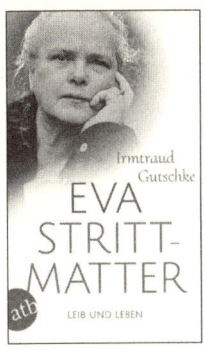

Irmtraud Gutschke
Eva Strittmatter
Leib und Leben
224 Seiten. Mit 55 Abbildungen. Broschur
ISBN 978-3-7466-7077-5
Auch als E-Book erhältlich

Ein erzählter Lebensroman

Gerade weil Eva Strittmatter in ihren Gedichten bekennt, was andere in sich vergraben, erreicht sie ein Millionenpublikum. Mit der gleichen Offenheit erzählt sie nun im Dialog mit Irmtraud Gutschke von ihren persönlichen Erschütterungen, ihren Erfahrungen in der DDR, vom Entstehen ihrer Gedichte und natürlich immer wieder von ihrer Ehe mit Erwin Strittmatter.

»Was für eine Offenheit, was für eine Selbstbefragung!«
THÜRINGER ALLGEMEINE

Regelmäßige Informationen erhalten Sie über unseren Newsletter. Jetzt anmelden unter: www.aufbau-verlag.de/newsletter

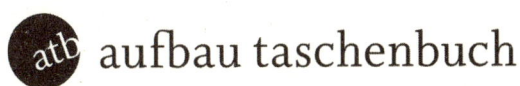

aufbau taschenbuch

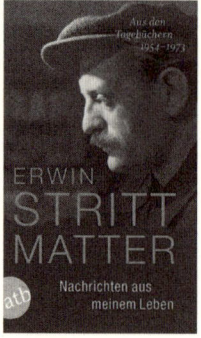

Erwin Strittmatter
Nachrichten aus meinem Leben
Aus den Tagebüchern 1954-1973
601 Seiten. Broschur
ISBN 978-3-7466-2984-1
Auch als E-Book erhältlich

Strittmatters »Geheimwelt«

Strittmatter nannte seine Tagebücher eine »kleine Heimat«. Er wollte
mit ihnen eine »zweite Spur« seines Lebens legen – für die Nachwelt
ein Glücksumstand.
Akribisch notierte er in 235 Heften sein »Tagwerk« sowie Erlebnisse,
Begegnungen und Naturbeobachtungen. Beeindruckend ist, wie
Strittmatter sich zum kritischen Kommentator der Zeitereignisse ent-
wickelte. Die wachsende Kluft zwischen Anspruch und Realität in der
DDR-Politik ließ ihn vom prinzipiellen Befürworter zum unabhängigen
Denker werden, der sich vom Marxismus abwandte.
So schonungslos, wie er andere beschrieb, so streng war er auch mit
sich selbst. Weder verschwieg er seinen Hang zum Jähzorn noch die
Verzweiflung beim Schreiben.

**Regelmäßige Informationen erhalten Sie über unseren Newsletter. Jetzt anmelden
unter: www.aufbau-verlag.de/newsletter**

Erwin Strittmatter
Der Zustand meiner Welt
Aus den Tagebüchern 1974-1994
623 Seiten. Broschur
ISBN 978-3-7466-3202-5
Auch als E-Book erhältlich

Berührendes Selbstporträt
einer Jahrhundertfigur

Nirgendwo äußerte sich Erwin Strittmatter so offen wie in diesen späten Tagebüchern. Mit Anfang fünfzig, in der »besten Zeit seines Lebens«, liegen die Zumutungen des Alterns noch vor ihm. Krisen, emotionales Chaos und Zerwürfnisse ziehen sich ebenso durch die Jahre wie bohrende Selbstbefragung und Zensurkonflikte. Nüchtern verfolgt der kritische Beobachter die Auflösung der DDR. Er ist ein Dichter, der das Ideal der Gelassenheit anstrebt, ein Meister der poetischen Reflexion.

»Eine Fundgrube zum Alltag der DDR und der Wendezeit.« SZ

Regelmäßige Informationen erhalten Sie über unseren Newsletter. Jetzt anmelden unter: www.aufbau-verlag.de/newsletter

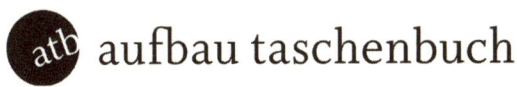

Erwin Strittmatter
Tinko
Roman
400 Seiten. Broschur
ISBN 978-3-7466-3564-4
Auch als E-Book erhältlich

Die Wirren und Hoffnungen der Nachkriegszeit

Mit tiefem Misstrauen betrachtet Tinko den fremden Mann, der eines Tages im Dorf auftaucht. Er ist ein »Heimkehrer«, einer, der gerade aus der Kriegsgefangenschaft entlassen wurde. Tinko soll Vater zu ihm sagen, aber für ihn bleibt er der Heimkehrer. Und Tinkos böse Ahnungen bestätigen sich: Mit dem Heimkehrer kommt Unfriede und Streit. Er nennt Großvaters 50-Morgen-Hof eine Knochenmühle und will, dass Tinko in die Schule geht statt aufs Feld.

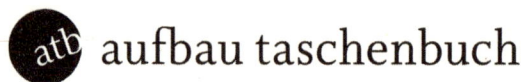

aufbau taschenbuch

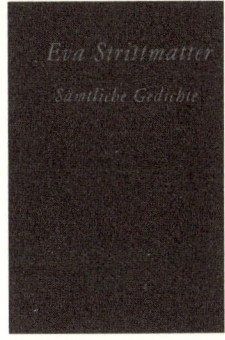

Eva Strittmatter
Sämtliche Gedichte
925 Seiten. Leinen
ISBN 978-3-351-03625-6

Das gesamte poetische Werk der populärsten deutschen Lyrikerin

Der wachsende Leserkreis von Eva Strittmatter umfaßt alle Generationen, alle sozialen Kreise und ebenso Männer wie Frauen. Daß sie Lebensbereiche thematisiert, die auch anderen Menschen vertraut sind, läßt ihre Gedichte zu Partnern der Leser werden und begründet ihre einmalige breite Resonanz. In rückhaltloser Offenheit spricht die Lyrikerin von Lebenswünschen und ihrem Verschleiß im Alltag, von Ängsten, Hoffnungen und Zweifeln, von den schmerzhaften Konflikten zwischen Pflichten und Wünschen, vom Fernweh und der Lust auf Leben. Ihre Gedichte sind poetische Zeugnisse konsequenter Selbstprüfungen. Voll bohrender Unruhe reflektiert sie die Vergänglichkeit der Zeit. Was war und was bleibt? Was heißt das: leben? Und immer ist die Natur, die märkische Landschaft in ihrem Wechsel von Werden und Vergehen, für Eva Strittmatter ein starker Bezugspunkt, weil er Brücken schlägt zu persönlichen Erfahrungen.

Regelmäßige Informationen erhalten Sie über unseren Newsletter. Jetzt anmelden unter: www.aufbau-verlag.de/newsletter